Vorwort

Ausbildungsziel der beiden Einzelhandelsberufe – Verkäuferin/Verkäufer und Kauffrau/Kaufmann im Einzelhandel – ist die berufliche Handlungsfähigkeit (VO §§ 11, 19). Um diese zu erreichen, muss sich auch der Unterricht in der Berufsschule an der beruflichen Praxis ausrichten. Die vorliegende Neubearbeitung der Lehrwerksreihe **„Ausbildung im Einzelhandel"** unterstützt diese Zielsetzung durch die Kombination von Fachkunde und Arbeitsbuch mit Lernsituationen.

Ausgangspunkt der Bearbeitung ist die **Lernsituation im Arbeitsbuch**. Bei deren Analyse stellen Sie als Auszubildende fest, welches Fachwissen für die Lösung erforderlich ist. Dieses Fachwissen stellt das vorliegende **Fachkundebuch** zur Verfügung. Damit Sie als Auszubildende überprüfen können, ob Sie die Fachinhalte richtig aufgenommen haben, gibt es neu in dieser Ausgabe zu jedem Kapitel der Fachkunde **Alles-klar-Fragen** zur Wiederholung und zur Festigung.

Zur Neuordnung 2017 ist das Lehrwerk gründlich überarbeitet worden. Neue Lernsituationen wurden eingefügt, neue Arbeitsblätter und Aufgaben sind entstanden. Um der im Rahmenlehrplan geforderten Nutzung eines Warenwirtschaftssystems im Unterricht Genüge zu tun, sind erstmals auch Lernsituationen für das **Warenwirtschaftssystem E.V.A.** dabei. Eine **kostenfreie Schülerversion** dieses speziell für die Ausbildung im Einzelhandel konzipierten modularen Warenwirtschaftssystems finden Sie mit einer Anleitung zur Installation über den folgenden Webcode:

Einzelhandel_4513594_WWS

Wählen Sie dazu auf der Cornelsen-Webseite unter www.cornelsen.de im Feld rechts oben die Option „Webcode" und geben Sie den Webcode dort ein.

Durch das koordinierte Konzept aus Arbeitsbuch, Fachkunde und WWS sowie weiterer Produkte ist es möglich, eine berufsorientierte, abwechslungsreiche und effiziente Ausbildung in der Berufsschule anzubieten.

Wir wünschen Ihnen nun viel Spaß und Erfolg mit Ihrer **„Ausbildung im Einzelhandel"**!

Autoren und Redaktion
im September 2018

Inhaltsverzeichnis

Lernfeld 11
Geschäftsprozesse erfolgsorientiert steuern

Zugehörige Lernsituationen im Arbeitsbuch 3

Lernfeld 12
Mit Marketingkonzepten den Kunden gewinnen und binden

Zugehörige Lernsituationen im Arbeitsbuch 3

Lernfeld 13
Personaleinsatz planen und Mitarbeiter führen

Zugehörige Lernsituationen im Arbeitsbuch 3

Lernfeld 14
Ein Einzelhandelsunternehmen leiten und entwickeln

Zugehörige Lernsituationen im Arbeitsbuch 3

Anhang

11

Geschäftsprozesse erfolgsorientiert steuern

Umsatzsteuer

Warenbewegungen

Anlagegüter

Kosten- und Leistungsrechnung

Geschäftsprozesse optimieren

1 Umsatzsteuer

Lernsituation 78

Umsatzsteuer
→ Band 1, LF 3, Kap. 5

In der Umgangssprache wird auch von Mehrwertsteuer gesprochen.

Rechnung
→ Band 1, LF 3, Kap. 5.2

Die Umsatzsteuer wird auf Waren, die eingekauft und verkauft werden, aufgeschlagen. Somit erscheint die Umsatzsteuer auf Eingangsrechnungen und Ausgangsrechnungen des Einzelhändlers. Die Umsatzsteuer besteuert den gesamten privaten und öffentlichen Konsum. Nach § 1 **Umsatzsteuergesetz** unterliegen der Umsatzsteuer Umsätze aus Lieferungen (Warenverkäufe) und Leistungen (z. B. Reparaturen, Provisionen, Warentransport) sowie dem Eigenverbrauch.

Der allgemeine **Steuersatz** beträgt zurzeit 19 %. Der ermäßigte Steuersatz beträgt zurzeit 7 % und gilt z. B. für viele Lebensmittel, Bücher, Zeitschriften, Kunstgegenstände, Blumen und Hotelübernachtungen.

Die Einteilung der Besteuerung von Waren und sonstigen Leistungen nach dem regulären und dem ermäßigten Satz hatte ursprünglich soziale und kulturelle Hintergründe. Heute existiert eine schwer nachvollziehbare Liste von Steuerbegünstigungen im UStG § 2 Abs. 2 Anhang 2.

Beispiel

Steuersätze für Lebensmittel

ermäßigt (7 %)	regulär (19 %)
Grundnahrungsmittel	Getränke
Speisen zum Mitnehmen	Speisen in der Gastronomie
Filterkaffee	trinkfertiger Kaffee aus dem Automat
Teemischung	Eistee
frisch hergestellte Smoothies	Obstsäfte im Regal

Es gibt aber auch umsatzsteuerfreie Waren und Dienstleistungen.

Beispiel

- Postwertzeichen (Briefmarken)
- Gewährung und Vermittlung von Krediten
- Vermietung von Gebäuden und Verpachtung von Grundstücken
- bestimmte Umsätze von Ärzten und Hebammen und anderen freien Berufen
- Versicherungsbeiträge

Die Umsatzbesteuerung beruht auf dem Prinzip, dass auf jeder Handelsstufe, die ein Gut durchläuft, nur der Wertzuwachs besteuert wird. Der Einzelhändler stellt seinen Kunden die Umsatzsteuer auf den gesamten Warenwert in Rechnung. Die gesamte Umsatzsteuerlast zahlt so der Endverbraucher, der **Steuerträger** ist. **Steuerschuldner** gegenüber dem Finanzamt ist jedoch der Einzelhändler. Dieser muss die Umsatzsteuer seinen Warenpreisen hinzurechnen, vom Kunden einbehalten und nach Erhalt an das Finanzamt abführen.

Der Einzelhändler führt den empfangenen Steueranteil der Kunden aber nicht vollständig an das Finanzamt ab, denn seine Umsatzsteuerschuld gegenüber dem Finanzamt verringert sich durch die bereits selbst gezahlte Umsatzsteuer (Vorsteuer an seinen Lieferanten). Die Umsatzsteuer, die beim Einkauf des Einzelhändlers anfällt, wird als **Vorsteuer** (= im Voraus bezahlte Umsatzsteuer) bezeichnet.

Da die Umsatzsteuer aber letztlich nur vom Endverbraucher zu zahlen ist, zieht der Einzelhändler die Vorsteuer von der erhaltenen Umsatzsteuer der Kunden ab. Er muss nur die Differenz zwischen Umsatzsteuer und Vorsteuer, die so genannte **Zahllast**, an das Finanzamt abführen. Somit hat die Umsatzsteuer auf den Erfolg des Einzelhändlers keinen Einfluss, da sie an den Endverbraucher weitergegeben wird. Die Umsatzsteuer wird deshalb auch als durchlaufender Posten bezeichnet. Eine Zahllast liegt vor, wenn die erhaltene Umsatzsteuer größer als die gezahlte Vorsteuer ist.

Berechnung der Zahllast

erhaltene Umsatzsteuer
– gezahlte Vorsteuer
= Zahllast

Alle Werte wie Anschaffungskosten, Aufwendungen für Waren, Umsatzerlöse, Handlungskosten usw. sind stets als Nettobeträge zu berechnen, da die Umsatzsteuer ein durchlaufender Posten ist.

Wenn die gezahlte Vorsteuer größer ist als die erhaltene Umsatzsteuer, entsteht ein **Vorsteuerüberhang**. Es handelt sich um eine Ausnahmesituation, wie z. B. vor einer Geschäftseröffnung oder bei einer Großinvestition. Der Vorsteuerüberhang ist eine Forderung des Einzelhändlers an das Finanzamt, der im Folgemonat erstattet wird.

Berechnung eines Vorsteuerüberhangs

gezahlte Vorsteuer
– erhaltene Umsatzsteuer
= Vorsteuerüberhang

Der Einzelhändler muss die erhaltene Umsatzsteuer und die gezahlte Vorsteuer dem zuständigen Finanzamt gegenüber **monatlich** in einer **Umsatzsteuervoranmeldung** benennen, bevor dann am Jahresende die **Umsatzsteuererklärung** fällig wird. In den ersten beiden Jahren nach Gründung muss jeder Unternehmer, unabhängig von der Höhe der Beträge, eine monatliche Umsatzsteuervoranmeldung abgeben, danach nur noch, wenn im Vorjahr die Zahllast gegenüber dem Finanzamt über 7.500,00 Euro betrug. Die Zahlung der Umsatzsteuerschuld (Zahllast) an das Finanzamt muss dann bis zum 10. des Folgemonats erfolgen.

Funktionsweise des Umsatzsteuersystems an einem Beispiel erklärt

Alle Güter durchlaufen Handelsstufen, in denen der Wert eines Gutes gesteigert wird. Dieser erbrachte Mehrwert wird auch **Wertschöpfung** genannt und ist für die Besteuerung maßgebend.

Ein Landwirt erntet Weizen im Wert von 10.000 Euro. Diesen Weizen verkauft er weiter an einen Müller. Er muss vom Müller aber nicht nur die 10.000 Euro verlangen, sondern zusätzlich die Umsatzsteuer. Der Landwirt erhält die 10.000 Euro für seinen Weizen (Nettowert) und die 7 % Umsatzsteuer (700 Euro). Der Gesamtwert der Zahlung (Bruttowert) beträgt also 10.700 Euro.

Der Müller mahlt aus dem Weizen Backmehl Type 1050. Er verkauft dieses Mehl natürlich zu einem höheren Preis an einen Großhändler, denn er hat ja seine Mühle für den Weizen in Betrieb genommen und seine Arbeit eingesetzt. Der Großhändler muss für den Weizen 13.000 Euro an den Müller bezahlen. Die Umsatzsteuer beträgt in diesem Fall 910 Euro (7 % von 13.000 Euro). Der Bruttobetrag, den der Großhändler bezahlen muss, beläuft sich somit auf 13.910 Euro.

Der Großhändler verkauft das Mehl für 15.000 Euro an die Einzelhändler weiter und erhält einschließlich der Umsatzsteuer 16.050 Euro. Die Einzelhändler verkaufen das Mehl schließlich an ihre Kunden und erhalten dafür 20.000 Euro, zuzüglich 7 % Umsatzsteuer, also insgesamt: 21.400 Euro.

In einer Übersicht können wir feststellen:

	Landwirt	Müller	Groß-händler	Einzel-händler
Nettoverkaufspreis	10.000 €	13.000 €	15.000 €	20.000 €
Umsatzsteuer	700 €	910 €	1.050 €	1.400 €
Bruttoverkaufspreis	10.700 €	13.910 €	16.050 €	21.400 €

Folgende Steuerbeträge sind bisher bezahlt worden:

- vom Müller an den Landwirt: 700 Euro
- vom Großhändler an den Müller: 910 Euro
- vom Einzelhändler an den Großhändler: 1.050 Euro
- von Verbrauchern an die Einzelhändler: 1.400 Euro

Die folgende Tabelle verdeutlicht die Zusammenhänge:

	Landwirt ❶	Müller ❷	Groß-händler ❸	Einzel-händler ❹
Nettoverkaufspreis (Warenwert)	10.000 €	13.000 €	15.000 €	20.000 €
+ Umsatzsteuer	700 €	910 €	1.050 €	1.400 €
= Bruttoverkaufspreis (Ladenverkaufspreis)	10.700 €	13.910 €	16.050 €	21.400 €
geschaffener Mehrwert	10.000 €	3.000 €	2.000 €	5.000 €
Umsatzsteuer	700 €	910 €	1.050 €	1.400 €
– gezahlte Vorsteuer	0 €	700 €	910 €	1.050 €
= Zahllast ❺	700 €	210 €	140 €	350 €

❶ Der Landwirt hat für 10.000 Euro Weizen geerntet. Also zahlt er an den Staat Steuern in Höhe von 700 Euro.

❷ Der Müller hat an den Landwirt 700 Euro Umsatzsteuer gezahlt, aber 910 Euro als Steuern vom Großhändler erhalten. Der Staat erhält also von ihm nur noch 210 Euro, denn 700 Euro hat der Müller schon dem Landwirt gezahlt. Diese 210 Euro sind die Zahllast des Müllers, die er an das Finanzamt abführen muss.

❸ Der Großhändler hat dem Müller 910 Euro gezahlt, aber 1.050 Euro vom Einzelhändler bekommen. Also zahlt er 140 Euro Steuern. Er hatte den Weizen für 13.000 Euro beim Müller eingekauft und für 15.000 Euro an den Einzelhändler verkauft. Das Mehl hat somit einen Mehrwert von 2.000 Euro. 7% des Mehrwertes sind 140 Euro.

❹ Die Einzelhändler kaufen das Mehl für 15.000 Euro netto ein und verkaufen es an ihre Kunden für 20.000 Euro netto. Sie schaffen also einen Mehrwert von 5.000 Euro. 7 % Umsatzsteuer betragen dann 350 Euro, die auch an den Staat abgeführt werden müssen. Der Einzelhändler bekommt von seinen Kunden 1.400 Euro Umsatzsteuer, hatte aber schon 1.050 Euro an den Großhändler gezahlt, also ist seine Zahllast gegenüber dem Finanzamt nur noch 350 Euro groß.

❺ Die Summe der Zahllasten aller Unternehmen beträgt also 1.400 Euro, so viel, wie der Einzelhändler vom Endverbraucher erhält.

2 Erfassung der Warenbewegungen

Der wirtschaftliche Erfolg eines Einzelhandelsunternehmens ist von einer Vielzahl von Einflussfaktoren abhängig. Um richtige Entscheidungen treffen zu können, sollten daher verschiedene Daten gesammelt und ausgewertet werden. Diese Daten können dann als Entscheidungsgrundlage dienen. Außerdem schreibt der Gesetzgeber die Erfassung und Dokumentation von Geschäftsprozessen vor.

Das Kerngeschäft des Einzelhandels ist der An- und Verkauf von Waren, d.h., der Einzelhändler lebt davon, dass er die Waren wertmäßig günstiger einkauft, als er sie verkauft. Die positive Differenz zwischen Bezugspreis und Nettoverkaufspreis stellt den Rohgewinn des Einzelhändlers dar, der ausreichend hoch sein muss, um alle Handlungskosten zu decken und noch einen Reingewinn zu erwirtschaften. Somit sind die genaue Dokumentation und die Auswertung des Warenflusses für die Optimierung von Geschäftsprozessen besonders wichtig, Mit dem Warenwirtschaftssystem können die Warenbewegungen mengenmäßig und wertmäßig erfasst werden. Auf Grundlage dieser Ergebnisse und unter Berücksichtigung weiterer betrieblicher Gegebenheiten kann der Einzelhändler dann Entscheidungen treffen, um seinen Geschäftsprozess zu optimieren.

Erfassen und Dokumentieren von Geschäftsprozessen
→ Band 2, LF 8, Kap. 2

Erfolg durch den Verkauf von Waren
→ Band 2, LF 8, Kap. 3.2

Berechnung Rohgewinn, Reingewinn und Handlungskosten
→ Band 2, LF 8, Kap. 3.2

2.1 Wareneingang/Wareneinkauf

In der Lagerkartei oder Lagerdatei des Unternehmens werden die Warenbewegungen in aller Regel stückmäßig erfasst. In mittelgroßen und großen Unternehmen geschieht die wertmäßige Erfassung in der Finanzbuchhaltung. Parallel dazu kann wegen der besseren Übersichtlichkeit aber auch ein **Wareneingangsbuch** geführt werden.

Monat: Oktober **Seite: 123** **(Nicht verwendete Felder müssen entwertet werden!)** Beska

laufende Nr.	Datum	Lieferant	Warengruppe	Rechnungsbetrag brutto in €	Warenwert netto in €	Bezugskosten netto in €	Vorsteuer in %	Vorsteuer in €	nachträgliche Bruttominderung in €	davon Vorsteuer in €
Übertrag	—	—	—	423.817,29	348.950,98	7.198,00	—	67.668,31	1.431,08	228,49
2.327	31.10.XX	Fischer Nr. 327	05	5.950,00	4.800,00	200,00	19	950,00	—	—
Summe										

Dieses Wareneingangsbuch ist für nicht buchführungspflichtige gewerbliche Unternehmen vorgeschrieben (§ 143 AO). Zu den nicht buchführungspflichtigen gewerblichen Unternehmen zählen all die Unternehmen, die aufgrund ihrer beschränkten Geschäftstätigkeit keinen in kaufmännischer Weise eingerichteten Geschäftsbetrieb benötigen. Dieses sind Kleinstunternehmen, die keine Angestellten beschäftigen, keine Geschäftsformulare benutzen und keinen großen Umsatz im Jahr erzielen (z. B. ein Kiosk).

AO
Abgabenordnung

Buchführungspflicht
→ Band 2, LF 8, Kap. 2.1

Einzelkaufleute haben lt. § 24 1a HGB keine Pflicht zur Buchführung, zur Inventar- und Jahresabschlusserstellung, wenn sie in zwei aufeinander folgenden Geschäftsjahren 600.000 Euro Umsatz und 60.000 Euro Jahresüberschuss nicht überschreiten (Stand Juni 2018).

Das Wareneingangsbuch gibt in der Regel Auskunft über:
- den Tag des Wareneingangs
- den Namen und die Anschrift des Lieferanten
- die handelsübliche Bezeichnung der Waren
- einen Hinweis auf den Beleg; diese werden i. d. R. durchnummeriert
- den Bruttorechnungsbetrag
- den Nettowarenwert
- die Bezugskosten
- den gültigen Steuersatz
- die gezahlte Umsatzsteuer (Vorsteuer) in Euro
- nachträgliche Preisminderungen, z. B. durch Skonto oder Gutschrift
- die im Preisnachlass enthaltene und somit zu korrigierende Vorsteuer

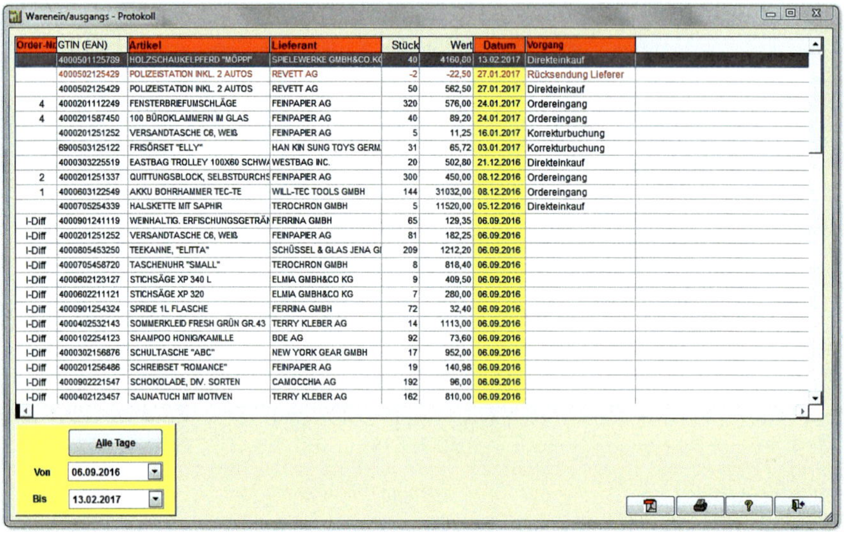

Order-Nr	GTIN (EAN)	Artikel	Lieferant	Stück	Wert	Datum	Vorgang
	4000501125789	HOLZSCHAUKELPFERD "MÖPPI"	SPIELEWERKE GMBH&CO.KG	40	4160,00	13.02.2017	Direkteinkauf
	4000502125429	POLIZEISTATION INKL. 2 AUTOS	REVETT AG	-2	-22,50	27.01.2017	Rücksendung Lieferer
	4000502125429	POLIZEISTATION INKL. 2 AUTOS	REVETT AG	50	562,50	27.01.2017	Direkteinkauf
4	4000201112249	FENSTERBRIEFUMSCHLÄGE	FEINPAPIER AG	320	576,00	24.01.2017	Ordereingang
4	4000201587450	100 BÜROKLAMMERN IM GLAS	FEINPAPIER AG	40	89,20	24.01.2017	Ordereingang
	4000201251252	VERSANDTASCHE C6, WEIß	FEINPAPIER AG	5	11,25	16.01.2017	Korrekturbuchung
	6900503125122	FRISÖRSET "ELLY"	HAN KIN SUNG TOYS GERM.	31	65,72	03.01.2017	Korrekturbuchung
	4000303225519	EASTBAG TROLLEY 100X60 SCHWA	WESTBAG INC.	20	502,80	21.12.2016	Direkteinkauf
2	4000201251337	QUITTUNGSBLOCK, SELBSTDURCHS	FEINPAPIER AG	300	450,00	08.12.2016	Ordereingang
1	4000603122549	AKKU BOHRHAMMER TEC-TE	WILL-TEC TOOLS GMBH	144	31032,00	08.12.2016	Ordereingang
	4000705254339	HALSKETTE MIT SAPHIR	TEROCHRON GMBH	5	11520,00	05.12.2016	Direkteinkauf
I-Diff	4000901241119	WEINHALTIG. ERFISCHUNGSGETRÄN	FERRINA GMBH	65	129,35	06.09.2016	
I-Diff	4000201251252	VERSANDTASCHE C6, WEIß	FEINPAPIER AG	81	182,25	06.09.2016	
I-Diff	4000805453250	TEEKANNE, "ELITTA"	SCHÜSSEL & GLAS JENA GI	209	1212,20	06.09.2016	
I-Diff	4000705458720	TASCHENUHR "SMALL"	TEROCHRON GMBH	8	818,40	06.09.2016	
I-Diff	4000602123127	STICHSÄGE XP 340 L	ELMIA GMBH&CO KG	9	409,50	06.09.2016	
I-Diff	4000602211121	STICHSÄGE XP 320	ELMIA GMBH&CO KG	7	280,00	06.09.2016	
I-Diff	4000901254324	SPRIDE 1L FLASCHE	FERRINA GMBH	72	32,40	06.09.2016	
I-Diff	4000402532143	SOMMERKLEID FRESH GRÜN GR.43	TERRY KLEBER AG	14	1113,00	06.09.2016	
I-Diff	4000102254123	SHAMPOO HONIG/KAMILLE	BDE AG	92	73,60	06.09.2016	
I-Diff	4000302156876	SCHULTASCHE "ABC"	NEW YORK GEAR GMBH	17	952,00	06.09.2016	
I-Diff	4000201256486	SCHREIBSET "ROMANCE"	FEINPAPIER AG	19	140,98	06.09.2016	
I-Diff	4000902221547	SCHOKOLADE, DIV. SORTEN	CAMOCCHIA AG	192	96,00	06.09.2016	
I-Diff	4000402123457	SAUNATUCH MIT MOTIVEN	TERRY KLEBER AG	162	810,00	06.09.2016	

Protokoll des Wareneingangs und -ausgangs im Warenwirtschaftssystem E.V.A.

Bezugspreis
Einstandspreis; der Preis, den der Einzelhändler bezahlen muss, um die Ware zu beschaffen

Vorsteuer
→ LF 11, Kap. 1

Somit enthält das Wareneingangsbuch alle notwendigen Daten, um Auskunft zu geben über die tatsächlichen Beschaffungskosten der Ware, sprich den Bezugspreis der Ware. Das Wareneingangsbuch gibt auch Auskunft über die tatsächlich gezahlte Vorsteuer beim Einkauf der Waren. Dieser Betrag wird bei der Erstellung der Umsatzsteuervoranmeldung benötigt. Die an den Lieferanten gezahlte Vorsteuer wird mit der Umsatzsteuer, die der Einzelhändler von den Kunden eingenommen hat, verrechnet. Durch die Vorsteuer verringert sich die Umsatzsteuerschuld gegenüber dem Finanzamt.

Wird das Wareneingangsbuch mit Hilfe einer Software geführt, ergeben sich daraus einfache Auswertungsmöglichkeiten in Form von Tabellen oder Grafiken. Als Software kommen vor allem Tabellenkalkulationsprogramme (z. B. Excel) oder Warenwirtschaftssysteme (z. B. E.V.A.) in Frage.

Wareneinsatz
→ Band 2, LF 8, Kap. 3.2

Der Wert des Wareneingangs/Wareneinkaufs ist nicht zu verwechseln mit dem Wareneinsatz des Einzelhändlers.

2.2 Warenausgang/Warenverkauf

Die Erfassung des Warenausgangs geschieht im Einzelhandel am Kassenterminal mit Hilfe des Warenwirtschaftssystems. Hier wird im stationären Einzelhandel die verkaufte Absatzmenge erfasst. Bewertet der Einzelhändler die Absatzmenge zum Nettoverkaufspreis, so erhält er seinen Umsatz. Auch auf Ziel verkaufte Waren können auf diese Weise leicht in der Kasse erfasst werden. Durch die Verwendung des Warenwirtschaftssystems ist sichergestellt, dass die Kundendaten zur Verfügung stehen und der Zahlungseingang auch überwacht werden kann.

Umsatz = Absatzmenge · Nettoverkaufspreis

Für die Berechnung des Wareneinsatzes sind die Zahlen des Warenverkaufs unverzichtbar. Der **Wareneinsatz** berechnet sich aus der Stückmenge des Absatzes bewertet zum Bezugspreis, der beim Wareneinkauf ermittelt wurde. Liegen die Wareneinsätze und die Nettoumsätze je Warengruppe vor, so kann der Einzelhändler den Rohgewinn je Warengruppe berechnen.

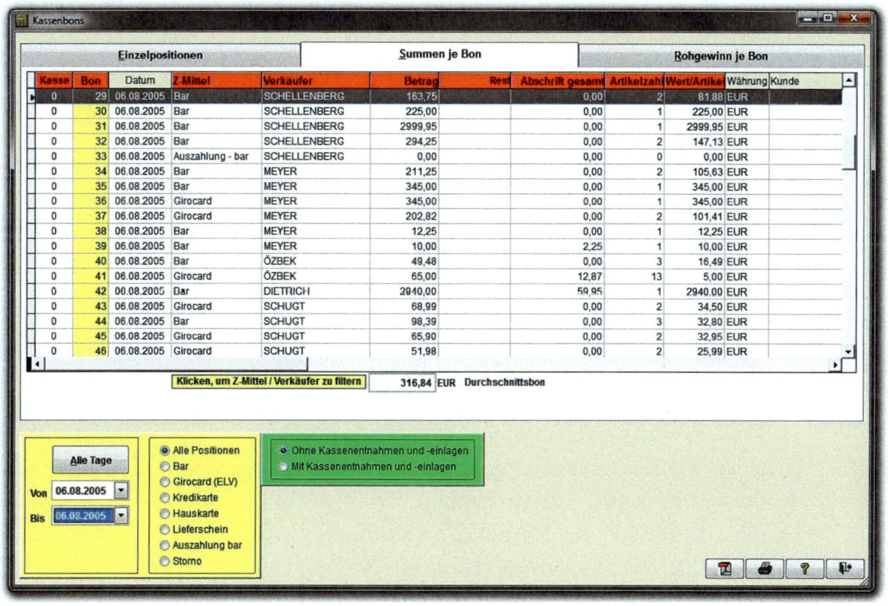

Kasse	Bon	Datum	Z-Mittel	Verkäufer	Betrag	Rest	Abschrift gesamt	Artikelzahl	Wert/Artikel	Währung	Kunde
0	29	06.08.2005	Bar	SCHELLENBERG	163,75		0,00	2	81,88	EUR	
0	30	06.08.2005	Bar	SCHELLENBERG	225,00		0,00	1	225,00	EUR	
0	31	06.08.2005	Bar	SCHELLENBERG	2999,95		0,00	1	2999,95	EUR	
0	32	06.08.2005	Bar	SCHELLENBERG	294,25		0,00	2	147,13	EUR	
0	33	06.08.2005	Auszahlung - bar	SCHELLENBERG	0,00		0,00	0	0,00	EUR	
0	34	06.08.2005	Bar	MEYER	211,25		0,00	2	105,63	EUR	
0	35	06.08.2005	Bar	MEYER	345,00		0,00	1	345,00	EUR	
0	36	06.08.2005	Girocard	MEYER	345,00		0,00	1	345,00	EUR	
0	37	06.08.2005	Girocard	MEYER	202,82		0,00	2	101,41	EUR	
0	38	06.08.2005	Bar	MEYER	12,25		0,00	1	12,25	EUR	
0	39	06.08.2005	Bar	MEYER	10,00		2,25	1	10,00	EUR	
0	40	06.08.2005	Bar	ÖZBEK	49,48		0,00	3	16,49	EUR	
0	41	06.08.2005	Girocard	ÖZBEK	65,00		12,87	13	5,00	EUR	
0	42	06.08.2005	Bar	DIETRICH	2940,00		59,95	1	2940,00	EUR	
0	43	06.08.2005	Girocard	SCHUGT	68,99		0,00	2	34,50	EUR	
0	44	06.08.2005	Bar	SCHUGT	98,39		0,00	3	32,80	EUR	
0	45	06.08.2005	Girocard	SCHUGT	65,90		0,00	2	32,95	EUR	
0	46	06.08.2005	Girocard	SCHUGT	51,98		0,00	2	25,99	EUR	

Mit entsprechenden Grafiken und Tabellen können diese Zahlen aufbereitet werden, was eine leichtere Auswertung ermöglicht. Werden diese Ergebnisse in Bezug gesetzt zu Werbekosten, Mitarbeiterzahl je Abteilung, Verkaufsfläche usw. können diese Zahlen für eine Optimierung der Geschäftsprozesse genutzt werden.

Berechnung Rohgewinn → Band 2, LF 8, Kap. 3.2

Die Tätigkeiten des Einzelhändlers von der Warenerfassung bis zur Umsatzsteuervoranmeldung

Optimierung von Geschäftsprozessen → LF 11, Kap. 5

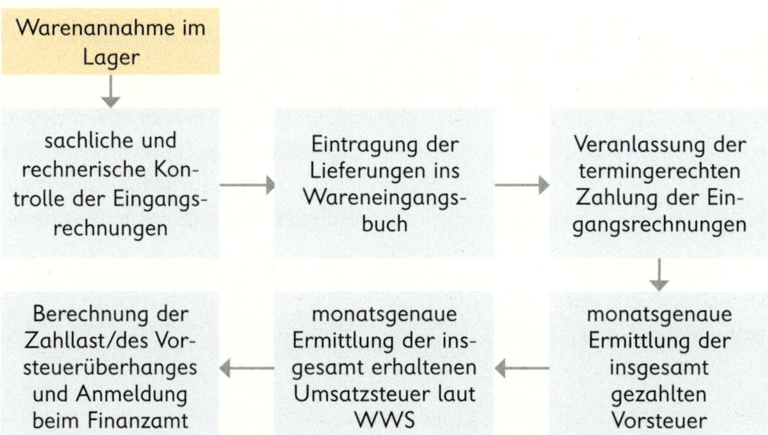

Rechnung → Band 1, LF 3, Kap. 5.2

Umsatzsteuer → LF 11, Kap. 1

ALLES KLAR?

1 Die Umsatzsteuer erscheint sowohl auf den Eingangs- als auch auf den Ausgangsrechnungen des Einzelhändlers. Welche Umsätze unterliegen der Umsatzsteuer? Nennen Sie fünf Beispiele aus dem Geschäftsbetrieb eines Einzelhändlers.

2 Bei der Bestellung eines Fast-Food-Artikels wird in einem Restaurant regelmäßig danach gefragt, ob der bestellte Artikel im Restaurant oder außer Haus verzehrt wird. Wie erklären Sie dieses Verhalten?

3 Ein Einzelhändler erhält eine Warenlieferung Heimtextilien zu einem Nettorechnungsbetrag von 5.830,00 €. Welche Aussage ist bei einem USt.-Satz von 19 % richtig?

Der Einzelhändler …

a) muss den Nettorechnungsbetrag zuzüglich 1.107,70 € an den Lieferanten überweisen.
b) stellt dem Kunden beim Weiterverkauf der Waren 1.107,70 € in Rechnung.
c) muss 1.107,70 € an das Finanzamt abführen.
d) kann 1.107,70 € als Aufwand buchen.
e) kann bei der Überweisung an den Lieferanten 1.107,70 € vom Nettorechnungsbetrag abziehen.

4 Ordnen Sie den folgenden Waren und Dienstleistungen den jeweils gültigen USt-Satz zu:

1) umsatzsteuerfrei **2)** 7 % **3)** 19 %

a) Staubsauger
b) Brot
c) Champagner
d) Briefmarke
e) Der Kicker (Zeitschrift)

5 Auf jeder Handelsstufe unterliegt nur der Wertzuwachs der Umsatzsteuer. Ein Artikel aus dem Heimwerkerbedarf wird zu 250,00 € Warenwert eingekauft und für 310,00 € Warenwert verkauft. Die Umsatzsteuer für den Wertzuwachs dieses Artikels beträgt …

a) 47,50 €.
b) 58,90 €.
c) 11,40 €.
d) 60,00 €.
e) 4,20 €.

6 Wer trägt die gesamte Umsatzsteuerlast?

7 Im Zusammenhang mit der Umsatzsteuer ist der Unternehmer Steuerschuldner. Was bedeutet das?

8 Welche Steuer bucht der Einzelhändler als Vorsteuer?

9 Ein Einzelhändler kauft einen Artikel für 120,00 € netto ein und verkauft diesen Artikel für 238,00 € brutto. Wie hoch ist die Zahllast bei einem USt-Satz von 19 %?

a) 28,50 €
b) 15,20 €
c) 45,22 €
d) 16,72 €
e) 38,00 €

10 Der Vorsteuerüberhang wird buchmäßig …

a) als Aufwand erfasst.
b) als Ertrag erfasst.
c) als Verbindlichkeit gegenüber dem Finanzamt erfasst.
d) als Forderung gegenüber dem Finanzamt erfasst.
e) nicht erfasst.

11 Führen die folgenden Situationen eher zu einem Vorsteuerüberhang oder zu einer Zahllast? Begründen Sie Ihre Antwort.

a) Situation 1: Im laufenden Monat richtet ein Einzelhändler seine Geschäftsräume für eine Neueröffnung im Folgemonat komplett neu ein. Er beschafft Ausstattungsgegenstände und Waren.
b) Situation 2: Ein Einzelhändler startet mit einer Aktion einen Abverkauf aller Waren aus den Regalen und dem Lager, da er eine Renovierung plant und bis zur Geschäftseröffnung keine neuen Waren kauft.

12 Wann muss der Einzelhändler die Zahllast an das Finanzamt überweisen?

13 Ein Einzelhändler hat eine Lieferschuld durch Banküberweisung beglichen. Er konnte vom Rechnungsbetrag 1.428,00 € Skonto abziehen, das entspricht 3 % vom Bruttorechnungsbetrag. Der USt-Satz für die gelieferte Ware beträgt 19 %. Welche Berechnungen sind richtig?

a) Der Rechnungsbetrag netto beträgt 47.600,00 €.
b) Im Skonto ist ein Umsatzsteueranteil von 228,00 € enthalten.
c) Der Bruttorechnungsbetrag lautet 7.600,00 €.
d) Der Einzelhändler muss dem Lieferanten 46.172,00 € überweisen.
e) Der Bruttorechnungsbetrag enthält 1.428,00 € Umsatzsteuer.

14 Der im Skonto enthaltene Umsatzsteueranteil …

a) mindert die bereits gebuchte Vorsteuer.
b) erhöht die bereits gebuchte Vorsteuer.
c) mindert die bereits gebuchte Umsatzsteuer.
d) mindert die Höhe der Zahllast.
e) hat keinen Einfluss auf die Höhe der Zahllast.

15 Welche Aussage im Zusammenhang mit der Umsatzbesteuerung ist richtig?

a) Der Unternehmer ist Steuerschuldner gegenüber dem Finanzamt, weil er die Umsatzsteuer an das Finanzamt abführen muss.
b) Der Unternehmer darf die von ihm an das Finanzamt überwiesene Vorsteuer von seiner Umsatzsteuerschuld abziehen.
c) Die negative Differenz aus Umsatzsteuer und Vorsteuer wird als Zahllast bezeichnet.
d) Der Endverbraucher ist der Steuerträger, weil er die Umsatzsteuer an das Finanzamt überweisen muss.
e) Der Endverbraucher ist der Steuerschuldner, weil er bei dem Einkauf die gesamte Umsatzsteuerlast tatsächlich bezahlt.

16 Die Existenzfähigkeit des Einzelhändlers hängt davon ab, dass er beim Warenverkauf einen ausreichend hohen Rohgewinn erwirtschaftet.

a) Wie wird der Rohgewinn berechnet?
b) Wie hoch sollte der Rohgewinn sein?

17 Zur Optimierung von Geschäftsprozessen ist eine Auswertung und Dokumentation von Warenbewegungen erforderlich. Eine Möglichkeit der Dokumentation ist das Wareneingangsbuch. Worüber gibt das Wareneingangsbuch Auskunft?

18 Das Warenwirtschaftssystem …

a) erfasst die Warenbewegungen mengenmäßig.
b) dokumentiert den Warenverkauf wertmäßig.
c) stellt Kundendaten zur Verfügung.
d) überwacht den Zahlungseingang.
e) ermöglicht keine Rückschlüsse auf den Erfolg eines Unternehmens.

19 Die Zahlen aus dem Warenwirtschaftssystem liefern die Grundlage zur Berechnung des Wareneinsatzes. Die Formel zur Berechnung des Wareneinsatzes beinhaltet …

a) die Menge der eingekauften Waren.
b) den Nettoverkaufspreis.
c) den Einkaufspreis brutto.
d) den Bezugspreis der eingekauften Ware.
e) die Menge der verkauften Waren.

20 Welche Tätigkeit des Einzelhändlers von der Warenerfassung bis zur Umsatzsteuervoranmeldung ist für die Berechnung der Zahllast/des Vorsteuerüberhangs nicht erforderlich?

a) Dokumentation des Warenverkaufs
b) Dokumentation der Wareneingänge
c) Aussortieren der beschädigten Waren
d) monatsgenaue Ermittlung der insgesamt gezahlten Vorsteuer
e) monatsgenaue Ermittlung der insgesamt gezahlten Umsatzsteuer

3 Anlagegüter anschaffen und bewerten

Lernsituation 79

Maßnahmen wie die Modernisierung und Umstellung auf umweltfreundliche Technologien oder Anpassungen an veränderte rechtliche Vorgaben erfordern neben geschultem Personal und einem bedarfsgerechten Sortiment auch eine Vielzahl von **Anlagegütern**. Hierzu zählen z. B. geeignete Gebäude und Grundstücke, Verkaufsraumeinrichtungen wie Regale und Warenträger sowie Computer, Datenkassen und das Warenwirtschaftssystem. Je nach Größe und Betriebsform des Einzelhandels zählen auch Fahrzeuge für die Warenauslieferung zum Kunden oder eine Verpackungsmaschine zur Ausstattung des Einzelhändlers. Es handelt sich dabei um Wirtschaftsgüter, die einen bestimmten Wert überschreiten und dem Unternehmen dauernd bzw. über einen längeren Zeitraum zur Verfügung stehen. Buchhalterisch stellen diese Güter Sachanlagen dar. Sie werden auf der Aktivseite der Bilanz in der Position Anlagevermögen erfasst.

Betriebsformen
→ Band 1, LF 1, Kap. 10

Geringwertige Wirtschaftsgüter
→ LF 11, Kap. 3.4

Sachanlagen
→ § 266 HGB

Erfassung des Anlagevermögens in der Bilanz
→ Band 2, LF 8, Kap. 1

3.1 Ermittlung der Anschaffungskosten von Anlagegütern

Die Anschaffungswerte der Vermögensgegenstände des Anlagevermögens werden für jedes Wirtschaftsgut einzeln ermittelt, in einem Anlageverzeichnis erfasst und zum Jahresabschluss durch Zusammenfassung der Summe zu Gruppen aktiviert.

aktivieren
Der Vermögensgegenstand wird auf der Aktivseite der Bilanz ausgewiesen.

Beispiel

Ein Einzelhandelsunternehmen erwirbt zwei gleiche Flaschenrücknahmeautomaten, die – nach Seriennummern unterschieden – mit ihren Anschaffungswerten einzeln im Anlageverzeichnis aufgelistet werden. Zusammen mit Verkaufsregalen, Beleuchtungssystemen, Kühltheken usw. dienen sie der Geschäftsausstattung. Die Summe aller Werte dieser Anlagegüter wird auf der Aktivseite der Bilanz in dem Posten „Geschäftsausstattung" ausgewiesen.

Für den Einzelhändler stellt sich die Frage, zu welchem Wert er die erworbenen Anlagegüter in seiner Bilanz erfassen muss. Der Gesetzgeber beantwortet diese Frage mit dem Begriff der **Anschaffungskosten**. Dazu zählen nach § 255 Abs. 1 HGB alle Aufwendungen, die dem Unternehmer entstehen, um den Vermögensgegenstand zu erwerben und ihn in einen betriebsbereiten Zustand zu versetzen, d. h. um ihn erstmalig nutzen zu können. Die Beschaffung von Anlagegütern verursacht in der Regel neben dem Listeneinkaufspreis des Anlagegutes eine Reihe von Nebenkosten, die im Zusammenhang mit der Anschaffung und der Inbetriebnahme entstehen. Auch nachträgliche Anschaffungskosten und Preisminderungen sind in die Berechnung der Anschaffungskosten mit einzubeziehen.

Beispiel

- **Anschaffungsnebenkosten:** Transport-, Verpackungs- und Montagekosten
- **nachträgliche Anschaffungskosten:** Preis für die Erweiterung eines Regalsystems durch ein zusätzliches Modul, Schulungen des Kassenpersonals bei der Anschaffung eines neuen Kassensystems
- **Anschaffungspreisminderungen:** Sofortrabatte, Skonti, Boni, nachträgliche Preisnachlässe wegen Mängel

Die Anschaffungskosten errechnen sich also aus dem Listeneinkaufspreis des Anlagegutes abzüglich aller Anschaffungspreisminderungen und zuzüglich der Anschaffungsnebenkosten, die zusätzlich sofort oder nachträglich anfallen.

Berechnung von Anschaffungskosten

Die Beska GmbH benötigt für ihre Warenpräsentation ein neues Regalsystem. Nach ausführlichen Beratungen und Informationen hat sie sich für das Regalsystem des Unternehmens Peter Beyer, Ladenbau GmbH, entschieden.

Kurze Zeit später erhält sie das Regalsystem und folgende Rechnung:

PETER BEYER
LADENBAU GMBH
Komplettlösungen Regalsysteme Kühlthekenanlagen

Peter Beyer · Pätzer Straße 185 · 10359 Berlin

Beska GmbH
Tauentzienstr. 60
10789 Berlin

Peter Beyer
Fon 030/523456-78
Fax 030/523456-79
E Mail PeBeyer@t-online.de
Web www.PeBeyer.de

Rechnungs-Nr. 19874
Bitte bei Zahlung und Schriftwechsel angeben

Kunden-Nr. 34801
Datum: 26.02.XX

Regalsystem **Multi Mobil 8.0**

	Listeneinkaufspreis	5.800,00 €
–	10 % Rabatt	580,00 €
+	Frachtkosten	270,00 €
+	Zustellkosten	60,00 €
+	Montagekosten	450,00 €
	Nettobetrag	6.000,00 €
	+ 19 % USt	1.140,00 €
	Bruttobetrag	7.140,00 €

Fällig 30 Tage nach Rechnungsdatum.
Bei Zahlung innerhalb von 8 Tagen gewähren wir 3 % Skonto.

Commerzbank Berlin BIC COBADEBBXXX IBAN DE33 1004 0000 0987 6354 21

Bei der **Berechnung der Anschaffungskosten wird** die **Umsatzsteuer nicht berücksichtigt**, da der Einzelhändler sie im Rahmen des Vorsteuerabzugs von seinem Finanzamt erstattet bekommt.

Lösung 1
Die Beska GmbH überweist den Betrag am 26.03.XX:

	Listeneinkaufspreis	5.800,00 €
–	Sofortrabatt	580,00 €
+	Anschaffungsnebenkosten	780,00 €
=	**Anschaffungskosten**	**6.000,00 €**

Als Anschaffungskosten für das Regalsystem wird die Beska GmbH den Wert von 6.000,00 € in ihre Bilanz übernehmen.

Lösung 2
Die Beska GmbH überweist den Betrag am 05.03.XX:

	Listeneinkaufspreis	5.800,00 €
–	Sofortrabatt	580,00 €
+	Anschaffungsnebenkosten	780,00 €
=	Anschaffungskosten ohne Skonto	6.000,00 €
–	Skontoabzug	180,00 €
=	**Anschaffungskosten**	**5.820,00 €**

Die Beska GmbH wird das Regalsystem mit einem Wert von 5.820,00 € in ihrer Bilanz erfassen.

Aufwendungen, die dem einzelnen Anlagegut nicht direkt zugerechnet werden können, dürfen nicht in die Berechnung der Anschaffungskosten einfließen.

Beispiel

Im Rahmen einer Modernisierung des Verkaufsraums hat ein Einzelhändler neue Regalsysteme angeschafft. Vor der Inbetriebnahme werden die Regale von den Mitarbeitern des Unternehmens gereinigt. Außerdem muss ein Mitarbeiter für ein neu angeschafftes Spezialregal einen Plan für die Regalbelegung aufstellen. Die durch diese Tätigkeiten entstehenden Personalkosten fallen für das Einzelhandelsunternehmen allgemein im Rahmen der täglichen Arbeit der Mitarbeiter an. Sie dürfen nicht den Anschaffungskosten des Regals zugerechnet werden, weil sie der Anschaffung der Regale nicht direkt zugeordnet werden können.

Aufwand
→ Band 2, LF 8, Kap. 3

Wiederkehrende Kosten, Kosten für Verbrauchsgüter und Kosten der Finanzierung zählen nicht zu den Anschaffungskosten, sie stellen einen Aufwand dar.

Beispiel

- **wiederkehrende Kosten:** Kfz-Steuer, Stromkosten, Gebäudeversicherung
- **Verbrauchsmaterial:** Reinigungsmaterial, Kraftstoffe
- **Kosten der Finanzierung:** Bearbeitungsgebühren, Zinsen

Niederstwertprinzip
→ LF 11, Kap. 3.6

Aufgrund der handelsrechtlichen Vorschriften des **Niederstwertprinzips** darf die Aktivierung eines Gegenstands des Anlagevermögens in der Bilanz höchstens zu den ermittelten Anschaffungskosten erfolgen.

Beispiel

Für die Erweiterung einer Parkfläche erwirbt ein Einzelhändler von seinem Vater ein Grundstück zum Kaufpreis von 70.000,00 €. Später stellt der Einzelhändler fest, dass der Verkehrswert (Marktpreis) für dieses Grundstück 150.000,00 € beträgt. Das Grundstück darf aber in der Bilanz höchstens mit 70.000,00 € ausgewiesen werden.

Von nur sehr wenigen Ausnahmen abgesehen erfahren Güter des Anlagevermögens aber keine Wertsteigerung, sondern es findet im Laufe der Zeit ein Wertverlust statt.

Anschaffungskosten

Anschaffungskosten bestehen aus dem Listeneinkaufspreis und allen Nebenkosten, die sofort oder nachträglich anfallen, um ein Anlagegut zu erwerben und in einen betriebsbereiten Zustand zu versetzen. Sie dürfen nur einmalig anfallen und müssen direkt dem Anlagegut zugerechnet werden können. Preisminderungen, auch nachträgliche, sind von den Anschaffungskosten abzuziehen.

Berechnung:

Listeneinkaufspreis
– Anschaffungspreisminderung
\+ Anschaffungsnebenkosten
\+ nachträgliche Anschaffungskosten
= Anschaffungskosten

3.2 Wertverlust von Anlagegütern

Neu angeschaffte Anlagegüter werden zu den ermittelten Anschaffungskosten in die Bilanz des Einzelhandelsunternehmens aufgenommen und erhöhen so das jeweilige Anlagevermögen. Allerdings bleibt der Wert der Anlagegüter im Laufe ihrer Nutzungszeit nicht konstant, denn durch ihren Einsatz im Einzelhandelsunternehmen verlieren die Anlagegüter z. B. durch Nutzung und Gebrauch, Umwelteinflüsse und den technischen Fortschritt an Wert.

Bilanz
→ Band 2, LF 8, Kap. 1

Beispiel

Die folgenden betriebsgewöhnlichen Ursachen führen zu einer Wertminderung bei Anlagegütern, deren Nutzung zeitlich begrenzt ist:

- **Nutzung/Gebrauch:** Ein Geschäftswagen fährt im Jahr 70 000 km und verliert durch den Gebrauch (Verschleiß) an Wert.
- **Umwelteinflüsse:** Die Einkaufswagen eines Verbrauchermarktes werden im Laufe der Jahre durch die Witterungseinflüsse rostig und damit unbrauchbar.
- **technischer Fortschritt:** Der neu angeschaffte Laptop verliert aufgrund der Entwicklung neuer und schnellerer Prozessoren an Wert.

Da diese Wertminderungen zu erwarten sind, spricht man auch von **planmäßigen Wertminderungen**. Daneben kann der Wert eines Anlagegutes natürlich auch durch überraschende Ereignisse gemindert werden, die kein Unternehmer vorhersehen kann, sogenannte **außerplanmäßige Wertminderungen**.

Beispiel

- **Unfall:** Der Geschäftswagen erleidet durch einen Unfall einen Totalschaden und kann nur noch verschrottet werden.
- **Umweltverschmutzung:** Auf dem Grundstück eines Einzelhandelsunternehmens werden überraschend Giftstoffe entdeckt. Die gesamte Erde muss abgetragen werden.
- **wirtschaftspolitische Entscheidungen:** Durch die Einführung des Dosenpfandes sank die Nachfrage nach Getränkedosen erheblich. Dadurch sank auch der Wert der Herstellungsmaschinen für Getränkedosen. .

Aufgrund der Wertminderungen spiegelt der Bilanzwert der Anlagegüter, der bei der Anschaffung bilanziert wurde, nicht den tatsächlichen Wert der Anlagegüter im Verlauf der Nutzungsjahre wider. Er muss also angepasst werden, denn für die Beurteilung der wirtschaftlichen Lage eines Unternehmens ist die Höhe seines Anlagevermögens von besonderer Bedeutung. Er muss vorsichtig die Realität des Unternehmens darstellen.

Gläubiger oder mögliche Investoren, die sich anhand der Bilanz einen Eindruck über die Vermögenssituation eines Unternehmens verschaffen, dürfen nicht in die Irre geführt werden. Dies schreibt das **Vorsichtsprinzip** nach § 252 HGB vor, demnach sind die Bewertungen des Anlagevermögens stets mit Vorsicht vorzunehmen, d. h., es ist eher ein niedrigerer Wert als ein zu hoher Wert anzusetzen. Das Vorsichtsprinzip dient also dem Gläubiger- und Investorenschutz und wird bei der Bewertung des Anlagevermögens durch das **Niederstwertprinzip** § 253 HGB umgesetzt. Hiernach ist bei mehreren möglichen Bewertungsansätzen stets der niedrigere Wert eines Anlagegutes zu wählen, Höchstgrenze für einen Gegenstand des Anlagevermögens bleiben aber stets die Anschaffungskosten.

Hieraus leitet sich die Pflicht zur Wertkorrektur ab:

§ 253 HGB

3) Bei Vermögensgegenständen des Anlagevermögens, deren Nutzung zeitlich begrenzt ist, sind die Anschaffungs- oder die Herstellungskosten um planmäßige Abschreibungen zu vermindern.

Abschreibung
Absetzung für Abnutzung = AfA

Aufwand
→ Band 2, LF 8, Exkurs, Kap. 3
Technik der doppelten Buchführung

Um dem Vorsichtsprinzip zu entsprechen, müssen die Wertminderungen des Anlagevermögens in Euro ausgedrückt und in der Bilanz erfasst werden. Dies wird möglich durch die sogenannte Abschreibung. Die Abschreibung geht als Aufwand in die Gewinn- und Verlustrechnung ein und vermindert den laufenden Wert des Anlagegutes in der Bilanz.

3.3 Abschreibung von Anlagegütern

Grundstücke sind **nicht abnutzbare Anlagegüter** und werden nicht planmäßig abgeschrieben

Unternehmer sind verpflichtet für abnutzbare Anlagegüter eine **planmäßige Abschreibung** vorzunehmen, indem Sie einen **Abschreibungsplan** für das Anlagegut bei Anschaffung erstellen. Diese Abschreibungspläne geben konkrete Eurobeträge für die jährliche Wertminderung an, allerdings sind diese geplanten Werte laut Abschreibungsplan auch nur Schätzwerte, die versuchen, die Wertminderung u. a. in Abhängigkeit der betriebsgewöhnlichen Nutzungsdauer näherungsweise zu berechnen. Für die Berechnung des Abschreibungsbetrags spielt die betriebsgewöhnliche Nutzungsdauer eine entscheidende Rolle.

Bei der **linearen Abschreibung** werden die Anschaffungskosten gleichmäßig auf die betriebliche Nutzungsdauer verteilt. Die **jährlich gleich bleibenden** Abschreibungsbeträge werden von den Anschaffungskosten abgerechnet oder, wie der Fachmann sagt, abgeschrieben. Hierzu muss zunächst die Nutzungsdauer des jeweiligen Anlagegutes ermittelt werden. Die betriebsgewöhnliche Nutzungsdauer wird für annähernd jedes Anlagegut vom Bundesfinanzministerium festgelegt und kann dort den so genannten **AfA-Tabellen** entnommen werden.

www.bundesfinanzministerium.de

Auszug aus der AfA-Tabelle für die allgemein verwendbaren Anlagegüter *

Anlagegüter	Nutzungsdauer in Jahren
Betriebsanlagen allgemeiner Art	
Ladeneinbauten, Gaststätteneinbauten, Schaufensteranlagen und -einbauten	8
Lichtreklame	9
Schaukästen, Vitrinen	9
Fahrzeuge	
Personenkraftwagen und Kombiwagen	6
Lastkraftwagen, Sattelschlepper, Kipper	9
Betriebs- und Geschäftsausstattung	
Wirtschaftsgüter der Ladeneinrichtung	8
Kühleinrichtungen	8
Workstations, Personalcomputer, Notebooks und deren Peripheriegeräte (Drucker, Scanner, Bildschirm u. Ä.)	3

* Die Tabelle gilt für alle Anlagegüter, die nach dem 31.12.2005 angeschafft oder hergestellt worden sind.

Die jährliche Abschreibung (AfA) lässt sich berechnen, indem die Anschaffungskosten durch die Nutzungsdauer dividiert wird.

Berechnung der jährlichen Abschreibung

$$\text{Jahresabschreibung (AfA)} = \frac{\text{Anschaffungskosten in €}}{\text{Nutzungsdauer in Jahren}}$$

Beispiel

Die Beska GmbH kauft im Januar für ihre Verwaltung einen neuen Computer. Die Anschaffungskosten belaufen sich auf 2.400,00 €. Sie stehen in der Bilanz auf der Aktivseite. Die betriebsübliche Nutzungsdauer des Computers beträgt lt. AfA-Tabelle drei Jahre. Die jährliche lineare Abschreibung beträgt 800,00 €.

$$\frac{2.400{,}00\text{ €}}{3} = 800{,}00\text{ € Wertverlust pro Jahr}$$

Der Wertverlust von 800,00 € wird nun von den Anschaffungskosten abgezogen und der verbleibende Betrag (1.600,00 €) stellt den so genannten Restwert des Computers am Ende des ersten Nutzungsjahres dar. Zu Beginn des zweiten Nutzungsjahres wird dieser Computer dann mit dem Restwert des ersten Nutzungsjahres in der neuen Bilanz des folgenden Geschäftsjahres erfasst. Der Restwert des abgelaufenen Jahres stellt somit den Buchwert des folgenden Jahres dar.

Diese Berechnung wiederholt sich nun während der gesamten Nutzungsdauer des Computers:

Jahr	AfA	Restwert/Buchwert
1	800,00 €	1.600,00 €
2	800,00 €	800,00 €
3	799,00 €	1,00 €

Wird der Computer am Ende der Nutzungsdauer noch weiter genutzt, so werden im letzten Nutzungsjahr an Stelle des gesamten Abschreibungswertes von 800,00 € nur 799,00 € abgeschrieben. Der Computer erscheint mit einem Buchwert von 1,00 € weiterhin in der Bilanz.

  2.400,00 €
– 800,00 €
= 1.600,00 € Restwert

Buchwert
Anschaffungskosten des ersten Jahres bzw. Restwerte der folgenden Jahre

Berechnung des linearen Abschreibungssatzes

$$\text{Abschreibungssatz (AfA-Satz)} = \frac{100\,\%}{\text{Nutzungsdauer in Jahren}}$$

Beispiel

$$\text{AfA-Satz} = \frac{100\,\%}{3} = 33{,}33\,\%$$

Der AfA-Satz wird dann auf die Anschaffungskosten bezogen, sodass sich ein jährlich gleich bleibender Abschreibungsbetrag ergibt.

3.4 Geringwertige Wirtschaftsgüter (GWG)

Grundlage
§ 6 EStG

Der Einzelhändler ist bei der Anschaffung eines Anlagegutes dazu verpflichtet, dieses Anlagegut in das **Anlagenverzeichnis** zu übernehmen und einen **Abschreibungsplan** über die betriebsgewöhnliche Nutzungsdauer zu erstellen. Das Anlegen und Führen eines Anlagenverzeichnisses erfordert einen erheblichen Verwaltungsaufwand, dessen Nutzen bei Anschaffungsgütern, die nur geringe Anschaffungskosten aufweisen, kaum zu rechtfertigen ist.

Beispiel

Die Beska GmbH kauft einen neuen Bürostuhl für 334,00 € netto.
Laut AfA-Tabelle werden Büromöbel 13 Jahre betriebsbedingt abgeschrieben.
Die jährlichen Abschreibungsbeträge belaufen sich deshalb auf 25,69 €.

Wie sieht es also mit Anlagegütern aus, die langfristig genutzt werden, aber nur geringe Anschaffungskosten aufweisen? Um den Verwaltungsaufwand in den Unternehmen möglichst gering zu halten, lässt der Gesetzgeber für sogenannte geringwertige Wirtschaftsgüter andere Abschreibungsmöglichkeiten zu.

Geringwertige Wirtschaftsgüter

Ein geringwertiges Wirtschaftsgut liegt vor, wenn das Wirtschaftsgut beweglich und abnutzbar ist sowie eine eigenständige Nutzung ermöglicht und wenn die Anschaffungskosten einen bestimmten Wert nicht übersteigen.

Mit den GWG kann in Abhängigkeit der Höhe ihrer Anschaffungskosten unterschiedlich verfahren werden.

3.4.1 GWG mit Anschaffungskosten bis 250,00 €

Beispiel

Tischrechner: 98,90 €
Locher: 7,95 €

Alle GWG mit Anschaffungskosten bis 250,00 € können sofort bei Anschaffung in voller Höhe als Aufwand gebucht werden und werden somit auch nicht in der Bilanz erfasst. Hier liegt die sogenannte **Verbrauchsfiktion** zugrunde, die davon ausgeht, dass diese Anlagegüter mit geringem Wert keine lange Haltbarkeit aufweisen und quasi im Jahr der Anschaffung verbraucht werden. Natürlich besteht auch weiterhin die Möglichkeit, diese geringwertigen Wirtschaftsgüter statt dessen über die betriebliche Nutzungsdauer abzuschreiben.

3.4.2 GWG mit Anschaffungskosten über 250,00 €

Bei GWG, die über 250,00 € liegen, hat der Einzelhändler die Wahl zwischen der Abschreibung über Sammelposten und der Komplettabschreibung am Geschäftsjahresende. Allerdings muss er sein Wahlrecht einheitlich für ein Geschäftsjahr ausüben, im laufenden Geschäftsjahr kann er nicht zwischen den Wahlmöglichkeiten wechseln.

1. Abschreibung der GWG über Sammelposten
Diese Wahlmöglichkeit kann für GWG über 250,00 € bis 1.000,00 € angewandt werden. Hierzu werden alle neu angeschafften GWG eines Jahres in einem Sammelposten „geringwertige Wirtschaftsgüter 20XX“ zusammengefasst und gemeinsam über 5 Jahre linear mit 20 % abgeschrieben. Für das kommende Geschäftsjahr wird für die in diesem Jahr angeschafften GWG wiederum ein neuer Sammelposten eröffnet, der dann auch wieder über 5 Jahre mit 20 % abgeschrieben wird.

Beispiel

Sammelposten 20X1:

Bürostuhl:	269,99 €
Halogentischleuchte:	489,00 €
Tischkopierer:	279,63 €
	1.038,62 €

AFA-Betrag für Sammelposten 20X1 in den Jahren 20X1–20X5:

$$\frac{1.038,62\ € \cdot 20}{100} = 207,72\ €$$

Anlagegüter, deren Wert die 1.000,00 € netto überschreiten, müssen über die betriebsgewöhnliche Nutzungsdauer abgeschrieben werden.

2. Komplettabschreibung der GWG am Geschäftsjahresende

Der Unternehmer kann alternativ zur ersten Wahlmöglichkeit Anlagegüter mit Anschaffungskosten über 250,00 € bis 800,00 € als geringwertige Wirtschaftsgüter am Jahresende der Anschaffung in voller Höhe abschreiben. Hierfür werden die GWG bei ihrer Anschaffung zunächst in ein Anlagenverzeichnis eingetragen und am Jahresende durch die komplette Abschreibung aus dem Verzeichnis wieder gelöscht. Anlagegüter, deren Anschaffungskosten 800,00 € überschreiten, **müssen** bei Wahl dieser Möglichkeit über die betriebsbedingte Nutzungsdauer abgeschrieben werden.

Komplettabschreibung der GWG am Jahresende

Situation: Kauf eines Schreibtischstuhls für 350,00 €
Analyse: 250,00 € < Wert des Anlagegutes < 800,00 €,
Umsetzung:
- Aufnahme des GWG in das Anlagenverzeichnis
- Komplettabschreibung zum Jahresende

Anlagegut	**Schreibtischstuhl**	
Anschaffungskosten	350,00 €	
Jahr der Anschaffung	20X1	
Nutzungsdauer	Abschreibung zum Ende des 1. Anschaffungsjahres	
Abschreibungsmethode	Sofortabschreibung als GWG	
Ende Jahr	AfA	Restwert/Buchwert
20X1	350,00 €	0,00 €

Situation: Kauf eines PC für 960,00 € netto
Analyse: 800,00 € < Wert des Anlagegutes
Umsetzung:
- Erstellung eines Abschreibungsplans für die Anschaffung des PC
- Aufnahme des PC in das Anlagenverzeichnis
- Abschreibung des PC über die betriebsgewöhnliche Nutzungsdauer

Anlagegut	**PC**	
Anschaffungskosten	960,00 €	
Jahr der Anschaffung	20X1	
Nutzungsdauer	3 Jahre	
Abschreibungsmethode	lineare Abschreibung	
Ende Jahr	AfA	Restwert/Buchwert
20X1	320,00 €	640,00 €
20X2	320,00 €	320,00 €
20X3	320,00 €	0,00 €

3.5 Verkauf gebrauchter Anlagegüter

Anlagegüter können vom Unternehmen auch vor Ablauf der berechneten Nutzungsdauer verkauft werden. Je nach dem erzielten Verkaufspreis für das Anlagegut sind drei Fälle zu unterscheiden.

Nettoverkaufspreis = Buchwert

Beispiel

Die Beska GmbH verkauft einen Firmenwagen für 8.000,00 Euro netto an einen Privatmann. Der Buchwert des Firmenwagens beträgt ebenfalls 8.000,00 Euro. Ein Ertrag bzw. Aufwand ist nicht entstanden.

Nettoverkaufspreis – Buchwert = 0,00 €
8.000,00 € – 8.000,00 € = 0,00 €

Durch den Verkauf und das damit verbundene Ausscheiden des Anlagegutes aus dem Anlagevermögen wird das Anlagegut nicht mehr in der Bilanz erfasst.

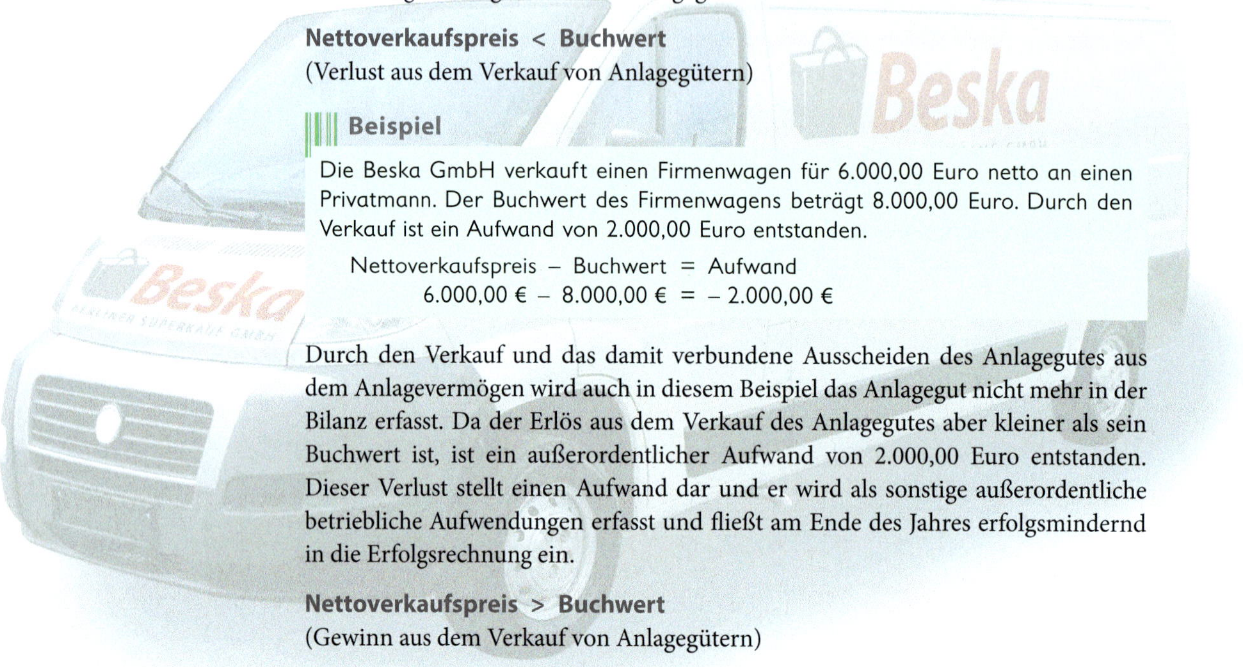

Nettoverkaufspreis < Buchwert
(Verlust aus dem Verkauf von Anlagegütern)

Beispiel

Die Beska GmbH verkauft einen Firmenwagen für 6.000,00 Euro netto an einen Privatmann. Der Buchwert des Firmenwagens beträgt 8.000,00 Euro. Durch den Verkauf ist ein Aufwand von 2.000,00 Euro entstanden.

Nettoverkaufspreis – Buchwert = Aufwand
6.000,00 € – 8.000,00 € = – 2.000,00 €

Durch den Verkauf und das damit verbundene Ausscheiden des Anlagegutes aus dem Anlagevermögen wird auch in diesem Beispiel das Anlagegut nicht mehr in der Bilanz erfasst. Da der Erlös aus dem Verkauf des Anlagegutes aber kleiner als sein Buchwert ist, ist ein außerordentlicher Aufwand von 2.000,00 Euro entstanden. Dieser Verlust stellt einen Aufwand dar und er wird als sonstige außerordentliche betriebliche Aufwendungen erfasst und fließt am Ende des Jahres erfolgsmindernd in die Erfolgsrechnung ein.

Nettoverkaufspreis > Buchwert
(Gewinn aus dem Verkauf von Anlagegütern)

Beispiel

Die Beska GmbH verkauft einen Firmenwagen für 9.000,00 Euro netto an einen Privatmann. Der Buchwert des Firmenwagens beträgt 8.000,00 Euro. Durch den Verkauf ist ein Ertrag von 1.000,00 Euro entstanden.

Nettoverkaufspreis – Buchwert = Ertrag
9.000,00 € – 8.000,00 € = 1.000,00 €

Durch den Verkauf und das damit verbundene Ausscheiden des Anlagegutes aus dem Anlagevermögen ist dieses Anlagegut nicht mehr in der Bilanz des Einzelhändlers erfasst. Da der Erlös aus dem Verkauf des Anlagegutes aber größer als der Buchwert ist, ist hier ein Ertrag in Höhe von 1.000,00 Euro entstanden. Dieser Ertrag wird als sonstiger außerordentlicher betrieblicher Ertrag erfasst und ebenfalls am Ende des Jahres in der Erfolgsrechnung erfolgssteigernd berücksichtigt.

3.6 Auswirkungen der Abschreibungen

Die Dokumentation der Wertminderungen im Anlagevermögen ist laut § 253 HGB gesetzlich vorgeschrieben. Die daraus resultierenden Verwaltungsaufgaben für einen Einzelhändler verursachen einen entsprechenden Verwaltungsaufwand in der Abteilung Rechnungswesen. Nicht selten richten große Unternehmen eine Unterabteilung „Anlagenverwaltung“ ein, um diesen Arbeitsaufwand zu bewältigen.

Warum der Gesetzgeber diese Dokumentation fordert, klang in den vorherigen Kapiteln bereits an, soll hier aber noch einmal Erwähnung finden. Weiterhin bietet die Abschreibung für den Einzelhändler aber auch klare Vorteile, auch diese sollen hier erläutert werden.

3.6.1 Buchhalterische Abschreibung

Auswirkung auf die Bilanz

Der Gesetzgeber fordert vom Kaufmann laut HGB die Einhaltung des Vorsichtsprinzips:

Vorsichts- und Niederstwertprinzip
→ LF 11, Kap. 3.2

§ 252 Allgemeine Bewertungsgrundsätze

(1) Bei der Bewertung der im Jahresabschluss ausgewiesenen Vermögensgegenstände und Schulden gilt insbesondere Folgendes: […]
   4. Es ist vorsichtig zu bewerten, namentlich sind alle vorhersehbaren Risiken und Verluste, die bis zum Abschlussstichtag entstanden sind, zu berücksichtigen, selbst wenn diese erst zwischen dem Abschlussstichtag und dem Tag der Aufstellung des Jahresabschlusses bekannt geworden sind; Gewinne sind nur zu berücksichtigen, wenn sie am Abschlussstichtag realisiert sind.

Als konkrete Bewertungsvorschrift resultiert hieraus das Niederstwertprinzip, demnach der Kaufmann sein Anlagevermögen stets vorsichtig zu bewerten hat.

Die Werte eines Anlagegutes in der Bilanz sind folglich am Ende eines Geschäftsjahres zu korrigieren, denn ein jedes Anlagegut, außer Grundstücke, verliert durch die Nutzung planmäßig an Wert. Die Korrektur der Bilanzwerte erfolgt durch die Abschreibung, die die Wertminderung in Euro ausdrückt. Somit setzt der Einzelhändler das kaufmännische Vorsichtsprinzip um und stellt sicher, dass sein Anlagevermögen nie zu hohe Werte ausweist und mögliche Investoren und Gläubiger nicht getäuscht werden.

Auswirkung auf den Gewinn

Durch die Abschreibung wird der Wertverlust des Anlagevermögens quantifiziert (zahlenmäßig ausgedrückt) und in den Geschäftsunterlagen vermerkt. Diese Wertminderung wird als **Aufwand** gebucht, der wiederum den Gewinn verringert, wodurch die gewinnabhängigen Steuern sinken.

Aufwand
Darunter fallen z.B. Löhne und Gehälter, Zinszahlungen, Mietaufwendungen usw. Durch sie wird das Eigenkapital des Unternehmens gemindert.
→ Band 2, LF 8, Kap. 3

Würde ein Unternehmen nicht abschreiben, d. h. den Wertverlust des Anlagevermögens in den Finanzbüchern nicht vermerken, dann würde es die Chance vertun, den Wertverlust gewinnmindernd im GuV-Konto zu buchen, somit seinen Gewinn zu reduzieren und dadurch seine gewinnabhängigen Steuern zu senken.

Gewinn- und Verlustrechnung
→ Band 2, LF 8, Kap. 3

3.6.2 Kalkulatorische Abschreibung als Finanzierungsmöglichkeit

Stellt die buchhalterische Abschreibung die Pflicht dar, die gesetzlich vorgeschrieben ist und im Rahmen der Finanzbuchhaltung durchgeführt werden muss, kommen wir nun zur Kür, zur kalkulatorischen Abschreibung. Diese kalkulatorische Betrachtung der Abschreibung ist freiwillig und es bleibt jedem Unternehmen überlassen, ob es betriebsindividuell kalkulatorisch abschreiben möchte oder nicht.

Wenn ein Unternehmen an einer kostendeckenden Verkaufskalkulation interessiert ist, dann sollte es kalkulatorisch abschreiben, denn dadurch kann es die Finanzierung der Anlagegüter am Ende ihrer Nutzungsdauer sicherstellen.

Bei der kalkulatorischen Abschreibung berücksichtigt der Unternehmer die jährlichen Abschreibungsbeträge (= Wertminderung) als weitere Handlungskosten bei der Verkaufspreiskalkulation und rechnet diese mit in die Verkaufspreise ein. Bei Zahlung des Verkaufspreises bezahlt somit der Kunde anteilsmäßig auch für die Wertminderung der Anlagegüter. Dieses Geld „legt der Unternehmer auf Seite" und kann dann aus dieser „Spardose" am Ende der Nutzungsdauer die Neuanschaffung des Anlagegutes finanzieren.

Häufig reichen aber die so beschafften finanziellen Mittel nicht aus, um die Neuanschaffung des Anlagegutes zu finanzieren, weil in der Zwischenzeit die Preise für das Anlagegut gestiegen sind. Deshalb geht die kalkulatorische Abschreibung im Gegensatz zur buchhalterischen Abschreibung, die immer die Anschaffungskosten zugrunde legt, bei der Berechnung der jährlichen Abschreibungsbeträge von den geschätzten Wiederbeschaffungskosten des Anlagegutes aus. Da die kalkulatorische Abschreibung keinen steuerrechtlichen Vorgaben unterliegt, ist dies rechtlich zulässig. Schließlich ist es jedem Einzelhändler selbst überlassen, welche Kosten er in seine Verkaufspreise einkalkuliert. Je höher allerdings die angesetzten Kosten sind, desto höher sind auch die Verkaufspreise. Das muss der Einzelhändler berücksichtigen, da höhere Verkaufspreise auch zu Umsatzrückgängen führen können, wenn die Verkaufspreise nicht mehr wettbewerbsfähig sind.

Auch muss sich die kalkulatorische Abschreibung nicht an die steuerrechtlich vorgeschriebene betriebsgewöhnliche Nutzungsdauer halten. Das Unternehmen kann bei der kalkulatorischen Abschreibung hiervon abweichen und davon ausgehen, dass sie das Anlagegut länger oder auch kürzer nutzen möchte.

Beispiel

Die Beska GmbH kauft einen neuen Geschäftswagen für den Geschäftsführer für 45.000,00 € netto. Die betriebsgewöhnliche Nutzungsdauer lt. AfA-Tabelle beträgt 6 Jahre. Der Geschäftsführer hat aber schon mitgeteilt, dass er diesen Wagen nur 4 Jahre fahren wird und dann einen neuen Geschäftswagen übernehmen wird. Dieser Neuwagen, der in 4 Jahren angeschafft wird, hat voraussichtlich einen Preis in Höhe von 50.000,00 €.

Buchhalterische Abschreibung	Kalkulatorische Abschreibung
Afa: $\frac{\text{Anschaffungskosten}}{\text{Nutzungsdauer}}$	Afa: $\frac{\text{Wiederbeschaffungskosten}}{\text{voraussichtliche Nutzungsdauer}}$
AfA: $\frac{45.000{,}00\ €}{6} = 7.500{,}00\ €$	AfA: $\frac{50.000{,}00\ €}{4} = 12.500{,}00\ €$

Abschreibung

Kriterium	buchhalterische Abschreibung	kalkulatorische Abschreibung
Rechtsgrundlage	• HGB • Steuerrecht (Abgabenordnung)	keine gesetzlichen Vorgaben, betriebsindividuelle Handhabung
Nutzung	betriebsexterne Nutzung vonseiten der Finanzbehörde und Investoren, Gläubigern	betriebsinterne Nutzung für unternehmerische Entscheidungen
Berechnungsgrundlage	Anschaffungskosten als gesetzlich vorgeschriebene Höchstgrenze	geschätzter Wiederbeschaffungswert
Nutzungsdauer	AfA-Tabelle laut Finanzministerium	voraussichtliche Nutzungsdauer des jeweiligen Unternehmens
Ziel	• Bewertung der Vermögenswerte nach dem Niederstwertprinzip • Minderung der gewinnabhängigen Steuern	Kalkulation der Verkaufspreise unter Berücksichtigung einer realistischen Wertminderung im Anlagevermögen

ALLES KLAR?

1 Was kennzeichnet das Anlagevermögen?

2 Nennen Sie fünf Beispiele, die zum Anlagevermögen des Einzelhändlers gehören.

3 Für die Anschaffung eines neuen Anlagegutes bezahlt der Einzelhändler einen Kaufpreis sowie meistens noch weitere Kosten, sogenannte Anschaffungsnebenkosten. Nennen Sie Beispiele, welche Nebenkosten bei der Anschaffung von Anlagegütern anfallen können?

4 Wodurch kann der Listeneinkaufspreis für eine Verkaufstheke sinken? Nennen Sie Beispiele.

5 In der Bilanz wird das neue Anlagegut mit den gesamten Anschaffungskosten ausgewiesen. Wie berechnet man die Anschaffungskosten?

6 Zeitgleich zur Anschaffung eines Anlagegutes können noch weitere Kosten anfallen, die aber nicht zu den Anschaffungsnebenkosten zählen. Sie erhöhen als wiederkehrende Kosten nicht die Anschaffungskosten. Wie unterscheiden sich wiederkehrende Kosten von Anschaffungsnebenkosten?

7 Ein angeschafftes Anlagegut ist z. B. nach zwei Jahren nicht mehr so viel Wert wie zum Zeitpunkt der Anschaffung. Wodurch verliert ein Anlagegut an Wert?

8 Ein Einzelhändler kauft ein SB-Verkaufssystem für Brot und Backwaren. Welche der folgenden Kosten zählen zu den Anschaffungskosten?

a) Wartungskosten
b) Tüten für die SB-Warenentnahme
c) Personalkosten für die erste Reinigung vor der Inbetriebnahme
d) Bearbeitungsgebühr für die Aufnahme eines Darlehens
e) nachträgliche Montage eines Kühlmoduls

9 Nennen Sie Beispiele für wiederkehrende Kosten, die keine Anschaffungsnebenkosten sind.

10 Welche Aussagen zur AfA sind im Zusammenhang mit der linearen Abschreibung richtig?

a) AfA ist die Abkürzung für Abschreibung für Anlagen.
b) Der Wertverlust eines Anlagegutes wird mithilfe der AfA in Euro ausgedrückt.
c) Die jährliche AfA wird durch Division der Anschaffungskosten mit der Nutzungsdauer in Jahren berechnet.
d) Das Bundesministerium für Wirtschaft und Energie legt die betriebsgewöhnliche Nutzungsdauer für jedes Anlagegut in AfA-Tabellen fest.
e) Der AfA-Satz gibt die jährliche Abschreibung in Euro an.

11 Ein Einzelhändler kauft eine Vitrine zum Bruttorechnungsbetrag von 9.639,00 €. Die Vitrine wird linear abgeschrieben. Sie soll länger als die in der AfA-Tabelle angegebenen Nutzungsjahre betrieblich genutzt werden. Welche Berechnungen sind richtig?

a) Die Vitrine wird jährlich mit 1.071,00 € abgeschrieben.
b) Der AfA-Satz beträgt 12,5 %.
c) Der Buchwert/Restwert nach dem zweiten Nutzungsjahr beträgt 6.300,00 €.
d) Der Abschreibungsbetrag im letzten Jahr der Nutzung nach der AfA-Tabelle beträgt 900,00 €.
e) Der Buchwert beträgt nach Ablauf der betriebsgewöhnlichen Nutzungsdauer 1,00 €.

12 Wie verteilt man die Anschaffungskosten bei der linearen Abschreibung auf die Nutzungsdauer?

13 Welche Kriterien muss ein Anlagegut aufweisen, um als geringwertiges Wirtschaftsgut zu gelten?

14 Geringwertige Wirtschaftsgüter werden grundsätzlich nicht in der Bilanz erfasst, wenn sie einen Wert von …

a) 200,00 € nicht übersteigen.
b) 1.000,00 € nicht übersteigen.
c) 251,00 € unterschreiten.
d) 251,00 € nicht übersteigen.
e) 800,00 € nicht übersteigen.

15 Wie verfährt man buchmäßig mit geringwertigen Wirtschaftsgütern?

16 Welche der folgenden Wirtschaftsgüter werden nicht im Anlagevermögen der Bilanz erfasst? Begründen Sie Ihre Antworten.

Kaufpreis (netto) …

a)	für Büroflächen:	90.000,00 €
b)	eines Multifunktionsgeräts (Print, Fax, Scan, Copy):	180,00 €
c)	von Kopierpapier:	80,00 €
d)	eines Bürostuhls:	1.200,00 €
e)	eines Wert- und Brandschutztresors:	965,00 €

17 Ein Unternehmer entscheidet sich hinsichtlich der im Jahr angeschafften geringwertigen Wirtschaftsgüter für die Buchung im Sammelposten.

a) Welche Wirtschaftsgüter dürfen im Sammelposten zusammengefasst werden?
b) Mit wie viel Prozent werden die im Sammelposten gebuchten Wirtschaftsgüter jährlich abgeschrieben?
c) Darf der Unternehmer innerhalb des Jahres für die verschiedenen geringwertigen Wirtschaftsgüter unterschiedliche Bewertungsmöglichkeiten anwenden?

18 Ein Einzelhändler verkauft ein betrieblich genutztes Fahrzeug nach drei Jahren der Nutzung für 19.635,00 € brutto. Der Buchwert des Fahrzeugs beträgt 15.0000,00 €. Welche Aussage ist zutreffend?

a) Die Anschaffungskosten des Fahrzeugs betragen 39.270,00 €.
b) Der jährliche Abschreibungsbetrag beträgt bei gleichmäßiger Abschreibung 5.000,00 €.
c) Der Einzelhändler hat durch den Fahrzeugverkauf einen außerordentlichen Ertrag von 4.635,00 € erzielt.
d) Der Einzelhändler muss einen außerordentlichen Aufwand von 1.500,00 € buchen.
e) Die Höhe des Anlagevermögens mindert sich durch den Verkauf um 16.500,00 €.

19 Wie wirken sich die Abschreibungen auf die Höhe des Jahresgewinns aus?

20 Warum sollte ein Einzelhändler seine Abschreibungen als Handlungskosten mit in seine Preise einkalkulieren?

21 Im Unterschied zu der bilanzmäßigen Abschreibung wird bei der kalkulatorischen Abschreibung …

a) ein tatsächlicher, verbrauchsbedingter Werteverzehr abgebildet.
b) die Nutzungsdauer rechtlich vorgegeben.
c) ein wirklichkeitsnaher Restwert/Buchwert, der einem Verkaufspreis am Markt entspricht, ermittelt.
d) von jährlich gleichbleibenden Abschreibungsbeträgen ausgegangen.
e) von einer unternehmensindividuellen Nutzung des Anlagegutes ausgegangen.

4 Kosten- und Leistungsrechnung

Lernsituation 80

In der Finanzbuchhaltung werden alle Geschäftsfälle des Unternehmens nach handels- und steuerrechtlichen Vorschriften erfasst. Als ein Ergebnis der Finanzbuchhaltung werden in der Gewinn- und Verlustrechnung alle Erträge und alle Aufwendungen des Unternehmens einander gegenübergestellt, sodass als Ergebnis der Finanzbuchhaltung der Unternehmenserfolg des Einzelhändlers ermittelt wird.

Gewinn und Verlust
→ Band 2, LF 8, Kap. 3

Gewinn- und Verlustrechnung

Aufwendungen	Gewinn und Verlust Erträge
• für Waren (Wareneinsatz) • für das Personal (Löhne/Gehälter) • für angemietete Lagerräume (Mietaufwendungen) • für geliehenes Kapital (Zinsaufwendungen)	• aus dem Verkauf von Waren (Umsatzerlöse) • aus der Vermietung von Lagerräumen (Mieterträge) • aus der Verpachtung eines Parkplatzes (Pachterträge) • aus Kapitalanlagen (Zinserträge)
↓	↓
Aufwendungen mindern das Eigenkapital.	Erträge mehren das Eigenkapital.

Reingewinn und
Reinverlust
→ Band 2, LF 8, Kap. 3.2

- positiver Erfolg = Reingewinn (Aufwendungen $<$ Erträge)
- negativer Erfolg = Reinverlust (Aufwendungen $>$ Erträge)

Für den Einzelhändler ist der Reingewinn aus der Gewinn- und Verlustrechnung als **Unternehmensergebnis** interessant. Unter anderem hängt hiervon seine zu zahlende Steuerlast ab. Der Reingewinn gibt Auskunft darüber, wie erfolgreich der Einzelhändler in seinem gesamten unternehmerischen Handeln insgesamt war. Wenn das Unternehmensergebnis insgesamt positiv ausfällt, d. h. ein Reingewinn vorliegt, dann kann der Einzelhändler zunächst zufrieden sein, denn sein Unternehmen hat sich gelohnt.

Dennoch wirft das Gesamtergebnis der Finanzbuchhaltung, die Gewinn- und Verlustrechnung, für den Einzelhändler weitergehende wichtige Fragen auf, die mit Hilfe der Finanzbuchhaltung nicht beantwortet werden können:
- Lohnt sich die betriebliche Tätigkeit, der Handel mit Waren, eigentlich noch? Vielleicht verdient das Unternehmen mittlerweile mehr Geld mit der Vermietung von Immobilien?
- Welche Abteilungen des Einzelhandelsunternehmens sind eigentlich besonders erfolgreich und welche weniger?
- Wo entstehen die Kosten und wie werden sie gerecht verteilt?
- Wie ertragreich sind die einzelnen Artikel des Sortiments und welche Rückschlüsse können daraus für die Sortimentsbildung gezogen werden?
- Wie viele Artikel müssen von einem bestimmten Artikel verkauft werden, damit dieser Artikel Gewinn erwirtschaftet?

Antworten auf diese Fragen liefert die Kosten- und Leistungsrechnung eines Unternehmens.

Betriebliches Rechnungswesen

↓ **Finanzbuchführung**: Erfassung und Auswertung der finanziellen Geschäftsprozesse für außenstehend (externe) Interessierte, wie z. B. Banken, Kapitalgeber, Finanzbehörden und Arbeitnehmer

↓ **Kosten- und Leistungsrechnung**: internes Planungs-, Steuerungs- und Kontrollinstrument zur Erfassung der eigentlichen betrieblichen Tätigkeit im Einzelhandelsunternehmen

In der **Kosten- und Leistungsrechnung (KLR)** werden nur die Werte aus der Finanzbuchführung verwendet, die mit der eigentlichen betrieblichen Tätigkeit im Zusammenhang stehen. Das sind alle Tätigkeiten, die mit dem An- und Verkauf von Waren verbunden sind. Die erbrachten Leistungen (Umsatzerlöse) und die dadurch entstandenen Kosten werden in der Kosten- und Leistungsrechnung einander gegenübergestellt. Das Zahlenmaterial der Kosten- und Leistungsrechnung dient zur Planung, Steuerung und Kontrolle von betrieblichen Prozessen. Die KLR ist wegen der ausschließlich internen Nutzung **nicht an gesetzliche Vorschriften gebunden**. Da aufgrund dieser Daten wichtige betriebliche Entscheidungen getroffen werden, ist die Kosten- und Leistungsrechnung als Schaltzentrale des Unternehmens anzusehen.

Die Kosten- und Leistungsrechnung beinhaltet folgende Teilgebiete:

- In der **Kostenartenrechnung** werden die Kosten erfasst und gegliedert, d. h., hier wird die Frage beantwortet: Welche Aufwendungen sind auch als Kosten zu verstehen, d. h. welche Aufwendungen sind z. B. durch Beschaffung, Lager, Absatz und Verwaltung entstanden?

Kostenartenrechnung → LF 11, Kap. 4.1

- In der **Kostenstellenrechnung** wird festgestellt, in welchem Unternehmensbereich (z. B. Einkauf, Verkauf und Lager) die Kosten angefallen sind.

Kostenstellenrechnung → LF 11, Kap. 4.2

- In der **Kostenträgerstückrechnung** werden die Kosten den einzelnen Artikeln zugerechnet, die sie auf der Grundlage der kalkulierten Verkaufspreise „verdienen“ müssen.

Kostenträgerstückrechnung → LF 11, Kap. 4.3

- In der **Deckungsbeitragsrechnung** (Teilkostenrechnung) wird zwischen variablen und fixen Kosten unterschieden, um kurzfristige sortimentspolitische Entscheidungen treffen zu können.

Deckungsbeitragsrechnung → LF 11, Kap. 4.4

- In der **kurzfristigen Erfolgsrechnung** wird anhand aktueller Zahlen aus dem Warenwirtschaftssystem eine ständige Erfolgsanalyse durchgeführt, z. B. mit Renner- und Pennerlisten.

kurzfristige Erfolgsrechnung → LF 11, Kap. 4.5

Kostenrechnung

↓ **Vollkostenrechnung**
- ↓ **Kostenartenrechnung**: Welche Kosten sind entstanden?
- ↓ **Kostenstellenrechnung**: Wo sind die Kosten entstanden?
- ↓ **Kostenträgerstückrechnung**: In welcher Höhe werden die Kosten von den einzelnen Produkten getragen?

↓ **Teilkostenrechnung**
- ↓ **Deckungsbeitragsrechnung**: Welchen Beitrag leisten die einzelnen Produkte zur Deckung der Fixkosten?

↓ **kurzfristige Erfolgsrechnung**

4.1 Kostenartenrechnung

Betriebsergebnis
Erfolg der eigentlichen betrieblichen Tätigkeit, dem Handel mit Waren, die regelmäßig und periodengerecht erfolgt

Unternehmensergebnis
Erfolg des gesamten Unternehmens; so kann ein Einzelhändler neben der eigentlichen Betriebstätigkeit, dem Handel mit Waren, noch andere unternehmerische Tätigkeiten verfolgen, z.B. Handel mit Wertpapieren, Vermietung von Immobilien. Der Erfolg seiner gesamten unternehmerischen Tätigkeit ist in der Gewinn- und Verlustrechnung abzulesen.

Das Ziel der Kostenartenrechnung ist die Ermittlung des Betriebsergebnisses durch den Vergleich von Leistungen und Kosten. Anhand des Betriebsergebnisses überprüft der Einzelhändler, ob seine eigentliche betriebliche Tätigkeit, Einkauf und Verkauf von Waren, erfolgreich war. Ein positives Unternehmensergebnis laut Gewinn- und Verlustrechnung gibt hierüber keine Auskunft, denn der Reingewinn kann auch aus dem Ertrag einer Immobilienvermietung stammen. Ebenso kann ein Verlust lt. Gewinn- und Verlustrechnung durch Aufwendungen für Wertpapierverluste verursacht worden sein, die größer waren als die Erträge aus dem Warengeschäft.

Beispiel

In einem Einzelhandelsunternehmen sind die Erträge um 108.370,00 Euro größer als die Aufwendungen. Bei näherer Betrachtung der Gewinn- und Verlustrechnung ist festzustellen, dass sich dieser Gewinn zusätzlich durch Mieteinnahmen und Zinserträge ergeben hat. Diese Miet- und Zinseinnahmen sind nicht direkt aus dem eigentlichen Betriebszweck entstanden. Sie haben mit der eigentlichen Betriebstätigkeit, dem An- und Verkauf von Waren, unmittelbar nichts zu tun.

Gewinn- und Verlustrechnung
→ Band 2, LF 8, Kap. 3

Um das reine Betriebsergebnis eines Einzelhandelsunternehmens zu ermitteln, muss in der Kostenartenrechnung jeder Ertrag in der Gewinn- und Verlustrechnung untersucht werden, ob er als Leistung in das Betriebsergebnis eingehen darf. Ebenso muss jede Aufwandsart untersucht werden, ob sie als Kosten in das Betriebsergebnis eingehen darf. Nicht jeder Aufwand aus der Gewinn- und Verlustrechnung stellt eine Kostenart und nicht jede Ertragsart stellt eine Leistung dar. Nur wenn eine Aufwendung und ein Ertrag bestimmte Merkmale erfüllen, gelten Sie als **Kosten** und **Leistung**.

Kosten/Leistungen in der Kosten- und Leistungsrechnung

Kosten	Leistungen
• Kosten sind betriebliche Aufwendungen, die mit der betrieblichen Leistungserstellung im Rahmen der normalen Geschäftstätigkeit anfallen. Beispiele: • Löhne der Mitarbeiter • Aufwendungen aufgrund von Wareneinkauf Merkmale: • betrieblich verursacht (sachzielbezogen) • regelmäßig/ordentlich • periodengerecht **Kosten erfüllen alle drei Merkmale!**	Leistungen sind betriebliche Erträge, die mit dem Verkauf von Waren und Dienstleistungen im Rahmen der normalen Geschäftstätigkeit anfallen. Beispiele: • Umsatzerlöse aufgrund von Warenverkauf • Vermietung von Handwerksgeräten Merkmale: • betrieblich verursacht (sachzielbezogen) • regelmäßig/ordentlich • periodengerecht **Leistungen erfüllen alle drei Merkmale!**

Durch diese Abgrenzungen werden die Zahlen der Gewinn- und Verlustrechnung um die Aufwendungen und Erträge bereinigt, die nicht durch den Betriebszweck verursacht sind und weder regelmäßig noch periodengerecht anfallen.

Diese **neutralen Aufwendungen und Erträge** sind deshalb für die weitere Bearbeitung in der KLR nicht wichtig. Würde der Einzelhandelsunternehmer Erträge oder Aufwendungen heranziehen, die nichts mit dem eigentlichen Betriebszweck oder der Leistungserstellung zu tun haben sowie nicht regelmäßig und nicht periodengerecht anfallen, würde das **Betriebsergebnis verfälscht**.

4.1.1 Betriebliche, zeitliche und sachliche Abgrenzungen

Neutrale Aufwendungen

Neutrale Aufwendungen sind entweder betriebsfremde, periodenfremde oder außerordentliche Aufwendungen.

- **Betriebsfremde Aufwendungen** stellen Aufwendungen dar, die mit der betrieblichen Tätigkeit eines Einzelhandelsunternehmens nichts zu tun haben.
- Zu den **periodenfremden Aufwendungen** zählen die Aufwendungen, die auf die letzte Abrechnungsperiode bezogen sind oder der zukünftigen Periode zuzurechnen sind.
- Zu den **außerordentlichen Aufwendungen** zählen die Aufwendungen, die unregelmäßig oder selten anfallen oder eine außerordentliche Höhe aufweisen.

Neutrale Erträge

Neutrale Erträge sind entweder betriebsfremde, periodenfremde oder außerordentliche Erträge.

- **Betriebsfremde Erträge** stellen Erträge dar, die mit der betrieblichen Tätigkeit eines Einzelhandelsunternehmens nichts zu tun haben.
- Zu den **periodenfremden Erträgen** zählen die Erträge, die auf die letzte Abrechnungsperiode bezogen sind.
- Zu den **außerordentlichen Erträgen** zählen die Erträge, die unregelmäßig oder selten anfallen oder eine außerordentliche Höhe aufweisen.

Beispiel

Neutrale Aufwendungen	Neutrale Erträge
betriebsfremde • Kosten für die Reparatur eines betrieblich nicht genutzten Gebäudes • Spenden eines Einzelhandelsunternehmens für den Förderverein einer Berufsschule	**betriebsfremde** Erträge aus dem Verkauf von Wertpapieren.
periodenfremde • Zahlung der Gewerbesteuer für das vergangene Geschäftsjahr. • Heizöl, welches im November geliefert wurde, ist für zehn Monate dem folgenden Jahr zuzurechnen	**periodenfremde** Rückerstattung von Steuern, die im vergangenen Geschäftsjahr zu viel an das Finanzamt gezahlt wurden
außerordentliche • Verluste aus einem unversicherten Brandschaden im Lager • Verluste aufgrund von Betrügereien • Verluste aus dem Verkauf gebrauchter Anlagegüter	**außerordentliche** Ertrag aus dem Verkauf eines Anlagegutes (Pkw)

Neutrale Aufwendungen und neutrale Erträge werden nach einer Abrechnungsperiode gegenübergestellt, um so ein neutrales Ergebnis zu ermitteln. Es wird als „neutral“ bezeichnet, weil es nicht aus der Kerntätigkeit, dem Ein- und Verkauf von Waren, entstanden ist.

Anlagegüter
→ LF 11, Kap. 3

4.1.2 Ergebnis der Kostenartenrechnung

Werden von Aufwendungen und Erträgen aus der Gewinn- und Verlustrechnung die neutralen Aufwendungen und neutralen Erträge abgezogen, bleiben die Kosten und Leistungen übrig. Dieser Vorgang wird als **Abgrenzungsrechnung** bezeichnet. Diese Abgrenzungsrechnung erfolgt meist mit Hilfe einer **Abgrenzungstabelle**.

Die Kostenartenrechnung untersucht die GuV im Berichtsjahr (sachliche Abgrenzungstabelle)

Aufwand/Ertrag laut der Finanzbuchhaltung (GuV-Rechnung)	Euro-Betrag	Aufwand/ Ertrag wurde betrieblich verursacht?	Aufwand/ Ertrag fällt periodengerecht an?	Aufwand/ Ertrag fällt regelmäßig an?
Aufwendungen für Waren	2.987.000,00	ja	ja	ja
Fremdinstandhaltung für das Mietshaus der Beska GmbH	197.000,00	nein	ja	nein
Gehaltsaufwendungen	320.100,00	ja	ja	ja
Stromaufwand	29.300,00	ja	ja	ja
Aufwand für Spenden	2.000,00	nein	ja	nein
außerordentlicher Aufwand durch Forderungsausfall	100.000,00	ja	ja	nein
AfA auf Sachanlagen	18.500,00	ja	ja	ja
Aufwand für Büromaterial	16.000,00	ja	ja	ja
außerordentlicher Aufwand aus Verkauf von AV	28.600,00	ja	ja	nein
Gewerbesteuernachzahlung	65.000,00	ja	nein	nein
Umsatzerlöse für Waren	3.964.400,00	ja	ja	ja
Mieterträge aus dem Mietshaus der Beska GmbH	28.000,00	nein	ja	ja
				Summe
				Betriebsergebnis
				neutrales Ergebnis
				Gesamtergebnis

Die Abgrenzungsrechnung hat folgende Ziele:

- **Ermittlung des Betriebsergebnisses:** Die Abgrenzungsrechnung gewährleistet, dass ein aussagekräftiger Vergleich der innerbetrieblichen Zahlen, bezogen nur auf die betriebliche Tätigkeit, möglich wird. Der Einzelhandelsunternehmer hat durch diese Gegenüberstellung von Kosten und Leistungen die Möglichkeit, seine Unternehmenstätigkeit zu analysieren. Er kann das Betriebsergebnis aus einer vergangenen Abrechnungsperiode mit der jetzigen Abrechnungsperiode vergleichen (innerbetrieblicher Vergleich) oder er vergleicht das Betriebsergebnis mit anderen Einzelhandelsunternehmen gleicher Branchen (zwischenbetrieblicher Vergleich).

Handelskalkulation
→ Band 2, LF 9, Kap. 2

- **Ermittlung der Kalkulationsgrundlage:** Die Abgrenzungsrechnung gewährleistet, dass nur Kosten, die betriebsbedingt, regelmäßig und periodengerecht sind, als Handlungskosten in die Preiskalkulation eingehen. Dadurch können beständige und wettbewerbsorientierte Preise kalkuliert werden.

Beispiel

In der Lagerhalle der Beska GmbH hat es gebrannt. Aufwendung für die Instandsetzung (200.000,00 €) sind neutrale Aufwendungen und gehen nicht in die Preiskalkulation ein. Würde die Beska keine Abgrenzungsrechnung durchführen und diese außerordentlichen Instandsetzungsaufwendungen mit als Handlungskosten in der Preiskalkulation berücksichtigen, dann würden die Verkaufspreise durch den Brand sprunghaft ansteigen. Die Preise wären nicht mehr konkurrenzfähig.

Abgrenzung von Aufwand und Kosten

↓ neutraler Aufwand

↓ Kosten
↓
- betrieblich verursacht
- regelmäßig/ordentlich
- periodengerecht

Ertrag

↓ neutraler Ertrag

↓ Leistung
↓
- betrieblich verursacht
- regelmäßig/ordentlich
- periodengerecht

4.2 Kostenstellenrechnung

Nachdem der Einzelhändler die tatsächlichen Kosten des Unternehmens mit Hilfe der Kostenartenrechnung erfasst hat, schließt sich nun die Frage an, wo und in welcher Höhe und zu welchem Zeitpunkt die Kosten in den verschiedenen Teilbereichen der Einzelhandelsunternehmung angefallen sind.

Beispiel

Herr Adams ist Abteilungsleiter der Beska GmbH für die Warengruppe 01 (Körperpflege/Kosmetik). Er muss die Höhe seiner Kosten für diese Warengruppe planen, kontrollieren und gegebenenfalls korrigieren. Diese Warengruppe sollte nicht mit Kosten belastet werden, die von einer anderen Warengruppe verursacht wurden.

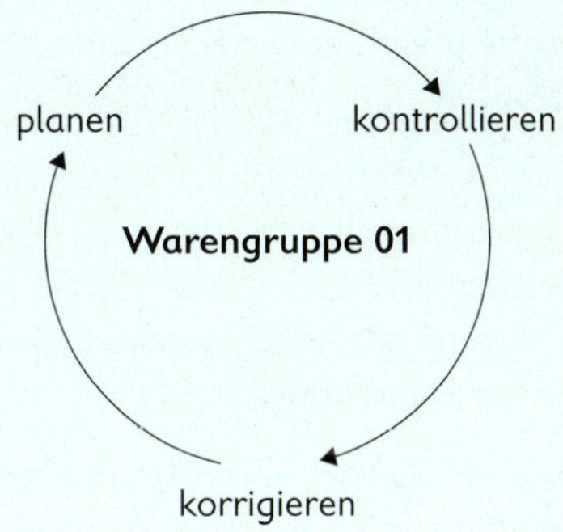

Die Kostenstellenrechnung ordnet die ermittelten Kosten denjenigen Betriebsbereichen zu, in denen sie angefallen sind (Verursacherprinzip).

Die Kostenstellenrechnung hat folgende Aufgabenschwerpunkte:

- Einrichtung von Kostenstellen (z. B. Abteilungen)
- Zuordnung der Einzelkosten und verursachungsgerechte Verteilung der Gemeinkosten auf die Kostenstellen
- Kontrolle der Kosten und des Erfolgs jeder einzelnen Kostenstelle (Verursachungsstelle)

4.2.1 Kostenstellen

Die Kostenstelle ist praktisch ein Teilbereich des Einzelhandelsunternehmens. Damit der Einzelhandelsunternehmer die Kosten nach dem Ort ihrer Entstehung und der sie verursachenden Teilleistungen aufteilen kann, legt er fest, welche Kostenstellen in seinem Unternehmen „eingerichtet" werden.

Beispiel

Mögliche Kostenstellen	
Warenbereiche/Warengruppen	• Lebensmittel • Uhren/Schmuck • Körperpflege/Kosmetik
Funktionsbereiche	• Einkauf • Verkauf • Lager
Verantwortungsbereiche	• Filialen • Zentrale

Die Anzahl der einzurichtenden Kostenstellen hängt jeweils von der individuellen Größe des Einzelunternehmens ab. Werden aber zu viele Kostenstellen eingerichtet, führt dies zu einer Unübersichtlichkeit der Kostenstellenrechnung und das eigentliche Ziel der stellengerechten Kostenzurechnung kann nicht erfüllt werden.

4.2.2 Unterscheidung: Einzelkosten – Gemeinkosten

Die Verteilung der Kosten auf die Kostenstellen soll verursachungsgerecht erfolgen. Diese verursachungsgerechte Zuordnung fällt bei Einzelkosten leicht.

Kostenträger
Die in einer Abrechnungsperiode verkauften Waren oder Warengruppen werden in der Kosten- und Leistungsrechnung als Kostenträger bezeichnet, da durch die erzielten Erlöse die entstandenen Kosten gedeckt werden müssen.

Einzelkosten sind Kosten, die der verkauften Ware oder Warengruppe (Kostenträger) direkt zugerechnet werden können. Dadurch ist die Zuordnung zu einer Kostenstelle auch eindeutig.

- Bezugspreise der Ware oder Warengruppe
- Kosten für die Warenzustellung zum Kunden
- Verkäuferprovision

Die Kosten aus der Kostenartenrechnung, die den einzelnen verkauften Waren bzw. Warengruppen (Kostenträgern) nicht direkt zugerechnet werden können, werden als **Gemeinkosten** bezeichnet. Die Gemeinkosten in einem Einzelhandelsunternehmen werden auch als **Handlungskosten** bezeichnet.

Beispiel

Handlungskosten
- Werbekosten der Beska GmbH
- Löhne/Gehälter der Mitarbeiter der Beska GmbH
- Energiekosten der Beska GmbH

Im Einzelhandel ist es üblich, die Handlungskosten (Gemeinkosten) auf Warengruppen und nicht auf einzelne Waren zu verteilen, da das Sortiment eines Handelsbetriebes häufig mehr als 100.000 Artikel enthält. Es stellt sich die Frage: Wie können die Handlungskosten gerecht auf die Kostenstellen und somit im Folgeschritt auf die Kostenträger verteilt werden? Die Verteilung der Handlungskosten (Gemeinkosten) erfolgt mit Hilfe des Betriebsabrechnungsbogens (BAB).

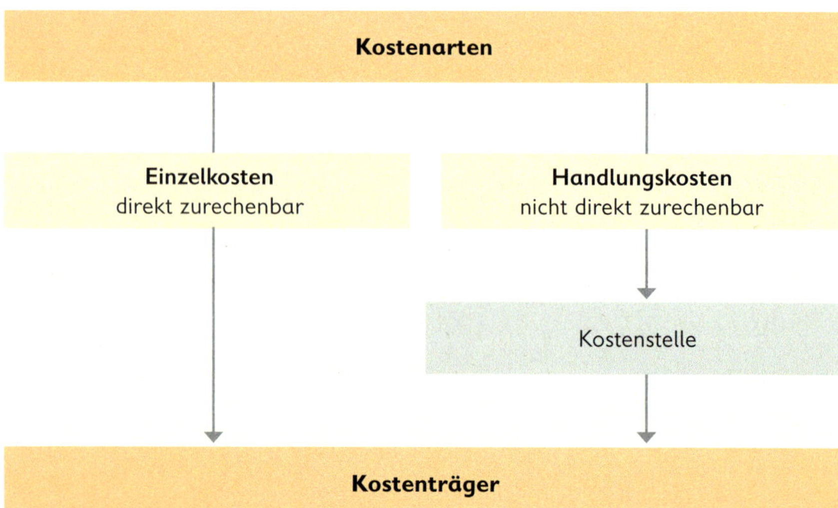

4.2.3 Betriebsabrechnungsbogen (BAB)

Um die Handlungskosten (Gemeinkosten) auf die Kostenstellen zu verteilen, nutzt der Kaufmann den Betriebsabrechnungsbogen. Ein Betriebsabrechnungsbogen wird in der Regel einmal monatlich aufgestellt. Es werden die Handlungskosten, die aus der Kostenartenrechnung entnommen worden sind, verursachungsgerecht auf die einzelnen Kostenstellen verteilt. Der Betriebsabrechnungsbogen wird in Tabellenform dargestellt. Die einzelnen Zeilen stellen die Kostenarten in ihrer Höhe dar. Diese Kosten werden dann den einzelnen Kostenstellen in den Spalten zugerechnet. Können die Handlungskosten den einzelnen Kostenstellen nicht genau zugeordnet werden, müssen diese mit Hilfe eines Verteilungsschlüssels zugerechnet werden.

Beispiel

Die Verteilung der Handlungskosten kann z.B. folgendermaßen aussehen:
- Verteilung der Mietkosten nach der Fläche (z.B. Anteil der Quadratmeter der genutzten Verkaufsfläche)
- Verteilung der Büromaterialkosten nach der Anzahl der Angestellten
- Energiekostenermittlung durch angebrachte Zähler in verschiedenen Räumen

Rechnung
→ Band 1, LF 3, Kap. 5.2

Entgeltabrechnung
→ Band 3, LF 13, Kap. 5

Verteilungsrechnung
→ Band 2, LF 6, Kap. 5

Häufig können die Handlungskosten aber mit Hilfe von Belegen (Rechnungen, Gehalts- und Lohnlisten usw.) einfach auf die einzelnen Kostenstellen verteilt werden.

Beispiel

Betriebsabrechnungsbogen Beska GmbH (vereinfacht: Annahme von nur vier Kostenstellen im Unternehmen)
Monat: Februar   Seite: XX   **BAB Teil I**

Kostenart	Handlungskosten	Verteilungsschlüssel	Kostenstellen			
			Lebensmittel	Bürobedarf	Spielwaren	Textilwaren
Personalkosten	800.000 €	laut Gehaltsliste	200.000 €	200.000 €	100.000 €	300.000 €
Mietkosten	240.000 €	2:1:1:4	60.000 €	30.000 €	30.000 €	120.000 €
Steuern des Betriebes	60.000 €	2:2:2:2	15.000 €	15.000 €	15.000 €	15.000 €
Werbungskosten	120.000 €	2:1:2:1	40.000 €	20.000 €	40.000 €	20.000 €
Abschreibung auf AV	40.000 €	2:1:1:1	16.000 €	8.000 €	8.000 €	8.000 €
Summe	1.260.000 €	——	331.000 €	273.000 €	193.000 €	463.000 €

Durch die Aufteilung der Handlungskosten im Betriebsabrechnungsbogen wird es möglich, für jede Kostenstelle (= Abteilung/Warengruppe) einen genau zutreffenden **Handlungskostenzuschlag** zu berechnen.

Beispiel   **BAB Teil II** (Fortsetzung)

Kostenart	Summe	Verteilungsschlüssel	Kostenstellen			Beska
			Lebensmittel	Bürobedarf	Spielwaren	Textilwaren
Summe Handlungskosten	1.260.000 €	——	331.000 €	273.000 €	193.000 €	463.000 €
Summe Einzelkosten	4.014.500 €	——	1.350.000 €	950.000 €	584.500 €	1.130.000 €
Handlungskostenzuschlag	——	——	24,5 %	28,7 %	33,0 %	41,0 %

Berechnung des Handlungskostenzuschlags

$$\text{Handlungskostenzuschlag} = \frac{\text{Summe der Handlungskosten in €} \cdot 100\,\%}{\text{Summe der Einzelkosten in €}}$$

Der ermittelte Handlungskostenzuschlag für die im Unternehmen bestimmten Kostenstellen ermöglicht die später durchzuführende Kalkulation (= Kostenträgerstückrechnung). Durch verursachergemäße Verteilung der Handlungskosten lassen sich die Kosten für jede Warengruppe genauer berechnen.

4.2.4 Kosten- und Erfolgskontrolle mit Hilfe der Kostenstellenrechnung

Durch die Einrichtung von Kostenstellen entstehen im Einzelhandelsunternehmen selbstständige Verantwortungsbereiche, die von verantwortlichen Abteilungsleitern (**Kostenstelleninhaber**) kontrolliert werden. Sollte es zu einer Kostenabweichung kommen, werden die Kostenstelleninhaber zur Verantwortung gezogen. Durch die Zuordnung der Kosten auf die Kostenstellen kann dann auch direkt Ursachenforschung für die Kostenabweichung betrieben werden und erste Maßnahmen können diskutiert werden. Wird der Betriebsabrechnungsbogen noch um die Zeile „erzielte Umsätze" ergänzt, kann mit Hilfe des BAB direkt eine Erfolgsermittlung durchgeführt werden, indem der Gewinn je Kostenstelle berechnet wird. Hierfür wird von den Umsätzen je Kostenstelle die Summe der **Selbstkosten** (Einzelkosten + Handlungskosten) abgezogen.

Beispiel

BAB Teil III (Fortsetzung)

Kostenart	Summe	Verteilungs-schlüssel	Kostenstellen Beska			
			Lebensmittel	Bürobedarf	Spielwaren	Textilwaren
Summe Handlungskosten	1.260.000 €	——	331.000 €	273.000 €	193.000 €	463.000 €
Summe Einzelkosten	4.014.500 €	——	1.350.000 €	950.000 €	584.500 €	1.130.000 €
Selbstkosten	5.274.500 €	——	1.681.000 €	1.223.000 €	777.500 €	1.593.000 €
Umsätze (netto)	5.829.950 €	——	1.849.100 €	1.328.750 €	944.000 €	1.708.100 €
Gewinn	555.450 €	——	168.100 €	105.750 €	166.500 €	115.100 €
Handlungskostenzuschlag	——	——	24,5 %	28,7 %	33,0 %	41,0 %
Gewinnzuschlag	——	——	10 %	8,65 %	21,41 %	7,23 %

Ermittlung des Gewinnzuschlags für die Kostenstelle Lebensmittel: Die Selbstkosten entsprechen dem Ausgangswert von 100 %. Der darauf zu beziehende Gewinn wird als Prozentsatz angegeben.

1.681.000 € = 100 %
168.100 € = ? %

$$\text{Gewinnzuschlag} = \frac{168.100\text{ €} \cdot 100\,\%}{1.681.000\text{ €}} = 10\,\%$$

Berechnung des Gewinnzuschlags

$$\text{Gewinnzuschlag} = \frac{\text{Gewinn in €} \cdot 100\,\%}{\text{Selbstkosten in €}}$$

4.3 Kostenträgerstückrechnung

In der Kostenträgerstückrechnung werden die Verkaufspreise aller Artikel kalkuliert. Kalkulationsgrößen sind die Bezugspreise der Artikel, der geplante Handlungskostenzuschlag sowie der geplante Gewinnzuschlag für die jeweiligen Warengruppen, denen die Artikel zugeordnet sind. Mit Hilfe der Kostenstellenrechnung wurden die tatsächlichen Handlungskostenzuschläge und Gewinnzuschläge je Warengruppe für die vergangene Geschäftsperiode ermittelt. Diese gehen als Zuschläge in die Kalkulation für die folgende Geschäftsperiode ein.

Bezugspreis

\+

Handlungskostenzuschlag

\+

Gewinnzuschlag

=

Verkaufspreis

Handelskalkulation
→ Band 2, LF 9, Kap. 2

Der rechnerische Ablauf unterschiedlicher Kalkulationsverfahren wurde bereits zu einem früheren Zeitpunkt behandelt, sodass an dieser Stelle nur noch auf die Begriffe der Vor- und Nachkalkulation eingegangen wird. Die **Vorkalkulation** basiert auf den Zahlen der vergangenen Rechnungsperiode. Sie ermittelt den geplanten Verkaufspreis und ist deshalb zukunftsorientiert. Die tatsächlichen Handlungskosten liegen erst nach Ablauf der Rechnungsperiode vor. Auch der tatsächlich erzielte Gewinn kann erst in der **Nachkalkulation** ermittelt werden. Sie ist vergangenenheitsorientiert. In der Nachkalkulation werden die tatsächlichen Bezugspreise und die tatsächlichen Handlungskosten der abgelaufenen Geschäftsperiode aus der Kostenstellenrechnung verwendet. Ausgehend vom tatsächlichen Verkaufspreis der Ware und den Selbstkosten der Ware wird mit Hilfe der Differenzkalkulation der erzielte Gewinn ermittelt. Ist der erzielte Gewinn laut Nachkalkulation kleiner als der vorab geplante Gewinn, muss sich der Einzelhändler an die Ursachenforschung begeben.

Mögliche Ursachen für Abweichungen der Nachkalkulation von der Vorkalkulation sind:

- Der Bezugspreis der Ware ist gestiegen/gesunken.
- Die Handlungskosten sind gestiegen/gesunken.
- Der Verkaufspreis musste aufgrund der Mitbewerberpreise in der laufenden Geschäftsperiode gesenkt werden / konnte erhöht werden.

Maßnahmen für die Zukunft können sein:

- Handlungskosten senken
- die Verteilung der Handlungskosten überprüfen
- den Bezugspreis mit seinem Lieferanten neu verhandeln
- ggf. den Artikel aus dem Sortiment nehmen
- die Gewinnerwartung korrigieren

Beispiel

Vorkalkulation und Nachkalkulation des Kugelschreibers „Extra Slim“ aus der Warengruppe 02 (Bürobedarf) der Beska GmbH.

Vorkalkulation	
Bezugspreis/Stück	2,59 €
Handlungskostenzuschlag lt. BAB	28,7 %
Gewinnzuschlag	10 %
Nettoverkaufspreis	**3,66 €**

Die Nachkalkulation muss unter veränderten Bedingungen durchgeführt werden.

- Beim Einkauf wurde das einkalkulierte Skonto nicht ausgenutzt. Dementsprechend erhöhte sich der Bezugspreis auf 2,64 Euro. Der neu ermittelte Handlungskostenzuschlag beträgt 28,0 %.
- Die Beska GmbH hat diesen Kugelschreiber kurz zuvor durch ein Werbeprospekt mit 4,36 Euro (3,66 Euro zzgl. 19 % USt.) angepriesen. Der Preis soll deshalb gehalten werden. Aus diesem Grund ist eine Nachkalkulation unerlässlich.

Handelskalkulation → Band 2, LF 9, Kap. 2

Kalkulationsschema	**Vorkalkulation**	**Nachkalkulation**
Bezugspreis	2,59 €	2,64 €
+ Handlungskostenzuschlag	0,74 € (28,7 %)	0,74 € (28,0 %)
= Selbstkosten	3,33 €	3,38 €
+ Gewinnzuschlag	0,33 € (10 %)	0,28 € (8,3 %)
= **Nettoverkaufspreis**	**3,66 €**	**3,66 €**

Analyse: Der tatsächlich erzielte Gewinn fällt um ca. 1,7 Prozentpunkte niedriger aus als ursprünglich geplant. Dementsprechend sollen für die Zukunft Maßnahmen getroffen werden, um Planzahlen und Istzahlen zur Deckung zu bringen.

Durch die Mischkalkulation kann die schwache Kalkulation eines Artikels durch die bessere Kalkulation eines anderen ausgeglichen werden.

Die Kostenstellenrechnung und die Kostenträgerrechnung werden auch als **Vollkostenrechnung** bezeichnet, denn hierbei werden **alle Kosten** des Unternehmens auf die Kostenträger übergewälzt. Ausgangspunkt für die Kalkulation des Verkaufspreises ist der Bezugspreis eines Artikels. Die Handlungskosten, die dieser Kostenträger zu tragen hat, werden prozentual in Form des Handlungskostenzuschlags vom Bezugspreis berechnet und dazuaddiert.

Wareneinsatz → Band 2, LF 8, Kap. 3.2

Dabei geht man von der Überlegung aus, dass zwischen dem Wareneinsatz und der Höhe der Handlungskosten ein ursächlicher Zusammenhang besteht. Für langfristige Betrachtungszeiträume ist diese Sichtweise überlebensnotwendig für den Einzelhändler, denn langfristig muss er seine gesamten Kosten decken.

Sortimentanpassung → LF 12, Kap. 4.1.3

Bei kurzfristigen Entscheidungen, wie z. B. der Sortimentanpassung, sollte eine andere Sichtweise herangezogen werden, nämlich die der Teilkostenrechnung. Die **Teilkostenrechnung** wird auch als Deckungsbeitragsrechnung bezeichnet.

4.4 Deckungsbeitragsrechnung

In der Deckungsbeitragsrechnung wird von einer Trennung der Gesamtkosten in ihre fixen und variablen Bestandteile ausgegangen.

Fixe Kosten sind von der Absatzmenge des Unternehmens weitgehend unabhängig. Die fixen Kosten entstehen innerhalb eines bestimmten Zeitraumes in gleicher Höhe, unabhängig davon, wie viel Ware verkauft wurde. Viele Gemeinkosten (Handlungskosten) sind deshalb fixe Kosten.

Beispiel

- Monatsgehälter für die Angestellten der Beska GmbH
- Energiekosten in der Beska GmbH
- Mietkosten der Beska GmbH

Variable Kosten sind vom Absatz des Unternehmens abhängig. Je mehr Ware verkauft wird, desto höher sind die variablen Kosten. Wird weniger Ware verkauft, dann sinken auch die variablen Kosten.

Beispiel

- Wareneinsatz
- Auslieferungskosten für die Warenzustellung
- Verkäuferprovision

In der Deckungsbeitragsrechnung werden nicht alle Kosten auf die Kostenträger (Waren oder Warengruppen) verteilt, sondern nur die variablen Kosten. Denn nur die variablen Kosten können den Kostenträgern verursachergerecht zugerechnet werden (**Teilkostenrechnung**). Von dem erzielten Umsatz eines Produktes werden die variablen Kosten (Einzelkosten) subtrahiert. Der dann verbleibende Überschuss wird zur Deckung der fixen Kosten im Unternehmen genutzt. Dieser Überschuss wird dann als Deckungsbeitrag bezeichnet.

Berechung des Deckungsbeitrags

Deckungsbeitrag = Umsatzerlöse – variable Kosten

Beispiel

Ermittlung des Deckungsbeitrags pro Stück für den Füller „Edition" aus der Warengruppe 02 (Bürobedarf) der Beska GmbH.

	Verkaufspreis (netto)	21,47 €
–	Bezugspreis (Einstandspreis)	15,23 €
–	variable Handlungskosten	0,00 €
=	Deckungsbeitrag/Stück	6,24 €

Bei jedem Verkauf des Füllers „Edition" tragen 6,24 Euro zur Deckung der fixen Kosten bei. Annahme: keine weiteren variablen Kosten als der Bezugspreis.

Der Deckungsbeitrag je Warengruppe zeigt an, wie groß der Beitrag jeder Warengruppe zur Fixkostendeckung ist.

Wendet der Einzelhändler die Deckungsbeitragrechnung auf sein gesamtes Unternehmen an, so werden die variablen Kosten verursachungsgemäß (z. B. pro Abteilung, pro Warengruppe) erfasst und die fixen Kosten als Gesamtbetrag von allen Deckungsbeiträgen subtrahiert, um das Betriebsergebnis zu errechnen.

Beispiel

Auszug zu vier verschiedenen Warengruppen:

Warengruppe der Beska GmbH	01 Körperpflege/ Kosmetik	02 Bürobedarf	03 Lederwaren	04 Textilwaren	**Summe**
Umsatzerlöse (netto)	80.000 €	45.000 €	76.000 €	120.000 €	**321.000 €**
– Wareneinsatz	31.000 €	20.000 €	40.000 €	60.000 €	**151.000 €**
= Warenrohgewinn	49.000 €	25.000 €	36.000 €	60.000 €	**170.000 €**
– variable Handlungskosten	10.000 €	5.000 €	7.000 €	15.000 €	**37.000 €**
= Deckungsbeitrag	39.000 €	20.000 €	29.000 €	45.000 €	**133.000 €**
– fixe Kosten					**85.000 €**
= Betriebsergebnis					**48.000 €**

4.4.1 Sortimentsgestaltung mit Hilfe der Deckungsbeitragsrechnung/Stück

Lernsituation 83

Sortimentsplanung → Band 1, LF 1, Kap. 8.3

Preispolitik → Band 2, LF 9, Kap. 1, 3

Da die Vollkostenrechnung die Aufteilung in fixe und variable Kosten nicht kennt, sind Entscheidungen auf ihrer Zahlenbasis gefährlich. Wird z. B. aufgrund der Vollkostenrechnung ein Artikel als Verlustbringer aus dem Sortiment entfernt, kann dies zu Gewinneinbrüchen führen, da dieser Artikel möglicherweise einen positiven Deckungsbeitrag hat und zur Fixkostendeckung beiträgt. Der Einzelhandelsunternehmer möchte sein Sortiment stetig und aktuell planen und dieses gegebenenfalls an die verändernde Markt- und Wettbewerbslage anpassen. Mit Hilfe der Zahlen aus der Deckungsbeitragsrechnung erhält der Einzelhandelsunternehmer Informationen zur Planung und Kontrolle seiner Sortiments- und Preispolitik.

Beispiel

Deckungsbeitragsanalyse für ein Spielwarengeschäft mit drei Artikeln

Deckungsbeitragsrechnung	elektrische Modelleisenbahn	Holzeisenbahn	Puppenhaus (Holz)	**gesamt**
Nettoverkaufspreis/Stück	299 €	99 €	149 €	–
– Bezugspreis	250 €	30 €	85 €	–
= Warenrohgewinn/Stück	49 €	69 €	64 €	–
– variable Handlungskosten/Stück	29 €	5 €	10 €	–
= Deckungsbeitrag/Stück	20 €	64 €	54 €	–
Absatzmenge/Stück	125 Stück	30 Stück	100 Stück	–
Deckungsbeitrag gesamt je Artikel (DB/Stück · Absatzmenge)	2.500 €	1.920 €	5.400 €	9.820 €
– fixe Kosten	–	–	–	3.000 €
= Betriebsergebnis	–	–	–	6.820 €

Im Beispiel haben alle Artikel einen positiven Deckungsbeitrag. Ordnet man die Artikel einer Rangfolge nach der Höhe ihres Deckungsbeitrages/Stück, so zeigt sich, für welchen Artikel sich besondere Verkaufsaktivitäten (z. B. Werbemaßnahmen) lohnen könnten. In diesem Beispiel würde sich eine Verkaufsaktion für die Holzbahn anbieten, da dieser Artikel den höchsten Deckungsbeitrag/Stück hat.

Auf jeden Fall gilt:

- Betriebsgewinn = Deckungsbeitrag > fixe Kosten
- Betriebsverlust = Deckungsbeitrag < fixe Kosten

4.4.2 Bestimmung der Preisuntergrenze

Im Einzelhandel herrscht zum Teil ein ruinöser Preiskampf unter den Mitbewerbern. Startet ein Mitbewerber eine neue Preisoffensive, so sollte der Einzelhändler seine **absolute Preisuntergrenze** kennen. Die absolute Preisuntergrenze ist dort, wo zumindest alle Kosten gedeckt werden, die unmittelbar durch den Verkauf der Waren entstehen. Dies sind die variablen Kosten eines Artikels.

Berechnung der absoluten Preisuntergrenze

	Bezugspreis
+	variable Kosten
=	absolute Preisuntergrenze

Bei dieser Preisuntergrenze leistet die verkaufte Ware keinen Beitrag zur Deckung der fixen Kosten, denn der **Deckungsbeitrag/Stück ist gleich null**.

Deckungsbeitrag/Stück bei absoluter Preisuntergrenze

	Verkaufspreis (= absolute Preisuntergrenze)
–	Bezugspreis
–	variable Handlungskosten
=	0,00 € Deckungsbeitrag/Stück

Deshalb wird ein Einzelhändler Ware auch nur zur absoluten Preisuntergrenze verkaufen, wenn dies aus betriebswirtschaftlichen Gründen sinnvoll erscheint, z. B.

- um Kundenverluste zu vermeiden, die speziell wegen dieses Artikels das Geschäft gezielt aufsuchen.
- um das vorhandene Sortiment zu komplettieren.
- um eine Preisoffensive gegenüber den Mitbewerbern zu starten oder den Mitbewerbern preislich zu folgen.

Reichen die Deckungsbeiträge insgesamt nicht aus, um die fixen Kosten zu decken, führt dies langfristig zur Zahlungsunfähigkeit (Insolvenz) des Unternehmens. Ein Unternehmen kann die absolute Preisuntergrenze also nur ausnahmsweise und nur kurzfristig als Maßstab für die Preisgestaltung heranziehen.

Insolvenz
→ LF 14, Kap. 7

4.4.3 Break-even-Point

Lernsituation 84

Der Break-even-Point wird häufig auch als Gewinnschwelle oder Deckungspunkt bezeichnet. Dabei handelt es sich um die Absatzmenge eines Artikels, ab der der Einzelhändler erstmalig Gewinn mit dem Artikel erzielt. Der Break-even-Point gibt somit Antwort auf die Frage: Wie viel Stück eines Artikels muss ein Einzelhändler verkaufen, damit er mit dieser Ware einen Gewinn erzielt?

Berechnung des Break-even-Points

Break-even-Point: Gesamterlös = Gesamtkosten

oder alternativ: $\frac{\text{fixe Kosten}}{\text{Deckungsbeitrag je Stück}}$

Beispiel

Break-even-Point:

fixe Kosten	144.000 €
variable Kosten/Stück	42 €
Erlös/Stück	72 €
Deckungsbeitrag/Stück	30 €
Absatzmenge	x
Gesamterlös	72 · x
variable Kosten	42 · x
Gesamtkosten	42 · x + 144.000

Berechnung:

Gesamterlös	=	Gesamtkosten	
72 x	=	144.000 + 42 x	| – 42 x
30 x	=	144.000	| : 30
x	=	**4.800**	

oder alternativ: $\frac{\text{fixe Kosten}}{\text{Deckungsbeitrag je Stück}} = \frac{144.000}{30} = \mathbf{4.800}$

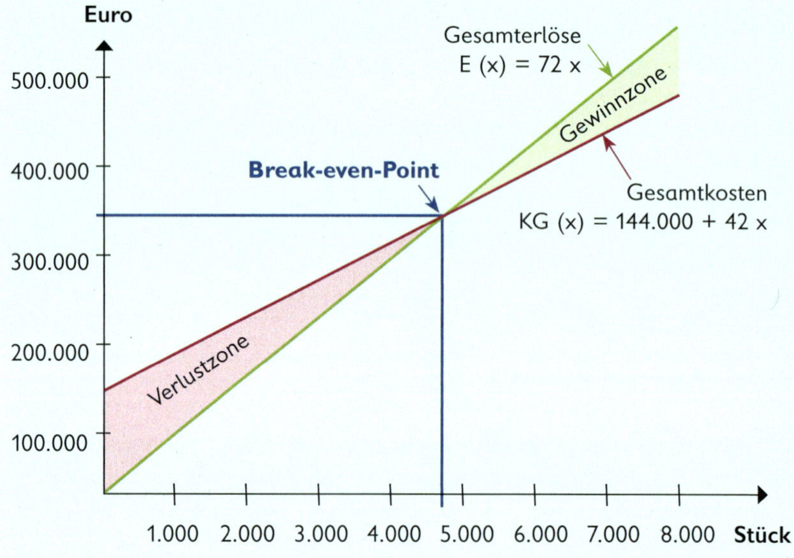

Achtung
Neben der Kosten- und Leistungsrechnung sind für die Beurteilung des Unternehmenserfolges und für unternehmerische Entscheidungen immer auch die schon bekannten Rentabilitätskennziffern (LF 8) und Lagerkennzahlen (LF 7) heranzuziehen.

Die grafische Darstellung zeigt den Break-even-Point als Schnittpunkt der Erlös- und Kostengeraden. Die Gewinnschwelle liegt bei einer Absatzmenge von 4 800 Stück. Bei einer Absatzmenge zwischen 0 und 4 799 Stück befindet sich der Einzelhändler in einer Verlustzone: Die Gesamterlöse liegen unter den Gesamtkosten. Die Gewinnzone beginnt bei 4.801 Stück.

4.5 Kurzfristige Erfolgsrechnung

Der Unternehmenserfolg hängt u. a. ab
- vom Umsatz der Waren/Warengruppen und
- von der Kostenstruktur.

Aus der Entwicklung dieser beiden Faktoren lassen sich wertvolle Schlüsse auf den Betriebserfolg des Unternehmens ableiten. Der Einzelhandelsunternehmer kann die Daten aus der kurzfristigen Erfolgsrechnung dazu nutzen, möglichst schnell z. B. auf Nachfrageveränderungen reagieren zu können.

Als Instrument der kurzfristigen Erfolgsrechnung kann in fast allen Unternehmen das Warenwirtschaftssystem genutzt werden. Es gibt z. B. Auskunft über:
- Eingang der gekauften Waren (Wareneinkauf)
- Kalkulation der Verkaufspreise
- Umsatz, bewertet zu Einstandspreisen (Bezugspreisen)
- Warenrohgewinn (Wareneinsatz)
- Lagerbestandszahlen/Lagerumschlag

Beispiel

Eine kurzfristige Erfolgsrechnung aus dem Warenwirtschaftssystem E.V.A. der Beska GmbH. Als Grundlage für dieses Beispiel werden alle Warenwerte zu Bezugspreisen erfasst. Daten für die kurzfristige Erfolgsrechnung zur Ermittlung und Beurteilung des Betriebserfolgs bilden bei diesem Beispiel der:
- Wareneinkauf
- Umsatz
- Lagerbestand
- Wareneinsatz (Warenanfangsbestand + Wareneinkauf – Warenendbestand)
- Warenrohgewinn

Auszug einer kurzfristigen Erfolgsrechnung (KER)
(monatlicher Vergleich für das Jahr 20XX)

Beska

Monat	❶ Wareneinkauf	❷ Wareneinsatz		❸ Lagerbestand	❹ Umsatzerlöse	❺ Warenrohgewinn	
	€	€	%	€	€	€	%
Anfangsbestand lt. Inventur				1.525.000			
Januar	2.295.000	2.300.000	73,72	1.520.000	3.120.000	820.000	26,28
Februar	2.170.000	2.400.000	70,18	1.290.000	3.420.000	1.020.000	29,82
März	2.050.000	2.440.000	72,40	900.000	3.370.000	930.000	27,60
Quartalssumme	**6.515.000**	**7.140.000**			**9.910.000**	**2.770.000**	**27,95**

Die Erklärung/Auswertung dieser kurzfristigen Erfolgsrechnung für den Monat Januar zeigt folgendes Ergebnis:

1 Wareneinkauf

Die Daten/Zahlen für die monatlichen Wareneinkäufe werden aus dem Warenwirtschaftssystem der Beska GmbH in die kurzfristige Erfolgsrechnung übertragen.

Wareneinkauf (Januar)	2.295.000 €

2 Wareneinsatz in prozentualem Verhältnis zum Umsatz

Der Wareneinsatz in Euro errechnet sich für den Monat Januar wie folgt:

Anfangsbestand (AB)	1.525.000 €
+ Wareneinkauf	2.295.000 €
– Warenendbestand	1.520.000 €
= Wareneinsatz	2.300.000 €

Der prozentuale Anteil des Wareneinsatzes an den Umsatzerlösen rechnet sich für den Monat Januar wie folgt:

3.120.000 € = 100 %
2.300.000 € = ? %

$$\frac{2.300.000\text{ €} \cdot 100\,\%}{3.120.000\text{ €}} = 73{,}72\,\%$$

Das heißt, für den Umsatz von 3.120.000,00 Euro fallen 73,72 % Warenkosten an.

3 Lagerbestand

Der Lagerbestand in Euro errechnet sich für den Monat Januar wie folgt:

Anfangsbestand (AB)	1.525.000 €
+ Wareneinkauf (Januar)	2.295.000 €
– Wareneinsatz	2.300.000 €
= Lagerbestand	1.520.000 €

4 Umsatzerlöse

Die Zahlen der monatlichen Umsätze werden aus dem Warenwirtschaftssystem der Beska GmbH übernommen. Die Umsatzerlöse im Januar betragen 3.120.000 Euro.

5 Warenrohgewinn

Der Rohgewinn in Euro errechnet sich für den Monat Januar wie folgt:

Umsatzerlöse für Waren	3.120.000 €
– Wareneinsatz	2.300.000 €
= Warenrohgewinn	820.000 €

Der Rohgewinn in Prozent des Umsatzes errechnet sich dementsprechend für den Monat Januar wie folgt:

3.120.000 € = 100 %
820.000 € = ? %

$$\frac{820.000\text{ €} \cdot 100\,\%}{3.120.000\text{ €}} = 26{,}28\,\%$$

Der Rohgewinn des Monats Januar beträgt also 820.000,00 Euro. Dies sind folglich 26,28 % des Umsatzes.

Der Geschäftsführer der Beska GmbH, K. List, kann auf der Grundlage der Ergebnisse der kurzfristigen Erfolgsrechnung Konsequenzen für die Beska GmbH ableiten, z. B.:

- Erhöhung des Einsatzes von Werbemaßnahmen, um Waren oder Warengruppen bekannter zu machen, um sich von der Konkurrenz abzuheben und den Umsatz zu erhöhen
- härter mit den Lieferanten verhandeln, um den Wareneinsatz bei gleich bleibenden Umsatzerlösen zu verringern

ALLES KLAR?

Kosten- und Leistungsrechnung

1 Wie wird in der Finanzbuchhaltung der Unternehmenserfolg des Einzelhändlers ermittelt?

2 Die Finanzbuchhaltung gibt Auskunft darüber, ...

a) ob sich für den Einzelhändler der Handel mit Waren lohnt.
b) wie erfolgreich die einzelnen Abteilungen im Unternehmen sind.
c) wie hoch die Zahllast des Unternehmens ist.
d) wie ertragsreich einzelne Sortimentsbereiche sind.
e) welche Menge eines Artikels verkauft werden muss, um mit diesem Artikel einen Gewinn zu erwirtschaften.

3 Welches Ziel hat die ...

a) Finanzbuchhaltung?
b) Kosten- und Leistungsrechnung?

4 Zählen Sie die Teilgebiete der Kosten- und Leistungsrechnung (KLR) auf.

Kostenartenrechnung

5 Ein Teilgebiet der KLR ist die Kostenartenrechnung. Welches Ziel hat die Kostenartenrechnung?

6 In der Kostenartenrechnung wird das Betriebsergebnis ermittelt. Was überprüft der Einzelhändler anhand des Betriebsergebnisses?

7 Um das reine Betriebsergebnis eines Einzelhandelsunternehmens zu ermitteln, müssen die Erträge und die Aufwendungen aus der GuV-Rechnung untersucht werden, ob sie die Merkmale der Leistungen und Kosten erfüllen. Nennen Sie die drei Merkmale ...

a) der Kosten und
b) der Leistungen.

8 Wie nennt man die Aufwendungen/Erträge, die nicht durch den Betriebszweck verursacht sind?

9 Nennen Sie je ein Beispiel für ...

a) betriebsfremde Aufwendungen,
b) periodenfremde Aufwendungen und
c) außerordentliche Aufwendungen.

10 Nennen Sie je ein Beispiel für ...

a) betriebsfremde Erträge,
b) periodenfremde Erträge und
c) außerordentliche Erträge.

11 Welcher Vorgang wird als Abgrenzungsrechnung bezeichnet?

12 Welche Ziele verfolgt die Abgrenzungsrechnung?

13 Durch die Gegenüberstellung von Kosten und Leistungen hat der Einzelhandelsunternehmer die Möglichkeit, seine Unternehmenstätigkeit zu analysieren. Nennen Sie je ein Beispiel für ...

a) einen innerbetrieblichen Vergleich und
b) einen außerbetrieblichen Vergleich.

14 Die Kostenartenrechnung hat die Aufgabe, ...

a) das Betriebsergebnis durch den Abschluss der Erfolgskonten über das Gewinn- und Verlustkonto zu ermitteln.
b) den Erfolg aus der eigentlichen betrieblichen Tätigkeit festzustellen.
c) das Unternehmensergebnis durch die Differenz der Leistungen und Kosten zu berechnen.
d) Verkaufspreise zu kalkulieren.
e) durch die Gegenüberstellung von Kosten und Leistungen die Unternehmenstätigkeit zu analysieren.

15 Welche Aussage zur Abgrenzungsrechnung ist zutreffend?

a) Leistungen sind das Ergebnis der Differenz von neutralen Erträgen und neutralen Kosten.
b) Die Differenz aus den Erträgen der Gewinn- und Verlustrechnung und den Leistungen sind neutrale Erträge.
c) Aufwendungen, die nichts mit dem eigentlichen Betriebszweck zu tun haben, sind Kosten.

d) Die Differenz aus den Aufwendungen der Gewinn- und Verlustrechnung und den neutralen Aufwendungen sind Erträge.
e) Betriebsfremde, periodenfremde und außerordentliche Erträge sind Leistungen.

16 Handelt es sich bei folgenden Geschäftsvorfällen in einem Einzelhandelsunternehmen um Kosten? Begründen Sie Ihre Entscheidung.

a) Wareneinkauf auf Ziel
b) Wertpapierverluste
c) Banküberweisung der Zahllast
d) Einkauf eines neuen Lieferfahrzeugs auf Ziel
e) Banküberweisung von Löhnen und Gehältern

17 Handelt es sich bei folgenden Geschäftsvorfällen in einem Einzelhandelsunternehmen um Leistungen? Begründen Sie Ihre Entscheidung.

a) Einnahmen aus der Vermietung eines Hochdruckreinigers
b) Verkauf eines Lieferfahrzeugs über Buchwert
c) Verkauf von Reinigungsmitteln an einen Gastronomiebetrieb
d) Kunde begleicht eine Rechnung
e) Mieteinnahmen aus der Vermietung einer Lagerhalle

Kostenstellenrechnung

18 Die Kosten**arten**rechnung hat die **regelmäßigen, betriebsbedingten** und **periodengerechten Kosten** herausgefiltert. Diese Kosten sollen/müssen berücksichtigt werden in der Preiskalkulation des Einzelhändlers. Auf welche Frage gibt die Kosten**stellen**rechnung dem Einzelhändler nun eine Antwort?

19 Warum ist es wichtig, im Rahmen der Kostenstellenrechnung nach dem Verursacherprinzip zu handeln?

20 Welche drei Aufgabenschwerpunkte hat die Kostenstellenrechnung?

21 Was ist eine Kostenstelle? Nennen Sie drei Einteilungsmöglichkeiten

22 Bei welchen Kosten handelt es sich um Einzelkosten?

a) Bezugspreise der Waren
b) Kosten für Gebäudeversicherungen
c) Transport- und Versicherungskosten bei der Warenzustellung
d) Verkäuferprovisionen
e) Löhne und Gehälter der Mitarbeiter

23 Was sind Gemeinkosten?

24 Wofür benötigt der Kaufmann den Betriebsabrechnungsbogen?

25 Nach welchem Schlüssel können folgende Gemeinkosten verteilt werden?

a) Personalkosten für die Verwaltung
b) Mietkosten für die Verkaufsräume
c) Energiekosten für die Klimaanlage
d) Werbungskosten für Aktionswochen
e) Steuern des Betriebs

26 Wie wird der Handlungskostenzuschlagssatz je Kostenstelle berechnet?

27 Die Kostenstellenrechnung führt dazu, dass je Kostenstelle ein eigener Handlungskostenzuschlagssatz entsteht und in der Preiskalkulation eingesetzt wird. Begründen Sie, warum dies betriebswirtschaftlich sinnvoll ist.

28 Inwiefern hilft die Kostenstellenrechnung bei der Kostenkontrolle?

29 Wie wird der Gewinn in Prozent (Gewinnzuschlag) je Kostenstelle berechnet?

a) $\frac{\text{Handlungskosten} \cdot 100\,\%}{\text{Gewinn}}$

b) $\frac{\text{Gewinn}}{\text{Selbstkosten} \cdot 100\,\%}$

c) $\frac{\text{Gewinn} \cdot 100\,\%}{\text{Selbstkosten}}$

d) $\frac{\text{Selbstkosten}}{\text{Gewinn} \cdot 100\,\%}$

e) $\frac{\text{Gewinn} \cdot 100\,\%}{\text{Handlungskosten}}$

Kostenträgerstückrechnung

30 Warum wird in der Kostenträgerstückrechnung eine Vor- und eine Nachkalkulation durchgeführt?

31 Auf welchen Zahlen basiert die …

a) Vorkalkulation.
b) Nachkalkulation.

32 Welche Aussagen sind im Zusammenhang mit der Berechnung des Gewinns in der Nachkalkulation zutreffend?

a) Der Gewinn ist der Anteil an den Handlungskosten in Prozent.
b) Das Ergebnis aus der Differenz zwischen Bruttoverkaufspreis und Nettoverkaufspreis ist der Gewinn in Euro.
c) Der Gewinn als Differenzbetrag aus Nettoverkaufspreis und Handlungskosten ist immer positiv.
d) Der Gewinnzuschlag ist der prozentuale Anteil des Gewinns am Nettoverkaufspreis.
e) Der Gewinn kann mithilfe der Differenzkalkulation ermittelt werden.

33 Ein Einzelhändler führt für die Kostenstelle „Spielwaren“ eine Vor- und Nachkalkulation durch. Die Vorkalkulation ergab folgende Werte:

- Selbstkosten: 600.000,00 €
- Gewinn: 90.000,00 €
- Nettoverkaufspreis: 690.000,00 €

In der Nachkalkulation wurde festgestellt, dass der tatsächlich erzielte Gewinn bei unverändertem Nettoverkaufspreis 70.000,00 € beträgt.

a) Welche Berechnungen zur Vor- und Nachkalkulation sind richtig? (Prozentwerte wurden auf zwei Stellen nach dem Komma gekürzt.)
1) Der Gewinnzuschlag der Vorkalkulation beträgt 13,04 %.
2) Die tatsächlich angefallenen Selbstkosten betragen 620.000,00 €.
3) Der tatsächlich erzielte Gewinnzuschlag beträgt 11,29 %.
4) Der Gewinnzuschlag ist um 1,75 Prozentpunkte gefallen.
5) Die Selbstkosten sind um 33,33 % gestiegen.

b) Welche Ursachen können für die Abweichungen der Nachkalkulation von der Vorkalkulation verantwortlich sein? In der Spielwarenabteilung …
1) mussten die Verkaufspreise aus Wettbewerbsgründen gesenkt werden.
2) haben sich die Bezugspreise erhöht.
3) konnten die Personalkosten gesenkt werden.
4) sind die Werbungskosten gesunken.
5) sind die Energiekosten gestiegen.

c) Welche Maßnahmen kann der Einzelhändler zur Verbesserung der Gewinnsituation ergreifen?
1) Verkaufspreise den gestiegenen Marktpreisen anpassen.
2) Zu Lieferanten mit günstigeren Konditionen wechseln.
3) Energiesparlampen und -geräte einsetzen.
4) Alle Spielwaren aus dem Sortiment nehmen.
5) Die Gewinnerwartung nach unten korrigieren.

34 Warum werden die Kostenstellenrechnung und Kostenträgerstückrechnung zusammen als Vollkostenrechnung bezeichnet?

35 Bei der Kostenträgerstückrechnung (insbesondere der Vollkostenrechnung) geht man davon aus, dass zwischen den Einzel- und den Handlungskosten ein ursächlicher Zusammenhang besteht.

a) Welche Auswirkung hat ein steigender Bezugspreis auf die Handlungskosten?
b) Wie verändert sich der Verkaufspreis insgesamt?
c) Für wie angemessen halten Sie die Preisveränderung des Verkaufspreises insgesamt?

Deckungsbeitragsrechnung

36 In welche Bestandteile trennt die Deckungsbeitragsrechnung die Gesamtkosten?

37 Nennen Sie drei Beispiele für fixe Kosten des Fuhrparks.

38 Fixe Kosten …

a) sind von der Absatzmenge des Unternehmens abhängig.
b) sinken, wenn weniger Ware verkauft wird.
c) entstehen innerhalb eines bestimmten Zeitraums in gleicher Höhe.
d) sind immer Gemeinkosten.
e) werden in der Deckungsbeitragsrechnung auf die Kostenträger verteilt.

39 Erklären Sie variable Kosten und nennen Sie drei Beispiele für variable Kosten.

40 Energiekosten für Beleuchtungsanlagen sind …

a) variable Kosten, weil sie steigen und fallen können.
b) fixe Kosten, weil ein Pauschalbetrag monatlich abgebucht wird.
c) fixe Kosten, weil sie unveränderlich sind.
d) variable Kosten, weil sie abhängig von der Absatzmenge sind.
e) fixe Kosten, weil sie unabhängig von der Absatzmenge sind.

41 Welche Berechnungen sind im Zusammenhang mit der Deckungsbeitragsrechnung richtig?

a) Deckungsbeitrag = Umsatzerlöse – fixe Kosten
b) Umsatzerlöse = Deckungsbeitrag + variable Kosten
c) Deckungsbeitrag = Warenrohgewinn – variable Handlungskosten
d) Deckungsbeitrag = Umsatzerlöse – variable Kosten
e) Betriebsergebnis = Deckungsbeitrag + fixe Kosten

42 Wieso wird die Deckungsbeitragsrechnung auch als Teilkostenrechnung bezeichnet?

43 In der Warengruppe Textil und Bekleidung liegen folgende Daten vor:

- Umsatzerlöse brutto (19 % USt.): 95.200,00 €
- Wareneinsatz: 58.000,00 €
- variable Handlungskosten: 7.500,00 €

Welcher Deckungsbeitrag fällt für diese Warengruppe an?

a) 29.700,00 €
b) 44.700,00 €
c) 14.500,00 €
d) 18.680,00 €
e) 29.500,00 €

44 Was zeigt der Deckungsbeitrag je Warengruppe an?

45 Wann liegt …

a) ein Betriebsgewinn vor?
b) ein Betriebsverlust vor?

46 Wie berechnet man die absolute Preisuntergrenze eines Artikels?

47 Unter welchen Bedingungen verkauft ein Einzelhändler seine Ware zu einem Preis, der die absolute Preisuntergrenze darstellt?

48 Wieso kann ein Einzelhändler seine Ware nicht über eine längere Zeit zu einem Preis verkaufen, der die absolute Preisuntergrenze darstellt?

Break-even-Point

49 Wie wird der Break-even-Point auch bezeichnet?

50 Was sagt der Break-even-Point aus?

51 Wie berechnet man den Break-even-Point?

52 Bei einem Break-even-Point eines Artikels von 1200 Stück und einem Verkauf von 1200 Stück …

a) kann erstmalig ein Gewinn mit dem Artikel erzielt werden.
b) befindet sich der Einzelhändler mit dem Artikel in der Verlustzone.
c) liegen die Gesamtkosten des Artikels unter den Gesamterlösen.
d) sind die Gesamterlöse und die Gesamtkosten des Artikels gleich.
e) liegen die Gesamterlöse unter den Gesamtkosten des Artikels.

5 Optimierung von Geschäftsprozessen durch vertikale Kooperationen

Aufgrund der bestehenden Marktbedingungen sind die Möglichkeiten, Kostensenkungen und Umsatzsteigerungen innerhalb der eigenen Unternehmensgrenzen zu erreichen, in vielen Einzelhandelsunternehmen weitgehend ausgeschöpft. Rabattverhandlungen eines Händlers mit seinen Lieferanten verlaufen oft unbefriedigend, weil meist auch Lieferanten keinen zusätzlichen Spielraum für Preisnachlässe mehr haben.

Dadurch entstehen jedoch Anreize, die Zusammenarbeit zu intensivieren, um so gemeinsam Geschäftsprozesse zu optimieren. Vertikale Kooperationen mit Partnern auf der vorgelagerten Wirtschaftsstufe bieten sich für den Einzelhändler besonders an, weil hier der Prozess des Warenverkehrs gemeinsam gesteuert werden kann. Die ganzheitliche Betrachtung des Warenflusses zwischen der Verbrauchernachfrage im Markt und der Herstellung einer Ware als Prozess zeigt viele Möglichkeiten zur Verbesserung des Warenverkehrs auf. Der Kunde rückt hier noch stärker in den Blickpunkt, denn letztlich ist er es, der mit einem Kauf im Laden des Einzelhändlers eine Warenbewegung erst auslöst.

Vertikale Kooperationen
Zusammenarbeit von Unternehmen unterschiedlicher Wirtschaftsstufen

Vertikale Kooperation

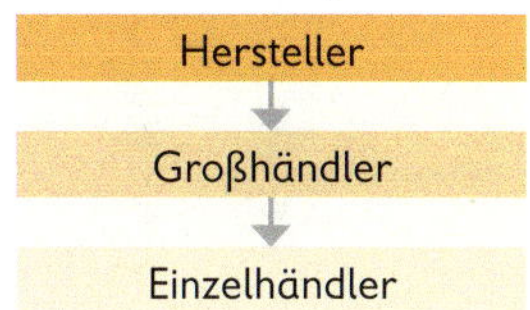

Die effiziente Reaktion auf die Verbrauchernachfrage (ECR) umfasst einen Katalog von Maßnahmen, die zu einer Verbesserung des Warenverkehrs zwischen Händlern und Lieferanten führen sollen. Im Rahmen dieses Konzepts kann der Waren- und Informationsfluss zwischen Händlern und Lieferanten mtihilfe von elektronischem Datenaustausch ganzheitlich gesteuert und optimiert werden.

ECR
engl. Efficient consumer response

Die Steuerung und Optimierung bezieht sich hauptsächlich auf vier Säulen: **Bestellwesen, Sortimentsgestaltung, Verkaufsförderung** und **Produktentwicklung.**

5.1 Effizientes Bestellwesen

Das *Effiziente Bestellwesen* ist ein Teilkonzept, welches den Waren- und Informationsfluss zwischen Einzelhändler und Lieferant verbessern soll. Das bisherige Liefersystem kann durch einen Prozess ersetzt werden, der sich noch stärker an der tatsächlichen Verbrauchernachfrage orientiert. Die Bestellung wird automatisch mithilfe des Warenwirtschaftssystems an der Scannerkasse ausgelöst und die Daten sofort an den Lieferanten gesendet, der die Lieferung selbsttätig veranlasst. Der Belieferungsauftrag für ein bestimmtes Produkt wird demnach nicht mehr vom Händler, sondern vom Lieferanten erstellt.

effizient = wirksam

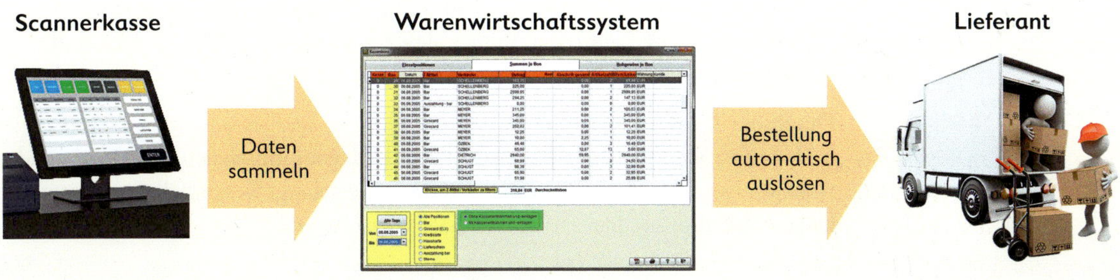

5.1.1 Effiziente Anlieferung über ein Zentrallager

Viele Unstimmigkeiten im Warenfluss zwischen der Produktionsstätte des Herstellers und dem Lager des Handels können durch Probleme bei der Lieferung oder unterschiedliche Arbeitsmethoden entstehen. So können bei der Beladung der Europaletten, auf denen die Ware zum Händler transportiert wird, durch klare Festlegungen Ineffizienzen abgebaut werden. Dabei sind insbesondere die Abmessungen der Versandverpackungen zu berücksichtigen, da sie einen starken Einfluss auf die Ausnutzung der Lagerkapazität haben.

Beispiel

Oftmals wird die Palettenhöhe allein vom Lieferanten festgelegt, der allerdings oft nur seine eigenen Beschränkungen wie Höhe der Regale im eigenen Lager berücksichtigt. Bei zu hoch beladenen Paletten kann es allerdings im Zentrallager des Händlers zu einem „Infarkt" kommen, wenn die gelieferte Ware nicht in die vorgesehenen Regalfächer passt und den lagerinternen Warenfluss erheblich stört. Zu flach beladene Paletten oder auch von der Fläche her schlecht genutzte Paletten erhöhen die Logistikkosten erheblich. Durch Warenverpackungen, die nicht auf die Palettenabmessungen (80 cm × 120 cm) abgestimmt sind, kann die Kapazität der Palette teilweise nur zu 75 % genutzt werden. Hier ist es vonseiten des Herstellers sinnvoll, eine Untersuchung aller Palettierungsmuster vorzunehmen, und an der Verbesserung der Produktverpackung zu arbeiten.

5.1.2 Cross-Docking (Vorkommissionierung der Ware)

Cross-Docking
Ware bekommt keinen Lagerplatz im Zentrallager, sondern wird „durchgeschleust"

Bei der Anlieferung über ein Zentrallager kann durch das Cross-Docking-Prinzip die Ware deutlich schneller zum Einzelhändler gelangen. Normalerweise nimmt der Handel die Kommissionierung der gelagerten Produkte für jede einzelne Verkaufsstelle vor, beim Cross-Docking hingegen gibt es drei Alternativen:

Kommissionierung
Zusammenstellung der Warenlieferung für EH in einem Zentrallager

1. Die bestellte und nach der Lieferung empfangene Ware wird nicht im Zentrallager bzw. Warenverteilzentrum des Handelssystems eingelagert und daraufhin aus herkömmlichen Regalfächern kommissioniert, sondern gleich bei Ankunft kommissioniert und durch das Lager zum Lkw des Händlers geschleust. Dazu ist im Zentrallager die Einrichtung einer sogenannten **Schnelldreherzone** notwendig, in der die jeweilige Warenlieferung nicht länger als 24 Stunden verbleibt.
2. Die Kommissionierung wird durch Sortierung der Produkte ersetzt. Aus dem Ankunftsbereich werden die Produkte zum Auslieferungsbereich gebracht und den jeweiligen Verkaufsstellen zugeordnet. Diese Vorgehensweise eignet sich besonders für Aktionsplazierungen, die sich bereits auf einer Palette befinden, oder für rollbare Frischmilchbehälter.
3. Der Lieferant übernimmt die Kommissionierung der Produkte. Die gelieferten Paletten sind dann bereits bei Ankunft im Zentrallager für die jeweilige Verkaufsstelle fertig kommissioniert, sodass die gemischten Paletten oder Rollcontainer direkt in den Auslieferungsbereich gebracht werden können.

Durch die Anwendung dieser Verfahren werden Lagerbestände erheblich reduziert und somit auch die Kapitalbindung sowie die Handlungskosten verringert. Zudem wird weniger Lagerfläche benötigt und die Ware gelangt wesentlich frischer und mit längerer Mindesthaltbarkeit in die Filialen der Händler.

Beim Cross-Docking kommt die zentrale Idee des *Effizienten Bestellwesens* zum Ausdruck: von einer Lieferkette mit hohen Lagerbeständen, die unregelmäßig und in großen Mengen ausgeliefert werden, zu einer Kette mit geringstmöglichen Lagerbeständen zu kommen. Wobei die gelieferte Ware sich an der tatsächlichen Nachfrage des Konsumenten ausrichtet. Der Hersteller liefert beim Cross-Docking statt der relativ seltenen, großen, mit langem Vorlauf bestellten Liefermengen eher kleine Mengen mit geringem Vorlauf. Damit der Hersteller nicht gezwungen wird, große Auslieferungslager einzurichten, um seine Lieferbereitschaft zu gewährleisten, ist es notwendig, dass er Verkaufsdaten der Scannerkassen aus den Verkaufsstellen erhält, um seine Produktion auf das Konsumentenverhalten abzustimmen.

5.1.3 Roll Cage Sequencing (filialgerechte Kommissionierung)

Roll Cage Sequencing bedeutet die filialgerechte Beladung jedes Rollcontainers (oder jeder Europalette), in dem sich die kommissionierte Ware für die jeweilige Verkaufsstelle befindet. Die Rollcontainer werden dabei im Zentrallager in der gleichen Reihenfolge beladen, wie sie in der Filiale in das Verkaufsregal geräumt werden. Zuerst abzuladende Artikel liegen dementsprechend oben auf dem Rollcontainer. Es ist damit ein vergleichsweise simples Optimierungskonzept, das allerdings dafür sorgt, dass die Regalbestückung im Laden sehr schnell und effizient vonstatten geht. So werden Kunden weniger beim Einkauf gestört und das Verkaufspersonal nicht zu lang mit der Regalbestückung beschäftigt.

5.2 Effiziente Sortimentsgestaltung

Sich verändernde Rahmenbedingungen hinsichtlich des Verbraucherverhaltens führen dazu, dass immer höhere Anforderungen an eine *Effiziente Sortimentsgestaltung* gestellt werden, wobei auch das frühzeitige Erkennen von Trends und Entwicklungen bei Hersteller und Verbraucher immer wichtiger wird. Zu den Aktivitäten, die eine optimale Sortimentsgestaltung gewährleisten, zählen:

- die Strukturierung des Sortiments an sich,
- die Preispolitik,
- die Optimierung der Regalflächen und -platzierung in der Verkaufsstelle und
- eine effektive Platzierung der Produkte (Warenplatzierung).

Durch eine Zusammenarbeit mit den Herstellern ergeben sich für den Einzelhändler bei diesen Aufgaben einige Vorteile, da der Hersteller nicht nur ein spezielles Produkt-Know-how besitzt, sondern den Konsumenten aufgrund eigener Beobachtungen auch als Käufer und ebenfalls als Verwender der Ware kennt. Die gemeinsame Optimierung des Sortiments umfasst die Anpassung der Sortimentsbreite und Sortimentstiefe an das spezielle Kundenverhalten in der einzelnen Verkaufsstelle. Ziel ist die Erhöhung der Umschlagshäufigkeit, die Verbesserung der Handelsspanne je qm Verkaufsfläche und nicht zuletzt eine spürbare Umsatzsteigerung. Außerdem ist eine effiziente Sortimentspolitik hilfreich bei der Vermeidung von Bestandslücken bei umsatzstarken Produkten.

Sortiment
Angebot von Waren und Dienstleistungen eines Unternehmens
→ Band 1, LF 1, Kap. 8

Preispolitik
Absatzinstrument des Einzelhändlers mit dem Ziel, durch die Kaufpreisgestaltung Kaufanreize zu geben
→ Band 2, LF 9, Kap. 1

Warenplatzierung
→ Band 1, LF 4, Kap. 1.4

Beispiel

Hersteller und Einzelhändler optimieren gemeinsam die Regalstrecke für das Sortiment des Herstellers, indem beide ihre Erfahrungen einbringen, sodass die Artikel des Herstellers im Kundenlauf optimal angeordnet werden.

Die effiziente Sortimentsgestaltung basiert auf der Erkenntnis, dass Entwicklung, Zusammenstellung und kontinuierliche Kontrolle des Sortiments, ursprünglich Aufgabe des Handels, in Kooperation mit dem Hersteller wesentlich effektiver geschieht. Kooperation in der Sortimentsgestaltung entsteht dann, wenn Handel und Hersteller offen Informationen über Marktanalysen und unterschiedliches Verbraucherverhalten austauschen, z. B. in welcher Art die Produkte einer bestimmten Warengruppe unterschiedliche Verbraucherwünsche befriedigen.

Mithilfe eines Warenwirtschaftssystems ist es möglich, die Wirkung verschiedener Sortimentsgestaltungen exakt für jede einzelne Warengruppe zu messen. Die Umsätze der Warengruppen lassen sich sogar im Zeitverlauf, d. h. sowohl im Tages-, Wochen- als auch im Monats- oder Jahresverlauf feststellen. Auswirkungen von Änderungen in der Regalplatzierung oder der Verkaufsraumgestaltung können durch die Beobachtung der Verkaufsdaten optimal ausgewertet werden, eine effiziente Sortimentspolitik wird dadurch erst möglich.

5.3 Effiziente Verkaufsförderung

Verkaufsförderung
→ Band 1, LF 5, Kap. 2

Effiziente Verkaufsförderung bezieht sich auf die in den letzten Jahren stark an Bedeutung gewonnenen Verkaufsförderungsaktionen. Verkaufsförderung war immer schon wichtig, um entscheidende Kaufimpulse beim Verbraucher auszulösen, denn bis zu 70 % der Kaufentscheidungen fallen erst in der Verkaufsstelle.

Aber es war noch nie zuvor so schwierig, Sortimente, Produkte und Dienstleistungen in das Bewusstsein des Kunden zu befördern, da durch die zunehmende Produktvielfalt eher Orientierungslosigkeit als Entscheidungssicherheit produziert wird. Durch effiziente Verkaufsförderung sollen auf der Handelsseite das Profil des Sortiments und auf der Herstellerseite insbesondere das Produktprofil verbessert werden.

Beispiel

Der Hersteller unterstützt Einzelhändler gezielt bei der Verkaufsförderung.

Dazu gehören im Lebensmittelbereich z. B.:
- Probierstände,
- Displays,
- Dekoration,
- Vertreter des Herstellers. die Verkaufsförderungsmaßnahmen im Laden durchführen.

5.4 Effiziente Neuprodukteinführung und Handelsmarkengestaltung

Handelsmarken
→ Band 1, LF 1, Kap. 8.4

Bei der *Effizienten Neuprodukteinführung* nutzen Handel und Hersteller ihre Kenntnisse über den Kunden, die Warengruppe und den Markt gemeinsam. Dadurch sollen Produkte entwickelt und eingeführt werden, die die Bedürfnisse der Konsumenten exakter befriedigen. Kundendatenbanken des Handels können hierzu wichtige Informationen über die Nachfragegewohnheiten der Konsumenten in der Verkaufsstelle bereitstellen.

Die wichtigsten Ziele der *Effizienten Neuprodukteinführung* sind die Verringerung der Entwicklungs- und Einführungskosten und die Verringerung der Fehlschlagsraten neuer Produkte. Ein weiteres Ziel ist eine gemeinsame Handelsmarkengestaltung. Für den Händler führt die *Effiziente Neuprodukteinführung* zu einer wesentlich besseren Nutzung der Regalflächen und der Bereitstellung eines attraktiven Sortiments.

Die gemeinsame Handelsmarkengestaltung ist ein Bestandteil der *Effizienten Neuprodukteinführung*.

Handelsmarken sind durch den Handel gekennzeichnete Produkte.

Beispiel

Bekannte Handelsmarken sind z.B. „Ja" der Rewe-Gruppe oder „BioBio" der Edeka-Gruppe.

Effiziente Neuprodukteinführung und Handelsmarkengestaltung werden als Instrument der Handelssysteme benutzt, um sich im Wettbewerb mit anderen Handelssystemen zu profilieren. Für den Handel sind eigene Marken von besonderem Interesse, weil sie für den Verbraucher eine Alternative zu Discountern darstellen.

Die Vorteile einer Handelsmarke für den Einzelhändler sind im Einzelnen:
- verbesserte Handelsspanne,
- weniger Abhängigkeit von großen Markenartikelherstellern,
- Möglichkeit der eigenen Profilierung,
- Schutz vor direktem Wettbewerb mit anderen Handelssystemen, da für den Verbraucher die Produkte der Handelsmarken nicht vergleichbar sind,
- Aufbau von Kundenpräferenzen,
- Abdeckung unterschiedlicher Kundenbedürfnisse.

Vertikale Kooperationen

Effizientes Bestellwesen	Effiziente Sortimentsgestaltung	Effiziente Verkaufsförderung	Effiziente Neuprodukteinführung
• Erhöhung der Lieferbereitschaft • Reduzierung von – Lagerbeständen – Kapitalbindung – Bestellzeiten	Messung und Bewertung der Sortimentsgestaltung ermöglicht: • Erhöhung der Umschlagshäufigkeit • Verbesserung der Handelssspanne je qm Verkaufsfläche	Messung und Bewertung der Verkaufsförderungsaktionen ermöglicht: • Optimierung der Kommunikationspolitik • Umsatzsteigerung für die Aktionsware	Messung und Bewertung der Neuprodukteinführung ermöglicht: • Verringerung der Fehlschlagsraten neuer Produkte • effiziente Handelsmarkengestaltung

ALLES KLAR?

1 Die Optimierung und Steuerung des Waren- und Informationsflusses zwischen Händler und Lieferanten beziehen sich auf die Säulen …

a) Bestellwesen.
b) Sortimentsgestaltung.
c) Personalwesen.
d) Controlling.
e) Produktentwicklung.

2 Die vertikale Kooperation des Einzelhändlers mit Partnern bezeichnet …

a) eine Zusammenarbeit von Unternehmen der gleichen Wirtschaftsstufe.
b) einen Zusammenschluss von Unternehmen aufeinanderfolgender Wirtschaftsstufen zu einem Unternehmen.
c) eine Verbindung von Unternehmen einer Lieferkette durch einen elektronischen Datenaustausch.
d) eine Zusammenarbeit von Einzelhandelsunternehmen mit Partnern auf vorgelagerten Wirtschaftsstufen.
e) eine Zusammenarbeit von Verbrauchern und Herstellern.

3 Nennen Sie Vorteile des effizienten Bestellwesens.

4 Möglichst hoch beladene Europaletten durch den Lieferanten führen beim Einzelhändler …

a) zur Minimierung der Lagerkosten.
b) zum störungsfreien Warenverkehr mit dem Hersteller.
c) zur optimalen Ausnutzung der Lagerkapazitäten.
d) zur Steigerung der Logistikkosten.
e) zu Unstimmigkeiten im Warenfluss mit dem Hersteller.

5 Was bezeichnet man als Cross-Docking-Prinzip?

6 Das Cross-Docking-Prinzip …

a) zwingt den Hersteller, große Auslieferungslager einzurichten.
b) verringert die Kosten der Lagerhaltung.
c) erhöht die Kosten der Kapitalbindung.
d) verringert die Lagerdauer.
e) minimiert die Lagerbestände.

7 Beim Roll Cage Sequencing werden die Rollcontainer und Europaletten vom Lieferanten …

a) filialgerecht beladen.
b) bei der Beladung an der Regalhöhe des eigenen Lagers ausgerichtet.
c) für die jeweilige Verkaufsstelle kommissioniert.
d) möglichst flach beladen.
e) in einer vom Hersteller vorgegebenen Reihenfolge beladen.

8 Zu den Aktivitäten, die eine optimale Gestaltung des Sortiments gewährleisten, zählt die …

a) Festlegung der Sortimentsbreite und -tiefe.
b) Anpassung des Sortiments an das Kundenverhalten.
c) Beschränkung des Sortiments auf ein hohes Preisniveau.
d) ausschließlich an Verkaufspreisen orientierte Sortimentsentscheidung.
e) Verringerung des Sortimentsumfangs zur Reduzierung der benötigten Regalflächen im Verkaufsraum.

9 Nennen Sie Ziele einer effizienten Produktneueinführung.

10 Welche Vorteile ergeben sich aus der Kooperation des Herstellers mit dem Einzelhandel bei der Entwicklung und Einführung einer Handelsmarke.

11 Wer löst letztlich die Warenbewegung in der Lieferkette aus?

a) Der Marktleiter mit dem mobilen Datenerfassungsgerät.
b) Der Zentraleinkäufer aufgrund der Daten aus dem Warenwirtschaftssystem.
c) Der Kunde mit dem Kauf eines Artikels.
d) Der Mitarbeiter am Wareneingang beim Scannen der eingetroffenen Ware
e) Der Kommissionierer im Zentrallager, sobald er den Filialauftrag bearbeitet.

12

Mit Marketingkonzepten den Kunden gewinnen und binden

Marktforschung

Standortwahl

Marketinginstrumente

Marketingmix

E-Business und Onlinemarketing

1 Was ist Marketing?

Werbung
→ Band 1, LF 5

Stellt man die Frage: „Was ist Marketing?“, so wird sicher eine große Mehrheit der Befragten Marketing mit Werbung gleichsetzen. Dies ist aber eine stark verkürzte und falsche Sichtweise, denn Marketing ist viel mehr!

Der Begriff „Marketing“ stammt aus dem Englischen und bedeutet übersetzt „vom Markt her handeln“. Marketing umfasst demnach alle Maßnahmen, die ein Unternehmen ergreift, um den Umsatz zu erhalten oder zu vergrößern. Zum Marketing gehört somit natürlich auch die Werbung, aber eben nur als Teilbereich des Marketings. Ein Einzelhändler nutzt neben der Werbung noch andere Möglichkeiten, seinen Umsatz zu erhalten oder zu vergrößern, z. B. durch

Standortwahl
→ LF 12, Kap. 3

Sortimentspolitik
→ LF 12, Kap. 4.1

Servicepolitik
→ LF 12, Kap. 4.3

Kommunikationspolitik
→ LF 12, Kap. 4.4

Marktforschung
→ LF 12, Kap. 2

- die Wahl seines Standortes,
- seine Entscheidungen bezüglich des Sortiments,
- seine Preisentscheidungen,
- sein Serviceangebot und natürlich
- die Art und Weise, wie er mit seinen Kunden in Kontakt tritt – die Kommunikationspolitik – zu der auch die Werbung gehört.

Diese Marketingmaßnahmen werden auch als **Marketinginstrumente** bezeichnet. Damit sie möglichst zielgerichtet eingesetzt werden können, sollte sich der Einzelhändler vorab über seine Kunden informieren. Dies erfolgt mit Hilfe der **Marktforschung**, die somit auch zum Marketing gehört.

Verkäufermarkt
Angebot < Nachfrage

Käufermarkt
Angebot > Nachfrage

Im letzten Jahrhundert hat sich aufgrund der Veränderungen auf dem Absatzmarkt die Stellung des Marketings in der Unternehmensführung grundlegend gewandelt. Gab es früher in jeder Ortschaft einen Kaufmannsladen, in dem die Kunden einkauften, so haben sie heutzutage eine wesentlich größere Auswahl bei ihren Einkaufsmöglichkeiten. Sie sind mobiler und die Anzahl der Geschäfte hat zugenommen. Neben dem stationären Handel steht auch das Internet jederzeit für Besorgungen zur Verfügung. Diese Änderung des Marktes wird als Wandel vom Verkäufermarkt zum Käufermarkt beschrieben.

Ist die Nachfrage der Käufer größer als das Angebot der Verkäufer, wird von einem **Verkäufermarkt** gesprochen. Der Verkäufer ist in der bequemen Situation, dass sein Angebot aufgrund der starken Nachfrage garantiert verkauft wird. Er braucht sich um den Abverkauf seiner Ware also nicht zu sorgen. Ganz anders stellt sich die Situation für den Verkäufer auf dem **Käufermarkt** dar. Hier ist das Angebot größer als die Nachfrage und der Käufer entscheidet sich aufgrund des besten Angebots, wo und bei wem er einkauft. Auf einem Käufermarkt muss der Verkäufer sich anstrengen, seine Ware zu verkaufen. Um hier bestehen zu können, muss der Verkäufer möglichst mehr absetzen als seine Mitbewerber. Unterstützen kann er dies durch ein **erfolgreiches Marketing**.

2 Marktforschung

Der Einzelhändler kann nur dann erfolgreich sein, wenn er „seinen" Markt genau kennt. Er muss also nicht nur über die Wünsche seiner Kunden genau informiert sein, sondern auch die Konkurrenz und deren Marketingmaßnahmen kennen. Nur dann kann er selbst mithilfe wirksamer Marketingmaßnahmen seinem Unternehmen ein eigenes Profil geben und sich gegenüber Kunden und Wettbewerbern als unverwechselbares Unternehmen präsentieren. Wenn er dann noch die richtigen Waren im Sortiment hat und die richtigen Serviceleistungen anbietet, wird sein Unternehmen erfolgreich sein.

Um seine Marketingmaßnahmen erfolgreich planen und durchführen zu können, benötigt er **detaillierte Informationen** über

- seine Kunden,
- die Konkurrenz sowie
- allgemeine Marktdaten wie Kaufkraft, Preisentwicklung und Lohnniveau.

Aufgabe der Marktforschung ist es, diese Marktdaten gezielt zu beschaffen, aufzubereiten und auszuwerten. Außerdem versucht die Marktforschung in Erfahrung zu bringen, wie der zukünftige Markt wohl aussehen wird (**Marktprognose**). Die dazu erhobenen Daten müssen möglichst **zielgerichtet, verlässlich, aktuell und genau** sein. Die Erhebung darf die Kosten des Einzelhändlers aber auch nicht zu sehr erhöhen; die Marktforschung muss also auch dem Grundsatz der **Wirtschaftlichkeit** entsprechen.

Von der systematischen Marktforschung zu unterscheiden ist die **Markterkundung**. Dabei handelt es sich um eine spontane, eher unsystematische und unregelmäßige Ermittlung von Marktinformationen.

Beispiel

Markterkundung: spontane Gespräche zwischen Geschäftspartnern oder auf Fachmessen, gelegentliche Befragung einzelner Kunden durch Mitarbeiter

Um Position eines Unternehmens im Markt besser einschätzen zu können ist es sinnvoll, einige Grundbegriffe der Marktforschung zu kennen.

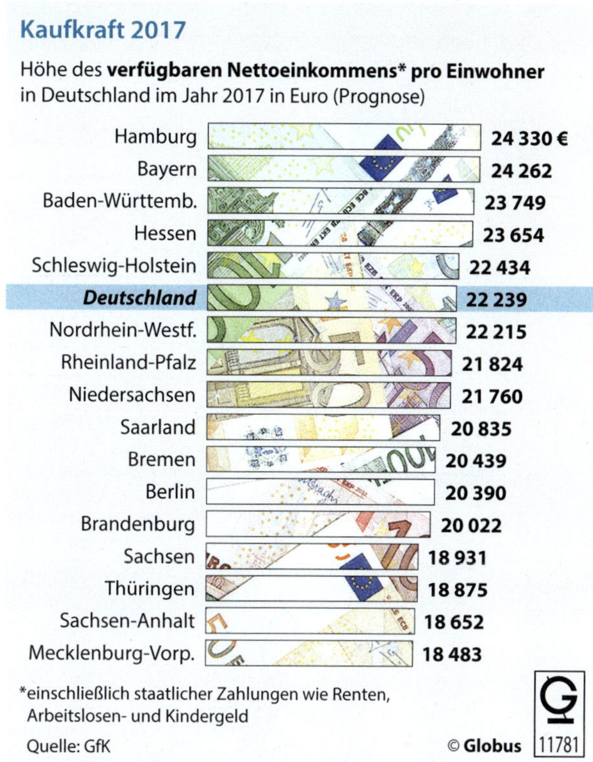

Wichtige Marktgrößen

Begriff	Definition	Beispiel (fiktive Werte)
Markt-potenzial	Einheiten einer Ware, die auf dem Markt maximal abgesetzt werden könnten, wenn alle denkbaren Kunden zum Kauf der Ware bereit wären (Schätzung). Das Marktpotenzial kann sowohl mengenmäßig als auch wertmäßig (in Geldeinheiten) angegeben werden.	Das Marktpotenzial für Tiefkühlpizza in Deutschland wird für das Jahr 20XX auf ca. 360.000 t geschätzt.
Markt-volumen	von den bisherigen Anbietern ausgeschöpfter Teil des Marktpotenzials, also die tatsächlich abgesetzte Menge einer Ware innerhalb einer Periode	Der Gesamtabsatz an Tiefkühlpizza im Jahr 20XX betrug ca. 320.000 t.
Marktausschöpfung, Marktsättigung	der prozentuale Anteil des aktuell erreichten Marktvolumens am Marktpotenzial. Je geringer die Marktausschöpfung, desto attraktiver ist der Markt für einen neuen Anbieter.	Der Markt für Tiefkühlpizza war 20XX bereits zu ca. 89 % ausgeschöpft.
Absatz-potenzial, Umsatz-potenzial	Einheiten einer Ware, die ein Unternehmen in einer Periode maximal absetzen zu können glaubt. Die entsprechende wertmäßige Angabe (in Geldeinheiten) bezeichnet man als Umsatzpotenzial.	Die Edeka-Gruppe könnte nach Schätzungen der Konzernleitung im Jahr 20XX etwa 85.000 t Tiefkühlpizza verkaufen.
Absatz-volumen	die von einem Unternehmen innerhalb einer Periode tatsächlich abgesetzte Menge einer Ware	Die Edeka-Gruppe verkaufte im Jahr 20XX tatsächlich aber nur 80.000 t.
Markt-anteil	der prozentuale Anteil des Absatzvolumens eines Unternehmens am Marktvolumen.	Der Marktanteil der Edeka-Gruppe bei Tiefkühlpizza betrug im Jahr 20XX 25 %.

$\text{Marktsättigung} = \frac{\text{Marktvolumen}}{\text{Marktpotenzial}}$

$\text{Marktanteil} = \frac{\text{Absatzvolumen}}{\text{Marktvolumen}}$

2.1 Bereiche

Die Marktforschung kann in die drei Teilbereiche Marktanalyse, Marktbeobachtung und Marktprognose gegliedert werden.

Die **Marktanalyse** liefert einmalig oder in festgelegten Intervallen wiederkehrende wichtige Informationen. Zu einem bestimmten Zeitpunkt werden alle aktuellen Einflussgrößen des Marktes ermittelt. Dazu gehören Informationen über

- Kundengruppen (z. B. Anzahl der Kunden und Zusammensetzung der Kundengruppen),
- den Standort des Einzelhändlers (z. B. eigener Standort und Einzugsgebiet des Händlers) sowie
- die Wettbewerber (z. B. Anzahl der Konkurrenten, deren Sortimentspolitik und Marketingmaßnahmen).

Diese Informationen über die Marktstruktur bilden die Basis für marktorientierte Entscheidungen des Marketings.

Die **Marktbeobachtung** ist im Gegensatz zur Marktanalyse nicht zeitpunktbezogen, sondern zeitraumbezogen und die Datenerhebung erfolgt daher über einen längeren Zeitraum. Sie gibt Auskunft über die langfristige Entwicklung des Marktes. Folgende Teilbereiche des Marktes werden fortwährend beobachtet:

- Marktveränderungen (z. B. Nachfrageveränderungen, „Lebensdauer" von Produkten)
- Konkurrenzveränderungen
- Veränderungen der gesamtwirtschaftlichen Lage
- Markttrends (neue Produkte)

Produktlebenszyklus
→ LF 12, Kap. 4.1.3

Beispiel

Im Rahmen einer mehrere Monate dauernden Marktbeobachtung stellt eine Warenhauskette fest, dass ein bestimmter Artikel bei der Konkurrenz im Sortiment gelistet wird und dafür eine große Nachfrage besteht. Daraufhin wird dieser Artikel auch in der Warenhauskette eingeführt.

Gelistete Artikel stehen in den Bestelllisten für den Großhändler, weil sie ständig im Sortiment sind.

In der Praxis gehen Marktanalyse und Marktbeobachtung meist ineinander über, da ein Unternehmen für seine Entscheidungen sowohl an langfristigen Entwicklungen als auch an aktuellen Informationen interessiert ist. Zudem lassen sich meist nur durch eine Kombination der beiden Marktforschungsmethoden zuverlässige **Marktprognosen** erstellen, die Aussagen über die künftige Marktentwicklung ermöglichen und die Grundlage zur Entwicklung von Marketingkonzepten bilden. Dabei werden zukünftige Entwicklungen mit einbezogen, wie z. B. Veränderungen der Altersstruktur der Bevölkerung und des Freizeitverhaltens der Konsumenten.

Beispiel

Die Bevölkerung wird zunehmend älter. Aus diesem Grund ist verstärkt mit einer größeren Nachfrage durch die ältere Bevölkerungsgruppe zu rechnen. Das Sortiments- und Serviceangebot für diese Kunden wird deshalb vergrößert.

Bereiche der Marktforschung

Marktanalyse	Marktbeobachtung	Marktprognose
ermittelt einmalig oder in bestimmten Abständen alle einen Markt kennzeichnenden Merkmale (Marktstruktur)	beobachtet fortlaufend die Entwicklung eines Marktes im Zeitablauf	versucht zu ermitteln, wie die Marktsituation in der Zukunft sein wird; sie baut auf der Marktanalyse und der Marktbeobachtung auf

Systematische Marktforschung ist sehr aufwändig und wird deshalb meist nicht vom Einzelhandelsunternehmen selbst betrieben, sondern von dafür spezialisierten **Marktforschungsunternehmen**.

2.2 Methoden

Bei allen Marktforschungsaktivitäten stellt sich die Frage, auf welche Weise die Marktdaten beschafft werden können. In der Praxis unterscheidet man zwischen zwei Vorgehensweisen der Marktforschung:

- Primärforschung (Neuerhebung von Daten)
- Sekundärforschung (Verwendung bereits vorhandener Daten)

2.2.1 Primärforschung

Die Primärforschung wird auch Feldforschung oder Fieldresearch genannt.

Sollen neue, aktuelle und bisher nicht bekannte Daten beschafft werden, wird von Primärforschung gesprochen. Folgende Überlegungen sind dabei zu berücksichtigen und abzuwägen:

- Soll eine Voll- oder Teilerhebung durchgeführt werden?
- Welche Erhebungsmethoden der Primärforschung sollen genutzt werden?

Vollerhebung: Erforschen der Grundgesamtheit

Eine Befragung aller Personen ist die sicherste Methode, einen Personenkreis mit seinen wesentlichen bzw. wichtigen Merkmalen richtig zu erfassen. Bei der Vollerhebung werden alle Personen einbezogen, wenn die Zielgruppe nicht größer als etwa 500 Personen ist. Diese Gesamtheit der möglichen Kunden nennt man Grundgesamtheit. Die Genauigkeit der Ergebnisse ist sehr hoch, die Kosten und der Zeitaufwand sind jedoch erheblich.

Beispiel

Ein Warenhauskonzern möchte in seiner Textilabteilung verstärkt Kinderkleidung anbieten. Er befragt daraufhin alle Kunden aus seiner Kundendatei, die bisher Artikel für Kinder gekauft haben und somit potenzielle Kunden sein könnten.

repräsentativ
stellvertretend, typisch

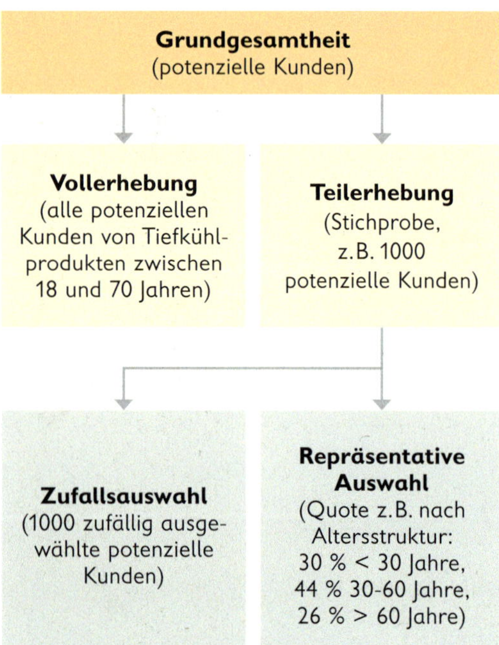

Teilerhebung mittels Stichproben

Ist eine Vollerhebung praktisch nicht durchführbar oder zu teuer, so ist eine Teilerhebung sinnvoll. Dabei muss eine repräsentative Stichprobe aus der Grundgesamtheit bestimmt werden. Dies ist häufig sehr schwierig. Die Stichprobe sollte nicht zu groß sein, sodass eine Befragung möglich ist, allerdings muss aber auch die Grundgesamtheit angemessen vertreten werden. Eine repräsentative Stichprobe ist also eine verkleinerte Abbildung der Grundgesamtheit. Alle Teilnehmer der Grundgesamtheit haben die gleiche Chance, Teil der Stichprobe zu werden. Die Grundgesamtheit muss deshalb so bestimmt sein, dass sich daraus mit Sicherheit eine Stichprobe ziehen lässt.

Beispiel

Eine Lebensmittelkette plant eine Sortimentserweiterung im Bereich ihrer Tiefkühlprodukte. Da die Zahl der potenziellen Kunden für diese Artikel zu groß für eine Vollerhebung ist, wird anhand der Altersstruktur der detuschen Bevölkerung eine repräsentative Stichprobe ermittelt.

Erhebungsmethoden der Primärforschung

Sobald die Entscheidung über Voll- oder Teilerhebung gefallen ist, wird eine geeignete Erhebungsmethode für die Primärerhebung bestimmt. Die wichtigsten Methoden sind die Befragung, die Beobachtung, das Experiment und das Panel.

Durch eine **Befragung** kann ein Unternehmen schriftlich (z. B. mit einem Fragebogen), mündlich, telefonisch oder per Internet Informationen über den Gegenstand der Erhebung erhalten. Ein typischer Erhebungsgegenstand kann z. B. die Kundenzufriedenheit sein.

Beispiel

Die Beska GmbH gibt an den Abteilungskassen folgende Fragekärtchen aus:

Sie haben gerade bei der Beska GmbH eingekauft.

Beska
BERLINER SUPERKAUF GMBH

Waren Sie mit der Beratung zufrieden?

sehr ☐ einigermaßen ☐ gar nicht ☐

Wie empfanden Sie die Kassenabwicklung?

freundlich und zügig ☐ unfreundlich ☐ langwierig ☐

Bei einer **Beobachtung** kann das tatsächliche Verhalten von Kunden in bestimmten Situationen ermittelt werden, ohne dass die Personen sofort befragt werden müssen. Die Beobachtung ist also nicht von der Bereitschaft der Kunden abhängig, zu einem besonderen Thema Auskunft zu geben. Allerdings müssen Beobachtungen in der Regel durch Befragungen ergänzt werden, um ein bestimmtes Verhalten zu erklären. Das Verhalten von Kunden nach einer Neugestaltung des Ladens oder bei einer besonderen Warenpräsentation bietet sich als Beobachtungsgegenstand an.

Befragung mit Hilfe von Fragebogen

Während eines **Experiments** oder Tests versucht man, für einen bestimmten Zusammenhang Ursachen und Wirkung herauszufinden. Dabei wird jeweils ein Wesensmerkmal verändert, um die Auswirkungen herauszufinden.

Beispiel

- Ein Hersteller bietet Kunden ein Produkt in unterschiedlichen Verpackungen (z.B. andere Form, Farbe, Design) an, um herauszufinden, auf welche Verpackung der Kunde positiv reagiert.
- Ein Einzelhändler platziert Ware im Verkaufsraum unterschiedlich, um herauszufinden, welche Ladenbereiche von den Kunden mehr frequentiert werden.

Ein **Panel** ist eine Markterhebung, bei der eine konstante, gleich bleibende Zielgruppe über einen ausgedehnten Zeitraum regelmäßig zu gleichen Themen befragt wird. Die erhobenen Daten können z. B. Trends zum Kundenverhalten aufzeigen, wenn sich Rahmenbedingungen ändern, die mit dem einzelnen Geschäft nicht zusammenhängen, wie z. B. Gesetzesänderungen oder Großereignisse. Panels werden häufig von Marktforschungsinstituten durchgeführt, da sie in der Regel sehr aufwändig sind. Die Ergebnisse können dann von Interessierten gekauft werden.

Die Sekundärforschung wird auch Schreibtischforschung oder Deskresearch genannt.

2.2.2 Sekundärforschung

Von Sekundärforschung wird gesprochen, wenn auf betriebseigene oder auf externe Informationen zurückgegriffen werden kann. Die Marktforschungsdaten werden somit nicht primär, d. h. erstmalig für eine Marktforschung ermittelt. Es handelt sich bei diesen Daten hauptsächlich um Informationen aus

- behördlichen Statistiken,
- Publikationen von Verbänden und Medien,
- Erkenntnissen von Unternehmensberatern und Werbeagenturen,
- dem eigenen Unternehmen (z. B. Umsatz- und Absatzstatistiken, Eingänge von Beschwerden, Berichte der Verkäufer und Auskünfte des Rechnungswesens),
- Berichten der Handelsvertreter oder
- Internetrecherchen zu bestimmten Sachverhalten.

Sekundärforschung ist deutlich kostengünstiger als die Primärforschung und wird daher auch bevorzugt angewendet. Häufig liefern aber die vorliegenden Daten nicht ausreichende Informationen, sodass der Einzelhändler für spezielle Informationen auf die Primärforschung zurückgreifen muss.

Methoden der Marktforschung

- **Primärforschung**
  Erhebung von Daten durch
  - Befragung
  - Beobachtung
  - Experiment
  - Panel
- **Sekundärforschung**
  Auswertung vorhandener Daten aus
  - Statistiken
  - WWS
  - Medienberichten

ALLES KLAR?

1 Was bedeutet der Begriff „Marketing“?

a) Planung einer Werbekampagne
b) Verkauf von Fanartikeln
c) marktorientierte Maßnahmen durchzuführen
d) Productplacement in einer TV-Serie
e) Wöchentliche Werbeaktion in einem Verbrauchermarkt

2 Zu den typischen Marketinginstrumenten eines Einzelhändlers gehört .

a) Visual Merchandising
b) Verkostungen und Produktvorführungen im Markt.
c) Aktualisierung des Sortiments.
d) Aufträge an eine Marketingagentur zu vergeben.
e) in einem Werbespot mitzuspielen.

3 Wodurch hat sich die Stellung des Marketings in den letzten Jahrzehnten verändert?

a) Es gibt viel mehr Werbeagenturen.
b) Im Internet ist jetzt Bannerwerbung möglich.
c) Einzelhändler können sich die Kunden endlich aussuchen.
d) Kunden können sich eine Einkaufsmöglichkeit einfacher erschließen.
e) Auch kleinere Ortschaften haben mittlerweile ausreichende Einkaufsmöglichkeiten.

4 Für den Verkäufermarkt ist typisch, dass ...

a) die Verkäufer im Markt gut qualifiziert sind.
b) im Markt immer ausreichend Personal zur Beratung eingeplant ist.
c) Verkäufer den Personalkauf nutzen können.
d) der Verkäufer sich um den Verkauf seiner Waren wenig Sorgen macht.
e) der Kunde die Verkäufer persönlich kennt.

5 Für den Käufermarkt ist typisch, dass ...

a) der Verkäufer intensives Marketing betreibt.
b) es attraktive Preisnachlässe gibt.
c) Kunden immer im selben Einzelhandelsgeschäft einkaufen.
d) der Verkäufer seine Kunden persönlich kennt.
e) es kaum Wettbewerb zwischen den Einzelhändlern gibt.

6 Für eine erfolgreiche Marktforschung benötigt der Unternehmer u.a. folgende Informationen:

a) Verkaufsfläche des eigenen Marktes
b) Inventurdifferenzen durch Schwund
c) Abschriften nach Abteilung sortiert
d) Kaufkraft, Preisentwicklung und Lohnniveau
e) Sortiment der Bedientheken saisonal

7 Das Ziel der Marktforschung besteht darin, ...

a) unabhängige Forschungsinstitute mit der Ausarbeitung der Unternehmensstrategie zu beauftragen.
b) Die Preisentwicklung zu beobachten und notfalls durch politische Eingriffe zu dämpfen.
c) herauszufinden, welchen Bedarf Kunden in Zukunft haben könnten.
d) Daten zur Archivierung zu sichern.
e) Fehlverkaufskontrollen durch das Führen von Beschwerdelisten durchzuführen.

8 Welche Aufgabe hat die Marktanalyse innerhalb der Marktforschung?

a) Die Marktanalyse ist zeitraumbezogen und erfolgt über einen längeren Zeitraum.
b) Die Marktanalyse ermittelt die zukünftige Marktentwicklung.
c) Die Marktanalyse liefert Informationen über die Marktstruktur.
d) Die Marktanalyse ist wesentlicher Bestandteil der Marktbeobachtung.

9 Worin unterscheidet sich die Marktbeobachtung von der Marktanalyse?

a) Die Marktbeobachtung folgt im Gegensatz zur Marktanalyse immer der Marktprognose.
b) Die Marktbeobachtung ist nicht zeitraumbezogen, sondern zeitpunktbezogen.
c) Die Marktbeobachtung ist nicht zeitpunktbezogen, sondern zeitraumbezogen.
d) Die Marktbeobachtung gibt keine Auskunft über die langfristige Entwicklung des Marktes.

10 Die Marktprognose soll auf der Grundlage von Marktanalyse und Marktbeobachtung …

a) Marktveränderungen analysieren.
b) Informationen über Kundengruppen liefern.
c) die Veränderungen der gesamtwirtschaftlichen Lage dokumentieren.
d) die zukünftige Marktentwicklung ermitteln.
e) Marketingmaßnahmen kontrollieren.

11 Warum wird systematische Marktforschung nicht von den Einzelhändlern selbst durchgeführt?

a) Der Einzelhändler ist nicht objektiv und produziert daher geschönte Ergebnisse.
b) Spezialisierte Marktforschungsunternehmen übernehmen systematische Marktforschung zu Selbstkosten.
c) Der Einzelhändler kann systematische Marktforschung nicht exakt revidieren.
d) Systematische Marktforschung ist für Einzelhändler aufgrund des hohen Aufwands nicht zu leisten.
e) Systematische Marktforschung ist für Einzelhändler in Bezug auf Marktanalyse irrelevant.

12 Hinsichtlich der Marktforschungsmethoden unterscheidet man:

a) Teilerhebung und Befragung
b) Grundgesamtheit und Experiment
c) Primärforschung und Sekundärforschung
d) Stichproben und Beobachtung
e) Vollerhebung und Grundgesamtheit

13 Welche grundsätzliche Überlegung ist hinsichtlich der Primärforschung typisch?

a) Soll eine Befragung oder eine Teilerhebung durchgeführt werden?
b) Welches Merkmal soll während der Primärforschung verändert werden?
c) Mit welcher Methode soll die Prognose der Stichprobe stattfinden?
d) Ist die Erforschung der Grundgesamtheit notwendig?
e) Kann die Stichprobe die Grundgesamtheit ausreichend diagnostizieren?

14 Welcher Fall beschreibt eine sinnvolle Entscheidung für eine Erhebungsmethode?

a) Wegen der höheren Genauigkeit wird eine Teilerhebung durchgeführt.
b) Zur Einsparung von unnötigen Kosten soll eine Vollerhebung stattfinden.
c) Aus Zeitnot soll keine Teilerhebung stattfinden.
d) Aufgrund der großen Grundgesamtheit ist eine Teilerhebung geplant.
e) Vollerhebung und Teilerhebung sollen zeitversetzt durchgeführt werden.

15 Welche Erhebungsmethode kann zur Ermittlung der Laufwege der Kunden im Laden sinnvoll sein?

a) Eine Befragung, weil die Kunden selbst am besten wissen, wo sie entlanglaufen.
b) Ein Experiment, wenn man die Regalanordnung dafür entsprechend der Kundenwünsche verändert.
c) Eine Beobachtung, die durch eine Befragung ergänzt werden kann.
d) Eine Befragung, die durch eine Beobachtung ergänzt werden kann.
e) Ein Experiment, das durch eine Befragung relativiert werden kann.

16 Worin besteht ein wesentlicher Unterschied zwischen Primärforschung und Sekundärforschung?

a) Primärforschung ist deutlich kostengünstiger als Sekundärforschung.
b) Bei der Sekundärforschung werden Marktforschungsdaten erstmals erhoben.
c) Bei der Primärforschung werden Marktforschungsdaten wiederverwendet.
d) Bei der Sekundärforschung werden ausschließlich Panels durchgeführt.
e) Sekundärforschung ist weniger kostenintensiv als Primärforschung.

17 Welche beiden Datenquellen sind für die Sekundärforschung typisch?

a) Panels und Statistiken
b) Statistiken und Befragungen
c) Auswertungen des WWS und Experimente
d) Auswertungen des WWS und Statistiken
e) Berichte und Befragungen

3 Standortwahl

Der wirtschaftliche Erfolg eines Einzelhändlers ist nicht nur von der unternehmerischen Leistungsfähigkeit abhängig. Auch die Standortwahl spielt für den Erfolg des Einzelhändlers eine nicht unerhebliche Rolle. Denn der Standort bestimmt, welcher Kundenkreis erreicht werden kann. Einen Händler zu Fuß zu erreichen ist beispielsweise für immer weniger Kunden von Bedeutung, viel wichtiger ist die Erreichbarkeit mit dem Auto in Verbindung mit entsprechend ausreichenden Parkplätzen oder eine gute Anbindung mit öffentlichen Verkehrsmitteln.

Darüber hinaus entscheidet der Standort z. B. über
- die Höhe der zu entrichtenden Steuern,
- das Angebot an qualifizierten Fachkräften,
- die Höhe der Lohnkosten,
- die Höhe der Mieten und
- die Höhe der Kosten für die Abfallentsorgung.

Beispielsweise wird die Gewerbesteuer von den Kommunen erhoben und variiert daher von Standort zu Standort.

Es ist davon auszugehen, dass z.B. ein Standort im Zentrum einer Großstadt mit höheren Mieten und Lohnkosten, aber auch mit einem größeren Fachkräfteangebot einhergeht als ein Standort im ländlichen Raum.

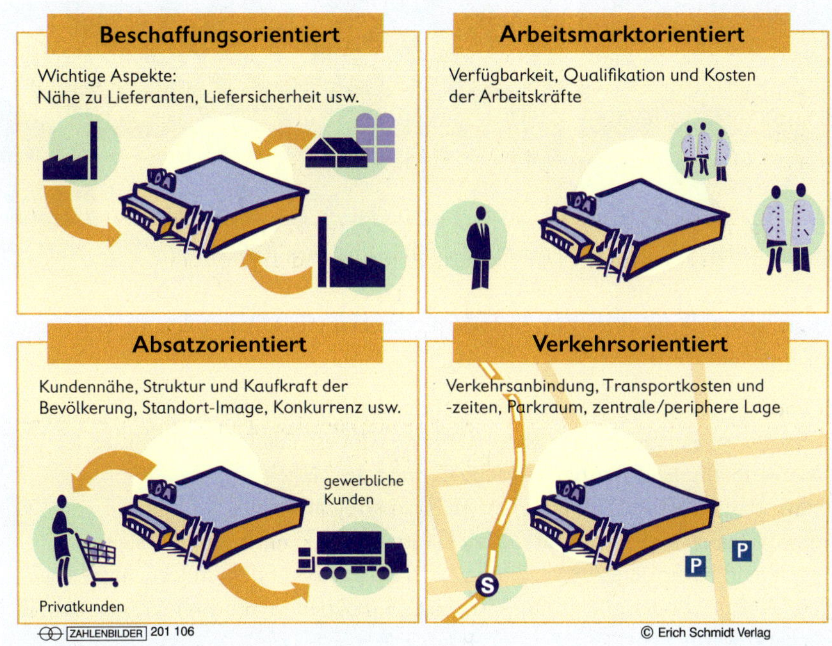

Der Standort des Handelsunternehmens

Das Einzelhandelsunternehmen muss aber im Rahmen seiner Standortentscheidung auch folgenden Aspekte berücksichtigen:
- die Anziehungskraft der direkten Nachbarschaft,
- die Branchenzusammensetzung des Umfeldes,
- die Nähe zu Anziehungspunkten, wie Postfilialen, Banken, öffentlichen Einrichtungen, Gastronomieunternehmen und andere Dienstleistungsbetriebe,
- die Außengestaltung der Geschäfte in der Umgebung.

Einen in jeder Beziehung optimalen Standort gibt es wohl im seltensten Fall, deshalb gilt es, zwischen den gegebenen Möglichkeiten abzuwägen und Prioritäten zu setzen.

Priorität
vorrangiges Ziel

Fußgängerzone in Hameln

Einkaufspassage im Bahnhof von Mannheim

Designer-Outlet-Center B5 am Rande von Berlin

Einzelhandel in einem belebten Wohnviertel

Bei der Ansiedlung eines Einzelhandelsunternehmens sollten folgende Überlegungen angestellt werden:

a) **Erreichbarkeit des Geschäfts für Kunden und Lieferanten**
- öffentlicher Personennahverkehr (ÖPNV): Gibt es Haltestellen für Busse, Straßenbahnen, U-Bahnen oder die Bahn in der Nähe?
- Pkw: Kann das Geschäft gut mit dem Auto erreicht werden?
- Parkplätze: Wie sieht die Parkplatzsituation in der Umgebung aus? Stehen genügend Parkplätze zur Verfügung, z. B. kostenlos auf dem unternehmenseigenen Parkplatz oder gibt es nur Parkplätze, auf denen mit Anwohnerparkausweis geparkt werden darf?
- Lieferanten: Kann ungehindert und zu jeder Zeit angeliefert werden?
- zukünftige Situation: Wird die Straßenführung geändert oder die Straße verkehrsberuhigt?

b) **Attraktivität der Nachbarschaft**
- Kundenkreis: Wie hoch ist die Kundenfrequenz in der direkten Umgebung? Welche typischen Kundengruppen gibt es (z. B. Berufstätige in der Mittagspause)?
- Gastronomie: Welche gastronomischen Unternehmen befinden sich in der Nähe?
- Werbung: Existiert eine Werbegemeinschaft der Einzelhändler und Gastronomieunternehmen?
- Branchen: Aus welchen Branchen setzen sich die benachbarten Unternehmen zusammen?
- Veranstaltungen: Finden interessante Veranstaltungen (Straßen-, Stadtteilfeste, Wochenmärkte, Festtagsmärkte usw.) in der Nähe statt?

c) **Konkurrenzunternehmen**
- Sortiment: Wie verhalten sich Sortimentsbreite, Sortimentstiefe, Qualität und Preisniveau der Konkurrenz im Vergleich zum eigenen Unternehmen?
- Verkaufsräume: Wie beurteilen Sie Warenpräsentation, Geräumigkeit und Zustand der Geschäftsräume der Mitbewerber?
- Service: Wie beurteilen Sie die Serviceangebote, Beratung, Bedienung, Freundlichkeit des Personals bei der Konkurrenz?

Beispiel

Die Beska GmbH hat sich ihren Standort im Herzen von Berlin deshalb ausgewählt, weil

a) sie für Kunden und Lieferanten gut erreichbar ist. Sowohl die Anbindung durch den öffentlichen Personennahverkehr als auch die Zahl der Parkplätze macht den Besuch der Beska GmbH für die Kunden angenehm.

b) hier in der Mitte Berlins viele Veranstaltungsorte sind und somit viele Veranstaltungen stattfinden. Zudem gibt es viele Sehenswürdigkeiten, die für eine ausreichende Zahl an Laufkundschaft sorgen. Viele Beschäftigte aus den umliegenden Büroetagen können hier in der Pause ihre Versorgungskäufe machen und so zu Stammkunden werden.

c) sie mit ihren Geschäftsräumen, ihrer Warenpräsentation und ihrem Sortiment den anderen Anbietern weit überlegen ist.

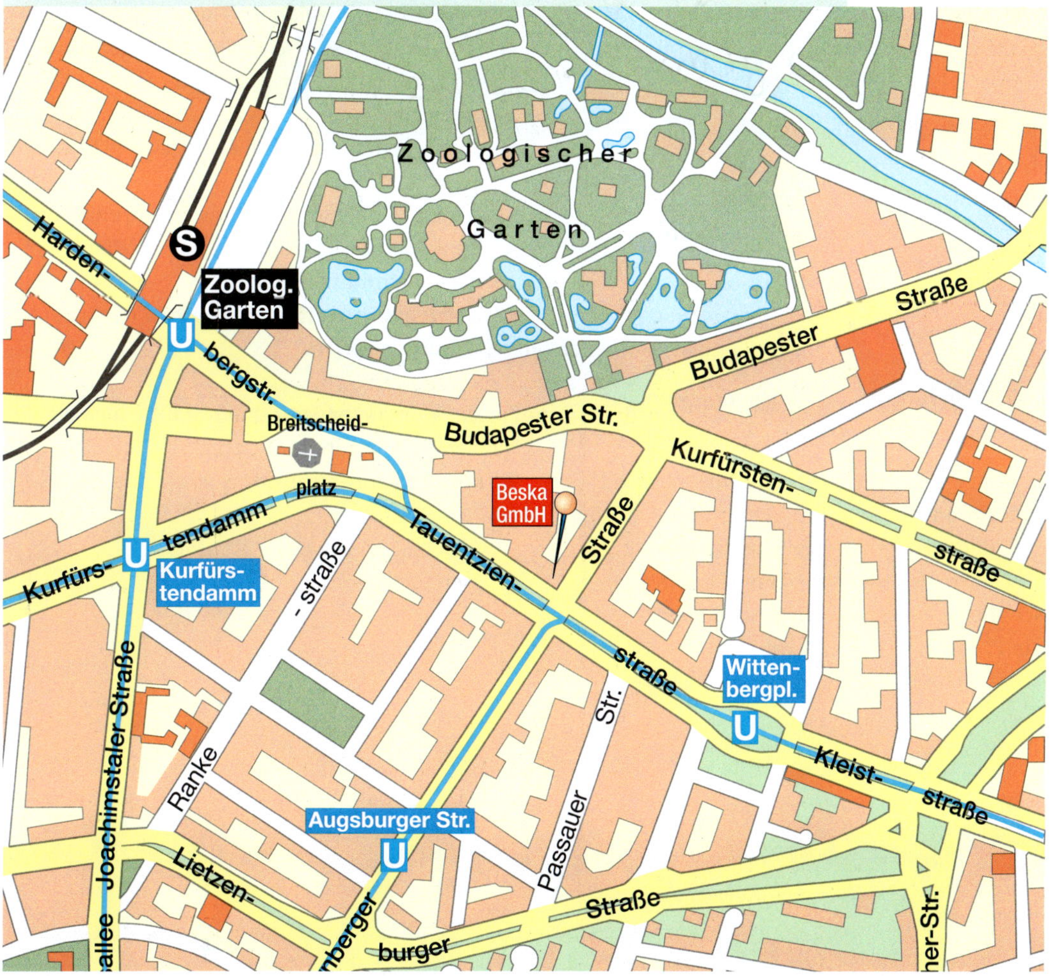

ALLES KLAR?

1 Der Standort eines Einzelhändlers …

a) bestimmt, wie viele Parkplätze zu Fuß zu erreichen sind.
b) bestimmt, wie viele Kunden vom Auto auf öffentliche Verkehrsmittel umsteigen werden.
c) bestimmt, wie gut der Einzelhändler verkehrstechnisch an seine Zielgruppe angebunden ist.
d) ist für Einzelhändler grundsätzlich irrelevant, solange die wirtschaftliche Leistungsfähigkeit hoch ist.
e) ist immer in einem Einkaufszentrum, in der Stadtmitte oder im Factory-Outlet-Center.

2 Handelt es sich bei den folgenden Einflüssen auf die Standortentscheidung um Aspekte der

1) Beschaffungsorientierung
2) Absatzorientierung
3) Arbeitsmarktorientierung
4) Verkehrsorientierung?

a) Nähe zum Autobahnanschluss
b) Nähe zur Straßenbahnhaltestelle
c) Lohnkosten für Einzelhandelsmitarbeiter
d) Kaufkraft der Bevölkerung
e) ganztägige Anlieferungsmöglichkeit
f) Veranstaltungskalender im Lauf des Jahres
g) Bau einer Umgehungsstraße

3 Welche Orientierung ist für die Standortwahl eines Einzelhändlers typisch?

a) Beschaffung, Verkehr, Arbeitsmarkt, Schulen und Kindergärten
b) Beschaffung, Verkehr, Arbeitsmarkt, Absatz
c) Beschaffung, Verkehr, Arbeitsmarkt, Umsatz
d) Beschaffung, Verkehr, Arbeitsmarkt, Sportstätten
e) Beschaffung, Verkehr, Arbeitsmarkt, Medien

4 Hinsichtlich der Erreichbarkeit des Geschäfts sollten folgende Überlegungen angestellt werden:

a) Einbau von Drehtüren für den schnellen Zugang zum Laden
b) Installation einer Rolltreppe oder eines Aufzugs vom niedriger gelegenen Parkplatz zum Laden
c) Verbreiterung der Gehwege rund um den Laden
d) Gewährleistung des ungehinderten Lieferantenzugangs zu jeder Tageszeit
e) Ebener, auch für Rollschuhfahrer geeigneter Boden im Laden

5 Die direkte Nachbarschaft des Ladens ist sehr wichtig für die Wahl des Standortes, denn …

a) die Kunden nutzen gern einen gemeinsamen Standort für unterschiedliche Einkäufe.
b) ein gutes Verhältnis zu den Nachbarn erleichtert vieles.
c) der Einzelhändler kann selbst eigene Einkäufe gleich nebenan machen.
d) der Einzelhändler erkennt schnell Fehler der Konkurrenz und kann die eigenen Kunden darauf hinweisen.
e) Kunden erkennen sofort, wer die höchsten Rabatte gewährt.

6 Für die Standortentscheidung ist u. a. auch die Mitbewerbersituation zu berücksichtigen. Nennen Sie sechs Faktoren, die dabei eine Rolle spielen.

4 Marketinginstrumente

Aus den Ergebnissen der Marktforschung und der Standortentscheidung leitet der Einzelhändler seine Marketingentscheidungen ab. Dafür stehen ihm verschiedene Marketinginstrumente zur Verfügung. Diese Instrumente beziehen sich auf Maßnahmen im Bereich:

- der Sortimentsgestaltung → Sortimentspolitik
- der Preisfestlegung → Preispolitik
- der Serviceaktivitäten → Servicepolitik
- der Kommunikation mit allen im Geschäftsbereich des Einzelhändlers beteiligten Personen und Institutionen → Kommunikationspolitik

Marketing-Mix
→ LF 12, Kap. 5

4.1 Sortimentspolitik

Der Einzelhändler nutzt die Sortimentspolitik, um eine bestmögliche und marktgerechte Gestaltung seines Warenangebots zu erreichen. Letztlich möchte er damit seine Unternehmensziele erreichen. Entscheidungen des Einzelhändlers, die die Gestaltung des Sortiments betreffen, bilden oft den Ausgangspunkt für die Planung anderer Marketingmaßnahmen.

Beispiel

4.1.1 Einflussfaktoren

Wie das Sortiment des Einzelhändlers bestmöglich zu gestalten ist, ist von verschiedenen Einflussfaktoren abhängig. Grundsätzliche Entscheidungen zum Sortimentsumfang und zum Sortimentsniveau werden von ihm schon durch die Wahl der **Betriebsform** getroffen.

Beispiel

- Die Beska GmbH bietet als SB-Warenhaus ein breites Sortiment mit einer Vielzahl von Warengruppen an. Während die Lebensmittelabteilung ein tiefes Sortiment aufweist, ist die Auswahl im Uhren- und Schmuckbereich flach.
- Das Uhren- und Schmucksortiment der Beska GmbH liegt im niedrigen bis mittleren Preisniveau. Eine exklusive Herrenarmbanduhr im Wert von 30.000,00 Euro verträgt sich nicht mit dem Uhrensortiment des SB-Warenhauses.

Einfluss auf Sortimentsentscheidungen haben auch die **Lieferanten**. Der Einzelhändler kann nur die Artikel einkaufen, die er zu einem marktgerechten Preis wieder verkaufen kann. Listenpreise, Preisnachlässe und Bezugskosten geben den Ausschlag dafür, in welcher kalkulierten Höhe ein Gewinn am Markt durchsetzbar ist. Daneben können Lieferzeiten, Lieferzuverlässigkeit und Merchandisingmaßnahmen von Bedeutung sein.

Merchandising
hier: Leistungen des Lieferanten für den Einzelhändler, wie z.B. Aufbau von Aktionsdisplays, Produktvorführungen usw.

Art, Umfang und Preise des Sortiments von **Mitbewerbern** beeinflussen ebenfalls die Sortimentsgestaltung des Einzelhändlers.

Beispiel

In der Nähe der Beska GmbH befindet sich ein Drogeriemarkt mit einem großen Angebot an Markenartikeln von Putz- und Reinigungsmitteln zu günstigen Preisen. Die Beska GmbH verstärkt in diesem Bereich den Verkauf von Eigenmarken.

Den größten Einfluss auf die Sortimentsentscheidung hat der **Kunde**. Der Einzelhändler wird nur die Produkte verkaufen, die den Kaufmotiven seiner Zielgruppen entsprechen.

Beispiel

Die Beska GmbH hat mit ihrem Standort in der Berliner Innenstadt viele Berufstätige als Kunden. Sie bietet in ihrem Lebensmittelsortiment Frischeartikel, wie z.B. Rohkostsalate, an. Diese Artikel sind zum Direktverzehr geeignet.

4.1.2 Sortimentskontrolle

Veränderungen am Markt erfordern eine **ständige Sortimentskontrolle**. Daten aus dem Warenwirtschaftssystem liefern dem Einzelhändler beispielsweise artikelgenaue Informationen über
- die Umsatz- und Absatzentwicklung innerhalb eines bestimmten Zeitraums,
- die Geschwindigkeit, mit der ein Artikel verkauft wird (Umschlagshäufigkeit),
- den Umsatz je m^2 in einzelnen Ladenzonen (Flächenproduktivität) und
- den Umsatz je Kunde (Durchschnittsbon).

Beispiel

Die Beska GmbH hat im Kassenbereich Süß- und Tabakwaren sowie Batterien, Kleinspielzeug, Zeitschriften und Saisonartikel platziert. Jeder zweite Kassenbon weist einen Impulsartikel aus der Kassenzone auf.

Impulsartikel
→ Band 1, LF 1, Kap. 8.4

Eine **effektive Sortimentskontrolle** geht über eine reine Bestandsaufnahme hinaus. Erst die Aufdeckung von Unterschieden, z. B. im Zeit-, Filial- und Branchenvergleich, und die Analyse der Ursachen bilden die Grundlage für geeignete Sortimentsentscheidungen.

effektiv = wirksam

Beispiel

- Im Vergleich zu anderen Ladenzonen hat die Kassenzone den größten Umsatz je m^2 und somit die höchste Flächenproduktivität.
- Der Verkauf von MP3-Playern ist im Vergleich zum Vorjahresmonat zurückgegangen. Mögliche Ursachen sind die Sättigung des Marktes oder neue Produktentwicklungen.

Mit Hilfe von **Renner-Penner-Listen** aus dem Warenwirtschaftssystem können Statistiken über Rangordnungen verschiedener Artikel nach Umsatz, Absatz, Warenrohgewinn o. Ä. erstellt werden.

Renner-Penner-Listen zeigen die Artikel in der Reihenfolge ihrer Umschlaghäufigkeit auf.

Beispiel

Beska
BERLINER SUPERKAUF GMBH

Renner-Penner-Liste nach **Umsatz**: 24. Woche
Artikelgruppe 14: Düfte

Art.Nr.	Bezeichnung	Wochenumsatz (€)
40160007589724	Salvador Thali, pleasure	948,00
40160023567883	Marousse pour femmes	885,00
40385761967665	Elisa Garden, Sunflower	790,00
40160007482416	Estelle, Love Hearts	690,00
46281937456251	Nessy Bartlay, Mystic Water	632,00

Beska
BERLINER SUPERKAUF GMBH

Renner-Penner-Liste nach **Absatz**: 24. Woche
Artikelgruppe 14: Düfte

Art.Nr.	Bezeichnung	Absatz Stück
40160023567883	Marousse pour femmes	15
40160007589724	Salvador Thali, pleasure	12
40160007482416	Estelle, Love Hearts	10
40385761967665	Elisa Garden, Sunflower	10
46281937456251	Nessy Bartlay, Mystic Water	8

Beska
BERLINER SUPERKAUF GMBH

Renner-Penner-Liste nach **Warenrohgewinn**: 24. Woche
Artikelgruppe 14: Düfte

Art.Nr.	Bezeichnung	Warenrohgewinn (€)
40385761967665	Elisa Garden, Sunflower	526,00
40160007589724	Salvador Thali, pleasure	474,00
40160007482416	Estelle, Love Hearts	460,00
40160023567883	Marousse pour femmes	442,00
46281937456251	Nessy Bartlay, Mystic Water	210,00

Sortimentslücke
Gewünschter Artikel wird nicht im Sortiment geführt.

Bestandslücke
Gewünschter Artikel ist zurzeit nicht vorrätig.

Sortiments- oder Bestandslücken können durch Führung von Beschwerdelisten, Kundenbefragungen oder andere Maßnahmen innerbetrieblicher Markterhebungen systematisch erfasst werden.

Beispiel

- Einer innerbetrieblichen Umfrage zufolge kaufen 18 % der Beska-GmbH-Kunden regelmäßig und 50 % gelegentlich Artikel aus der Kassenzone. Dabei spielt für 80 % der Kunden der Preis keine bzw. eine untergeordnete Rolle.
- An den Regaltischen für Musik-CDs finden die Beska-GmbH-Kunden Hinweisschilder, auf denen sie aufgefordert werden, Fehlartikel auf dafür ausliegenden Zetteln zu notieren und diese an der Information abzugeben.

4.1.3 Sortimentsanpassungen

Hat der Einzelhändler mit den unterschiedlichen Möglichkeiten der Sortimentskontrolle festgestellt, dass sein Sortiment nicht mehr optimal ist, muss er es anpassen.

Gründe für eine Sortimentsanpassung

Über- und Untersortiment
zu großes / zu kleines Sortiment

Zur Vermeidung von Über- und Untersortimenten wird das Sortiment schnell an aktuelle Nachfrageentwicklungen angepasst. Die Veränderungen der Nachfrage am Markt können verschiedene Ursachen haben. Nachfolgend werden einige Ursachen kurz erläutert.

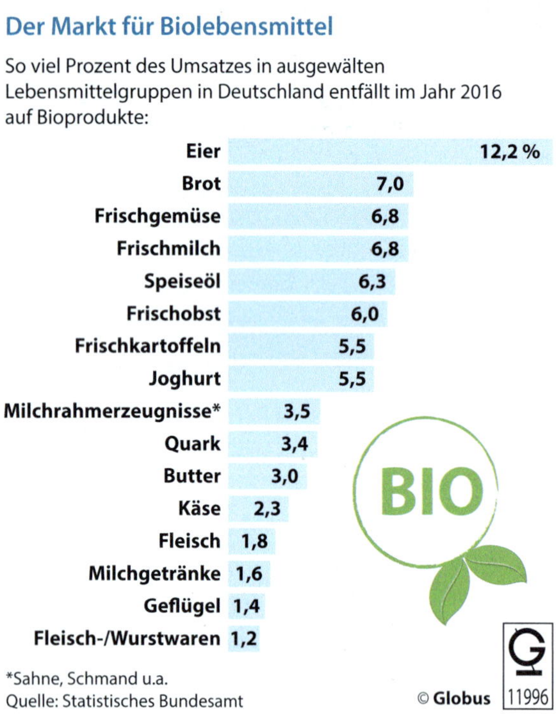

Wandel von Kundenansprüchen

Die Kunden von heute kaufen anders als noch vor fünf Jahren. Der Anteil an anspruchsvollen Kunden mit Sorge um ihre Gesundheit und die Umwelt ist gewachsen und – im Zusammenhang damit – auch das Bedürfnis nach hochwertigen Biowaren. Auch das Interesse der Kunden an Verbraucherfreundlichkeit und Wohlbefinden ist gestiegen. Das hat in verschiedenen Branchen des Einzelhandels wie Lebensmittel, Bekleidung, Körperpflege und Kosmetik, Schmuck, Spielzeug, Farben, Lacken u. a. zu einem Boom von gesundheits- und wellnessorientierten Produkten geführt. Schadstoffarme und nachhaltig hergestellte Produkte sind zunehmend gefragt.

Beispiel

Die Beska GmbH hat eine Befragung ihrer Kunden in Auftrag gegeben. Danach sind 70 % ihrer Kunden bereit, mehr Geld für gesundheitsorientierte Produkte auszugeben.

Veränderte Konkurrenzsituation

Einzelhändler verändern ihr Sortiment in der Regel auch, wenn sich Mitbewerber mit gleichem oder ähnlichem Sortiment am Markt positionieren.

Beispiel

In unmittelbarer Nähe der Beska GmbH lassen sich zwei bekannte Lebensmitteldiscounter nieder. Um sich nicht auf einen Preiskampf einzulassen, will sich die Beska GmbH im Lebensmittelsortiment von den Discountern deutlich abheben.

Veränderte Wirtschaftslage

Als Folge von Arbeitslosigkeit, höheren Belastungen aus Versicherungsbeiträgen, Steuern und anderen Abgaben kann der Anteil an Personen in Haushalten mit geringem finanziellem Spielraum steigen. In Zeiten gesunkener Kaufkraft greifen viele Kunden nach preiswerten Artikeln.

Beispiel

Die Beska GmbH verzeichnete im vergangenen Jahr Umsatzrückgänge bei fast allen Artikeln von Traditionsmarken. Der Umsatz von Handels- und Eigenmarken nahm jedoch zu.

Produktinnovationen

Technische Entwicklungen, verstärktes Ernährungsbewusstsein und verändertes Freizeitverhalten der Verbraucher führen zu neuen Produktentwicklungen oder zu Veränderungen bei den Verpackungen von Produkten. Durch entsprechende Marketingaktivitäten der Hersteller werden solche Produktneuheiten schnell bekannt gemacht und einige Kunden möchten das neue Produkt testen.

Beispiel

Die Kunden der Beska GmbH fragen vermehrt nach Sport- und Funktionsbekleidung aus speziell entwickelten textilen Fasern.

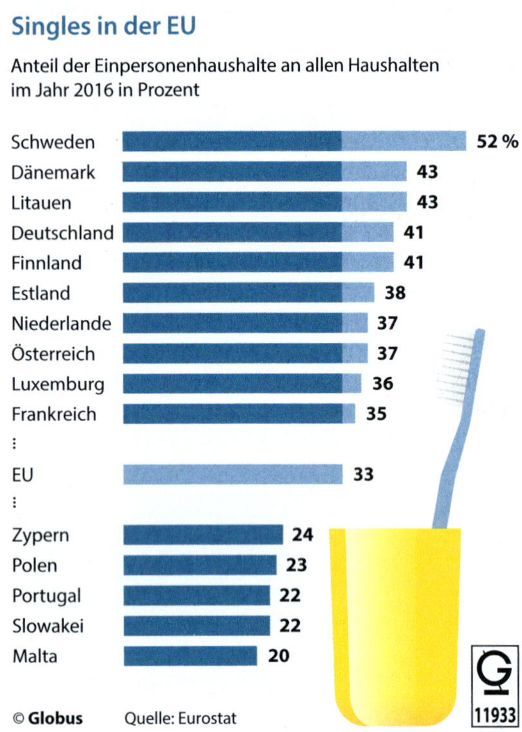

Saisonale Einflüsse
Saison- oder witterungsbedingt sind kurzfristig Sortimentsanpassungen notwendig.

Beispiel

Mehr als die Hälfte des Beska-GmbH-Umsatzes in der Warengruppe Bürobedarf wird in der Schulanfangsphase von Juli bis September gemacht.

Wandel in der Bevölkerungsstruktur
Da die Anteile von Senioren- und Singlehaushalten in der gesamten Bevölkerung bedeutend zugenommen haben, muss der Einzelhändler das Sortiment den speziellen Bedürfnissen der Ein-Personen-Haushalte und der älteren Menschen anpassen.

Beispiel

Die Beska GmbH verzeichnet in den letzten zehn Jahren einen stetigen Nachfrageanstieg der nach kleinen Packungsgrößen und Convenienceprodukten im Lebensmittelsortiment.

Maßnahmen der Sortimentsanpassung (Modifikation)

Eine erfolgreiche Sortimentspolitik hängt davon ab, wie schnell und mit welchen Maßnahmen der Einzelhändler auf veränderte Bedingungen am Markt reagieren kann.

Von **Sortimentsmodifikation** wird gesprochen, wenn der Umfang des Sortiments verändert wird. Bei der **Sortimentsbereinigung** wird der Sortimentsumfang in seiner Breite und/oder Tiefe eingeschränkt, also das Sortiment in seinem Umfang verkleinert. Eine **Sortimentserweiterung** liegt vor, wenn zusätzliche Sortimentsbereiche oder Warengruppen in das Sortiment aufgenommen werden (Sortimentsdiversifikation) oder wenn bestehende Warengruppen durch weitere Artikel oder Artikelgruppen ergänzt werden (Sortimentsdifferenzierung).

Beispiel

- Sortimentsbereinigung: Wegen der geringen Nachfrage werden in der Warengruppe Glas/Haushalt/Porzellan Schnellkochtöpfe ausgelistet.
- Sortimentsdiversifikation: Der Anteil der Kunden, die 60 Jahre und älter sind, nimmt zu und damit auch die Nachfrage nach gesundheitsorientierten Artikeln. Deshalb nimmt die Beska GmbH freiverkäufliche Arzneimittel als neue Warengruppe in das Sortiment auf.
- Sortimentsdifferenzierung: Die Beska GmbH ergänzt ihr bisher geführtes Sortiment an Haarpflegeprodukten um die Produktserie „Reaktiv Haarpflege" für ergrautes Haar der Firma „Kuhl".

Die **Sortimentssubstitution** umfasst die Niveauanpassung und die Sortimentsverjüngung. Dabei werden Artikelgruppen / einzelne Artikel durch andere Artikelgruppen / einzelne Artikel ersetzt. Der Sortimentsumfang bleibt im Wesentlichen erhalten. Eine **Niveauanpassung** geschieht entweder durch
- qualitative Anhebung des Sortiments (diese Maßnahme bezeichnet man als **Trading-up**) oder
- qualitative Senkung des Sortiments **(Trading-down)**.

Eine **Sortimentsverjüngung** ist notwendig, wenn Artikel technisch oder modisch veraltet sind. Sie hängt von dem **Produktlebenszyklus** und dem Akzeptanzverhalten der Kunden ab. Kein Produkt hält sich für unbegrenzte Zeit am Markt. Nach der Markteinführung wird das neu entwickelte Produkt eine gewisse Zeit lang gekauft. Nach Monaten oder Jahren veraltet das Produkt und wird weniger nachgefragt. Letztlich müssen die Unternehmen den Artikel dann aufgrund mangelnder Nachfrage vom Markt nehmen. Das Produkt durchläuft damit einen Lebenszyklus. Der Produktlebenszyklus stellt die **Umsatz- und Erfolgsentwicklung** eines Produktes im Zeitablauf von seiner Entwicklung über die Einführung bis zur Marktentfernung grafisch und in grundsätzlicher Form dar.

Beispiel

- Trading-up: Die Beska GmbH ersetzt in der Abteilung Herrenoberbekleidung eine Marke im mittleren Preisniveau durch Artikel der Exklusivmarke POSS.
- Trading-down: Die Beska GmbH bietet statt der bisher geführten Marke Eulilly eine Eigenmarke bei Kinderjeans an.
- Sortimentsverjüngung: In der Elektronikabteilung wird das neue Smartphone „Deliah Universe C8“ neu ins Sortiment genommen, das Vorgängermodell „Universe C6“ wird dafür ausgelistet.

Produktlebenszyklus

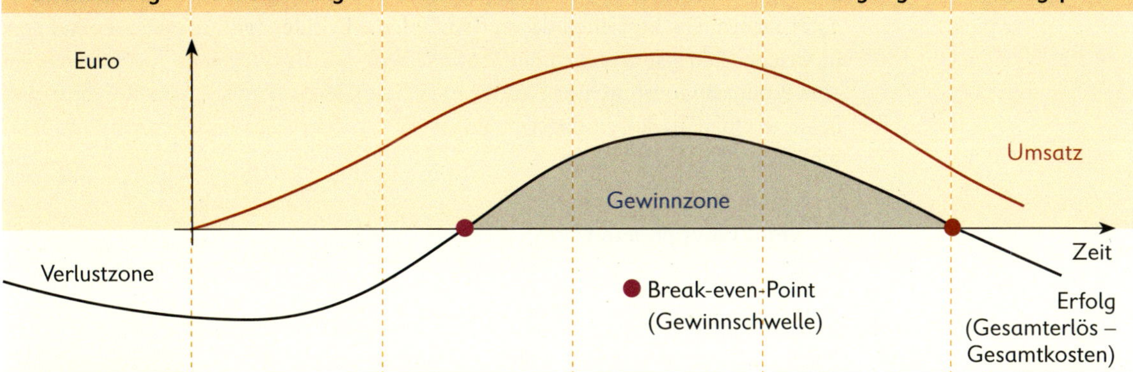

Entwicklung	Einführung	Wachstum	Reife	Sättigung	Abstiegsphase
Aufwendungen	sehr hoch	sinkend	sinkend	gering	gering
Umsatz	gering	steigend	Maximum	sinkend	stark sinkend
Gewinn/Verlust	Anfangsverluste	Gewinne steigend	Gewinn-maximum	Gewinn sinkend	Rückgang
Werbung	hoher Aufwand	normaler Aufwand	normaler Aufwand	hoher Aufwand	abnehmender Aufwand

Produktlebenszyklus

Während der **Einführungsphase** finden sich relativ wenige neugierige, risikofreudige Käufer, die bereit sind, das Produkt zu testen. Eine geringere Risikobereitschaft weist die größere Anzahl von Käufern auf, die das Produkt dann in der **Wachstumsphase** kauft. In der **Reifephase** hat das Produkt einen hohen Bekanntheitsgrad, es ist in der Regel zu niedrigeren Preisen als in den ersten beiden Phasen erhältlich. Deshalb trifft man in dieser Phase auf die größte Nachfrage. Es folgt die **Sättigungsphase**, in der schon viele Haushalte mit dem Produkt versorgt sind und die Nachfrage infolgedessen wieder abnimmt. In der **Abstiegsphase** sinkt die Nachfrage rapide, weil neue, technisch verbesserte oder modisch aktuellere Produkte auf dem Markt sind.

Break-Even-Point (Gewinnschwelle) Absatzmenge, bei der der Einzelhändler einen Gewinn erzielt

Der **Umsatz** entwickelt sich im Laufe des Produktlebenszyklus parallel zur Nachfrage. Eine Steigerung der Käuferzahl führt in der Regel auch zu steigenden Umsätzen. Ähnlich verläuft die Entwicklung beim **Gewinn**: In der Einführungsphase wird der Einzelhändler in den meisten Fällen keinen oder nur einen geringen Gewinn erwirtschaften, da die Umsätze überschaubar und die Einführungskosten (z. B. für Werbung) hoch sind. Mit steigenden Umsätzen in der Wachstumsphase steigt auch der Gewinn. In dieser Phase wird der Break-even-Point erstmals in Richtung Gewinnzone überschritten. Das **Gewinnmaximum** wird in der Regel zu Beginn der Reifephase erreicht. Zwar steigt die Nachfrage noch, doch der Gewinn stagniert oder sinkt bereits, da der Nachfragezuwachs häufig durch eine Preisreduzierung erzielt wird, die den Gewinn verringert. In der Sättigungsphase sinkt der Gewinn aufgrund sinkender Umsätze und steigender Werbeaufwände weiter ab. Zu Beginn der Degenerationsphase wird der Break-Even-Point in Richtung Verlustzone überschritten, bevor das Produkt vom Markt genommen wird.

Werbebotschaft
→ Band 1, LF 5, Kap. 1.3

Für den Einzelhändler ist es wichtig zu wissen, in welcher Phase des Lebenszyklus sich die Artikel seines Sortiments befinden. Nur so kann er z. B. den Aufbau zu großer Lagerbestände verhindern, die sich aufgrund des fortgeschrittenen Lebenszyklus dann nicht mehr verkaufen lassen. Oft lässt sich an der Werbebotschaft erkennen, in welcher Lebensphase sich ein Produkt befindet: Der Vermerk „neu" deutet auf eine Produktinnovation hin (Einführungsphase). Hinweise wie „neue Rezeptur, verbesserte Qualität" lassen dagegen auf die Anpassung eines bestehenden Produktes schließen (Sättigungsphase).

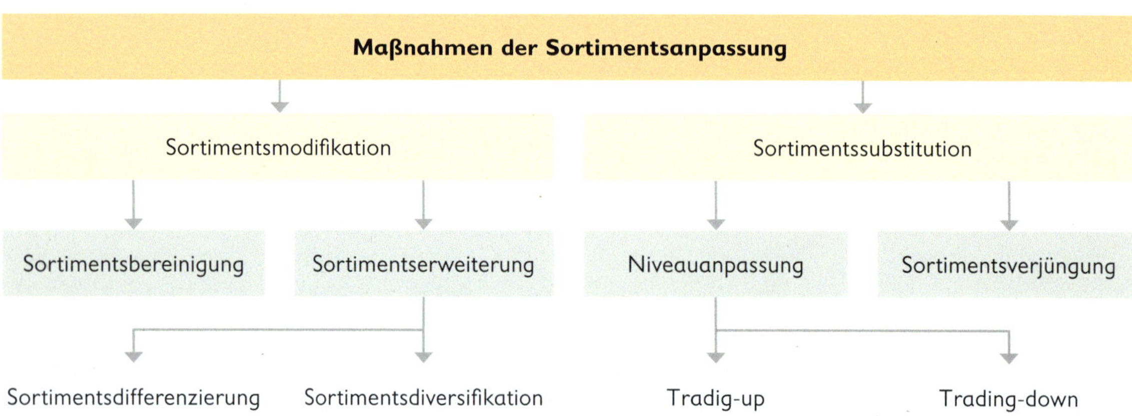

4.2 Preispolitik

Bei der Gestaltung seiner Verkaufspreise muss der Einzelhändler verschiedene Einflussgrößen berücksichtigen. Man unterscheidet dabei **betriebsinterne** und **betriebsexterne Einflussgrößen**.

Die Preispolitik wurde im LF 9 ausführlich behandelt, daher hier nur eine stark verkürzte Darstellung.

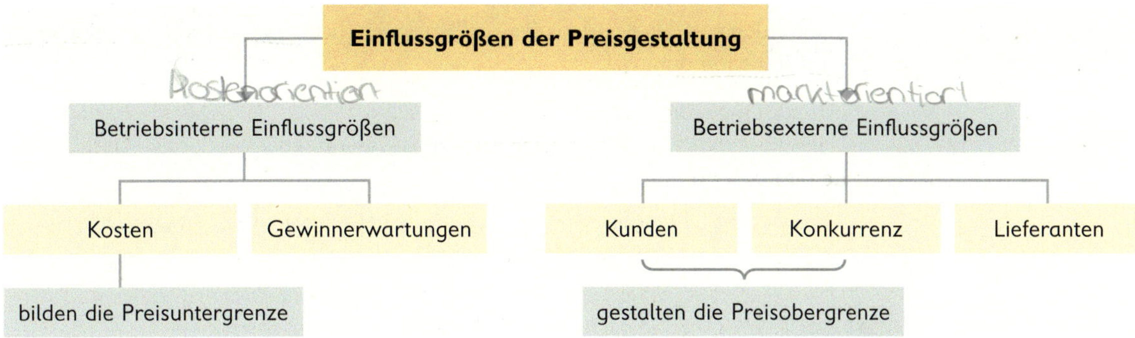

Die Summe aller Kosten zuzüglich Umsatzsteuer stellt die **Preisuntergrenze** dar. Hierbei hat der Einzelhändler seine Kosten gedeckt, aber noch keinen Gewinn erzielt. Kurzfristig können einzelne Artikelpreise aus Wettbewerbsgründen an der Preisuntergrenze festgelegt werden, langfristig muss jedoch ein Gewinn erzielt werden, um den Bestand des Unternehmens zu sichern. Die **Preisobergrenze** wird in der Regel betriebsextern, durch die Zahlungsbereitschaft der Kunden bzw. den von der Konkurrenz vorgegebenen Marktpreis festgelegt.

Preisunter-, Preisobergrenze
→ Band 2, LF 9, Kap. 1

Innerhalb dieser Grenzen legt der Einzelhändler seine Verkaufspreise fest. Dabei entscheidet er sich bereits mit der Wahl seiner Betriebsform und seines Sortiments für eine grundsätzliche Preispolitik: Bei der **Niedrigpreispolitik** werden preisbewusste Kunden angesprochen. Eine große Nachfrage soll zu hohen Absatzzahlen führen. Die **Hochpreispolitik** dagegen zielt auf die Durchsetzung überdurchschnittlicher Preise ab, die durch die besondere Qualität und/oder das besondere Image des Sortiments gerechtfertigt werden. Geringere Absatzzahlen werden durch höhere Gewinnspannen ausgeglichen.

Preispolitik, Preisstrategien
→ Band 2, LF 9, Kap. 3

Innerhalb seiner Preispolitik trifft der Einzelhändler dann situationsbedingt, zeitlich begrenzt und artikelbezogen seine Entscheidungen zur konkreten Preisbildung. Dabei kann er unterschiedliche Preisstrategien ergreifen.

4.3 Servicepolitik

Arten von Serviceleistungen:
- kundenbezogen
- warenbezogen
- zahlungsbezogen
- transportbezogen
- informationsbezogen

→ Band 1, LF 2, Kap. 2.10

Durch die Servicepolitik entscheidet der Einzelhändler über die Art und den Umfang seiner Serviceleistungen. Vereinzelte Servicemaßnahmen des Einzelhändlers, z. B. Kartenzahlung, Lieferservice, Kinderspielecken u. Ä., reichen als Kundendienstleistung nicht aus, um sich von den Mitbewerbern abzusetzen. Solche Serviceleistungen werden von den Kunden oft als selbstverständlich erachtet und tragen nur wenig zur Kundenbindung bei.

Beispiel

Die meisten Einzelhändler wickeln Kundenwünsche nach Umtausch einwandfreier Ware kulant ab. Viele Verbraucher sind deshalb der Meinung, dass sie ein Umtauschrecht hätten und empfinden demzufolge den Kulanzumtausch nicht als besondere Serviceleistung des Einzelhandels.

Eine ausführliche Beratung im Supermarkt empfinden viele Kunden als besondere Serviceleistung.

4.3.1 Einflussfaktoren

Der Einzelhändler verkauft nicht nur Produkte, sondern immer auch Dienstleistungen. Das Verkaufsgespräch ist so eine Dienstleistung, die inzwischen sogar bei Discountern wieder vermehrt eingesetzt wird, um sich gegen die Wettbewerber durchzusetzen. In Fachgeschäften dagegen ist das qualifizierte Beratungsgespräch eine Leistung, die der Kunde zwar als selbstverständlich voraussetzt, mit einem möglicherweise höheren Preis aber gerne honoriert. Schützt ihn die qualifizierte Beratung doch vor einem Fehlkauf und sorgt dafür, dass er das Produkt problemlos in Betrieb nehmen kann.

Für das Einzelhandelsunternehmen birgt ein umfangreiches Serviceangebot immer ein großes Dilemma. Serviceleistungen verursachen Kosten, die der Einzelhändler über seine Erlöse erwirtschaften muss. Serviceleistungen bringen aber Nutzen, denn neben dem Produktpreis ist die Serviceleistung der wohl wichtigste Maßstab für die Wahl einer Einkaufsstätte. Dieses Dilemma muss der Einzelhändler lösen, damit er seinen Unternehmenserfolg dauerhaft optimieren kann.

4.3.2 Beispiele für Servicekonzepte im Laden

Statt einzelner Serviceaktivitäten können umfangreiche Servicekonzepte eingesetzt werden, die den Kunden ihren Einkauf erleichtern sollen, weil sie die Besonderheiten verschiedener Zielgruppen berücksichtigen.

Beschwerdemanagement

Das ganzheitliche, organisatorische Management von Kundenbeschwerden soll gewährleisten, dass
- stets Personal erreichbar ist, um die Beschwerden entgegenzunehmen,
- die Beschwerden unbürokratisch abgewickelt werden und
- die Beschwerden zeitnah erledigt werden.

Beschwerden dokumentieren und auswerten
→ Band 2, LF 10, Kap. 8.5

Ein effizientes Beschwerdemanagement ist nur möglich, wenn das Personal entsprechend geschult ist. Meistens werden einzelne engagierte Mitarbeiter als Trainer für das Unternehmen ausgebildet. Die systematische Erfassung und Analyse von Kundenbeschwerden bildet die Grundlage für die Planung und Durchführung vorbeugender Maßnahmen. Letztlich übernimmt der Kunde durch eine berechtigte Beschwerde einen wichtigen Teil des Qualitätsmanagements des Einzelhändlers, z. B. die Entdeckung mangelhafter Ware im Bestand.

Seniorenmarketing

Mit einem einheitlichen Servicekonzept für Senioren kann der Einzelhändler den besonderen Bedürfnissen der stetig wachsenden Gruppe der über 60-Jährigen entgegenkommen. Hier zeigt sich besonders, dass mit geschultem Personal Wettbewerbsvorteile erreicht werden können. Nur fachkompetente Mitarbeiter sind in der Lage, diese anspruchsvolle Kundengruppe individuell zu beraten. Kundendienstleistungen, wie der Verleih von Lesebrillen, größere Preisschilder und Vergrößerungsgläser an den Regalen, ermöglichen älteren Kunden, sich ohne fremde Hilfe zurechtzufinden. Sitzecken mit Wasserspendern, wo geeignetes Lesematerial zur Verfügung steht, sorgen dafür, dass sich die Kunden wohl fühlen.

Seniorenmarketing

Convenience Shopping

Nach einer Umfrage geben immer mehr Kunden an, weniger als drei Stunden Freizeit am Tag zu haben. Viele Kunden sind deshalb nicht bereit, viel Zeit für ihre alltäglichen Einkaufsverpflichtungen und die Zubereitung der Mahlzeiten aufzuwenden. Mit unterschiedlichen Serviceangeboten kann der Lebensmitteleinzelhändler diesen Kunden entgegenkommen.

Als **Convenience-Produkte** (convenience: engl. Bequemlichkeit, Annehmlichkeit) werden vorverarbeitete Lebensmittel bezeichnet, die schnell und einfach zuzubereiten sind. Je nach Grad der Vorverarbeitung unterscheidet man dabei verschiedene Stufen von **küchenfertig** (z. B. Tiefkühlgemüse) bis **zubereitungsfertig** (z. B. Mikrowellen-Fertiggerichte) bzw. **verzehrfertig** (z. B. fertige Salate oder Smoothies).

Convenience-Food

Selbstbedienungskassen (SB-Kassen), an denen Kunden den Einkauf selbst einscannen und mit Karte bezahlen, dienen einem schnelleren Kassiervorgang.

Das Angebot von **Pre-Packings**, bei dem Wurst, Fleisch, Käse u. Ä. frisch zugeschnitten und verpackt wird, ist für alle Kunden interessant, die lange Wartezeiten im Bedienungsbereich vermeiden wollen.

Pre-Packings

Eine schnelle und bequeme Möglichkeit einzukaufen ist das **Drive-in-System**, das einige Baumärkte anbieten. Weil der Kunde nicht lange im Geschäft nach der gewünschten Ware suchen und auch keine Warteschlangen an der Kasse in Kauf nehmen muss, hat er gegenüber dem konventionellen Einkauf eine Zeitersparnis.

Drive-in-Baustoffzentrum in Saarbrücken

4.4 Kommunikationspolitik

Voraussetzung jeder Kaufentscheidung eines Kunden ist die Notwendigkeit, mit dem Einzelhändler Informationen auszutauschen. Mit Hilfe der Kommunikationspolitik versucht der Einzelhändler deshalb, eine Verbindung zwischen den Kunden und sich selbst herzustellen. Ziel der Kommunikationspolitik ist es, das (Kauf-)Verhalten potenzieller Kunden zu beeinflussen. Dazu kann sich das Unternehmen verschiedener Instrumente bedienen.

Kommunikationspolitik

- **Absatzwerbung**
- **Verkaufsförderung (Salespromotion)**
- **Öffentlichkeitsarbeit (Public Relations)**
- **Sonderformen**

Absatzwerbung

Werbeplan
→ Band 1, LF 5, Kap. 1.3

Werbung ist ein Kommunikationsprozess mit dem Kunden. Nach einem bestimmten Werbeplan gibt der Einzelhändler seinen Kunden unter Beachtung der Werbegrundsätze Informationen über Produkte und Dienstleistungen seiner Unternehmung.

Verkaufsförderung (Salespromotion)

Verkaufsförderung
→ Band 1, LF 5, Kap. 2

Die Maßnahmen der Verkaufsförderung haben im Gegensatz zur Werbung einen kurzfristigen Charakter und sind am Point of Sale (POS) zeitlich begrenzt. Salespromotions können die Werbung ergänzen oder manchmal sogar ersetzen, sind aber immer auf das Produkt gerichtet.

4.4.1 Öffentlichkeitsarbeit (Public Relations)

Unter Öffentlichkeitsarbeit (Public Relations oder kurz PR) versteht man Kommunikationsmaßnahmen, die Informationen zur Imagepflege des Unternehmens transportieren und nicht direkt auf eine Absatzerhöhung ausgerichtet sind. Diese Art der Kommunikation ist nicht auf bestimmte Warengruppen oder Artikel bezogen. Im Mittelpunkt steht **das Unternehmen als Ganzes**. Die Öffentlichkeitsarbeit hat damit eine eher indirekte Wirkung auf den Unternehmenserfolg.

Maßnahmen der Öffentlichkeitsarbeit können z. B. sein:
- Betriebsbesichtigungen, z. B. für Schulen
- Unterstützung gemeinnütziger Einrichtungen (Kindergarten, Seniorenwohnheim, Krankenhaus), z. B. durch Spenden
- Umweltschutzmaßnahmen
- Veröffentlichungen, Kundenzeitschriften, Pressemitteilungen
- Tag der offenen Tür
- Informationsmaterial für Schulen
- Auftritt in sozialen Netzwerken (Social-Media-PR)

Social-Media-Marketing
→ LF 12, Kap. 6.3.2

Unabhängig von der konkreten Maßnahme soll die Öffentlichkeitsarbeit bei allen Marktpartnern ein **positives Bild vom Unternehmen** bewirken. Zu den Marktpartnern gehören z. B. Lieferanten, Banken, Versicherungen, Behörden und auch die Wettbewerber.

Beispiel

Jeden ersten Sonntag im Juni veranstaltet die Beska GmbH ein großes Sommerfest für ihre Kunden. Es gibt Live-Musik, eine Hüpfburg und Spiele für die Kinder sowie Speisen und Getränke aus dem Bio-Sortiment. Außerdem findet eine Tombola statt, deren Erlös einer gemeinnützigen Einrichtung gespendet wird. Ein Warenverkauf findet an diesem Tag nicht statt. Zu dem Sommerfest werden auch Vertreter der lokalen Medien eingeladen, um über die Veranstaltung zu berichten.

Sponsoring ist im Profi-Fußball weit verbreitet.

4.4.2 Sponsoring

Fördern Unternehmen Veranstaltungen, Organisationen, Gruppen oder einzelne (prominente) Personen, so spricht man von Sponsoring. Unterstützt werden in der Regel
- kulturelle,
- sportliche,
- soziale oder
- umweltbezogene Projekte.

Neben der Förderung durch Geldmittel kann der Sponsor (Förderer) auch Sachmittel zur Verfügung stellen. Der Unterstützte muss dafür eine Gegenleistung erbringen, z. B. den Unternehmensnamen auf dem Hemd tragen. Beim Sponsoring steht vor allem das **langfristige Unternehmensimage** im Vordergrund. Eine direkte Absatzsteigerung wird nicht angestrebt.

In den letzten Jahren haben zwei Formen des Sponsorings immer mehr Bedeutung gewonnen:
- **Programmsponsoring im Fernsehen**: Die Ausstrahlung von einzelnen Sendungen und Serien wird von Unternehmen mitfinanziert. Als Gegenleistung wird vor und nach dem Programm ein kurzer Trailer mit dem Logo und dem Namen des Sponsors eingeblendet.
- **Productplacement**: Unternehmen zahlen hierbei dafür, dass ihre Produkte in Filmen oder in Fernsehsendungen gezielt wiederholt im Bild gezeigt werden. Für den Zuschauer soll das Erscheinen des Produktes wie ganz selbstverständlich aussehen.

Beispiel

Ein Einzelhändler sagt dem örtlichen Handballverein jährlich eine bestimmte Summe zu. Dafür nennt der Hallensprecher an jedem Spieltag den Namen des Einzelhändlers immer im Zusammenhang mit einem Torerfolg der heimischen Mannschaft.

4.4.3 Direktmarketing

Beim Direktmarketing versucht der Einzelhändler durch die **direkte und persönliche Ansprache** eines möglichen Kunden, auch eine entsprechende Antwort zu erhalten. Das Direktmarketing ist eine Vorstufe zum Direktvertrieb und beinhaltet eine Vielzahl von Möglichkeiten zur Umsetzung.

So ist z. B. der Einsatz von E-Mails **(Direct Mailing)** ein häufig genutztes Mittel, um einen potenziellen Kunden über Sonderaktionen oder Preisnachlässe zu informieren, die seinen Bedürfnissen besonders entsprechen. Ggf. soll der Kunde auch dazu veranlasst werden, direkt eine Bestellung auszulösen. Ziel des Direktmarketings ist es, durch die persönliche Ansprache des Kunden die Streuverluste zu minimieren.

Streuverlust
Versand einer Werbung an die falsche Zielgruppe
→ Band 1, LF 5, Kap. 1.3

Allerdings sind den Möglichkeiten des Direktmarketings rechtlich enge Grenzen gesetzt. So ist es **grundsätzlich verboten**, Verbraucher ohne deren vorherige ausdrückliche Einwilligung telefonisch (z. B. über Callcenter) oder per E-Mail zu kontaktieren.

4.5 Customer-Relationship-Management (CRM)

In jedem Einzelhandelsunternehmen gibt es tagtäglich viele Kundenkontakte. Die dabei entstehenden Informationen können zusammengefasst und den verschiedenen Unternehmensbereichen z. B. für Marketingmaßnahmen zur Verfügung gestellt werden. Customer-Relationship-Management pflegt alle Kundeninformationen und Kundenbeziehungen. Customer-Relationship-Management ist daher das entscheidende Argument für die Erzeugung einer festen Kundenbindung, aber es können auch neue Kunden geworben und gefunden werden. Trotz des englischen Namens ist Customer-Relationship-Management nichts Neues, sondern wird bereits seit Jahrzehnten erfolgreich eingesetzt.

Customer-Relationship-Management
Kundenbeziehungsmanagement

CRM macht Marketing „persönlich"!

Beispiel

„Tante Emma" kannte ihre Kunden genau. Sie wurden mit ihrem Namen begrüßt und im Laufe des Verkaufsgespräches auf die Artikel aufmerksam gemacht, von denen „Tante Emma" wusste, dass sie den Kunden interessieren.

Um Informationen über ihre Kunden und ihre Wünsche zu sammeln und zu pflegen, nutzen Einzelhandelunternehmen verschiedene Datenquellen, wie z. B. Kundenkarten, das WWS oder Daten zum Kaufverhalten im Onlineshop. Auf diese Informationen kann jeder Unternehmensbereich (z. B. Marketing, Rechnungswesen und Kundendienst) bzw. jeder Mitarbeiter zugreifen und so eine persönliche Beziehung zum Kunden aufbauen.

Alle Kundendaten werden in einer Datenbank mit einer entsprechenden **CMR-Software** gesammelt und sortiert. Ziel des Softwareeinsatzes ist es, anhand der gesammelten Daten ein möglichst umfassendes Bild über den Kunden und seine Lebensumstände, Vorlieben und Kaufmotive zusammenzustellen, um es z. B. für Werbezwecke (Direktwerbung) zu nutzen. Bei der Speicherung und Verarbeitung personenbezogener Kundendaten sind jedoch stets die Vorgaben des **Datenschutzes** zu beachten.

Der Begriff der personenbezogenen Daten nach der europäischen Datenschutzgrundverordnung (DSGVO) ist weit gefasst. Darunter fallen u.a.:

- Name und Identifikationsmerkmale (z.B. Geburtsdatum, Ausweisnummer)
- Kontaktdaten (z.B. Postanschrift, E-Mail-Adresse, Telefonnummer)
- körperliche Merkmale (z.B. Größe, Gewicht, Haarfarbe, Krankheiten)
- geistige Zustände (z.B. Wünsche, Einstellungen, Überzeugungen, Geschäftsfähigkeit)
- Verbindungen und Beziehungen (z.B. zu Verwandten und Freunden, Arbeitgeber)
- weitere Daten (z.B. Standortdaten, Werturteile Dritter (Zeugnisse), Bankverbindung)

Beispiel

Die Stammkundin Marita Möller bestellt im Webshop der Beska GmbH erstmals Babywindeln. Die CMR-Software schlägt Frau Möller daraufhin für die nächste Direktwerbeaktion für Bio-Babybreie als Adressatin vor.

4.6 Corporate Identity (CI)

Corporate Identity
Unternehmensleitbild, Unternehmenspersönlichkeit

Im Rahmen der Corporate Identity wird die Unternehmensidentität („Wer sind wir?") festgelegt. Dabei werden die Unternehmenspersönlichkeit und das äußere Erscheinungsbild eines Unternehmens (Image) bestimmt. Corporate Identity verbindet im günstigen Falle alle bisher genannten Marketingmaßnahmen zu einem einheitlichen Unternehmensleitbild. Die Corporate Identity wird von und durch die Mitarbeiter innerhalb und außerhalb des Unternehmens in einem einheitlichen Auftritt mitgeteilt und vermittelt. Alle Marketingmaßnahmen lassen sich immer auf die Unternehmensphilosophie, also die Leitidee der Unternehmung, zurückführen.

Die folgenden drei Sätze umschreiben die Idee der Corporate Identity sehr gut:
- Wir müssen das, was wir denken, auch sagen.
- Wir müssen das, was wir sagen, auch tun.
- Wir müssen das, was wir tun, dann auch sein.

Corporate Identity hat damit **nach außen** folgende Ziele:
- den Unternehmenserfolg sicherstellen und ausbauen
- das Unternehmen mit einem unverwechselbaren Profil versehen
- die Kompetenz des Unternehmens formulieren und hervorheben
- den Bekanntheitsgrad des Unternehmens erhöhen
- das Unternehmen im Wettbewerb deutlich abgrenzen

Corporate Identity hat damit **nach innen** folgende Ziele:
- das „Wir-Gefühl" des Unternehmens inhaltlich entwickeln und stärken (Mitarbeiterbindung)
- die Mitarbeiter durch Identifikation mit dem Unternehmen motivieren

Wenn es gelingt, dem Unternehmen neben dem Rechtsrahmen auch ein eigenes Profil zu geben, ihm sozusagen eine eigene Persönlichkeit zu verleihen, dann ist es nur folgerichtig, wenn diese Persönlichkeit in unserer Gesellschaft auch Verantwortung übernimmt und nicht nur für die Gewinnerwirtschaftung genutzt wird. Mit dem Konzept der **Corporate Responsibility** (unternehmerische Verantwortung) übernimmt das Unternehmen Aufgaben aus den Bereichen der Nachhaltigkeit: der Ökologie, der Ökonomie und dem Sozialen. Es engagiert sich für Klimaschutz, Ressourcenschonung, Mülltrennung, Chancengleichheit in der Gesellschaft und zum Beispiel Arbeitssicherheit.

Beispiel

- Die Beska GmbH wird als Warenhaus mit einem Corporate-Responsibility-Konzept nie Teppiche anbieten, die unter Ausnutzung von Kinderarbeit hergestellt wurden.
- Da die Beska GmbH trotz des Einsatzes von energiesparender Beleuchtung und energiesparenden Warenträgern eine große Menge elektrischer Energie täglich verbraucht, wird bei der Stromerzeugung eine große Menge CO_2 freigesetzt. Die Beska GmbH nimmt ihre gesellschaftliche Verantwortung wahr, indem Sie finanzielle Mittel bereitstellt, die dazu genutzt werden, um auf brachliegenden Flächen Bäume zu pflanzen.

Corporate Identity bei der Beska GmbH

Die Beska GmbH hat als Logo eine Einkaufstasche gewählt. Diese Einkaufstasche ist nicht nur auf der Arbeitskleidung der Mitarbeiter zu finden, sondern auch in den Annoncen, der Außenreklame, den Direct Mailings, Rabattcoupons, Einkaufsgutscheinen und der Homepage. Sie wird auch bei den Sponsoraktionen verwendet.

basic BESKA HANDELSMARKE

Beska BERLINER SUPERKAUF GMBH

premium BESKA HANDELSMARKE

Die Einkaufstasche quillt nicht vor Waren über, sondern es ist immer noch Platz in ihr für weitere Artikel der Beska GmbH. Auch die Farbwahl und die typografische Gestaltung aller Geschäftsbriefe, Geschäftsbereichte und Werbemittel sind bei der Beska GmbH einheitlich gewählt.

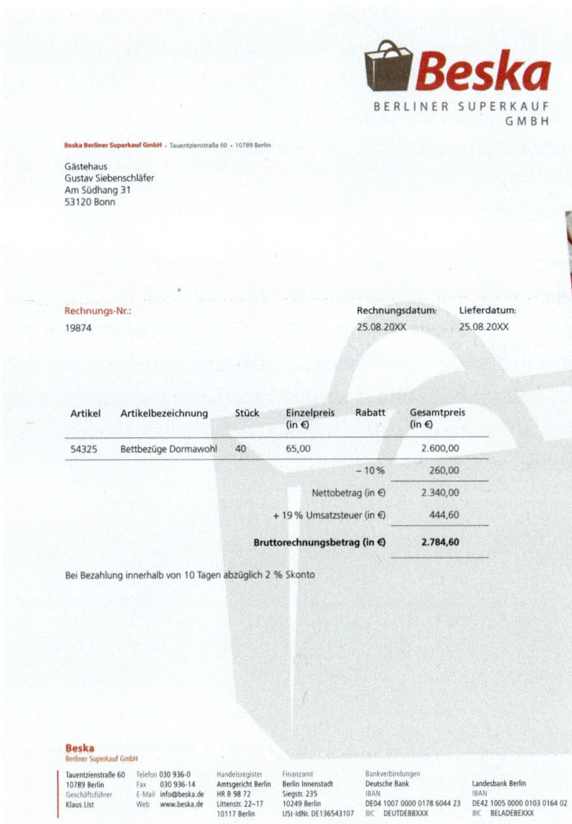

Beska
BERLINER SUPERKAUF GMBH

Beska Berliner Superkauf GmbH · Tauentzienstraße 60 · 10789 Berlin

Gästehaus
Gustav Siebenschläfer
Am Südhang 31
53120 Bonn

Rechnungs-Nr.: 19874

Rechnungsdatum: 25.08.20XX

Lieferdatum: 25.08.20XX

Artikel	Artikelbezeichnung	Stück	Einzelpreis (in €)	Rabatt	Gesamtpreis (in €)
54325	Bettbezüge Dormawohl	40	65,00		2.600,00
				– 10 %	260,00
				Nettobetrag (in €)	2.340,00
				+ 19 % Umsatzsteuer (in €)	444,60
				Bruttorechnungsbetrag (in €)	**2.784,60**

Bei Bezahlung innerhalb von 10 Tagen abzüglich 2 % Skonto

Beska
Berliner Superkauf GmbH

Tauentzienstraße 60
10789 Berlin
Geschäftsführer
Klaus List

Telefon 030 936-0
Fax 030 936-14
E-Mail info@beska.de
Web www.beska.de

Handelsregister
Amtsgericht Berlin
HR B 98 72
Littenstr. 22–17
10117 Berlin

Finanzamt
Berlin Innenstadt
Siegstr. 235
10249 Berlin
USt-IdNr. DE136543107

Bankverbindungen
Deutsche Bank
IBAN
DE04 1007 0000 0178 6044 23
BIC DEUTDEBBXXX

Landesbank Berlin
IBAN
DE42 1005 0000 0103 0164 02
BIC BELADEBEXXX

Das Verhalten aller Mitarbeiter und auch das Management der Beska GmbH sind nicht nur durch schriftliche Regelungen geprägt, sondern auch durch ungeschriebene Gesetze und Rituale. Der Umgangston untereinander und gegenüber den Kunden ist freundlich und offen. So wird die Beska GmbH zu einem Teil des Lebens der Mitarbeiter, aber auch der Kunden.

5 Marketingmix

Das oberste **Ziel des Marketings** ist in der Regel die Umsatz- und im besten Falle auch die Gewinnsteigerung. In Zeiten wirtschaftlichen Rückgangs kann auch Umsatzstagnation oder ein geringerer Umsatzrückgang als bei den Mitbewerbern als Marketingerfolg gewertet werden.

Um dieses Oberziel zu erreichen, werden verschiedene **Unterziele** gesetzt. Je nachdem, ob ein Ziel zahlenmäßig bestimmt werden kann oder nicht, unterscheidet man zwischen quantitativen und qualitativen Marketingzielen.

Quantitative Marketingziele sind eindeutig messbar und haben dadurch den Vorteil, dass sie im Rahmen der Erfolgskontrolle gut überprüft werden können. Dazu gehören z. B.
- Absatzmenge eines Artikels um X Stück steigern
- Umsatz in einer Warengruppe um X Prozent steigern
- Marktanteil von X Prozent erreichen oder halten
- X Neukunden gewinnen
- Kundenreklamationen um X Prozent reduzieren

Qualitative Marketingziele sollen bei den (potenziellen) Kunden die positive Wahrnehmung des Unternehmens oder eines Artikels verstärken. Da diese Ziele nicht eindeutig messbar sind, ist eine klare Zielformulierung besonders wichtig. Zu den qualitativen Zielen gehören z. B.
- Kundenzufriedenheit schaffen
- Kundenbindung erhöhen
- Unternehmensimage verbessern
- Bekanntheitsgrad des Unternehmens erhöhen

Nach Festlegung der Marketingziele durch die Geschäftsleitung erfolgt die kombinierte und aufeinander abgestimmte Auswahl der einzelnen Marketinginstrumente. Die optimale Kombination der einzelnen Marketingmaßnahmen zu einem sich gegenseitig unterstützenden Maßnahmenbündel wird als Marketingmix bezeichnet. Bei der Auswahl der einzelnen Instrumente muss stets darauf geachtet werden, dass sie auf das gesetzte Marketingziel ausgerichtet sind.

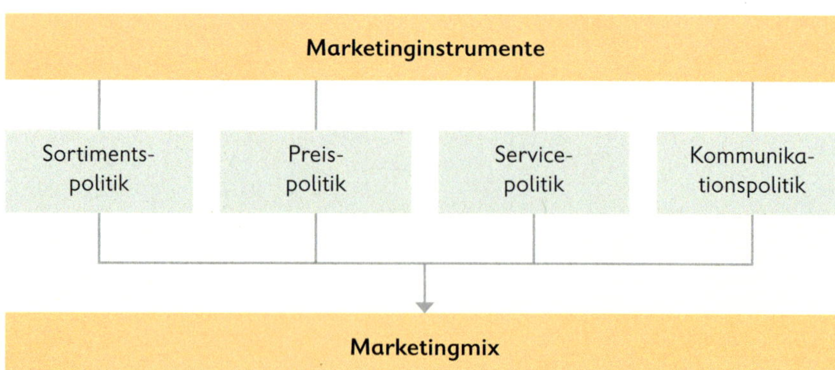

ALLES KLAR?

1 Welcher Einflussfaktor bestimmt u.a. die Sortimentspolitik?

a) breites und tiefes Sortiment
b) Sortiment der Konkurrenz
c) Saison- und Aktionssortiment
d) Couponstrategie und Personalkauf
e) Merchandisingmaßnahmen als Sponsoring

2 Aus welchen Quellen kann ein Einzelhändler u.a. Daten zur Sortimentskontrolle entnehmen?

a) Kassenbons und Kundenfrequenzlisten
b) Renner- und Pennerlisten
c) Flächenproduktivitätsauswertungen
d) Inventarlisten
e) Organigramme der Filialen

3 Einzelhändler müssen ihr Sortiment permanent anpassen, weil …

a) nicht alle Lieferanten zuverlässig sind und somit Bestandslücken auftreten können.
b) viele Kunden lieber den Lieferservice nutzen, anstatt in den Markt zu kommen.
c) die Hersteller oftmals beliebte Artikel nicht mehr herstellen und daher Alternativen gesucht werden müssen.
d) das Erscheinungsbild des Marktes mit der Zeit gehen muss.
e) sich die Ansprüche der Kunden mit der Zeit ändern und das Interesse an Verbraucherfreundlichkeit und Umweltverträglichkeit steigt.

4 Man unterscheidet folgende Maßnahmen der Sortimentsanpassung:

a) Sortimentsbereinigung, Sortimentserweiterung, Sortimentsverjüngung, Produktlebenszyklus
b) Sortimentsbereinigung, Trading-Up, Sortimentstiefe, Sortimentsdifferenzierung
c) Sortimentsbereinigung, Sortimentserweiterung, Niveauanpassung, Sortimentsverjüngung
d) Sortimentstiefe, Sortimentserweiterung, Sortimentsverjüngung, Produktlebenszyklus
e) Produktlebenszyklus, Sortimentserweiterung, Sortimentsbereinigung, Niveauanpassung

5 In welchen Phasen verläuft ein typischer Produktlebenszyklus?

a) Aufwendungen, Umsatz, Gewinn, Werbung, Reife
b) Aufwendungen, Entwicklung, Sättigung, Abstiegsphase
c) Einführung, Wachstum, Reife, Sättigung, Abstiegsphase
d) Einführung, Break-even-Point, Wachstum, Reife, Sättigung
e) Einführung, Wachstum, Reife, Umsätze, Werbung

6 Der Break-even-Point …

a) wird in der Reifephase des Produktlebenszyklus durchlaufen.
b) wird im Laufe des Produktlebenszyklus zweimal durchlaufen.
c) wird in der Sättigungsphase des Produktlebenszyklus durchlaufen.
d) wird in der Einführungsphase des Produktlebenszyklus durchlaufen.
e) wird im Laufe des Produktlebenszyklus einmal durchlaufen.

7 Warum sind in der Einführungsphase eines Produktes keine oder nur relativ geringe Gewinne zu erwarten?

a) Die Kunden sind verunsichert und kaufen neue Produkte nicht so schnell.
b) Die Herstellung neuer Produkte ist sehr aufwendig und wird erst im Laufe der Zeit wirtschaftlicher.
c) Die Lieferanten sind überlastet und kommen mit der Lieferung kaum nach.
d) Die Ausgaben für die Produkteinführung sind sehr hoch und schmälern in dieser Phase den Gewinn.
e) Die Kunden warten zunächst auf Aktionen mit Preisreduzierungen.

8 Zu welchem Zeitpunkt wird eine Sortimentsverjüngung notwendig?

a) Wenn die Kunden sich schon lange an das Produkt gewöhnt haben und es immer wieder nachkaufen.
b) Wenn Kunden anderen Kunden das Produkt empfehlen.
c) Wenn schon viele Kunden das Produkt gekauft haben und damit zufrieden sind.
d) Wenn sich die Reklamationen bei einem Produkt häufen.
e) Wenn es neue, effizientere Varianten von dem Produkt gibt.

9 Hinsichtlich seiner Preispolitik muss der Einzelhändler folgende Einflussfaktoren berücksichtigen:

a) bisherige Gewinne, Preisvorstellungen seiner Kunden und die Preise des Vorjahres.
b) Handlungskosten, Preisvorstellungen seiner Kunden und die Preise der Aktionsware.
c) eigene Kosten, Preisvorstellungen seiner Kunden und die Preise der Konkurrenz
d) bisherige Gewinne, Handlungskosten und die Preise des Vorjahres.
e) bisherige Gewinne, Preisvorstellungen seiner Kunden und Handlungskosten.

10 Servicepolitik …

a) bietet dem Einzelhändler die Möglichkeit, sich hinsichtlich des Preis-Leistungsverhältnisses von seinen Konkurrenten abzuheben.
b) bietet dem Einzelhändler die Möglichkeit, sich hinsichtlich der Kundenorientierung von seinen Konkurrenten abzuheben.
c) bietet dem Einzelhändler die Möglichkeit, sich hinsichtlich der Sortimentstiefe von seinen Konkurrenten abzuheben.
d) bietet dem Einzelhändler die Möglichkeit, sich hinsichtlich der Kalkulation der Aktionsware von seinen Konkurrenten abzuheben.
e) bietet dem Einzelhändler die Möglichkeit, sich hinsichtlich der Ladengestaltung von seinen Konkurrenten abzuheben.

11 Durch kundenorientierte Serviceleistungen entstehen einerseits hohe Kosten, andererseits …

a) … werden zufriedene Kunden dadurch langfristig gebunden.
b) … hebt sich der Einzelhändler dadurch nicht von der Konkurrenz ab.
c) … sind zufriedene Kunden wichtiger als Geld.
d) … verursacht der beratungsintensive Verkauf bei den Mitarbeitern eine starke Identifikation mit dem Unternehmen.
e) … bieten die Wettbewerber gleiche Leistungen an und man kann sich immer noch über die Preispolitik profilieren.

12 Kunden, die sich beschweren, …

a) sollten sich immer überlegen, ob ihre Beschwerde auf das Einzelhandelsunternehmen oder auf sie selbst zurückzuführen ist.
b) sollten systematisch erfasst und bei mehrfacher Beschwerdewiederholung ignoriert werden.
c) leisten einen wertvollen Beitrag zum Qualitätsmanagement des Geschäfts.
d) sollten grundsätzlich unbürokratisch mit einem Gutschein wertgeschätzt werden.
e) können den Betriebsfrieden gefährden und andere Kunden vergraulen.

13 Welche Serviceleistungen sind sinnvoll, um Senioren an das Geschäft zu binden?

a) Beratung durch geschulte, fachkompetente Mitarbeiter, die angemessen laut und deutlich sprechen.
b) Sortimentsanpassung mit Lesebrillen, Rollatoren und Bandagen.
c) Lieferservice mit Onlinebestellung und Paypal-Zahlmöglichkeit.
d) Smartphone-Apps mit aktuellen Aktionen und extragroßer Schrift.
e) Extrabreite Senioren-Parkplätze direkt bei den Einkaufswagen.

14 Pre-Packs sind interessant für Kunden, die ...

a) nicht möchten, dass die Mitarbeiter an der Bedientheke die Ware anfassen.
b) Frische nicht als höchste Priorität haben.
c) keine Zeit haben, sich an der Bedientheke beraten zu lassen oder die schon feste Vorstellungen von der benötigten Ware haben.
d) die Verpackung mehrmals nutzen möchten.
e) an der Kühltheke immer wieder auf Bestandslücken stoßen.

15 Welche Instrumente zählen zur Kommunikationspolitik?

a) Absatzwerbung, Verkaufsmarketing, Public Relations und Sonderformen wie Sponsoring und Direktmarketing
b) Absatzmarketing, Verkaufsförderung, Public Relations und Sonderformen wie Sponsoring und Seniorenmarketing
c) Absatzwerbung, Verkaufsaktionen, Public Relations und Sonderformen wie Sponsoring und Direktmarketing
d) Absatzaktionen, Verkaufsförderung, Public Relations und Sonderformen wie Sponsoring und Direktmarketing
e) Absatzwerbung, Verkaufsförderung, Public Relations und Sonderformen wie Sponsoring und Direktmarketing

16 Unter Öffentlichkeitsarbeit versteht man Kommunikationsmaßnahmen, die ...

a) grundsätzlich in den Medien veröffentlicht werden, um das Unternehmensimage zu verbessern.
b) grundsätzlich auf wenige Warengruppen und wenige Artikel beschränkt sind, um eine direkte Absatzerhöhung zu erzielen.
c) grundsätzlich auf viele Warengruppen und viele Artikel ausgerichtet sind, um eine direkte Absatzerhöhung zu erzielen.
d) grundsätzlich nicht auf Warengruppen und Artikel beschränkt sind und eine indirekte Wirkung auf den Unternehmenserfolg erzielen.
e) grundsätzlich nicht auf Warengruppen und Artikel beschränkt sind und eine direkte Wirkung auf den Unternehmenserfolg erzielen.

17 Worin besteht der Unterschied zwischen TV-Sponsoring und Productplacement?

a) Productplacement ist im Gegensatz zum TV-Sponsoring nicht in gängigen Fernsehsendungen erfolgreich.
b) TV-Sponsoring bedeutet, dass Unternehmen bei TV-Produktionen gezielt Productplacement in Auftrag geben.
c) Productplacement soll – anders als TV-Sponsoring – so selbstverständlich wie möglich in die Handlung von Filmen oder Fernsehsendungen eingebettet werden.
d) TV-Sponsoring bedeutet, dass Unternehmen bei TV-Produktionen kein Productplacement in Auftrag geben.
e) TV-Sponsoring ist im Gegensatz zum Productplacement nicht in gängigen Fernsehsendungen erfolgreich.

18 Die Abkürzung „CRM" steht für ...

a) Customer-Relative-Management und bedeutet, dass die Kunden für jeden einzelnen Mitarbeiter relativ wichtig sind.
b) Customer-Relationship-Measurement und bedeutet, dass es wichtig ist, jederzeit die Beratungsgespräche sowohl zeitlich als auch inhaltlich zu erfassen.
c) Customizing-Relationship-Management und bedeutet, dass die Beziehung zu jedem einzelnen Kunden individuell abgestimmt werden muss.
d) Customer-Recruitment-Management und bedeutet, dass Stammkunden auch für Marketing-Aufgaben im Laden eingesetzt werden können.
e) Customer-Relationship-Management und bedeutet die Pflege aller Kundeninformationen und Kundenbeziehungen.

19 Welche Datenquellen sind für die Beschaffung von Kundendaten besonders wertvoll?

a) Kassenbons
b) Laufwege im Laden
c) Kundenkarten
d) Kundenfrequenz
e) Kundenzeitung

20 Das Leitbild und die Persönlichkeit eines Unternehmens bestimmen auch sein äußeres Erscheinungsbild. Woran erkennt man ein einheitliches Leitbild eines Unternehmens?

a) Alle Marketingmaßnahmen und das Auftreten der leitenden Mitarbeiter innerhalb und außerhalb des Unternehmens folgen dem Leitbild.
b) Alle Marketingmaßnahmen und das Auftreten der Mitarbeiter innerhalb des Unternehmens folgen dem Leitbild.
c) Alle Marketingmaßnahmen und das Auftreten der Mitarbeiter mit Kundenkontakt folgen dem Leitbild.
d) Alle Marketingmaßnahmen und das Auftreten der Mitarbeiter außerhalb des Unternehmens folgen dem Leitbild.
e) Alle Marketingmaßnahmen und das Auftreten der Mitarbeiter innerhalb und außerhalb des Unternehmens folgen dem Leitbild.

21 Corporate Identity hat nach außen u. a. folgende Ziele:

a) das Unternehmen mit einem unverwechselbaren Profil zu versehen
b) die Kompetenz des Unternehmens deutlich abzugrenzen
c) das Unternehmen im Wettbewerb zu formulieren und hervorzuheben
d) den Unternehmenserfolg mit einem unverwechselbaren Profil zu versehen
e) die Kompetenz des unverwechselbaren Profils zu formulieren und abzugrenzen

22 Corporate Identity hat nach innen u. a. folgende Ziele:

a) das Unternehmen durch Identifikation entwickeln und das „Wir"-Gefühl des Mitarbeiters inhaltlich entwickeln und motivieren
b) die Mitarbeiter durch Identifikation mit dem Unternehmen motivieren und das „Wir"-Gefühl des Unternehmens inhaltlich entwickeln und stärken
c) die Mitarbeiter mit dem Unternehmen motivieren und das „Wir"-Gefühl des Unternehmens inhaltlich identifizieren und stärken
d) das Unternehmen durch Identifikation mit dem Mitarbeiter stärken
e) die Mitarbeiter durch Stärkung mit dem Unternehmen motivieren und das „Wir"-Gefühl des Unternehmens inhaltlich entwickeln und identifizieren

23 Die typischen Marketinginstrumente im Einzelhandel sind …

a) Sortimentspolitik, Preispolitik, Servicepolitik und Personalpolitik
b) Servicepolitik, Preispolitik, Sortimentspolitik und Personalpolitik
c) Sortimentspolitik, Preispolitik, Servicepolitik und Institutionspolitik
d) Sortimentspolitik, Preispolitik, Kommunalpolitik und Servicepolitik
e) Sortimentspolitik, Kommunikationspolitik, Servicepolitik und Preispolitik

24 Neben dem Oberziel der Umsatz- und Gewinnsteigerung unterstützen folgende (2) Unterziele **nicht** bei der Auswahl der Marketinginstrumente:

a) Kundenzufriedenheit schaffen
b) Mitbewerber im öffentlichen Bewusstsein sichern
c) Kundenbindung erhöhen
d) Neue Märkte schaffen
e) Unternehmensimage unter Druck setzen
f) Ausweitung des Marktanteils
g) Präsenz im öffentlichen Bewusstsein sichern

6 E-Business und Onlinemarketing

6.1 E-Business (Electronic Business)

Lernsituation 87

Das Internet bietet dem Einzelhandelsunternehmen viele Möglichkeiten, seine Geschäftsprozesse digital abzuwickeln. Davon sind alle betrieblichen Bereiche wie Absatz (Marketing und Vertrieb), Beschaffung und Lagerung betroffen.

Je nachdem, **mit wem** der Einzelhändler seine Geschäftsbeziehungen digital unterhält, unterscheidet man zwischen B2A-, B2B- und B2C-Prozessen.

6.1.1 B2A (Business-to-Administration)

B2A bezeichnet die digitale Kommunikation zwischen einem Unternehmen (Business) und den Behörden und Ämtern. Heute lassen sich viele Anträge online stellen und viele Formulare in digitaler Form ausfüllen und versenden, wie z. B. die Anmeldung der Auszubildenden bei der Berufsschule. Auch die Steuererklärung kann elektronisch beim Finanzamt eingereicht werden. Durch die schnelle Übermittlung und kürzere Bearbeitungszeiten kann das Unternehmen u. U. viel Zeit sparen.

6.1.2 B2B (Business-to-Business)

Auch die Abwicklung der Geschäftsbeziehungen mit anderen Unternehmen, z. B. mit den Lieferanten, ist über das Internet möglich. Durch die automatische Auswertung der vom Warenwirtschaftssystem gesammelten Daten kann die direkte Beschaffung beim Lieferanten erfolgen. Wird der Meldebestand eines Artikels erreicht, löst das WWS eine Bestellung aus. Auf dem gleichen Weg kann der Lieferant dem Einzelhändler dann die bestellte Ware in Rechnung stellen. B2B bezeichnet also die elektronische Verbindung zwischen zwei (oder mehreren) Unternehmen.

Beschaffung mit Hilfe des WWS
→ Band 2, LF 6, Kap. 1

6.1.3 B2C (Business-to-Consumer)

Digitale Geschäftsbeziehungen mit dem Kunden (Consumer) fallen für ein Einzelhandelsunternehmen in der Regel vollständig in den Bereich des **Onlinehandels** oder **E-Commerce**. In Abgrenzung zum E-Business bezeichnet der Begriff E-Commerce (Electronic Commerce) nur reine Handelsprozesse als Teilbereich des E-Business.

Die Begriffe E-Commerce und Onlinehandel werden für Handelsunternehmen häufig synonym verwendet.

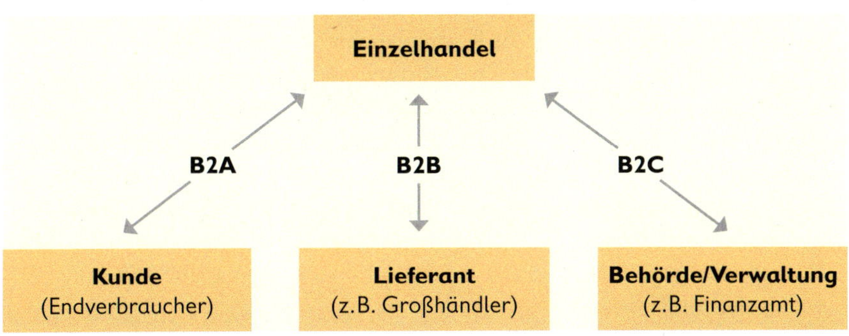

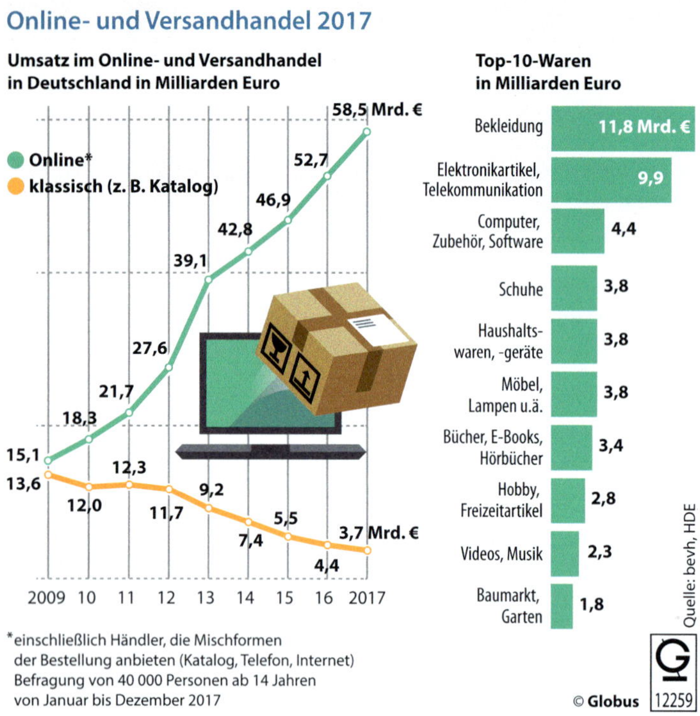

6.2 Onlinehandel

Seit dem Beginn des neuen Jahrhunderts hat sich das Marktvolumen im Onlinehandel vervielfacht. In den letzten Jahren steigen die Umsätze allerdings langsamer als früher, und an dieser Tendenz dürfte sich in naher Zukunft auch nicht viel ändern. Der Anteil der im Internet verkauften Waren am Gesamtumsatz ist dabei von Branche zu Branche sehr verschieden.

Umso wichtiger ist es für den Einzelhändler, durch gezielte Nutzung der digitalen Möglichkeiten seine Marktchancen zu wahren. Dabei muss er zunächst die Entscheidung treffen, über welche Kanäle er am Onlinehandel teilnehmen will. Das ist dann eine Entscheidung im Rahmen seiner **Distributionspolitik**, also die Entscheidung, welche Vertriebswege (Kanäle) er wählt.

6.2.1 Distributionsalternativen im Onlinehandel

Vertriebswege (Kanäle) im Einzelhandel → Band 2, LF 10, Kap. 6.1

Preisstrategie, Preispolitik → Band 2, LF 9, Kap. 3

Voraussetzung für die Teilnahme am Onlinehandel ist die **Eröffnung eines eigenen Onlineshops**. Dieser ist gezielt in die gesamte Unternehmensstrategie einzubinden. Der Einzelhändler muss dabei zunächst grundsätzliche Entscheidungen bezüglich seines **Online-Sortiments** treffen, aber auch die Strategie der **Preisgestaltung** muss berücksichtigt werden. Daneben gibt es noch eine Vielzahl weiterer Arbeitsfelder, in denen für einen erfolgreichen Onlineshop Entscheidungen getroffen werden müssen.

Entscheidungen zum Onlineshop (Beispiele):

Corporate Identity → LF 12, Kap. 4.6

- **Shopoptik:** Wie sind die Seiten des Onlineshops gestaltet? Passt das Design zur Corporate Identity des Unternehmens und zu den angebotenen Artikeln? Ist die Struktur übersichtlich?
- **Produktdarstellung:** Wie werden die Produkte dargestellt, z. B. mit Fotos oder Videos? Wie ausführlich sind die Produktbeschreibungen?
- **Versandoptionen:** Mit welchen Transportunternehmen wird die im Internet gekaufte Ware zum Käufer transportiert? Welche Kosten entstehen dem Käufer?

Zahlungsarten → Band 1, LF 3, Kap. 6

- **Bezahloptionen:** Zwischen welchen Zahlungsarten (z. B. Nachnahme, Kreditkarte, PayPal, giropay, Rechnung/Überweisung) kann der Kunde wählen?
- **Bearbeitungsfreundlichkeit:** Wie schlüssig ist die Navigation im Onlineshop? Welche Hilfestellung gibt es?
- **Rückabwicklung:** Wie einfach ist es für den Kunden, wenn er die Bestellung widerrufen will?
- **Hotline-Verfügbarkeit:** Wie kann der Kunde telefonischen Kontakt mit dem Internetverkäufer aufnehmen?

SSL (Secure Sockets Layer) Verschlüsselungsprotokoll zur sicheren Datenübermittlung im Internet

- **Datensicherheit:** Werden die Daten zur Übermittlung verschlüsselt (SSL) und sicher gespeichert? Sind die Vorschriften der Datenschutzgrundverordnung (DSGVO) eingehalten?

Onlinemarktplätze bieten dem stationären Einzelhändler eine zusätzliche Chance, seine Ware im Internet zu vermarkten. Über 200 Online-Marktplätze in Europa geben den potenziellen Käufern die Möglichkeit, sich eine größtmögliche Marktübersicht zu verschaffen, und den potenziellen Verkäufern die Möglichkeit, einer größtmöglichen Kundenzahl das Warenangebot vorzustellen. Das Internet bietet dem Verbraucher heute die Möglichkeit, sich über die Seiten der Marktplätze ein umfassendes Marktbild zu machen.

Dabei sind zu unterscheiden
- Marktplätze, die von einem Händler betrieben werden (z. B. Amazon, Rakuten, Zalando) und
- Marktplätze von Betreibern ohne eigenen Verkauf (z.B. Ebay, Allyouneed).

Der Plattformbetreiber Amazon z. B. kann für die angeschlossenen Shops der Einzelhändler auch die Logistik, das Bezahlsystem und das Retourenmanagement übernehmen. Durch den Anschluss an ein Marktplatzsystem kann es dem Einzelhändler gelingen, Neukunden zu gewinnen und aus zufriedenen Marktplatzkunden Stammkunden des eigenen Onlineshops zu machen. Das bedeutet aber auch, dass Amazon ein direkter Wettbewerber des Einzelhändlers im Online-Segment ist.

6.2.2 Rechtliche Aspekte im Onlinehandel

Der Betreiber eines Onlineshops hat verschiedene Gesetze und Vorschriften zu beachten. Dazu gehören u. a.:

BGB/EGBGB: Bestimmungen über Fernabsatzgeschäfte

Für Kaufverträge im Onlinehandel sind die gesetzlichen Bestimmungen über den Fernabsatz zu beachten. Ein Fernabsatzgeschäft liegt vor, wenn ein Kaufvertrag über Waren zwischen einem Unternehmer als Verkäufer und einen Verbraucher als Käufer **ausschließlich unter Einsatz von Fernkommunikationsmitteln** (Internet, E-Mail, Telefon usw.) zustande kommt. Die Vertragspartner sind dabei nicht gleichzeitig körperlich anwesend. Für Fernabsatzgeschäfte gelten besondere Bestimmungen des Verbraucherschutzes. So hat der Käufer ein 14-tägiges **Widerrufsrecht** und kann innerhalb dieser Frist ohne Angabe von Gründen seine Bestellung widerrufen. Außerdem bestehen für den Verkäufer diverse **Informationspflichten** vor und nach dem Kaufabschluss.

Fernabsatzgeschäfte
→ Band 2, LF 10, Kap. 6.2.1

Vertriebswege (Kanäle) im Einzelhandel
→ Band 2, LF 10, Kap. 6.1

Telemediengesetz (TMG)

Das Telemediengesetz schreibt u. a. vor, dass der Anbieter einer gewerblichen Internetseite verpflichtend ein **Impressum** anzeigen muss. Darin muss er über den vollständigen Vor-und Zunamen des Anbieters, die postalische Anschrift, ggf. die Rechtsform des Unternehmens, den vollständigen Vor- und Zunamen des Verantwortlichen für den Inhalt und ggf. die Umsatzsteuer-Identifikationsnummer informieren.

PAngV
→ Band 1, LF 4, Kap. 3.1

Preisangabenverordnung (PAngV)

Die PAngV beinhaltet Vorschriften zur Darstellung von Preisen, Umsatzsteueranteilen und Zusatzkosten (z. B. Versandkosten) im Onlinehandel. Dem Verbraucher muss der **volle Kaufpreis** (brutto und inklusive aller Zusatzkosten) deutlich kenntlich gemacht werden, bevor er eine Bestellung (verbindlichen Antrag) per Mausklick absendet.

Verbraucherstreitbeilegungsgesetz (VSBG)

Das VSBG ist 2017 in Kraft getreten. Nach diesem Gesetz muss der Onlinehändler auf seiner Webseite angeben, ob er ggf. bereit ist, an einem **Streitbeilegungsverfahren** teilzunehmen. Dann muss er auch die für ihn zuständige Verbraucherschlichtungsstelle angeben. Sollten sich nämlich aus einem Fernabsatzgeschäft Streitigkeiten zwischen Verbraucher und Unternehmer ergeben, muss es nicht sofort zu einer gerichtlichen Auseinandersetzung kommen. Stattdessen wird von der zuständigen Verbraucherschlichtungsstelle ein Streitbeilegungsverfahren eingeleitet, das zu einer einvernehmlichen Einigung führen soll. Die Kosten des Verfahrens muss in der Regel der Unternehmer tragen. Die Teilnahme am Streitbeilegungsverfahren ist allerdings für Unternehmen der meisten Branchen freiwillig.

In Deutschland ist die Allgemeine Verbraucherschlichtungsstelle des Zentrums für Schlichtung e.V. zur Durchführung von Verbraucherstreitbeilegungsverfahren zugelassen.

Vertrauensdienstegesetz (VDG)

Dieses Gesetz eröffnet Unternehmen und Verbrauchern die Möglichkeit, durch eine **qualifizierte elektronische Signatur (QES)** die gesetzlich vorgeschriebene Schriftform für Urkunden einzuhalten, z. B. bei Kreditverträgen und Finanzkäufen. Dabei ersetzt die elektronische Signatur die handschriftliche Unterschrift. Durch die europaweit einheitliche Regelung kann die QES auch grenzüberschreitend eingesetzt werden.

UWG
→ Band 1, LF 5, Kap. 4

Gesetz gegen den unlauteren Wettbewerb (UWG)

Selbstverständlich gelten auch für den Onlinehandel die Vorschriften des UWG, das z. B. Werbung per E-Mail ohne vorherige Einwilligung des Verbrauchers grundsätzlich verbietet. Hat der Verbraucher aber einer Direktwerbung zugestimmt, muss schon aus der Betreffzeile hervorgehen, dass es sich um Werbung handelt.

6.2.3 Wirtschaftliche Kennzahlen im Onlinehandel

Auch der Onlineshop muss den Regeln der Kosten- und Leistungsrechnung folgen und wirtschaftlich arbeiten. Die Kennzahlen zur Erfolgsmessung und die Deckungsbeitragsrechnung sind die Entscheidungsgrundlagen sowohl für den stationären Handel als auch für den Onlinehandel. Zusätzlich können speziell für die Analyse des Webauftritts noch weitere Kennzahlen herangezogen werden, wie z. B.

- Anzahl der Seitenaufrufe
- Anzahl und Dauer der Sitzungen
- Häufigkeiten/Verteilung bei der Auswahl der Zahlungsoptionen
- Abbrüche bei der Artikelsuche oder im Bestellprozess
- Newsletter-Anmeldungen
- Newsletter-Kündigungen

Key Performance Indicator
Wichtige Kennzahl zur betriebswirtschaftlichen Leistungsmessung. Sie sollte möglichst leicht verständlich und einfach zu ermitteln sein.

Diese sogenannten Key Performance Indicators (KPI) sagen im Zeitvergleich etwas über den Erfolg der Online-Verkaufsaktivitäten aus. Sie werden von jedem Unternehmen individuell bestimmt und auf Ziele und Maßnahmen abgestimmt.

6.3 Onlinemarketing

Das Internet bietet Unternehmen noch weit mehr Möglichkeiten, als „nur“ ihre Produkte in Onlineshops anzubieten. Die neuen digitalen Technologien ermöglichen auch neue **Aktivitäten im Rahmen der Kommunikationspolitik**.

6.3.1 Werbemöglichkeiten im Internet

Das Internet ist inzwischen auch ein sehr bedeutender **Werbeträger** für viele Unternehmen und bietet ihnen zusätzlich zur klassischen Werbung ein breites Spektrum weiterer Werbemöglichkeiten, beispielsweise:

Werbeträger
→ Band 1, LF 5, Kap. 1.3

- Werbung auf der **Unternehmenshomepage**
- **E-Mail-Werbung** (z. B. mit einem Link auf die Unternehmenshomepage)
- **Bannerwerbung:** Werbung wird als Grafik oder Animation in eine Webseite eingebunden; die Banner verweisen dann als Hyperlink auf die Website des Werbenden.
- **Videowerbung:** Inzwischen verlieren Werbebanner zugunsten von Videowerbung, die in ähnlicher Form in Internetseiten integriert wird, an Bedeutung.
- **Pop-ups:** Zusätzlich zur betrachteten Seite wird ein weiteres Browserfenster geöffnet, das die Werbung enthält. Das Pop-up überlagert dann die Hauptseite.
- **Suchmaschinenwerbung:** Zusätzlich zu den eigentlichen Suchergebnissen werden – teilweise sogar über den eigentlichen Suchergebnissen – bezahlte Anzeigen zum Suchbegriff eingeblendet.
- **Suchmaschinenoptimierung:** Maßnahmen, mit denen ein Unternehmen versucht, seine eigene Webseite möglichst weit oben in den unbezahlten Suchergebnissen zu platzieren, z. B. durch Optimierung des Seiteninhalts durch gängige Suchbegriffe.
- **Targeting:** Werbemöglichkeit mit gezielter Ansprache bestimmter Kunden.

Eine besondere Form von Videowerbung im Internet ist das Einstellen von Werbefilmen in Videoportalen (z.B. YouTube). Diese Filme sind prinzipiell mit Fernsehwerbung vergleichbar, aber in der Ausstrahlung deutlich günstiger.

Beispiel

Targeting: Ein Autoverkaufsportal bietet seinen Werbekunden Targeting an. Ein Händler, der auf Kfz-Ersatzteile für Oldtimer der Marke Mercedes-Benz spezialisiert ist, lässt seine Werbung immer dann einblenden, wenn ein Nutzer des Verkaufsportals als Suchoption „Mercedes-Benz“ und ein Baujahr vor 1985 eingibt.

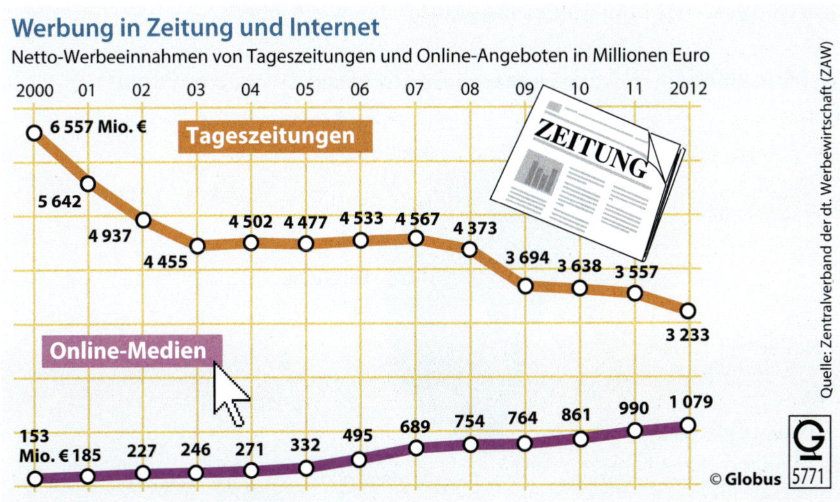

Die verschiedenen Werbemöglichkeiten im Internet bieten den Werbenden zwei **wichtige Vorteile** gegenüber traditioneller Werbung.

Messbarkeit des Werbeerfolgs: Die technischen Möglichkeiten im Internet geben den Werbenden teilweise sehr exakte Möglichkeiten, um den Erfolg einer Werbemaßnahme zu messen, auszuwerten und zu beurteilen. Dazu gehören z. B. Kennzahlen wie

- die Zahl der Nutzer, die dem Link zur Unternehmenshomepage in einer Werbe-E-Mail oder einem Newsletter gefolgt sind,
- die Zahl der Nutzer, die ein Werbebanner oder Pop-up angeklickt haben,
- die Zahl der Kundenkontakte, die über eine Suchmaschine entstanden sind.

Streuverlustarme Werbung: Das Onlinemarketing bietet im Gegensatz zum traditionellen Massenmarketing auch den Vorteil, dass eine Zielgruppe besser angesprochen werden kann und Streuverluste der Werbung verringert werden können.

Beispiel

Ein Internetnutzer, der in einem Autoverkaufsportal nach einem maximal drei Jahre alten VW Golf sucht, dürfte kein besonderes Interesse an Kfz-Ersatzteilen für Oldtimer von Mercedes-Benz haben. Deswegen wird ihm diese Werbung auch nicht eingeblendet, dafür evtl. aber die von einem VW-Autohaus um die Ecke.

6.3.2 Social-Media-Marketing

Durch die Veränderung des Kommunikationsverhaltens der Konsumenten und der Nutzung von Smartphones und Computer sind Social-Media-Communities immer bedeutender geworden. Die Nutzerzahlen sind riesig. Allerdings bedeutet das nicht unbedingt, dass alle Nutzer ihren Account/ihr Konto auch tatsächlich regelmäßig nutzen, außerdem können die Nutzer auch bei mehreren Diensten angemeldet sein.

Social-Media-Marketing zu nutzen bedeutet den Schritt zu machen vom Massenmarketing zum **Beziehungsmarketing**. Dieses stellt nicht mehr die einseitige Kommunikation vom Werbenden zum Umworbenen in den Vordergrund (wie z. B. in einem Fernsehwerbespot), sondern die Interaktion zwischen beiden – den **Kundendialog**.

Für den Kundendialog eignen sich insbesondere soziale Netzwerke wie Facebook und Google+ oder Kommunikationsplattformen wie Twitter.

Social Media – aktive Nutzer in Deutschland 2017 (Schätzung)

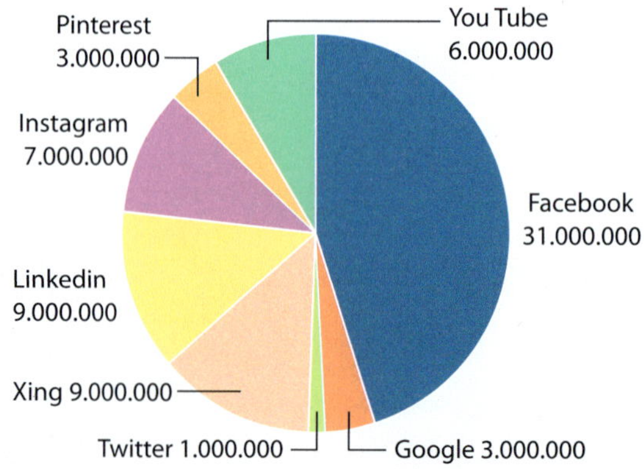

Quelle: http://kontor4.de/s/zahlen

Hier findet von Natur aus ein reger Austausch statt. Erlebnisse werden geteilt, Ideen verbreitet und Meinungen geäußert. Dienstleistungen und Produkte werden von Nutzern beschrieben und bewertet. Folglich bietet es sich für immer mehr Unternehmen an, auch dort zu sein, wo (über ihre Produkte) kommuniziert wird. Immer mehr Unternehmen melden Accounts in sozialen Netzwerken an, pflegen die Inhalte und kommunizieren mit den Usern. Größere Unternehmen haben sogar eigene „Redaktionen", die den Unternehmensauftritt in den sozialen Netzwerken betreuen und die Kontakte mit den hier aktiven Kunden pflegen.

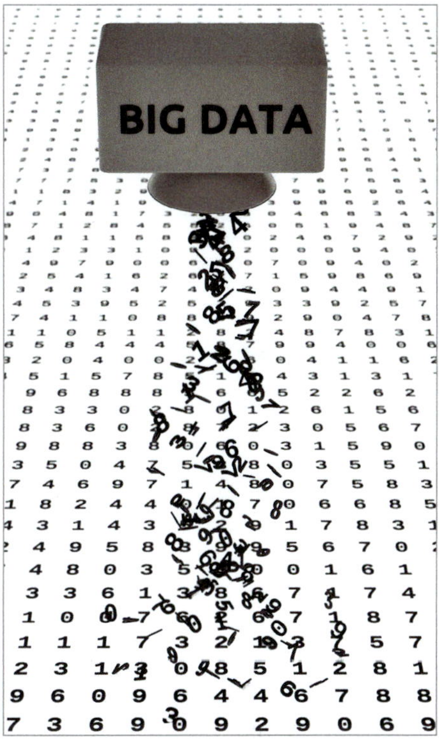

Auch in sozialen Netzwerken sind die **Messbarkeit des Erfolgs** (z. B. über Likes oder Follower) und der **geringe Streuverlust** entscheidende Vorteile. Vor allem bieten soziale Netzwerke aber durch den Dialog mit den Kunden hervorragende Möglichkeiten, die **Kundenzufriedenheit** und **Kundenbindung** zu verbessern. In sozialen Netzwerken ist es möglich, den Kunden bzw. Nutzer direkt anzusprechen und mit ihm zu interagieren, sofern sich dieser für ein bestimmtes Produkt, eine Marke oder ein Unternehmen interessiert. Durch Offenheit in der Kommunikation fühlen sich Kunden wertgeschätzt. Getreu dem Motto „Kunden zu Fans machen" versuchen Unternehmen, die Nutzer in ihre Marketingaktivitäten einzubinden.

Ein Unternehmen, das ein Profil in sozialen Netzwerken hat, übermittelt dem Nutzer und somit einem potenziellen Kunden die Botschaft, kundennah, offen und modern zu sein. Ein gelungener Auftritt in einem sozialen Netzwerk lässt das Unternehmen sympathisch erscheinen. Damit sich aber die Imagebildung auch langfristig positiv entwickelt, spielen die Kommunikation und Interaktion mit den Kunden eine wichtige Rolle. Schlecht betreute Auftritte in sozialen Netzwerken, bei denen Kunden beispielsweise sehr lange auf eine Reaktion auf ihre Posts warten müssen, haben dagegen eine negative Wirkung auf die Imagebildung.

6.3.3 Data Mining

Die im Onlineshop und in den sozialen Netzwerken gewonnen Daten müssen gespeichert, verarbeitet und ausgewertet werden. Dadurch erhält das Einzelhandelsunternehmen tiefe Einblicke in die Lebens- und Sichtweisen seiner Kunden und Follower. Dabei geht es nicht nur darum, kurzfristig den Absatz zu steigern, sondern auch die Kundenbedürfnisse besser kennen zu lernen, um sich darauf einzustellen und damit ein Alleinstellungsmerkmal gegenüber den Wettbewerbern zu haben. Allerdings ist das Unternehmen dafür verantwortlich, diese Daten vor ungewollten Zugriffen Dritter zu schützen und die Vorschriften des **Datenschutzes** zu beachten. Großangelegte Hackerangriffe wie z. B. der Angriff auf Yahoo 2013, bei dem Namen, E-Mail-Adressen und Telefonnummern von Millionen Nutzern gestohlen wurden, können das Vertrauen der Kunden in ein Unternehmen nachhaltig zerstören. Parallel zur Entwicklung des Data Mining muss eine daher Informations-, Wirtschafts- und Rechtsethik entstehen, die die informationelle Autonomie des Einzelnen verlässlich schützt.

Data Mining
Automatisierte Anwendung mathematisch-statistischer Methoden auf besonders große und komplexe Datenmengen mit dem Ziel, neue Muster und Zusammenhänge zu erkennen.

informationelle Autonomie
Jeder Einzelne bestimmt selbst, wer welche Informationen über ihn wann und wofür verwenden darf.

ALLES KLAR?

1 Nennen Sie drei Bespiele für B2A.

2 Erläutern Sie, was B2B bedeutet.

3 Erläutern Sie, warum B2B die Just-in-time-Lieferung erleichtert.

4 Grenzen Sie E-Commerce und E-Business gegeneinander ab.

5 Zählen Sie mindestens fünf verschiedene Aufgabenbereiche auf, über die beim Betreiben eines Online-Shops entschieden werden muss.

6 Welchen Vorteil hat es für den Einzelhändler, wenn er sich mit seinem neu eröffneten Onlineshop einem Marktplatzsystem anschließt?

7 Um wieviel Prozent ist zwischen 2010 und 2017 der Umsatz

a) im Onlinehandel gestiegen und
b) im klassischen Fernabsatzhandel gesunken?

8 Beschreiben Sie vier Bezahloptionen im Onlinehandel.

9 Beschreiben Sie einen Vorteil für den möglichen Käufer, der einen Onlinemarktplatz besucht.

10 Nennen Sie fünf Gesetze oder Verordnungen, die maßgeblich den Online-Handel betreffen.

11 Welches Gerät ist kein Fernkommunikationsmittel?

a) Telefon
b) Mobiltelefon
c) Computer
d) Scanner
e) Telefax
f) Datenkasse

12 Beurteilen Sie, ob es rechtlich zulässig ist, wenn ein TV-Händler, der einem Kunden eine SAT-Empfangsanlage bauen soll, dies verweigert, weil der Kunde aus Arabien kommt.

13 Wozu dient im Internet die Angabe „SSL"?

14 Welche der folgenden Erfolgskennzahlen werden nur im Onlinehandel erhoben?

a) Umsatzrendite
b) Anzahl der Seitenaufrufe
c) Abbrüche bei der Artikelsuche
d) Umschlagshäufigkeit
e) Werberendite
f) Newsletteranmeldungen

15 Warum sind KPI nicht in allen Unternehmen gleich?

16 Welche Angaben muss der Anbieter einer gewerblichen Internetseite verpflichtend in seinem Impressum machen?

17 Welche Aufgabe hat die Allgemeine Verbraucherschlichtungsstelle?

18 Wie funktioniert bei der Onlinewerbung das „Pop-up"?

19 Nennen Sie drei Kennzahlen, mit denen der Werbeerfolg von Onlinewerbung gemessen werden kann.

20 Welche Besonderheit kennzeichnet das Social-Media-Marketing?

21 Welcher Name bezeichnet kein soziales Netzwerk?

a) Google+
b) Twitter
c) Instagram
d) Amazon
e) Xing
f) Ebay

13

Personaleinsatz planen und Mitarbeiter führen

Personalwirtschaft

Personalbedarfsplanung

Personalbeschaffung

Personaleinsatzplanung

Entgeltabrechnung

Leistungen des Staats und der Sozialkassen

Mitarbeitermotivation

Beendigung des Arbeitsverhältnisses

1 Personalwirtschaft

Die Mitarbeiter im Einzelhandel stellen heute in vielen Betriebsformen den größten Kostenfaktor des Unternehmens dar. Gleichzeitig bieten die gute Qualifikation und gute Motivation der Mitarbeiter bei zunehmender Qualität der Produkte einen entscheidenden Wettbewerbsvorteil für den Einzelhändler. Diese beiden Punkte zeigen die Bedeutung des Mitarbeiters für den Einzelhandel, sodass sich in vielen Unternehmen eine eigene Personalabteilung mit allen Belangen der Mitarbeiter beschäftigt. Sie wird damit zum Bindeglied zwischen der Unternehmensleitung und den Mitarbeitern.

Motivation
innerer Antrieb für eine Handlung
→ LF 13, Kap. 7

Die Personalabteilung ist nicht nur verantwortlich für die verwaltungsmäßige Abwicklung, wie die Führung der Personalakten und die Entgeltabrechnung (Lohn- und Gehaltsabrechnung), sondern kann auch Hilfestellungen für die Mitarbeiter anbieten, die sich in einer Notlage befinden. Auch die Beratung zu vermögenswirksamen Leistungen kann die Personalabteilung übernehmen.

Personalakte
Sammlung von personenbezogenen Unterlagen, z.B. Bewerbung, Lebenslauf, Zeugniskopien, Arbeitsvertrag, Beurteilungen, Weiterbildungsbescheinigungen. Jeder Arbeitnehmer hat das Recht, seine Personalakte einzusehen.

Die **Kernaufgaben** der Personalwirtschaft sind damit die Bereitstellung und der zielorientierte Einsatz von Personal. Die Personalwirtschaft lässt sich unter anderem in verschiedene Teilprozesse untergliedern:
- Personalbedarfsplanung
- Personalbeschaffung
- Personaleinsatzplanung
- Entgeltabrechnung
- Mitarbeitermotivation und Personalentwicklung
- Beendigung von Arbeitsverhältnissen

Zum Erfolg des Einzelhandelsunternehmens trägt ganz erheblich das Personal bei. Die Mitarbeiter müssen nicht nur für ihre Aufgaben unterschiedlich qualifiziert sein, sie müssen auch ausreichend vorhanden sein. Sind zu wenig Mitarbeiter eingestellt, leidet die Effizienz, sind aber zu viel Mitarbeiter eingesetzt bzw. in einer Abteilung zur gleichen Zeit beschäftigt, werden die Kosten in die Höhe getrieben. Deshalb ist sowohl eine verantwortungsvolle Personaleinsatzplanung als auch eine präzise Personalbedarfsplanung außerordentlich wichtig.

Anzahl der Beschäftigten im Einzelhandel in Deutschland nach Beschäftigungsform in den Jahren 2010 bis 2016

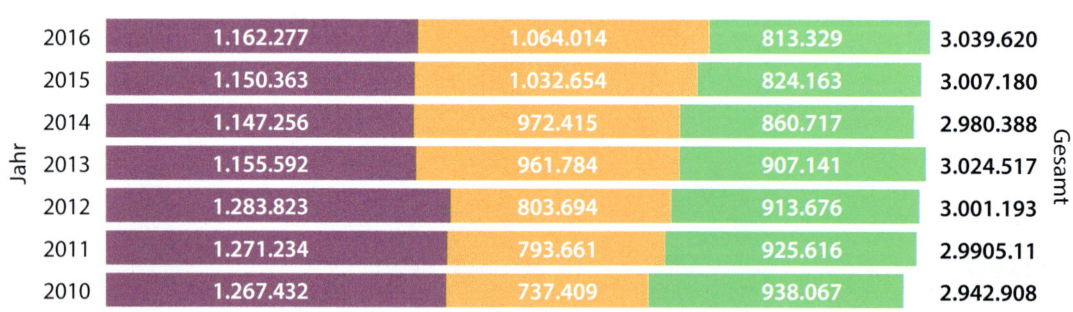

- sozialversicherungspflichtig Vollzeitbeschäftigte
- sozialversicherungspflichtig Teilzeitbeschäftigte
- Geringfügig Beschäftigte

Quellen: Bundesagentur für Arbeit; HDE
© Statista 2018

2 Personalbedarfsplanung

Als Teilgebiet der Personalwirtschaft ist es die Aufgabe der **Personalbedarfsplanung** abzuschätzen, wie groß der Personalbedarf eines Unternehmens in der Zukunft sein wird. Dabei geht es im Rahmen der **Personalbedarfsermittlung** nicht nur um absolute Zahlen (Quantität), sondern auch um die notwendigen Qualifikationen (Qualität), die die Mitarbeiter haben müssen. Somit ergeben sich zwei Bereiche der Personalbedarfsplanung: die quantitative und die qualitative Bedarfsplanung.

2.1 Quantitative Personalbedarfsplanung

Die quantitative Personalbedarfsplanung beschäftigt sich mit der Anzahl der zukünftig benötigten Mitarbeiter. Die Berechnung des Personalbedarfs innerhalb eines geplanten Zeitraums erfolgt in drei Schritten:

1. Ermittlung des **Ist-Personalbestandes** am Ende des Planungszeitraums unter Berücksichtigung vorhersehbarer Personalveränderungen.
2. Ermittlung des Soll-Personalbestandes am Ende des Planungszeitraums unter Berücksichtigung **geplanter** Personalveränderungen (Mehrbedarf oder Minderbedarf)
3. Berechnung der notwendigen personellen Anpassungen (Neueinstellungen oder Personalabbau) durch einen Soll-Ist-Vergleich.

1. Ermittlung des Ist-Personalbestandes am Ende der Planungsperiode

Ausgangspunkt hierfür ist der aktuelle Personalbestand, der **Ist-Personalbestand am Anfang der Planungsperiode.** Dieser Istbestand kann sich durch vorhersehbare Ereignisse verändern.

Vorhersehbare Personalabgänge:

- Ein Mitarbeiter erreicht das Rentenalter und scheidet aus dem Erwerbsleben aus.
- Ein befristetes Arbeitsverhältnis läuft aus.
- Ein junger Mitarbeiter geht in Elternzeit.

Vorhersehbare Personalzugänge:

- Eine Mitarbeiterin kehrt aus der Elternzeit zurück.
- Eine Auszubildende wird nach der Ausbildung übernommen.

Nicht vorhersehbar, sondern allenfalls schätzbar sind Personalveränderungen durch langfristige Krankheit, Kündigung oder gar Tod eines Mitarbeiters. Um durch solch **unvorhersehbare Personalabgänge** keine Personallücke entstehen zu lassen, kann man in großen Unternehmen Erfahrungswerte (Schätzwerte) berücksichtigen. Durch die Ermittlung eines Schätzwertes können bei der Berechnung des voraussichtlichen Ist-Personalbestandes auch unvorhergesehene Personalereignisse berücksichtigt werden.

Unternehmen, die eine feste Stammbelegschaft mit einer geringen Fluktuation oder eine geringe Mitarbeiterzahl aufweisen, bilden in der Regel keinen Schätzwert für unvorhersehbare Personalabgänge.

Alle genannten Personalabgänge führen dazu, dass bei gleichbleibender Geschäftslage ein Ersatzbedarf besteht, der rechtzeitig gedeckt werden muss. Gleichzeitig müssen aber auch die bekannten **Personalzugänge** für den Planungszeitraum berücksichtigt werden, denn diese gleichen ggf. die Personalabgänge aus. Die Summe aller Personalzu- und abgänge bezeichnet man auch als Fluktuation im Personalbestand.

Ersatzbedarf
ergibt sich, wenn bei gleich bleibender Geschäftslage Personal ausscheidet.

Fluktuation
Schwankung

Summe aller vorhersehbaren und unvorhersehbaren Personalveränderungen zuzüglich Kündigungen von Mitarbeitern innerhalb einer Periode

Berechnung des voraussichtlichen Ist-Personalbestands

	Ist-Personalbestand am Anfang der Planungsperiode
–	voraussichtliche Personalabgänge (einschl. Schätzwert für unvorhersehbare Abgänge)
+	voraussichtliche Personalzugänge
=	voraussichtlicher Ist-Personalbestand am Ende der Planungsperiode

Beispiel

In der Spielwarenabteilung der Beska GmbH arbeiten zu Beginn der Planungsperiode sieben Mitarbeiter/innen. Ein Mitarbeiter wird in einem Monat für zwei Jahre in Elternzeit gehen, eine weitere Mitarbeiterin wird in den Ruhestand eintreten. Eine Auszubildende, die bisher nicht im Personal-Istbestand geführt wird, wird in einem Monat ihre Ausbildung beenden und dann in ein unbefristetes Arbeitsverhältnis übernommen.

Berechnung:

	Ist-Personalbestand am Anfang der Planungsperiode	7 Mitarbeiter/innen
–	voraussichtliche Personalabgänge	– 2 Mitarbeiter/innen
+	voraussichtliche Personalzugänge	+ 1 Mitarbeiterin
=	voraussichtlicher Ist-Personalbestand am Ende der Planungsperiode	= 6 Mitarbeiter/-innen

Der Ist-Personalbestand am Anfang der Planungsperiode kann z. B. aus dem Personalinformationssystem (PIS) oder aus den Personalakten ermittelt werden.

2. Ermittlung des Soll-Personalbestandes am Ende der Planungsperiode

Nach der Ermittlung des voraussichtlichen Ist-Personalbestandes am Ende der Planungsperiode muss im 2. Schritt überprüft werden, ob ggf. durch Vorgaben der Geschäftsleitung der Personalbestand grundsätzlich erhöht oder auch verringert werden soll. Entscheidet die Geschäftsleitung aufgrund der unternehmerischen Zielsetzung, dass der Personalbestand erhöht wird, entsteht ein Neubedarf **(Mehrbedarf)**. Es kann aber auch gute Gründe für Personaleinschränkungen geben. Dieser **Minderbedarf** muss natürlich auch geplant werden.

Neubedarf ergibt sich bei Betriebserweiterung oder höherer Beschäftigung.

Mögliche Gründe für Neubedarf:

- Es werden weitere Geschäftsstellen eröffnet.
- Es werden neue Sortimentsbereiche angeboten.
- Das Kundenbindungskonzept hat Erfolg und die Kundenfrequenz steigt.

Mögliche Gründe für Minderbedarf:

- Rationalisierungsmaßnahmen (Arbeitsverdichtung)
- Kundenfrequenzrückgang durch Neueröffnung eines Wettbewerbers
- Strukturveränderungen beim Einkaufsverhalten, z. B. durch das Internet
- Umstellung der Verkaufsform, z. B. von Vollbedienung auf Vorwahlsystem

Rationalisierung Automatisierung von Arbeitsabläufen zur Effiziensteigerung

Beispiel

In der Spielzeugabteilung der Beska GmbH wird das Bediensystem von Vollbedienung auf Vorwahlsystem umgestellt. Dadurch wird weniger Personal benötigt, es entsteht ein Minderbedarf von einer Stelle.

Berechnung:

	Ist-Personalbestand am Anfang der Planungsperiode	7 Mitarbeiter/rinnen
+/–	geplanter Neubedarf/Minderbedarf	– 1 Stelle Minderbedarf
=	Soll-Personalbestand am Ende der Planungsperiode	= 6 Mitarbeiter/innen

3. Ermittlung notwendiger Personalabbau/notwendige Neueinstellungen
Nachdem nun feststeht, wie viele Mitarbeiter voraussichtlich noch im Bestand sind und wie hoch der tatsächlich benötigte Personalbestand nach der Umstellung der Verkaufsform noch ist, muss im letzten Schritt der voraussichtliche Personal-Ist-Bestand mit dem geplanten Sollbestand verglichen werden **(Soll-Ist-Vergleich)**.

Soll-Ist-Vergleich

Soll-Personalbestand am Ende der Planungsperiode	6 Mitarbeiter/innen
– Ist-Personalbestand am Ende der Planungsperiode	– 6 Mitarbeiter/innen
= notwendiger Personalabbau (negatives Ergebnis) oder notwendige Neueinstellungen (positives Ergebnis)	= 0 Mitarbeiter/innen

In diesem Beispiel ist es möglich, den Minderbedarf durch Fluktuation aufzufangen. Dies ist aber nicht immer möglich. Häufig führt ein geplanter Minderbedarf zu einem **Personalabbau**, d. h., Mitarbeitern muss betriebsbedingt gekündigt werden. Ein geplanter Mehrbedarf, der nicht durch voraussichtliche Personalzugänge gedeckt werden kann, muss dagegen durch **Neueinstellungen** gedeckt werden.

Betriebsbedingte Kündigung → LF 13, Kap. 8.2.1

Personalbeschaffung → LF 13, Kap. 3

2.2 Qualitative Personalbedarfsplanung

Die qualitative Personalplanung geht von den **Qualifikationen der Mitarbeiter** aus. Der Abteilungsleiter braucht beispielsweise ein anderes Qualifikationsprofil als die Teilzeitkraft in der Telefonzentrale. Die jeweilige Stellenbeschreibung im Unternehmen gibt über diese erwarteten Qualifikationen Auskunft.

Eine **Stellenbeschreibung** ist innerbetrieblich ein wichtiges Organisationsmittel, denn sie enthält eine genaue Beschreibung der jeweiligen Stelle und ihre **Einordnung in den betrieblichen Prozessablauf**. Sie beschreibt, welche Kompetenz der Stelleninhaber hat, welchem anderen Mitarbeiter die Stelle unterstellt ist und wem gegenüber dieser Stelleninhaber weisungsbefugt ist. Sie legt aber auch fest, welche Anforderungen an den Stelleninhaber gestellt werden.

Die Stellenbeschreibung darf nicht mit der Stellenausschreibung verwechselt werden.

Beispiel

Anforderungen an Stelleninhaber:
- Berufsausbildung
- Berufserfahrung
- Sprachkenntnisse
- EDV-Kenntnisse
- Kommunikationsfähigkeit
- Problemlösungsfähigkeit

Neben diesem eher tabellarischen Teil enthält die Stellenbeschreibung auch eine ausformulierte **Beschreibung der Tätigkeit**. Die Stellenbeschreibung dient als Grundlage z. B. für **Stellenausschreibungen** im Rahmen der Personalbeschaffung, ist aber auch eine wichtige Hilfe bei der Einarbeitung neuer Mitarbeiter.

Stellenausschreibung → LF 13, Kap. 4

Beispiel

„Der Stelleninhaber muss in der Lage sein, in jeder Situation auf den Kunden freundlich und kundenorientiert zuzugehen und die Kaufmotive des Kunden zu erforschen. Er versteht es, im Rahmen eines Verkaufsgespräches zielgerichtet über die Warenvorlage und die kundenorientierte Argumentation den Verkaufsabschluss herbeizuführen. Dabei beachtet er die Möglichkeit des Zusatzverkaufs ...“

ALLES KLAR?

1 Begründen Sie, warum das Personal einen entscheidenden Wettbewerbsvorteil darstellen kann?

2 Nennen Sie die Aufgabengebiete der Personalabteilung.

3 Entscheiden und begründen Sie, ob die folgende Aussage richtig ist: „Je mehr Mitarbeiter beschäftigt sind, desto besser ist es für das Unternehmen."

4 Die Personalabteilung ist verpflichtet zur

a) Auszahlung einer Betriebsrente
b) Bekanntmachung des Personaleinsatzplans im Intranet
c) Führung von Krankenakten
d) Beratung der Mitarbeiter zu vermögenswirksamen Leistungen
e) Ausführung der Lohn- und Gehaltsabrechnung

5 Erläutern Sie die Aufgabe der Personalbedarfsplanung und nennen Sie die beiden Teilbereiche.

6 Erläutern Sie die Begriffe quantitative und qualitative Personalbedarfsplanung.

7 Verfassen Sie vier zentrale Fragen, die Sie sich als Mitarbeiter der Personalabteilung stellen müssen, wenn Sie eine Personalbedarfsplanung durchführen.

8 Wie kann ein Minderbedarf an Arbeitskräften in einem Unternehmen aufgefangen werden?

9 Sie sind beauftragt, für Ihre Abteilung einen Personalbedarfsplan für den kommenden Planungszeitraum aufzustellen. Dabei sind folgende Angaben zu berücksichtigen: Der Ist-Personalbestand der Abteilung besteht aus fünf Vollzeitkräften und einem Auszubildenden, der mit einer halben Stelle im Plan geführt wird. Der Auszubildende wird nach seiner Ausbildung mit einer vollen Stelle übernommen. Das befristete Arbeitsverhältnis eines Mitarbeiters läuft aus und wird nicht verlängert. Aufgrund eines Schätzwertes geht man außerdem davon aus, dass ein Mitarbeiter aus zurzeit nicht vorhersehbaren Gründen das Unternehmen verlassen wird. Wegen einer Sortimentserweiterung rechnet die Abteilungsleitung mit einem höheren Personalbedarf von einer halben Stelle. Welche Angabe zum Personalbestand ist richtig?

a) Ist-Personalbestand am Anfang der Planungsperiode = 4,5 Mitarbeiter
b) voraussichtliche Personalabgänge = 1,5 Mitarbeiter
c) Soll-Personalbestand am Ende der Planungsperiode = 6 Mitarbeiter
d) notwendiger Personalabbau = 2 Mitarbeiter
e) notwendige Neueinstellungen = 0,5 Mitarbeiter

10 Nennen Sie je zwei Ereignisse,

a) die zu einer planbaren Veränderung des Personalbestandes führen.
b) die zu einer unvorhersehbaren Veränderung des Personalbestandes führen.

11 In der Warengruppe Textil sind zurzeit vier Vollzeitkräfte und zwei Teilzeitkräfte mit jeweils einer halben Stelle eingesetzt. Bei gleichbleibenden Umsatzerwartungen soll der quantitative Personalbestand im folgenden Wirtschaftsjahr erhalten bleiben. Zu Beginn des nächsten Jahres ergeben sich für die Textilabteilung folgende Änderungen, die bei der Personalbedarfsplanung berücksichtigt werden müssen: Eine Teilzeitkraft geht in den Ruhestand, eine Auszubildende aus der Abteilung Uhren/Schmuck wird nach der bestandenen Abschlussprüfung als Vollzeitkraft eingestellt, ein Mitarbeiter nimmt für ein Jahr Elternzeit, eine Vollzeitkraft möchte ihren Arbeitsvertrag auf eine halbe Stelle umstellen.

Der Abteilungsleiter der Warengruppe Textil muss der Personalabteilung für das kommende Jahr einen

a) Ersatzbedarf von zwei Mitarbeitern
b) Neubedarf von einem Mitarbeiter
c) Minderbedarf von zwei Mitarbeitern
d) Ersatzbedarf von einem Mitarbeiter
e) Neubedarf von zwei Mitarbeitern

melden.

3 Personalbeschaffung

Lernsituation 90

Lernsituation 91

Will ein Unternehmen eine Stelle neu besetzen, versucht es auf jeden Fall die geeignete Person für diese Position zu finden, denn eine Fehlbesetzung verursacht unnötige Kosten und bringt Unruhe in das Betriebsklima, das dadurch empfindlich gestört werden kann.

Aus der bereits erläuterten Stellenbeschreibung ergibt sich dann die **Stellenausschreibung**, die notwendig ist, wenn neues Personal angeworben werden soll. Die Stellenausschreibung muss den Vorgaben des AGG entsprechen und kann sowohl intern als auch extern erfolgen.

Allgemeines Gleichbehandlungsgesetz (AGG) → LF 13, Kap. 4.3

Grundsätzlich muss der zukünftige Bewerber der Stellenausschreibung Folgendes entnehmen können:
- Aufgabengebiet, für das der Mitarbeiter gesucht wird
- Einsatzort
- Anforderungen und Erwartungen des Unternehmens
- Schul- und Ausbildung
- Berufserfahrung
- Dauer der Beschäftigung
- mögliche Aufstiegschancen
- Hinweis auf tarifliche oder übertarifliche Bezahlung
- Ansprechpartner für die Bewerbung

3.1 Interne Personalbeschaffung

Die **innerbetriebliche (interne) Stellenausschreibung**, z. B. am schwarzen Brett, in der Unternehmenszeitung oder im Intranet des Unternehmens, hat den Vorteil, dass der zukünftige Mitarbeiter das Unternehmen schon kennt und nicht erst eingearbeitet werden muss. Die Fähigkeiten und Fertigkeiten des Mitarbeiters sind dem Unternehmen bekannt, sodass eine Fehlbesetzung weitgehend vermieden werden kann. Wenn es um einen Aufstieg geht, fördert das die Motivation anderer Mitarbeiter, sich innerbetrieblich einzusetzen. Teure Stellenanzeigen und Auswahlverfahren können so vermieden werden.

Nachteile der internen Personalbeschaffung können eine zu geringe Bewerberauswahl und hohe Fortbildungskosten sein. Abgelehnte Bewerber können sich zurückgesetzt fühlen, was negative Auswirkungen auf die Mitarbeitermotivation und das Betriebsklima haben kann. Ein weiterer Nachteil der internen Stellenausschreibung ist, dass ggf. Führungskräfte, die aus den eigenen Reihen stammen, Akzeptanzprobleme bei den Mitarbeitern haben könnten oder alte Freundschaftsbande zu den früheren Kollegen die Objektivität der neuen Führungskraft einschränken.

Mitarbeitermotivation → S. 120

Sollte der Neubedarf durch eine interne Stellenausschreibung gedeckt werden, löst das weiterhin nicht grundsätzlich das Problem der Personalbeschaffung, denn meist wird das Problem der Personalbeschaffung nur in eine andere Abteilung verlagert.

3.2 Externe Personalbeschaffung

Bei der externen Suche nach geeigneten neuen Mitarbeitern stehen folgende Möglichkeiten zur Verfügung, die zeitgleich genutzt werden können.

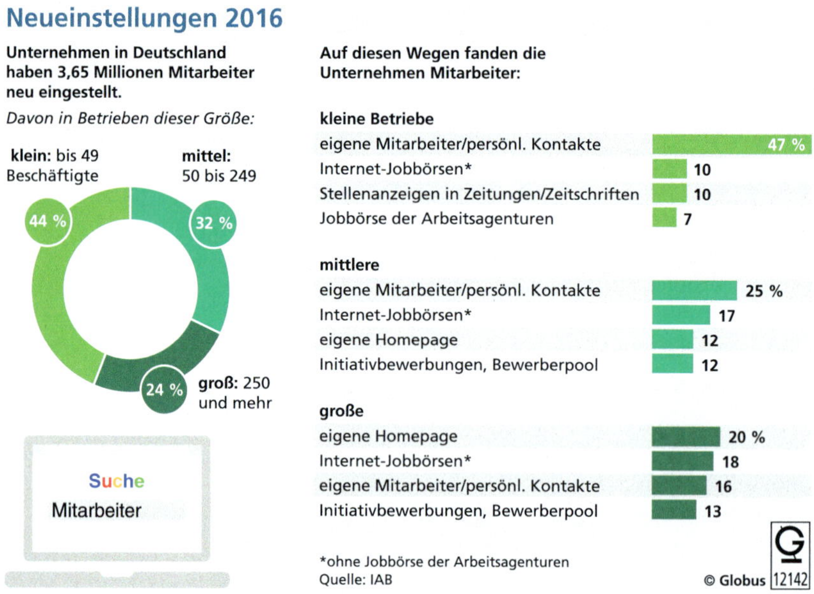

3.2.1 Stellenanzeigen

Der Stellenmarkt der regionalen und überregionalen Tageszeitungen, in Fachzeitschriften oder Internet-Jobbörsen gibt eine gute Chance, möglichst viele Interessenten anzusprechen. Um die spätere Bewerberauswahl zu vereinfachen, sollte die Stellenanzeige ein genaues Profil der geforderten Qualifikationen aufweisen. Eine Bewerbung ist nur dann lohnenswert, wenn der Bewerber die in der Anzeige benannten Anforderungen erfüllen kann.

Als Informationen für die möglichen Bewerber gehören folgende Bestandteile zu einer Stellenausschreibung als Annonce:

- Name und Adresse des ausschreibenden Unternehmens
- Bezeichnung der Stelle
- Gründe für die Stellenanzeige
- Informationen zum Unternehmen oder Hinweise auf das suchende Unternehmen, z. B. Sortiment
- Anforderungen an den möglichen Bewerber
- eventuell Hinweise auf das Entgelt oder Sozialleistungen des Unternehmens
- Hinweise auf die Vorgehensweise bei Bewerbungen

3.2.2 Aushänge

Ein Stellengesuch auf einem Plakat z. B. in der eigenen Filiale hat den Vorteil, dass sich interessierte Bewerber gleich ein Bild von ihrem möglichen Arbeitsplatz machen können. Außerdem besteht die Chance, relativ schnell, kostengünstig und unkompliziert eine Stelle zu besetzen.

3.2.3 Arbeitsagentur

Die Bundesagentur für Arbeit unterstützt bei der Suche nach neuen Mitarbeitern. Sie ist der größte Arbeitsvermittler. Daneben gibt es aber noch viele weitere private Arbeitsvermittler. Die Agentur für Arbeit nutzt immer stärker die Möglichkeiten des Internets. Über die Jobbörse der Arbeitsagentur können sich Stellen Suchende online oder bei den Infoterminals der Arbeitsagentur über offene Stellen informieren. Dazu ist es notwendig, dass sich Unternehmen, die einstellen möchten, bei der Arbeitsagentur registrieren lassen. Auch Arbeitssuchende können sich bei der Arbeitsagentur registrieren lassen und entsprechende Bewerberprofile erstellen. Passende Arbeitsplatzangebote werden dann den Arbeitssuchenden per E-Mail zugesandt oder im persönlichen Gespräch bekannt gegeben.

Wesentliche Aufgaben der Bundesagentur für Arbeit sind:

- Vermittlung in Ausbildungs- und Arbeitsstellen
- Berufsberatung
- Arbeitgeberberatung
- Förderung der Berufsausbildung
- Förderung der beruflichen Weiterbildung
- Förderung der beruflichen Eingliederung von Menschen mit Behinderung
- Leistungen zur Erhaltung und Schaffung von Arbeitsplätzen
- Entgeltersatzleistungen, wie zum Beispiel Arbeitslosengeld oder Insolvenzgeld

www.jobboerse.arbeitsagentur.de

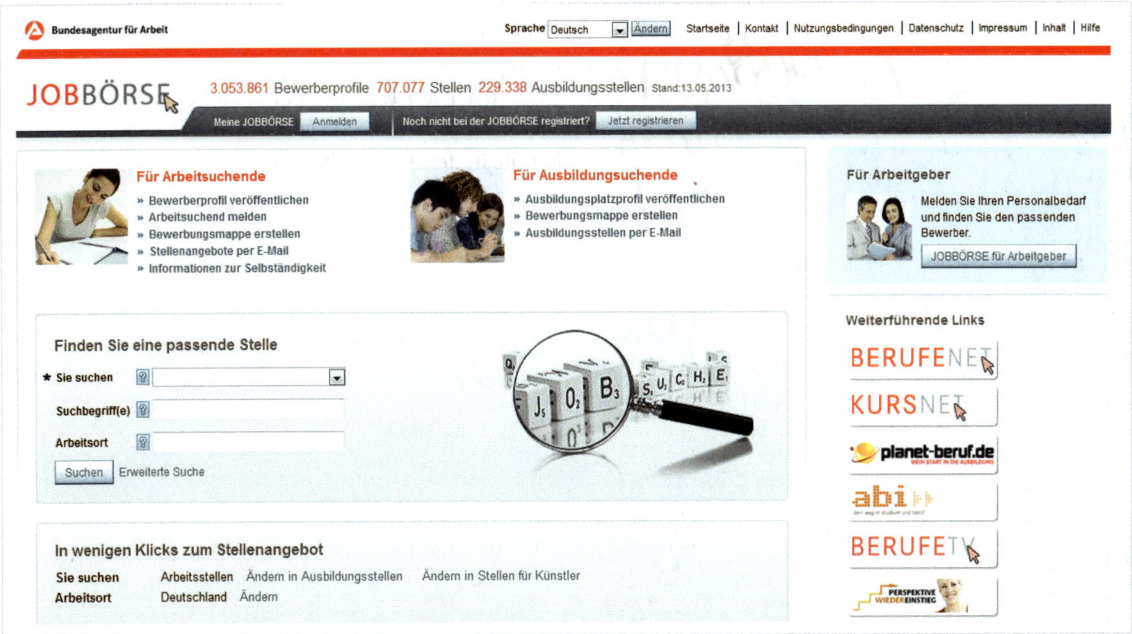

3.3 Das Allgemeine Gleichbehandlungsgesetz (AGG)

Grundgesetz Artikel 3, Absatz 3

„Niemand darf wegen seines Geschlechts, seiner Abstammung, seiner Rasse, seiner Sprache, seiner Heimat und Herkunft, seines Glaubens, seiner religiösen oder politischen Anschauungen benachteiligt oder bevorzugt werden. Niemand darf wegen seiner Behinderung benachteiligt werden."

Das Allgemeine Gleichbehandlungsgesetz (AGG), das am 18.08.2006 in Kraft getreten ist, kann als eine Konkretisierung des Grundgesetzes verstanden werden. Die Forderung nach Kontrolle des Gleichheitsgrundsatzes im Grundgesetz und im AGG richtet sich in erster Linie an die öffentliche Gewalt, d. h. an den Gesetzgeber, die Behörden und die Gerichte. Kommt es zwischen Privatpersonen oder zwischen Privatperson und Unternehmen zu Benachteiligungen, muss der Betroffene rechtlichen Beistand suchen.

Durch das AGG können Benachteiligungen in der Arbeitswelt oder im Geschäftsleben zur Anklage gebracht werden. Bei Verstoß gegen das AGG besteht ein Rechtsanspruch auf Entschädigung für die benachteiligten/diskriminierten Menschen. Das AGG soll Benachteiligungen aus Gründen der ethnischen Herkunft, des Geschlechts, der Religion oder Weltanschauung, des Alters und der sexuellen Identität verhindern.

Es wird von **Benachteiligung** gesprochen, wenn eine Person in einer bestimmten Situation ohne sachlich gerechtfertigten Grund, nur aufgrund eines der im AGG genannten Merkmale eine weniger günstige Behandlung als eine andere Person erhält. Unter Benachteiligung versteht das Allgemeine Gleichbehandlungsgesetz: Diskriminierung, (sexuelle) Belästigung und die Anweisung zur Diskriminierung.

Beispiel

Benachteiligung in Beschäftigung und Beruf:
- Über 50-Jährige werden ohne einen sachlich gerechtfertigten Grund in einer Stellenanzeige aufgefordert, sich nicht mehr zu bewerben.
- Die Bewerbung einer Stewardess wird aufgrund ihres Alters von 46 Jahren mit der Begründung des wesentlich höheren wirtschaftlichen Risikos krankheitsbedingter Ausfälle bei älteren Menschen abgelehnt.
- Ein Unternehmen schließt Teilzeitkräfte von Weiterbildungsmaßnahmen aus.
- Bei der Beförderungsauswahl werden Mitarbeiter, die Elternzeit in Anspruch genommen haben, nicht berücksichtigt.
- In Anwesenheit eines homosexuellen Mitarbeiters werden wiederholt Schwulenwitze erzählt.
- ungewollte sexuelle Berührungen, Aufforderungen, Bemerkungen sowie das Zeigen von pornografischen Darstellungen
- Eine Kellnerin wird angewiesen, Menschen mit offensichtlichen Behinderungen nicht in das Lokal zu lassen.

Diskriminierung im allgemeinen Geschäftsleben:
- Einer Person mit Migrationshintergrund wird der Zutritt zu einer Diskothek verweigert.
- Eine Wohnungsbewerberin wird aufgrund ihrer Behinderung von einer Hausverwaltung abgewiesen.

Bei der Ausgestaltung des Allgemeinen Gleichbehandlungsgesetzes musste der Gesetzgeber verschiedene Gesetze und Ansprüche der Bürger gegeneinander abwägen. Beispielsweise besagt die Vertragsfreiheit, dass jeder Bürger grundsätzlich erst einmal einen Vertrag schließen kann, mit wem er möchte. Kommt es nun jedoch zu keinem Vertragsabschluss, weil ein möglicher Vertragspartner Träger eines der oben genannten Merkmale ist, so liegt der Tatbestand der Benachteiligung vor. Hier konkurrieren nun die Ansprüche/Gesetze „Vertragsfreiheit“ und „allgemeine Gleichbehandlung miteinander und der Gesetzgeber hat entschieden, dass die allgemeine Gleichbehandlung höher zu bewerten ist als die Vertragsfreiheit. In Ausnahmefällen ist eine Ungleichbehandlung aber auch im Sinne des Allgemeinen Gleichbehandlungsgesetzes zulässig.

Vertragsfreiheit
→ Band 1, LF 3, Kap. 7.6

Beispiel

Ungleichbehandlung im Sinne des AGG ist zulässig, wenn
- es darum geht, bereits bestehende Nachteile auszugleichen oder zu verhindern: z.B. die bevorzugte Einstellung oder Beförderung behinderter Arbeitnehmer. Diese sind überdurchschnittlich häufig arbeitslos und unterrepräsentiert in der Führungsebene.
- berufliche Anforderungen dies erfordern: Es wird eine weibliche Psychologin in einem Frauenhaus gesucht. Dies ist aufgrund der Rahmenbedingungen am Arbeitsplatz eine zulässige geschlechtliche Einschränkung.
- diese angemessen und durch ein legitimes Ziel gerechtfertigt ist: z.B. die Angabe eines Mindestalters, um Jugendliche zu schützen.

Der Arbeitgeber muss
- die Mitarbeiter über das Allgemeine Gleichbehandlungsgesetz informieren und ggf. auch weiterbilden.
- eine Beschwerdestelle einrichten, an die sich die Beschäftigten mit ihrer Beschwerde bezüglich Benachteiligung richten können.
- Benachteiligungen im Unternehmen unterbinden, indem er Arbeitsverträge, betriebliche Strukturen, Beförderungsrichtlinien hinsichtlich der Merkmale des Allgemeinen Gleichbehandlungsgesetzes überprüft.
- Mitarbeiter vor Benachteiligung durch Kollegen, Kunden und Lieferanten schützen.

Arbeitnehmer, die eine Benachteiligung im Berufsleben erfahren haben, haben das Recht, eine **Beschwerde** bei der vom Arbeitgeber einzurichtenden Beschwerdestelle einzulegen. Bei fortdauernder Belästigung oder sexueller Belästigung am Arbeitsplatz hat der Arbeitnehmer das **Recht zur Leistungsverweigerung**. Bei einem Verstoß gegen das Benachteiligungsverbot besteht kein Anspruch auf Einstellung, Berufsausbildung oder beruflichen Aufstieg. Jedoch besteht ein **Schadensersatz- oder Entschädigungsanspruch**. Für die Geltendmachung des Schadensersatz- und Entschädigungsanspruches gilt eine Frist von zwei Monaten.

Durch das AGG ist aus Sicht des Arbeitgebers insbesondere das **Bewerberauswahlverfahren** ein sensibler Bereich geworden. Bereits die Stellenausschreibung sollte neutral formuliert werden, d.h., es sollten keine Fotos gefordert, keine Alters- und Geschlechtsangaben und keine Hinweise auf bevorzugte Altersgruppen oder Muttersprache gemacht werden. Die Bewerbungsgespräche sollten aus Beweisgründen möglichst nicht alleine geführt werden. Grundsätzlich sollte der Arbeitgeber seine Entscheidungen ohne Hinweise auf die Merkmale des AGG gut begründen und dokumentieren. Absagen sollten fachlich und sachlich formuliert werden.

Stellenausschreibung
→ LF 13, Kap. 4

3.4 Bewerber auswählen

Die in der Praxis gebräuchlichsten Methoden zur Bewerberauswahl sind die **Auswertung der Bewerbungsunterlagen** und das **Vorstellungs-** oder **Auswahlgespräch**. Daneben werden – seltener – auch Einstellungstests (Persönlichkeitstests) oder biografische Fragebögen eingesetzt. Für hoch dotierte Stellen kommt häufig das **Assessmentcenter** in Frage, ein Gruppenauswahlverfahren mit mehreren Beobachtern, bei dem unterschiedliche Auswahlinstrumente (z. B. Gruppendiskussionen, Rollenspiele, Vorträge, computergestützte Planspiele) angewendet werden. In der Regel dauert ein Assessmentcenter ein bis zwei Tage, wobei auch in den Pausen das Verhalten der Bewerber beobachtet wird.

3.4.1 Einstellungsverfahren

Auf eine Annonce in der örtlichen oder überregionalen Tageszeitung oder dem Aushang im eigenen Unternehmen bewerben sich in der Regel viele Interessenten. Durch eine große Anzahl von Bewerbern wird es möglich und nötig, ein geeignetes Auswahlverfahren durchzuführen, mit dessen Hilfe für das Unternehmen der richtige Mitarbeiter gefunden werden kann.

Ein ernsthaft durchgeführtes Auswahlverfahren nimmt einige Zeit in Anspruch, daher ist es fair, den Bewerbern zunächst den Eingang ihrer Bewerbungsunterlagen zu bestätigen. Ebenso ist es fair, die Bewerbungsunterlagen von abgelehnten Bewerbern zurückzusenden. Aus Kostengründen wird dies aber häufig versäumt.

Ist die Stelle nur intern ausgeschrieben worden, wird in der Regel das hier beschriebene Verfahren – wenn überhaupt – nur stark verkürzt Anwendung finden. Dies ergibt sich aus der Tatsache, dass der Mitarbeiter seinem Arbeitgeber durch seine bisherige Tätigkeit ja schon bestens bekannt ist.

3.4.2 Schriftliche Bewerbung per Post

In Deutschland ist der Mittelstand mit seinen kleinen und mittleren Unternehmen noch immer größter Arbeitgeber. Daher ist es nicht verwunderlich, dass die klassische Bewerbung per Post auch weiterhin nicht ausgedient hat. Neben der Bewerbung per Post nehmen aber die Bewerbungen per E-Mail bzw. die Online-Bewerbungen immer mehr zu.

Zusätzlich können entsprechend der Stellenausschreibung besondere Unterlagen beigefügt werden:
- Zertifikate über besuchte Kurse und Schulungen
- Praktikumsbescheinigungen
- Führungszeugnis
- Führerschein

Zu einer klassischen schriftlichen Bewerbung gehören gewöhnlich nachstehende **Bewerbungsunterlagen**, die von jedem Bewerber erwartet werden können:
- Bewerbungsschreiben (Anschreiben)
- Lebenslauf
- Bewerbungsfoto
- Zeugniskopien (in logischer Reihenfolge)

Bewerbungsschreiben

Das Anschreiben oder Bewerbungsschreiben soll die Informationen der gesamten Bewerbung auf einen Blick darstellen und die wesentlichen Dinge betonen. Es soll den bisherigen Berufsweg kurz aufzeigen und Auskunft über Kenntnisse, Fähigkeiten und Erfahrungen geben, die für die angestrebte Stelle wichtig sind. Der Bewerber sollte genau begründen können, warum er für die ausgeschriebene Stelle besonders geeignet ist und auch, warum er sie haben möchte.

Das Anschreiben sollte vor allem im kaufmännischen Bereich den Normen für die Geschäftsbriefe nach **DIN 5008** genügen. Da es darum geht, die Qualität der eigenen Bewerbung gegenüber anderen Bewerbern herauszustellen, sollte auch beim Papier nicht gespart werden und mindestens 80 g Schreibpapier gewählt werden. Selbstverständlich müssen alle Schriftstücke in korrekter Rechtschreibung erfasst werden. Das Anschreiben und der Lebenslauf müssen **eigenhändig unterschrieben** werden.

Monika Korbmacher
Schwalbacher Str. 6
12161 Berlin
Tel: 030 8971586

1. Juni 20XX

Berliner Superkauf GmbH
Herrn Ahmet Arslan
Tauentzienstr. 60
10789 Berlin

Bewerbung als Einzelhandelskauffrau in der Textilabteilung
Berliner Zeitung vom 30. Mai 20XX, Telefonat von heute

Sehr geehrter Herr Arslan,

über Ihr Interesse an meiner Bewerbung habe ich mich sehr gefreut. Zurzeit arbeite ich in der Textilabteilung der Kaufrausch GmbH in Berlin. In diesem Bereich verfüge ich über sieben Jahre Berufserfahrung. Meine Erfahrungen im Textilbereich würde ich gerne nutzen, um Ihre Kunden zu betreuen.

Vor meiner jetzigen Position habe ich in Ihrem Unternehmen eine Ausbildung zur Einzelhandelskauffrau abgeschlossen. Im Anschluss war ich ein Jahr als Einzelhandelskauffrau in der Abteilung Körperpflege/Kosmetik bei Herrn Adams beschäftigt. Durch spezielle Schulungen in dieser Abteilung konnte ich mich beruflich weiterentwickeln. Besonders die Weiterbildung in der Farb- und Typberatung konnte ich bei meiner späteren Arbeit in der Textilabteilung nutzen.

Über die Einladung zu einem Vorstellungsgespräch würde ich mich freuen.

Mit freundlichen Grüßen

Monika Korbmacher

Anlagen

Name und Anschrift des Absenders

Datum des Schreibens

Name und Anschrift des Unternehmens

Betreffzeile

Anrede

Text mit dem Grund der Bewerbung und Hinweis auf Kenntnisse und Fähigkeiten

Grußformel

Unterschrift

Hinweis auf Anlagen

Lebenslauf

Ein lückenloser Lebenslauf ist ein wichtiger Bestandteil einer aussagekräftigen und vollständigen Bewerbung. Er muss den Leser über den persönlichen Lebensweg des Bewerbers und über seine fachliche Eignung informieren. Ein **tabellarischer Lebenslauf**, der fehlerfrei mit einem Textverarbeitungsprogramm geschrieben ist, gilt als Standard.

Für die **Prüfung der Vollständigkeit** eines tabellarischen Lebenslaufes kann man sich an nachstehender Grundform orientieren:

Lebenslauf

Persönliche Daten

Name	Monika Korbmacher
Adresse	Schwalbacher Str. 6 12161 Berlin
Telefon	030 8971586
Geburtstag	13. April 1982
Geburtsort	Berlin
Familienstand	geschieden
Staatsangehörigkeit	deutsch

Schulausbildung

1994–1998	Wilhelm-Maybach-Schule, Realschule, Berlin-Spandau (Abschluss: mittlere Reife)
1988–1994	Astrid-Lindgren-Grundschule, Berlin-Spandau

Berufstätigkeit

2009–20XX	Einzelhandelskauffrau in der Textilabteilung, Kaufrausch GmbH, Berlin
2001–2009	Einzelhandelskauffrau in der Kosmetikabteilung, Berliner Superkauf GmbH, Berlin
1998–2001	Ausbildung zur Einzelhandelskauffrau, Berliner Superkauf GmbH, Berlin

Sonstiges	Kenntnisse mit dem MS-Office-Paket (Word, Excel, PowerPoint) gute Englisch- und Russischkenntnisse in Wort und Schrift Weiterbildung in der Farb- und Typberatung

Berlin, 1. Juni 20XX
Monika Korbmacher

1. **Persönliche Angaben**
   - Vor- und Nachname
   - Anschrift
   - Telefonnummer und evtl. E-Mail-Adresse
   - Geburtsdatum und -ort
   - Familienstand
   - Zahl und Alter der Kinder
   - Staatsangehörigkeit
2. **Schulausbildung**
   - Schulform und -ort
   - Abschluss
3. **Berufsausbildung**
   - Ausbildungsdauer
   - Art der Berufsausbildung
   - Ausbildungsbetrieb
   - Abschluss
4. **Berufspraxis**
   - Zeitdauer
   - Stellenbezeichnung, Position
   - Unternehmen, Ort
   - Arbeitsgebiet
5. **Sonstige Kenntnisse**
   - Fremdsprachen
   - EDV-Kenntnisse

Es sollten nur solche Angaben gemacht werden, die einen Bezug zur angestrebten Tätigkeit haben.

Bewerbungsfoto

Das Bewerbungsfoto ist zwar nicht objektiv zu beurteilen, aber gerade deswegen ein wichtiges Beurteilungskriterium. Wer auf dem Foto gut wirkt, hat gute Chancen, auch mit seiner Bewerbung Erfolg zu haben. Es sollten keine Urlaubsfotos, auf denen Bewerber sich besonders vorteilhaft getroffen fühlen, als Bewerbungsfotos genutzt werden. Das Format des Fotos beträgt 6,5 cm x 9 cm.

Das Gesicht sollte in allen Bereichen gut ausgeleuchtet, scharf abgebildet und kontrastreich sein. Reflexionen, Schatten oder gar rote Augen sind auf jeden Fall zu vermeiden. Insofern sollte in die Bewerbung investiert und kein Foto aus einem preiswerten Schnellfotoautomaten genommen werden. Die eigene Bewerbung soll besser sein als die der Mitbewerber.

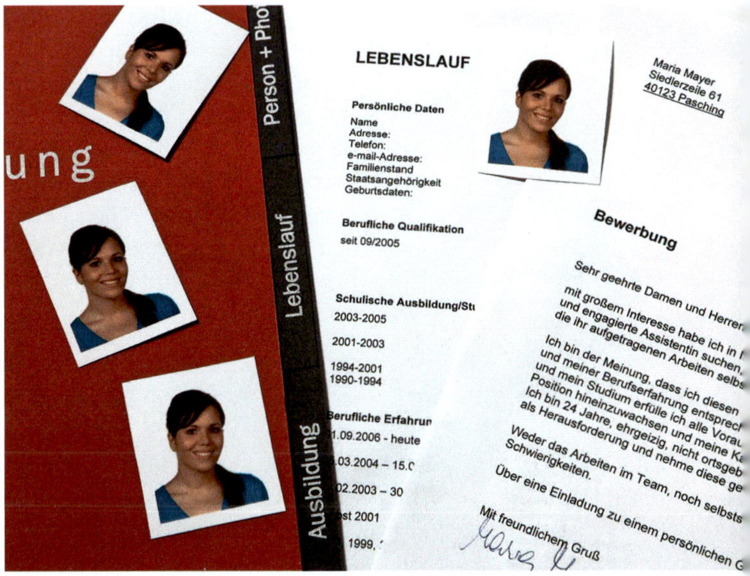

Zeugnisse

Der Bewerbung liegen in der Regel Zeugniskopien von Ausbildungsabschlüssen und Arbeitszeugnissen in logischer, z. B. zeitlicher, Reihenfolge bei.

Zeugnisse haben häufig einen hohen Stellenwert bei der Beurteilung und Auswahl von Bewerbern, obwohl Zeugnisnoten nicht wirklich etwas über die Berufseignung aussagen. Außerdem wird die Aussagekraft von Zeugnissen noch dadurch vermindert, dass Leistungen nur in seltenen Fällen wirklich objektiv vergleichbar sind. So unterscheidet sich das Niveau von Ausbildungsabschlüssen oft und Arbeitszeugnisse sind unter Umständen Gefälligkeitsbeurteilungen.

Bewerbungsmappe

Die vollständigen Bewerbungsunterlagen sollten sich ungelocht in einer sauberen, schlichten Bewerbungsmappe befinden, die ausgeklappt drei Seiten zeigt. Das Anschreiben befindet sich auf der ersten Seite, der Lebenslauf mit dem Bewerbungsfoto auf der zweiten und die Zeugnisse auf der dritten Seite der Mappe. Alles zusammen kommt in einem festen DIN-A4-Umschlag entweder mit der Post oder die Bewerber bringen ihre Unterlagen persönlich zum Briefkasten des Unternehmens.

3.4.3 Bewerbung per E-Mail

Online-Tools:
- Smart PDF
- PDF 24

Die E-Mail-Bewerbung entspricht inhaltlich der klassischen Bewerbung per Post mit dem aussagekräftigen Anschreiben, dem Lebenslauf und Zeugniskopien. Auf dem Lebenslauf ist das Bewerbungsfoto eingefügt. Die Bewerbungsunterlagen werden der Mail **als Anhang** angehängt. Der Anhang der E-Mail-Bewerbung ist damit das „Herzstück“ dieser Bewerbungsart. In der Regel werden alle Dokumente in einer PDF-Datei zusammengefasst. Damit der gesamte Anhang die Größe von maximal 5 MB nicht überschreitet, muss sich dieser auf das Wesentliche beschränken. Nur wirklich relevante Zeugnisse sollten angehängt werden. Die PDF-Datei sollte einen aussagekräftigen Dateinamen erhalten (z. B. „Bewerbung_Textilabteilung_Monika_Korbmacher“).

Der **E-Mail-Text** nimmt kurz auf die ausgeschriebene Stelle Bezug und enthält auch die Kontaktdaten des Bewerbers. Insgesamt sollte der E-Mail-Text aber nicht länger als 3–4 Zeilen sein. Aus dem Betreff muss eindeutig hervorgehen, dass es sich um eine Bewerbung handelt.

3.4.4 Online-Bewerbung

Die Online-Bewerbung ist für viele Unternehmen sehr interessant, da hier alle notwendigen Informationen über den Bewerber kurz und übersichtlich zusammengefasst dargestellt werden. Bei einer Online-Bewerbung fehlt das klassische Bewerbungsanschreiben. Dieses wird durch ein Freitextfeld im Bewerbungstemplate ersetzt. Trotz des oft geringen Platzes im Freitextfeld wird hier vom Arbeitgeber in der Regel das übliche Anschreiben nach den allgemeinen Regeln des klassischen Bewerbungsanschreibens (persönliche Anrede, Grußformel usw.) erwartet. Zusätzlich besteht natürlich die Möglichkeit, Anlagen hochzuladen. Dazu werden Lebenslauf und Zeugnisse in einer PDF-Datei zusammengefasst und dann hochgeladen. Das Bewerbungsfoto wird wie bei der E-Mail-Bewerbung im Lebenslauf integriert.

Die **Unterschrift** unter das Bewerbungsanschreiben und den Lebenslauf ist bei einer Bewerbung per E-Mail oder online keine unbedingte Voraussetzung für eine vollständige Bewerbung. Statt einer Unterschrift kann der Name in Druckbuchstaben unter das jeweilige Schreiben gesetzt werden. Eine weitere Möglichkeit ist das sorgfältige Einscannen und Einfügen der Unterschrift als Grafik.

3.4.5 Vorstellungsgespräch

Eine Einladung zu einem Vorstellungsgespräch ist eine erste Vorentscheidung für die eingeladenen Bewerber. Vorstellungsgespräche haben **zwei Aufgaben**: Einerseits dienen sie dem Unternehmen zur Vollendung des Gesamtbildes über den Bewerber durch die persönliche Vorstellung, andererseits dienen sie dem Bewerber zur Erkundigung über seinen möglichen Arbeitsplatz.

Der Arbeitgeber informiert sich im Vorstellungsgespräch über persönliche Eigenschaften wie
- Kontaktfähigkeit,
- Selbstbewusstsein,
- Entschlusskraft,
- Umgangsformen,
- Beharrlichkeit,
- Anpassungsfähigkeit

und über äußere Eigenschaften wie
- Aussehen und Benehmen,
- Körpersprache,
- Sprechweise,
- Kleidung und Frisur.

Mögliche Fragen an den Bewerber
Im Vorstellungsgespräch kann der Bewerber aufgefordert werden, nochmals seinen Werdegang zu erzählen und seine Zukunftspläne zu beschreiben. Viele Stelleninteressenten sind darauf nicht gefasst, weil sie der Meinung sind, dass sie das schon alles im Lebenslauf angegeben haben. Gerade in dieser Situation können sich Bewerber aber hervortun, indem sie die ihnen natürlich geläufigen Gegebenheiten des eigenen Lebens frei vortragen.

Folgender Fragenkatalog kann den Bewerber ein wenig „aus der Reserve locken" und aufschlussreiche Informationen bringen:

Fragen zur Bewerbung
- Weshalb haben Sie sich bei uns beworben?
- Was erwarten Sie von uns?
- Weswegen wollen Sie Ihre bisherige Stelle wechseln?
- Was hat Ihnen an unserer Stellenanzeige besonders gefallen?
- Was wissen Sie über unser Unternehmen?

Fragen zur Selbstkritik
- Was sind Ihre Stärken?
- Was sind Ihre Schwächen?
- Warum sollen wir Sie einstellen?

Fragen zu Ausbildung und Beruf
- Warum haben Sie Ihren Ausbildungsberuf gewählt?
- Was hat Ihnen an Ihrer Ausbildung besonders gefallen und was nicht?
- Welcher ist Ihr Traumberuf?
- Wie stellen Sie sich Ihre berufliche Zukunft vor?

Fragen zur Freizeitgestaltung
- Was tun Sie in Ihrer Freizeit?
- Welche Hobbys haben Sie?

Weitere Fragen können sich auf die wirtschaftliche Lage und den Gesundheitszustand des Bewerbers beziehen. **Nicht zulässig** sind jedoch Fragen nach Gewerkschaftszugehörigkeit, Betriebsratstätigkeit oder bei jungen Frauen die Frage nach einer bestehenden Schwangerschaft oder anstehender Familienplanung. Um Bewerber effektiv vor unzulässigen Fragen zu schützen, wird ihnen in diesen Fällen das „**Recht zur Lüge**" eingeräumt. Eine Schwangere darf also z. B. die Schwangerschaft leugnen, ohne dass der Arbeitgeber deshalb das Recht hat, den Arbeitsvertrag später wegen arglistiger Täuschung anzufechten.

Anfechtung von Verträgen
→ Band 1, LF 3, Kap. 7.9

Bei der **Bewertung von Vorstellungsgesprächen** ist zu berücksichtigen, dass der gewonnene Eindruck subjektiv ist und durch persönliche Sympathie oder Antipathie verzerrt werden kann. Daher wird häufig eine zweite Person (z. B. der zukünftige Vorgesetzte) zum Gespräch hinzugezogen. Zur Erhöhung der Objektivität und besseren Vergleichbarkeit der Bewerber werden strukturierte Interviews durchgeführt (d. h., der Gesprächsablauf wird im Voraus festgelegt).

3.5 Arbeitsvertrag

Am Ende eines erfolgreichen Bewerbungsgespräches werden bereits einige Rahmenbedingungen des Arbeitsvertrages mit dem neuen Mitarbeiter besprochen:
- die genaue Beschreibung der Tätigkeit, des Aufgabengebietes und der Kompetenzen
- Regelungen zur Arbeitszeit und zu den Urlaubstagen
- der genaue Eintrittstermin, Dauer der Probezeit, Festlegung der Vertragsdauer
- Kündigungsfristen
- Höhe des Entgelts entsprechend dem Einzelhandelstarifvertrag
- vermögenswirksame Leistungen, Weihnachtsgeld, Urlaubsgeld
- Überstundenregelung
- Sozialleistungen wie Jobticket und Kantinenzuschüsse

Kündigungsfristen
→ LF 13, Kap. 8.2.1

Mit dem Arbeitsvertrag gehen Arbeitgeber und Arbeitnehmer eine gegenseitige Verpflichtung ein. Er beinhaltet insbesondere die Leistungspflicht des Arbeitnehmers und die Verpflichtung zur Zahlung eines Entgelts durch den Arbeitgeber. Wie andere Verträge auch kommt ein Arbeitsvertrag durch **zwei übereinstimmende Willenserklärungen** zu Stande.

Der Arbeitgeber muss dem neuen Arbeitnehmer spätestens einen Monat nach der Einstellung einen schriftlichen Vertrag vorlegen, es sei denn, der neue Arbeitnehmer arbeitet weniger als 400 Stunden pro Jahr für das Unternehmen.

Arbeitsvertrag für Angestellte
unter Verweisung auf den Tarifvertrag

Beska
BERLINER SUPERKAUF GMBH

Zwischen der Berliner Superkauf GmbH, Tauentzienstr. 60, 10789 Berlin (Arbeitgeber)

und ~~Herrn~~/Frau Monika Korbmacher geb. am 13.04.1982,
wohnhaft in 12161 Berlin, Schwalbacher Str. 6 (Arbeitnehmer) wird folgender Arbeitsvertrag geschlossen.

§ 1 Inhalt und Beginn des Arbeitsverhältnisses
I. ~~Der~~/Die Arbeitnehmer(in) tritt ab 01.09.20XX als Verkäuferin auf unbestimmte Zeit in die Dienste des Arbeitgebers.
II. Der Arbeitsvertrag bezieht sich auf eine Tätigkeit in Berlin. Der Arbeitgeber behält sich vor, ~~dem~~/der Arbeitnehmer(in) im Rahmen des Unternehmens auch an einem anderen Ort eine andere oder zusätzliche, der Vorbildung und den Fähigkeiten entsprechende Tätigkeit zu übertragen.

§ 2 Arbeitszeit
I. Die Arbeitszeit richtet sich nach den für den Betrieb geltenden tariflichen und betrieblichen Bestimmungen.
II. ~~Der~~/Die Arbeitnehmer(in) ist verpflichtet, im Rahmen des AZG und des MTV Mehrarbeit zu leisten.

§ 3 Arbeitsvergütung und Urlaubsanspruch
I. ~~Der~~/Die Angestellte erhält eine monatliche Vergütung nach dem Gehalts-Tarifvertrag.
a) Gehalt nach der Tarifgruppe K2
b) eine außerordentliche monatliche Zulage in Höhe von 70,00 €.
II. Die Arbeitsvergütung ist jeweils am Monatsanfang auszuzahlen.
III. Der Urlaubsanspruch beträgt 25 Arbeitstage pro Kalenderjahr.

§ 4 Besondere Vergütungen
Neben dem in § 3 festgelegten Arbeitsentgelt werden noch folgende besondere Vergütungen gezahlt:
I. Urlaubsgeld 1.400,00 € II. Sonderzahlungen 500,00 €
III. Sonstiges VL 13,29 €

§ 5 Arbeitsfähigkeit
I. ~~Der~~/Die Arbeitnehmer(in) ist verpflichtet, im Falle der Dienstverhinderung den Grund und die voraussichtliche Dauer der Verhinderung vorher bzw. unverzüglich mitzuteilen und im Falle der Erkrankung diese bis zum Ablauf des 3. Werktages nach Eintritt der Dienstverhinderung nachzuweisen.

§ 6 Verschwiegenheitspflicht
~~Der~~/Die Arbeitnehmer(in) ist verpflichtet, über alle Betriebs- und Geschäftsgeheimnisse sowie über alle betriebsinternen vertraulichen Angelegenheiten Stillschweigen zu bewahren.

§ 7 Beendigung des Arbeitsverhältnisses
I. Das Arbeitsverhältnis endet mit Ablauf des Monats, in dem ~~der~~/die Arbeitnehmer(in) das 67. Lebensjahr vollendet.
II. Das Arbeitsverhältnis kann mit der Frist von 1 Monat zum Monatsende gekündigt werden.
Bei längerer Betriebszugehörigkeit verändert sich die Kündigungsfrist entsprechend (siehe MTV und KSchG).

§ 8 Änderungen des Arbeitsvertrages
Änderungen dieses Vertrages bedürfen der Schriftform.

§ 9 Bestandteile des Vertrages
Die Angaben im Einstellungsfragebogen und in den Bewerbungsunterlagen sind Bestandteil des Arbeitsvertrages.
Die unwahre Beantwortung der Fragen berechtigt zur Anfechtung oder außerordentlichen Kündigung des Arbeitsvertrages.

Berlin, den 27.5.20XX

List — Monika Korbmacher
Arbeitgeber — Arbeitnehmer(in)

Der Arbeitsvertrag, der zwischen Arbeitgeber und Arbeitnehmer geschlossen wird, ist die rechtliche Grundlage für das Arbeitsverhältnis. Wesentliche **Inhalte des Arbeitsvertrages** sind:

- Name und Anschrift der Vertragsparteien
- Art und Umfang der Tätigkeit
- Einsatzort
- Beginn und Dauer des Arbeitsverhältnisses
- Probezeit
- Kündigungsfristen
- Entgelt
- Dauer der Arbeitszeit
- Urlaub
- Hinweise auf anzuwendende Gesetze, Tarifverträge und Betriebsvereinbarungen

Probezeit
Gesetzlich zulässig ist eine Dauer von maximal 6 Monaten (§ 622 BGB)

In einem Arbeitsvertrag können die Vertragsparteien aber nicht alles frei vereinbaren. Zunächst sind die **gesetzlichen Regelungen** des Arbeitsschutzes zu beachten, die in verschiedenen Gesetzen und Rechtsverordnungen sowie in den von den Trägern der Unfallversicherung erlassenen Unfallverhütungsvorschriften zu finden sind.

Gesetzlicher Arbeitsschutz
→ Band 1, LF 1, Kap. 5

Unfallversicherung
→ LF 13, Kap. 6.2.5

Wird ein Arbeitsvertrag zwischen Mitgliedern der Tarifvertragspartner (Gewerkschaften und Arbeitgeber bzw. Arbeitgeberverbände) geschlossen, so sind die Regelungen des **Tarifvertrages** auf das Arbeitsverhältnis anzuwenden. Grundsätzlich gelten Tarifverträge nur für die Mitglieder der Tarifparteien. Die Bestimmungen der Tarifverträge sind Mindestbedingungen. Abmachungen in Einzelarbeitsverträgen zwischen Arbeitgeber und Arbeitnehmer dürfen die Normen des Tarifvertrags nicht unterschreiten, sie dürfen den Arbeitnehmer aber besser stellen als die Tarifbestimmungen (**Günstigkeitsprinzip**).

Nach dem Inhalt werden Manteltarifvertrag (Laufzeit beträgt in der Regel mehrere Jahre) und Lohn- und Gehaltstarifvertrag (Laufzeit beträgt in der Regel ein Jahr) unterschieden.

Der **Manteltarifvertrag** im Einzelhandel regelt beispielsweise:
- Probezeit
- regelmäßige Arbeitszeit
- Mehr-, Nacht-, Sonntags- und Feiertagsarbeit
- Sonderzahlungen
- Urlaub
- Kündigung

Der **Lohn- und Gehaltstarifvertrag** im Einzelhandel regelt beispielsweise:
- Vereinbarungen über Lohn- und Gehaltshöhen
- Einteilung der Gehaltsgruppen, häufig nach Tätigkeitsmerkmalen und Beschäftigungsdauer

Mit dem Abschluss des Arbeitsvertrages übernehmen Arbeitgeber und Arbeitnehmer eine Reihe von Pflichten.

Pflichten des Arbeitgebers
- Vergütungspflicht
- Beschäftigungspflicht
- Urlaubsgewährungspflicht
- Fürsorgepflicht
- Zeugnispflicht

Pflichten des Arbeitnehmers
- Arbeitspflicht
- Verschwiegenheitspflicht
- Verbot der Annahme von Schmiergeldern
- Wettbewerbsverbot

4 Personaleinsatzplanung

Personaleinsatzplan
Woche vom 08.02. bis 13.02.
Abteilung Spielwaren

Beska
BERLINER SUPERKAUF GMBH

Zeiten	Montag	Dienstag	Mittwoch	Donnerstag	Freitag	Samstag
9:00-10:00	Jansen Ebersbach Baumbach	Jansen Ebersbach Baumbach	Jansen Kronenberg Baumbach	Trautmohn Schugt Ebersbach	Trautmohn Kronenberg Ebersbach	Trautmohn Ebersbach Schugt
10:00-11:00	Jansen Ebersbach Baumbach	Jansen Ebersbach Baumbach	Jansen Kronenberg Baumbach	Trautmohn Schugt Ebersbach	Trautmohn Kronenberg Ebersbach	Trautmohn Ebersbach Schugt Kronenberg
11:00-12:00	Jansen Ebersbach Baumbach	Jansen Ebersbach Baumbach	Jansen Kronenberg Baumbach	Trautmohn Schugt Ebersbach	Trautmohn Kronenberg Ebersbach	Trautmohn Ebersbach Schugt Kronenberg
12:00-13:00	Jansen Ebersbach Baumbach	Jansen Ebersbach Baumbach	Jansen Kronenberg Baumbach	Trautmohn Schugt Ebersbach	Trautmohn Kronenberg Ebersbach	Trautmohn Ebersbach Schugt Kronenberg
13:00-14:00	Jansen Kronenberg Schugt	Jansen Ebersbach Baumbach	Jansen Kronenberg Baumbach	Trautmohn Schugt Ebersbach	Trautmohn Kronenberg Ebersbach	Trautmohn Ebersbach Schugt Kronenberg
14:00-15:00	Trautmohn Kronenberg Schugt	Trautmohn	Trautmohn	Jansen	Jansen	Trautmohn

Mit Hilfe der Personaleinsatzplanung versucht der Einzelhändler die Anwesenheit der Mitarbeiter so festzulegen, dass alle während der Ladenöffnungszeiten anfallenden Arbeiten erledigt werden können. Hierbei versucht er den Personaleinsatz so zu planen, dass auf der einen Seite ausreichend Personal vorhanden ist, auf der anderen Seite aber auch nicht die Kosten des Personaleinsatzes, z. B. durch eine Überbesetzung einer Abteilung, zu hoch werden. Bei der Personaleinsatzplanung sind folgende Punkte zu berücksichtigen:

Arbeitszeit des Mitarbeiters

Jeder Mitarbeiter steht dem Einzelhändler nur für einen begrenzten Zeitraum zur Verfügung. Dieser Zeitraum ergibt sich aus dem Arbeitsvertrag oder dem Tarifvertrag. Unter Umständen haben einige Mitarbeiter auch eine Teilzeitbeschäftigung in ihrem Arbeitsvertrag vereinbart, auch dies muss bei der Personaleinsatzplanung berücksichtigt werden. Eine Beschäftigung über die vertraglich festgelegte Arbeitszeit hinaus ist zwar prinzipiell möglich, kann aber beim Einzelhändler zu stark steigenden Personalkosten führen. Dies ist immer dann der Fall, wenn Überstunden nicht durch zusätzliche Freizeit, sondern durch Zuschläge zum Entgelt abgegolten werden.

Arbeitsvertrag
→ LF 13, Kap. 3.5
Tarifvertrag
→ Band 1, LF 1, Kap. 3
Ladenöffnungszeiten
→ Band 2, LF 10, Kap. 2
Entgeltabrechnung
→ LF 13, Kap. 5

Ladenöffnungszeiten

Im Rahmen der gesetzlichen Ladenöffnungszeiten der Länder steht es dem Einzelhändler frei, wann und wie lange er sein Geschäft öffnet. Er wird sich hierbei zum einen durch die Ladenöffnungszeiten seiner direkten Mitbewerber, zum anderen durch die Öffnungszeiten angrenzender Geschäfte beeinflussen lassen. Es ist selbstverständlich, dass während der gesamten Öffnungszeit ausreichend Personal vorhanden sein muss.

Kundenfrequenz

Der Besuch der Kunden in dem Geschäft des Einzelhändlers verteilt sich nicht gleichmäßig über den Tag. Tendenziell werden je nach Branche die frühen Morgenstunden, z. B. beim Bäcker, und die Abendstunden nach 17:00 Uhr, z. B. im Lebensmitteleinzelhandel, eher zu den Zeiten mit erhöhter Kundenfrequenz zählen. Innerhalb der Woche wird es wiederum je nach Branche unterschiedlich verkaufsstarke Tage geben. Grundsätzlich gilt in den meisten Geschäften des Einzelhandels der Samstag als sehr umsatzstarker Tag. Ähnliche Beobachtungen können auch im Verlauf des gesamten Kalenderjahres gemacht werden. Monate, in die die Sommerferien fallen, sind in der Regel durch einen geringeren Kundenandrang gekennzeichnet. Der Dezember ist aufgrund des anstehenden Weihnachtsfestes der Monat, der in vielen Einzelhandelsgeschäften die höchste Kundenfrequenz und den damit verbundenen höchsten Umsatz verzeichnet. Diese Schwankungen der Kundenfrequenz müssen in der Personaleinsatzplanung berücksichtigt werden. Dabei kann sich der Einzelhändler durch geeignete Softwarelösungen unterstützen lassen.

ALLES KLAR?

1 Welche negativen Folgen können für ein Unternehmen entstehen, wenn eine Stelle nicht optimal besetzt wird?

2 Welche Aussage zur Stellenbeschreibung ist falsch? Die Stellenbeschreibung …

a) informiert über die Kompetenzen der Stelleninhaber.
b) zeigt an, welchem anderen Mitarbeiter die Stelle unterstellt ist.
c) ist ein wichtiges Organisationsmittel zur quantitativen Personalplanung.
d) legt fest, wem gegenüber der Stelleninhaber weisungsbefugt ist.
e) gibt an, welche Anforderungen an den Stelleninhaber gestellt werden.

3 Unterscheiden Sie eine Stellenbeschreibung und eine Stellenausschreibung.

4 Die Stellausschreibung …

a) ist eine Form der externen Personalbeschaffung.
b) richtet sich nur an die Mitarbeiter im Unternehmen.
c) sollte das Aufgabegebiet des zukünftigen Mitarbeiters beschreiben.
d) muss in jedem Fall mögliche Aufstiegschancen beinhalten.
e) kann schriftlich oder mündlich erfolgen.

5 In welchem Fall handelt es sich um eine innerbetriebliche Stellenausschreibung?

a) Stellenanzeige in der Unternehmenszeitung
b) Stellenangebot im Internet
c) Arbeitsvermittlung über persönliche Kontakte eines Mitarbeiters
d) eigene Stellenanzeige in einer Fachzeitschrift
e) Arbeitsvermittlung durch die Arbeitsagentur

6 Welche Methoden der externen Personalbeschaffung sind in der Praxis besonders gebräuchlich?

7 Die interne Personalbeschaffung …

a) hat den Vorteil einer größeren Anzahl an Bewerbern.
b) sorgt für ein besseres Betriebsklima.
c) vermeidet Akzeptanzprobleme bei aufgestiegenen Führungskräften.
d) hat den Nachteil eines teuren Auswahlverfahrens.
e) fördert die Motivation der Mitarbeiter.

8 Warum sollte die Stellenanzeige ein genaues Profil der geforderten Qualifikationen aufweisen?

9 Nennen Sie drei wesentliche Aufgaben der Bundesagentur für Arbeit.

10 Die Abkürzung AGG steht für

a) Allgemeines Gleichstellungsgesetz
b) Allgemeines Grundgesetz
c) Allgemeiner Gleichheitsgrundsatz
d) Allgemeines Gleichbehandlungsgesetz
e) Allgemeine Gleichbehandlung im Geschäftsleben

11 Durch das AGG ist der Artikel 3 des Grundgesetzes (Gleichheitsgrundsatz) für die Arbeitswelt und das Geschäftsleben konkretisiert worden. Welche Auswirkungen kann ein Verstoß gegen das AGG haben?

12 In welchen Fall ist eine Ungleichbehandlung im Sinne des AGG zulässig?

a) Eine Stelle für die Bedienung von Flurförderfahrzeugen wird nur für Bewerber ab 18 Jahre ausgeschrieben.
b) Teilbeschäftigte werden von Veranstaltungen zur Weiterbildung ausgeschlossen.
c) Für den Verkauf in der Parfümerieabteilung werden nur weibliche Personen gesucht.
d) Mitarbeiter, die Elternzeit beansprucht haben, werden bei Beförderungen nicht berücksichtigt.
e) Als Verkäufer für die Sportabteilung werden nur Bewerber/-innen bis 40 Jahre in Betracht gezogen

13 Welche Pflichten hat der Arbeitgeber im Zusammenhang mit dem AGG?

14 Wie ist die übliche Vorgehensweise bei einem Auswahlverfahren?

15 Welche Unterlagen gehören zu einer schriftlichen Bewerbung?

16 Welche **inhaltlichen** Anforderungen sollte eine schriftliche Bewerbung erfüllen?

a) korrekte Rechtschreibung
b) eigenhändige Unterschrift
c) Begründung für die Bewerbung
d) Fähigkeiten und Erfahrungen für die angestrebte Stelle
e) Einhaltung der DIN-Norm für Geschäftsbriefe

17 Zählen Sie die fünf Punkte auf, die ein vollständiger tabellarischer Lebenslauf enthalten sollte.

18 Die Stelle der Abteilungsleitung Werkzeug ist wegen der Kündigung der Abteilungsleiterin neu zu besetzen. Welche Maßnahme zur Personalbeschaffung ist sinnvoll?

a) Die externe Personalbeschaffung über persönliche Kontakte des Geschäftsführers hat den Vorteil, dass dem Unternehmen die Fähigkeiten und Fertigkeiten des zukünftigen Mitarbeiters bekannt sind.
b) Bewerber aufgrund einer Stellenanzeige im Internet haben den Vorteil einer geringen Einarbeitungszeit.
c) Durch eine externe Personalbeschaffung am schwarzen Brett ist eine größere Auswahl an Bewerbern gewährleistet.
d) Die innerbetriebliche Besetzung der Stelle ist vorteilhaft, weil dem zukünftigen Mitarbeiter die Unternehmensstruktur bekannt ist.
e) Fehlbesetzungen können vermieden werden durch eine Bewerberauswahl einer privaten Arbeitsvermittlung.

19 Ein junger Mann bewirbt sich bei einem Einzelhandelsunternehmen um die Stelle eines Kassierers. Welche der folgenden Fragen ist in einem Vorstellungsgespräch zulässig?

a) Frage nach der persönlichen Einstellung zu einer Religion
b) Frage zu einer bestehenden Verschuldung
c) Frage nach der Dauer früherer Erkrankungen
d) Frage nach der persönlichen Ansicht zu einer politischen Partei
e) Frage zu dem Konsumverhalten der Ehefrau

20 Wie kommt ein Arbeitsvertrag rechtlich gesehen zu Stande?

21 Welche Hauptpflichten gehen die Vertragspartner beim Arbeitsvertrag ein?

22 Welches sind die wesentlichen Inhalte eines Arbeitsvertrages?

23 Was besagt das Günstigkeitsprinzip beim Abschluss des Arbeitsvertrages?

24 Nennen Sie Beispiele für Regelungen, die

a) durch den Manteltarifvertrag
b) durch den Lohn- und Gehaltstarifvertrag

geregelt werden.

25 Wozu dient die Personaleinsatzplanung?

26 Bei der Personaleinsatzplanung sollte man ...

a) zu jeder Zeit mit einer außergewöhnlich hohen Kundenfrequenz rechnen und deshalb vorsichtshalber in allen Abteilungen einen zusätzlichen Mitarbeiter einplanen.
b) während der gesamten Ladenöffnungszeiten für ausreichend Personal sorgen.
c) vorübergehende Unterbesetzungen in Kauf nehmen, weil Schwankungen der Kundenfrequenz im Tagesablauf nie vorhersehbar sind.
d) den höheren Personalbedarf im Weihnachtsgeschäft immer durch bezahlte Überstunden der Mitarbeiter ausgleichen.
e) aufgrund der geringeren Kundenfrequenz in Ferienzeiten nur Aushilfskräfte einsetzen, um Personalkosten zu sparen.

27 Nennen Sie fünf Aspekte, die bei der Personaleinsatzplanung berücksichtigt werden müssen.

5 Entgeltabrechnung

Das Entgelt eines Arbeitnehmers kann aus zwei Perspektiven betrachtet werden:

Aus **Sicht des Einzelhandelsunternehmens** verursacht die Entgeltzahlung an den Arbeitnehmer Personalkosten. Diese Personalkosten werden über die Handlungskosten mit in die Preise einkalkuliert und letztendlich zahlt jeder Kunde mit seinem Einkauf einen Teil des monatlichen Entgelts eines jeden Angestellten im Einzelhandelsgeschäft.

Handlungskosten
→ Band 2, LF 9, Kap. 3.2

Aus **Sicht des Arbeitnehmers** stellt die monatliche Entgeltzahlung das Einkommen, seine Lebensgrundlage, dar. Allerdings besteht ein wesentlicher Unterschied zwischen dem Bruttoentgelt, das in seinem Arbeitsvertrag festgeschrieben ist, und dem Nettoentgelt, das er am Monatsende tatsächlich zur Verfügung hat.

Schema einer Entgeltabrechnung

	Bruttoentgelt lt. Arbeitsvertrag	
+	Sonderzahlungen, Zulagen (z.B. Weihnachts- oder Urlaubsgeld, vermögenswirksame Leistungen des Arbeitgebers)	
=	**sozialversicherungspflichtiges Bruttoentgelt (SV-Brutto)**	Basis zur Berechnung der Sozialversicherungsbeiträge – Krankenversicherung – Pflegeversicherung – Rentenversicherung – Arbeitslosenversicherung
–	Steuerfreibetrag	
=	**steuerpflichtiges Bruttoentgelt (Steuer-Brutto)**	Basis zur Berechnung der steuerlichen Abzüge – Lohnsteuer – Solidaritätszuschlag – Kirchensteuer
	SV-Brutto	
–	Sozialversicherungsbeiträge (AN)	
–	steuerliche Abzüge	
=	**Nettoentgelt**	
–	bereits früher gezahlter Vorschuss	
–	vermögenswirksames Sparen (AG- und AN-Anteil)	
=	**Nettoauszahlungsbetrag**	

AN = Arbeitnehmer
AG = Arbeitgeber

Vermögenswirksame Leistungen
→ Band 1, LF 1, Kap. 1.6

Vom SV-Brutto werden die Beiträge zu den Sozialversicherungen berechnet.

Vom Steuer-Brutto werden die steuerlichen Abzüge berechnet.

Sozialversicherungsbeiträge (AN) werden vom SV-Brutto abgezogen.

5.1 Ermittlung des Bruttoentgelts

Die Höhe des Bruttoentgelts wird im Arbeitsvertrag schriftlich fixiert. Sind Arbeitnehmer und Arbeitgeber tariflich gebunden (Mitglied der Tarifparteien) oder wurde der Tarifvertrag für allgemeinverbindlich erklärt, ist die Mindesthöhe des Entgelts abhängig von der Einstufung des Arbeitnehmers in eine **Gehaltsgruppe**. Diese richtet sich nach der Qualifikation und dem Aufgabengebiet des Arbeitnehmers.

Inhalte des Arbeitsvertrages
→ LF 13, Kap. 3.5

Zudem ist die Entgeltshöhe abhängig von der **Beschäftigungsdauer** innerhalb der jeweiligen Gruppe (Beschäftigungsjahr). Trotz Tarifgebundenheit kann zwischen Arbeitnehmer und Arbeitgeber ein höhers Entgelt vereinbart werden als tariflich vorgeschrieben, ein niedrigerer Verdienst ist aber arbeitsrechtlich nicht möglich (**Günstigkeitsprinzip**).

Allgemeinverbindlichkeitserklärung
→ Band 1, LF 1, Kap. 3

Sind Arbeitnehmer und Arbeitgeber tariflich nicht gebunden und wurde der Tarifvertrag nicht für allgemeinverbindlich erklärt, so kann das Entgelt zwischen Arbeitgeber und Arbeitnehmer frei von tariflichen Vorgaben vereinbart werden.

5.1.1 Ermittlung des sozialversicherungspflichtigen Bruttoentgelts

Zum Bruttoentgelt gehören alle Leistungen, die dem Arbeitnehmer im Rahmen seines Arbeitsverhältnisses gezahlt werden. Auch die neben dem Bruttoentgelt gezahlten sonstigen Vergütungen, wie z B. Urlaubsgeld, Weihnachtsgeld, Prämien, freiwillige Zulagen, vermögenswirksame Leistungen und Sachwerte, erhöhen das Bruttoentgelt.

Sozialversicherung
→ LF 13, Kap. 6.2

Das Bruttoentgelt ist Grundlage für die Berechnung der gesetzlichen Sozialversicherungsbeiträge und wird auch als **sozialversicherungspflichtiges Bruttoentgelt** bezeichnet.

5.1.2 Ermittlung des steuerpflichtigen Bruttoentgelts

Das steuerpflichtige Bruttoentgelt bildet die Grundlage für die Berechnung der steuerlichen Abzüge. Das sozialversicherungspflichtige Bruttoentgelt und das steuerpflichtige Bruttoentgelt sind häufig identisch. Nur wenn der Arbeitnehmer beim zuständigen Finanzamt einen Steuerfreibetrag beantragt hat, muss dieser vom sozialversicherungspflichtigen Bruttoentgelt abgezogen werden, um das steuerpflichtige Bruttoentgelt zu erhalten.

Steuerfreibeträge mindern das steuerpflichtige Arbeitsentgelt. Sie werden unter der Steueridentifikationsnummer des Arbeitnehmers in die Datenbank des Bundeszentralamtes für Steuern eingetragen und bei der monatlichen Berechnung der Lohnsteuer berücksichtigt. Zuviel gezahlte Steuern können aber auch vom Arbeitnehmer am Jahresende durch die Einkommensteuererklärung zurückgefordert werden. Steuerfreibeträge werden vom Finanzamt bei erhöhten Werbungskosten, Sonderausgaben oder außergewöhnlichen Belastungen auf Antrag eingetragen.

Werbungskosten sind Ausgaben, die für Erwerb, Sicherung und Erhalt der Einnahmen notwendig sind. **Sonderausgaben** sind Aufwendungen der Lebensführung, die aus sozialen, wirtschaftlichen und steuerpolitischen Gründen steuerlich begünstigt werden. Hierzu zählen insbesondere Vorsorgeaufwendungen.

Beispiel

Werbungskosten:
- spezielle Arbeitskleidung, wenn sie nicht vom Arbeitgeber gezahlt wird
- Aufwendungen für Fachliteratur
- Fortbildungskosten

Sonderausgaben:
- Beiträge zur gesetzlichen Renten- und Arbeitslosenversicherung
- Beiträge zu Kranken-, Unfall-, Lebens- und Haftpflichtversicherungen

Außergewöhnliche Belastungen sind Ausgaben, die eine zumutbare Eigenbelastung übersteigen und z. B. durch Krankheitskosten, Kurkosten, Anwaltskosten, Kinderbetreuungskosten oder Pflegeaufwendungen, z. B. für ein behindertes Kind, entstehen.

5.2 Berechnung der steuerlichen Abzüge

Die steuerlichen Abzüge setzen sich zusammen aus:

- Lohnsteuer/Einkommensteuer
- Kirchensteuer
- Solidaritätszuschlag

Grundlage für die Berechnung der steuerlichen Abzüge bilden das steuerpflichtige Bruttoentgelt und die individuellen Lebensverhältnisse eines jeden Arbeitnehmers:

- der Familienstand
- die Anzahl der Kinder
- der steuerliche Freibetrag

Der Staat erhebt auf die Einkommen aller natürlichen Personen im Inland **Einkommensteuer**. Diese stellt eine der wichtigsten Einnahmequellen des Staates dar. Die **Lohnsteuer** ist eine Vorauszahlung auf die Einkommensteuer, die nur die Einkünfte aus nicht selbstständiger Arbeit besteuert.

Arbeitnehmer, die einer Steuer erhebenden Religionsgemeinschaft angehören, zahlen Kirchensteuer. Die derzeitige **Kirchensteuer** beträgt 9 % (in Bayern und Baden-Württemberg 8 %) von der zu zahlenden Lohnsteuer.

Bescheinigung
zur Überprüfung der elektronischen Lohnsteuerabzugsmerkmale (ELStAM)

- ggf. auf Wunsch des Arbeitnehmers auszustellen -

Die für den Arbeitnehmer

Name	Sawitzki
Vorname	Sonja
Geburtsdatum	10. März 1995
Identifikationsnummer	59801523871

bisher in der Lohnabrechnung berücksichtigten Lohnsteuerabzugsmerkmale weichen von den erstmalig für den Monat Mai 20XX bereitgestellten ELStAM wie folgt ab:

	bisher in der Lohnabrechnung berücksichtigt	lt. bereitgestellten ELStAM
Steuerklasse	1	3
Faktor bei Steuerklasse vier	---	----
Kirchensteuerabzug des Arbeitnehmers	---	ev
Kirchensteuerabzug des Ehegatten (nur bei konfessionsverschiedenen Ehegatten)	---	---
Zahl der Kinderfreibeträge	0	0
Jahres-Freibetrag in Euro	0	0
Jahres-Hinzurechnungsbetrag in Euro	0	0

Datum, Firmenstempel, Unterschrift des Arbeitgebers

Hinweis für den Arbeitnehmer:

Bitte überprüfen Sie die Abweichung(en). Sofern die bereitgestellten ELStAM zutreffend sind, ist von Ihnen nichts weiter zu veranlassen.

Eine Änderung unzutreffender ELStAM ist beim zuständigen Wohnsitzfinanzamt zu beantragen. Für den Antrag auf Korrektur unzutreffender ELStAM steht ein vereinfachter Antragsvordruck zur Verfügung. Für Anträge zur Berücksichtigung eines Freibetrags oder eines Steuerklassenwechsels verwenden Sie bitte die amtlichen Vordrucke. Die Antragsvordrucke erhalten Sie unter www.formulare-bfinv.de (unter Steuern/Lohnsteuer) oder bei Ihrem Finanzamt.

Bescheinigung zur Überprüfung der ELStAM
Nr. 645/046 (10.12) OFD Rhld - St 21

Als Maßnahme zur Bewältigung der finanziellen Belastungen im Zusammenhang mit der deutschen Wiedervereinigung und zur langfristigen Sicherung des Aufbaus in den neuen Ländern wird ein **Solidaritätszuschlag** (Soli) in Höhe von derzeit 5,5 % von der Einkommensteuer erhoben.

Die ELStAM können vom Arbeitgeber jederzeit abgerufen werden.

Für 2021 ist die Abschaffung des Solis geplant.

Für die **Berechnung** der steuerlichen Vorauszahlung (Lohnsteuer) greift der Arbeitgeber vor allem auf zwei Hilfsmittel zurück. Zum einen benötigt er die Daten des Arbeitnehmers, zum anderen setzt er Lohnsteuertabellen ein.

ELStAM
Elektronische Lohnsteuerabzugsmerkmale

Die zur Berechnung der Steuerabzüge notwendigen Daten (elektronische Lohnsteuerabzugsmerkmale) des Arbeitnehmers sind in der sogenannten ELStAM-Datenbank beim Bundeszentralamt für Steuern verbindlich gespeichert. Der Arbeitgeber kann sie jederzeit mit Hilfe der Steueridentifikationsnummer des Arbeitnehmers elektronisch abrufen. Zu dem Datensatz gehören:

- die Steuerklasse
- die Zahl der Kinderfreibeträge
- die Kirchensteuer
- eventuelle Steuerfreibeträge

Die **Steueridentifikationsnummer** wurde im Laufe des Jahres 2008 flächendeckend eingeführt und ist seither von der Geburt des Steuerpflichtigen lebenslänglich gültig. Auch wenn der Arbeitnehmer umzieht, behält er seine Steuernummer.

Ziel des elektronischen Systems ist die Erleichterung und die papierlose Organisation der Kommunikation zwischen Arbeitgebern, Arbeitnehmern und dem Finanzamt. Für den Arbeitnehmer bedeutet dieses elektronische Verfahren, dass er seinem Arbeitgeber einmalig seine Steueridentifikationsnummer und sein Geburtsdatum mitteilen muss. Bei Änderungen von Lohnsteuerabzugsmerkmalen (z. B. der Steuerklasse) ist das Finanzamt am jeweiligen Wohnort des Arbeitnehmers zuständig.
Die Höhe der steuerlichen Abzüge ermittelt der Arbeitgeber z. B. mit Hilfe der **Lohnsteuertabellen**. Aus diesen Tabellen lässt sich in Abhängigkeit der Steuerklasse und der Anzahl der Kinderfreibeträge für jedes Bruttoentgelt die jeweilige Höhe der Lohn- und Kirchensteuer sowie des Solidaritätszuschlags ablesen. In der Praxis ermitteln spezielle Lohn- und Gehaltsabrechnungssoftwares die Steuerabzüge nach amtlich anerkannten Formeln.

Der Grundfreibetrag beträgt bei Ledigen 2019: 9.168 Euro.

Arbeitnehmer, deren Jahresverdienst unter dem steuerlichen **Grundfreibetrag** liegt, zahlen keine Lohnsteuer, denn der Grundfreibetrag stellt das rechnerische Existenzminimum dar.

MONAT bis 2.204,99 €

Lohn/ Gehalt bis	Steuerklasse	Lohn-steuer	ohne Kinderfreibetrag			Anzahl Kinderfreibeträge (nur Steuerklassen I–IV): 0,5			1,0			1,5			2,0			2,5		
			SolZ 5,5%	Kirchensteuer 8%	Kirchensteuer 9%	SolZ 5,5%	Kirchensteuer 8%	Kirchensteuer 9%	SolZ 5,5%	Kirchensteuer 8%	Kirchensteuer 9%	SolZ 5,5%	Kirchensteuer 8%	Kirchensteuer 9%	SolZ 5,5%	Kirchensteuer 8%	Kirchensteuer 9%	SolZ 5,5%	Kirchensteuer 8%	Kirchensteuer 9%
2.162,99	I	222,83	12,25	17,82	20,05	7,80	11,35	12,77	0,00	5,30	5,96	0,00	0,61	0,68	0,00	0,00	0,00	0,00	0,00	0,00
	II	180,58	9,93	14,44	16,25	4,26	8,18	9,20	0,00	2,66	2,99	0,00	0,00	0,00	0,00	0,00	0,00	0,00	0,00	0,00
	III	27,33	0,00	2,18	2,45	0,00	0,00	0,00	0,00	0,00	0,00	0,00	0,00	0,00	0,00	0,00	0,00	0,00	0,00	0,00
	IV	222,83	12,25	17,82	20,05	9,99	14,54	16,35	7,80	11,35	12,77	4,46	8,26	9,29	0,00	5,30	5,96	0,00	2,73	3,07
	V	466,66	25,66	37,33	41,99															
	VI	498,16	27,39	39,85	44,83															
2.165,99	I	223,50	12,29	17,88	20,11	7,83	11,40	12,82	0,00	5,35	6,02	0,00	0,64	0,72	0,00	0,00	0,00	0,00	0,00	0,00
	II	181,25	9,96	14,50	16,31	4,38	8,23	9,26	0,00	2,70	3,04	0,00	0,00	0,00	0,00	0,00	0,00	0,00	0,00	0,00
	III	27,83	0,00	2,22	2,50	0,00	0,00	0,00	0,00	0,00	0,00	0,00	0,00	0,00	0,00	0,00	0,00	0,00	0,00	0,00
	IV	223,50	12,29	17,88	20,11	10,02	14,58	16,40	7,83	11,40	12,82	4,60	8,32	9,36	0,00	5,35	6,02	0,00	2,76	3,11
	V	467,50	25,71	37,40	42,07															
	VI	499,00	27,44	39,92	44,91															
2.168,99	I	224,16	12,32	17,93	20,17	7,87	11,45	12,88	0,00	5,40	6,07	0,00	0,67	0,75	0,00	0,00	0,00	0,00	0,00	0,00
	II	181,91	10,00	14,55	16,37	4,51	8,28	9,32	0,00	2,74	3,08	0,00	0,00	0,00	0,00	0,00	0,00	0,00	0,00	0,00
	III	28,16	0,00	2,25	2,53	0,00	0,00	0,00	0,00	0,00	0,00	0,00	0,00	0,00	0,00	0,00	0,00	0,00	0,00	0,00
	IV	224,16	12,32	17,93	20,17	10,06	14,64	16,47	7,87	11,45	12,88	4,71	8,36	9,41	0,00	5,40	6,07	0,00	2,80	3,15
	V	468,50	25,76	37,48	42,16															
	VI	500,00	27,50	40,00	45,00															
2.171,99	I	224,83	12,36	17,98	20,23	7,91	11,50	12,94	0,00	5,44	6,12	0,00	0,70	0,79	0,00	0,00	0,00	0,00	0,00	0,00
	II	182,58	10,04	14,60	16,43	4,63	8,33	9,37	0,00	2,78	3,12	0,00	0,00	0,00	0,00	0,00	0,00	0,00	0,00	0,00
	III	28,66	0,00	2,29	2,57	0,00	0,00	0,00	0,00	0,00	0,00	0,00	0,00	0,00	0,00	0,00	0,00	0,00	0,00	0,00
	IV	224,83	12,36	17,98	20,23	10,10	14,69	16,52	7,91	11,50	12,94	4,85	8,42	9,47	0,00	5,44	6,12	0,00	2,84	3,20
	V	469,33	25,81	37,54	42,23															
	VI	501,00	27,55	40,08	45,09															
2.174,99	I	225,50	12,40	18,04	20,29	7,94	11,56	13,00	0,00	5,49	6,17	0,00	0,73	0,82	0,00	0,00	0,00	0,00	0,00	0,00
	II	183,25	10,07	14,66	16,49	4,75	8,38	9,42	0,00	2,82	3,17	0,00	0,00	0,00	0,00	0,00	0,00	0,00	0,00	0,00
	III	29,16	0,00	2,33	2,62	0,00	0,00	0,00	0,00	0,00	0,00	0,00	0,00	0,00	0,00	0,00	0,00	0,00	0,00	0,00
	IV	225,50	12,40	18,04	20,29	10,13	14,74	16,58	7,94	11,56	13,00	4,96	8,46	9,52	0,00	5,49	6,17	0,00	2,88	3,24
	V	470,16	25,85	37,61	42,31															
	VI	501,83	27,60	40,14	45,16															
2.177,99	I	226,16	12,43	18,09	20,35	7,97	11,60	13,05	0,00	5,54	6,23	0,00	0,76	0,86	0,00	0,00	0,00	0,00	0,00	0,00
	II	183,91	10,11	14,71	16,55	4,88	8,43	9,48	0,00	2,86	3,21	0,00	0,00	0,00	0,00	0,00	0,00	0,00	0,00	0,00
	III	29,66	0,00	2,37	2,66	0,00	0,00	0,00	0,00	0,00	0,00	0,00	0,00	0,00	0,00	0,00	0,00	0,00	0,00	0,00
	IV	226,16	12,43	18,09	20,35	10,17	14,80	16,65	7,97	11,60	13,05	5,08	8,51	9,57	0,00	5,54	6,23	0,00	2,92	3,28
	V	471,16	25,91	37,69	42,40															
	VI	502,83	27,65	40,22	45,25															
2.180,99	I	226,91	12,48	18,15	20,42	8,01	11,66	13,11	0,00	5,58	6,28	0,00	0,80	0,90	0,00	0,00	0,00	0,00	0,00	0,00
	II	184,58	10,15	14,76	16,61	5,00	8,48	9,54	0,00	2,90	3,26	0,00	0,00	0,00	0,00	0,00	0,00	0,00	0,00	0,00
	III	30,00	0,00	2,40	2,70	0,00	0,00	0,00	0,00	0,00	0,00	0,00	0,00	0,00	0,00	0,00	0,00	0,00	0,00	0,00
	IV	226,91	12,48	18,15	20,42	10,21	14,85	16,70	8,01	11,66	13,11	5,21	8,56	9,63	0,00	5,58	6,28	0,00	2,96	3,33
	V	472,00	25,96	37,76	42,48															
	VI	503,83	27,71	40,30	45,34															
2.183,99	I	227,58	12,51	18,20	20,48	8,05	11,71	13,17	0,00	5,63	6,33	0,00	0,83	0,93	0,00	0,00	0,00	0,00	0,00	0,00
	II	185,25	10,18	14,82	16,67	5,13	8,53	9,59	0,00	2,93	3,29	0,00	0,00	0,00	0,00	0,00	0,00	0,00	0,00	0,00
	III	30,50	0,00	2,44	2,74	0,00	0,00	0,00	0,00	0,00	0,00	0,00	0,00	0,00	0,00	0,00	0,00	0,00	0,00	0,00
	IV	227,58	12,51	18,20	20,48	10,24	14,90	16,76	8,05	11,71	13,17	5,33	8,61	9,68	0,00	5,63	6,33	0,00	3,00	3,37
	V	473,00	26,01	37,84	42,57															
	VI	504,66	27,75	40,37	45,41															
2.186,99	I	228,25	12,55	18,26	20,54	8,08	11,76	13,23	0,00	5,68	6,39	0,00	0,86	0,96	0,00	0,00	0,00	0,00	0,00	0,00
	II	185,91	10,22	14,87	16,73	5,25	8,58	9,65	0,00	2,97	3,34	0,00	0,00	0,00	0,00	0,00	0,00	0,00	0,00	0,00
	III	31,00	0,00	2,48	2,79	0,00	0,00	0,00	0,00	0,00	0,00	0,00	0,00	0,00	0,00	0,00	0,00	0,00	0,00	0,00
	IV	228,25	12,55	18,26	20,54	10,28	14,96	16,83	8,08	11,76	13,23	5,46	8,66	9,74	0,00	5,68	6,39	0,00	3,04	3,42
	V	473,83	26,06	37,90	42,64															
	VI	505,50	27,80	40,44	45,49															
2.189,99	I	228,91	12,59	18,31	20,60	8,12	11,81	13,28	0,00	5,72	6,44	0,00	0,89	1,00	0,00	0,00	0,00	0,00	0,00	0,00
	II	186,50	10,25	14,92	16,78	5,38	8,63	9,71	0,00	3,01	3,38	0,00	0,00	0,00	0,00	0,00	0,00	0,00	0,00	0,00
	III	31,50	0,00	2,52	2,83	0,00	0,00	0,00	0,00	0,00	0,00	0,00	0,00	0,00	0,00	0,00	0,00	0,00	0,00	0,00
	IV	228,91	12,59	18,31	20,60	10,32	15,01	16,88	8,12	11,81	13,28	5,58	8,71	9,80	0,00	5,72	6,44	0,00	3,08	3,46

Quelle: Monats-Lohnsteuertabelle 2018, Rehm, Verlagsgruppe Hüthig Jehle Rehm GmbH, Heidelberg

Die **Steuerklassen** spiegeln die familiären Lebensverhältnisse der Arbeitnehmer wider und führen zu einem unterschiedlichen Steuerabzug. Die geringsten steuerlichen Abzüge müssen bei der Steuerklasse III, die höchsten Abzüge bei Steuerklasse VI hingenommen werden.

Steuerklassen

Steuer-klasse	Arbeitnehmer
I	ledige und geschiedene Arbeitnehmer sowie verwitwete Arbeitnehmer, sofern sie nicht in die Steuerklasse II oder III fallen
II	ledige, geschiedene und verwitwete Arbeitnehmer, denen der Entlastungsbetrag für Alleinerziehende zusteht; der Entlastungsbetrag für Alleinerziehende steht grundsätzlich einem im Übrigen alleinstehenden Arbeitnehmer zu, in dessen Haushalt mindestens ein Kind mit Haupt- oder Nebenwohnung gemeldet ist, das auf der Lohnsteuerkarte dieses Arbeitnehmers unter der Kinderfreibetragszahl zu berücksichtigen ist oder für das er Kindergeld erhält
III	Verheiratete, wenn der Ehepartner keine Einkünfte erzielt oder der arbeitende Ehepartner die Steuerklasse V gewählt hat verwitwete Arbeitnehmer für das dem Todesjahr des Ehepartners folgende Kalenderjahr
IV	Verheiratete, wenn beide Ehepartner Arbeitslohn beziehen und an Stelle der Steuerklasse III + V die Steuerklassen IV + IV gewählt haben
V	Verheiratete, wenn der Ehepartner die Steuerklasse III gewählt hat
VI	Arbeitnehmer, die gleichzeitig von mehreren Arbeitgebern Arbeitslohn erhalten, mit ihren zweiten und weiteren Lohnsteuerkarten

Verheiratete
können die Kombination IV/IV mit Faktor wählen. Dadurch wird die Lohnsteuer besser an die tatsächliche Steuerschuld angepasst.

www.bundesfinanzministerium.de
Stichwort: Faktorverfahren

Die Lohnsteuer, Kirchensteuer und der Solidaritätszuschlag werden vom Arbeitgeber bei jeder Lohnzahlung vom Bruttoentgelt einbehalten und an das Finanzamt bis spätestens zum 10. des Folgemonats abgeführt. Der Arbeitgeber ist somit der Steuerschuldner, der Arbeitnehmer ist der **Steuerträger**. Am Jahresende erhält der Arbeitnehmer vom Arbeitgeber eine **Lohnsteuerbescheinigung** für das abgelaufene Kalenderjahr. Diese Bescheinigung dient dem Arbeitnehmer als Nachweis über das erhaltene Jahresbruttoentgelt, die darauf gezahlten Steuern und Sozialversicherungsbeiträge. Der Arbeitnehmer benötigt diese Information für eine mögliche Einkommensteuererklärung.

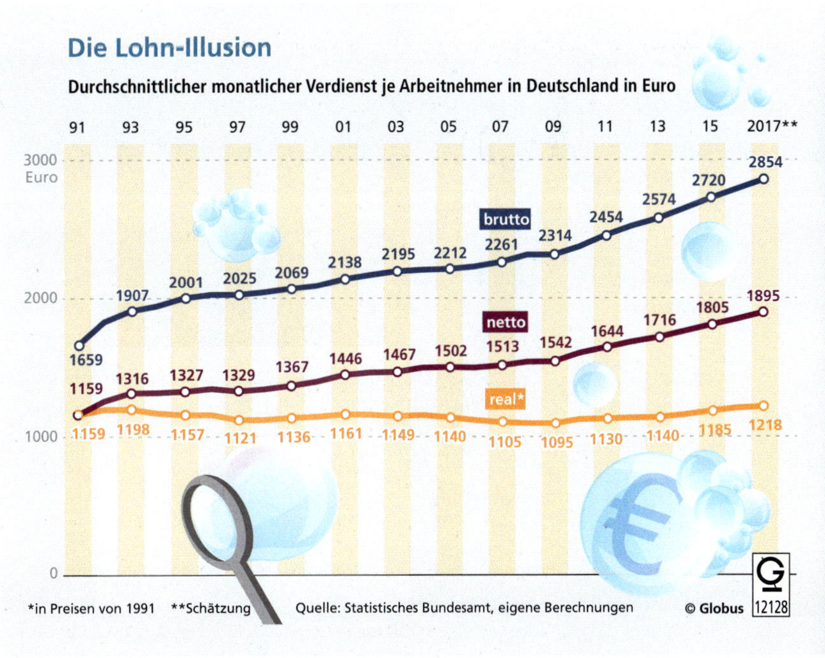

5.3 Gesetzliche Sozialversicherungsbeiträge des Arbeitnehmers

Neben den steuerlichen Abzügen sind die gesetzlichen Sozialversicherungsbeiträge der zweite große Block an Abzügen, die der Arbeitnehmer zahlen muss. Der Arbeitnehmer zahlt in folgende Sozialversicherungskassen ein:

- Krankenversicherung
- Pflegeversicherung
- Rentenversicherung
- Arbeitslosenversicherung.

Aber nicht nur der Arbeitnehmer zahlt für seine soziale Absicherung in die Sozialversicherungskassen ein, sondern **auch der Arbeitgeber**, der noch einmal fast die gleichen Beiträge einzahlt. Mit anderen Worten: Arbeitgeber und Arbeitnehmer teilen sich die Kosten der sozialen Absicherung des Arbeitnehmers. Dies ist natürlich zum einen eine bemerkenswerte soziale Errungenschaft unseres Landes, zum anderen erhöht dieses System aber auch die Personalkosten (Bruttoarbeitskosten) aus Sicht des Unternehmers. Diese setzen sich somit zusammen aus den Entgeltzahlungen und dem Arbeitgeberanteil zu den Sozialversicherungen (Lohnnebenkosten).

	Entgeltzahlungen
+	Lohnnebenkosten
=	Bruttoarbeitskosten

Die Beitragssätze für die Sozialversicherungen beziehen sich auf das sozialversicherungspflichtige Bruttoentgelt. Je mehr ein Arbeitnehmer verdient, desto höhere Beiträge muss er entrichten, obwohl – zumindest in der Kranken- und Pflegeversicherung – alle Mitglieder unabhängig von der Höhe ihrer Beiträge die gleiche Versichertenleistung erhalten. Diese Umverteilung wird als **Solidaritätsprinzip** bezeichnet.

Das sozialversicherungspflichtige Bruttoentgelt wird für die Berechnung der Sozialversicherungsbeiträge aber nur bis zu den jeweiligen **Beitragsbemessungsgrenzen** herangezogen. Liegt das Bruttoentgelt über der jeweiligen Beitragsbemessungsgrenze, so zahlt der Versicherte nur bis dieser Grenze Beiträge. Einkünfte, die darüber liegen, sind beitragsfrei.

Versicherungszweig	Gesamtbeitragssatz	Arbeitgeberanteil	Arbeitnehmeranteil	Bemessungsgrenzen (Monat)	
				West	Ost
Rentenversicherung	18,6 %	9,3 % (50 % des Beitragssatzes)	9,3 % (50 % des Beitragssatzes)	6.700,00 €	6.150,00 €
Arbeitslosenversicherung	2,5 %	1,25 % (50 % des Beitragssatzes)	1,25 % (50 % des Beitragssatzes)		
Krankenversicherung	14,6 % + x % Zusatzbeitrag	7,3 % (50 % des Beitragssatzes) + 50% des Zusatzbeitrags 1)			
Pflegeversicherung	3,05 % 2)	1,525 % (50 % des Beitragssatzes)	1,525 % (50 % des Beitragssatzes) + Zuschlag für Kinderlose ab 23 Jahren 0,25 % (= 1,775 %)	4.537,50 €	

1) Der Zusatzbeitrag beträgt durchschnittlich 0,9 %.
2) Sonderregelung für Sachsen: Der Arbeitgeberanteil beträgt hier nur 1,025 %, der Arbeitnehmeranteil 2,025 %.

Stand: Januar 2019

Beispiel

Ein verheirateter Arbeitnehmer mit einem Kind verdient brutto 4.800,00 € im Monat. Der Krankenkassenbeitragssatz beträgt 14,6 %, der Zusatzbeitrag 1,0 %. Die Beiträge zur Kranken- und Pflegeversicherung werden nun nicht von den 4.800,00 € berechnet, sondern von der Beitragsbemessungsgrenze 4.537,50 € (Grundwert).

Krankenversicherung

Arbeitnehmeranteil: $7{,}3\% + 0{,}5\% = 7{,}8\%$

Beitrag: 7,8 % von 4.537,50 € = 353,93 €

Pflegeversicherung

Arbeitnehmeranteil: $\frac{3{,}05\%}{2} = 1{,}525\%$

Beitrag: 1,525 % von 4.537,50 € = 69,20 €

Arbeitnehmer, die gegen Entgelt oder zu ihrer Berufsausbildung beschäftigt sind, sind grundsätzlich in der gesetzlichen Kranken-, Renten-, Arbeitslosen und Pflegeversicherung **pflichtversichert**. Ab einem gewissen Einkommen steht es aber einem Arbeitnehmer frei, die gesetzliche Kranken- und Pflegekasse zu verlassen und sich privat zu versichern. Voraussetzung ist aber, dass der Arbeitnehmer mit seinem Bruttoeinkommen drei Jahre in Folge über der **Versicherungspflichtgrenze** liegt.

Versicherungspflichtgrenze
Stand 2019:
60.750 Euro/Jahr

Für die Renten- und Arbeitslosenversicherung besteht eine solche Möglichkeit nicht. Hier bleibt jeder abhängig Beschäftigte, unabhängig von seinem Verdienst, pflichtversichert.

Genau wie die Steuerabzüge werden auch die vom Arbeitnehmer zu tragenden Sozialversicherungsbeiträge direkt vom Arbeitgeber einbehalten. Der Arbeitgeber führt die Arbeitnehmer- und Arbeitgeberanteile an die Krankenkasse des jeweiligen Arbeitnehmers bis zum drittletzten Bankarbeitstag des jeweiligen Monats ab. Die jeweilige Krankenkasse hat dann die Aufgabe, die einzelnen Sozialversicherungsbeiträge an die entsprechenden Träger zu überweisen.

Bankarbeitstag
Montag bis Freitag

5.4 Berechnung des Nettoauszahlungsbetrags

Zieht man vom sozialversicherungspflichtigen Bruttoentgelt die vom Arbeitnehmer zu tragende Lohnsteuer, Kirchensteuer und den Solidaritätszuschlag sowie die Sozialversicherungsbeiträge (Kranken-, Renten-, Pflege- und Arbeitslosenversicherung) ab, so erhält man das Nettoentgelt. Das Nettoentgelt stellt nicht zwangsläufig auch den Nettoauszahlungsbetrag dar. In vielen Fällen wird das Nettoentgelt um persönliche Abzugsbeträge gekürzt, wie z. B. vermögenswirksame Sparleistung und Vorschüsse.

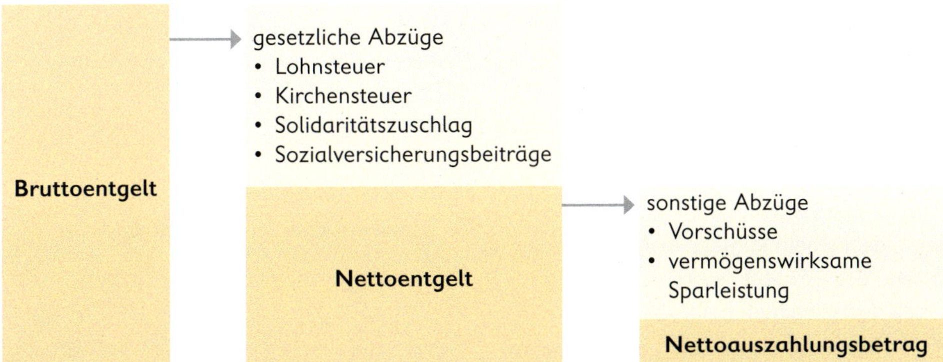

ALLES KLAR?

1 Welcher Posten erhöht das steuerpflichtige Bruttoentgelt?

a) Solidaritätszuschlag
b) Beitrag des Arbeitgebers zur gesetzlichen Unfallversicherung
c) Vorschusszahlung
d) Urlaubsgeld
e) Arbeitnehmeranteil zu vermögenswirksamen Sparen

2 Welcher Posten vermindert das zu versteuernde Bruttoentgelt?

a) Steuerfreibetrag
b) Lohnsteuer
c) Kirchensteuer
d) Arbeitgeberanteil zu vermögenswirksamen Leistungen
e) Sozialversicherungsbeiträge des Arbeitnehmers

3 Welche Aussage zum steuerpflichtigen Bruttoentgelt ist zutreffend?

a) Das steuerpflichtige und das sozialversicherungspflichtige Bruttoentgelt können übereinstimmen.
b) Das sozialversicherungspflichtige Bruttoentgelt ist geringer als das steuerpflichtige Bruttoentgelt
c) Das steuerpflichtige Bruttoentgelt bildet die Grundlage für die Höhe der Sonderzahlungen
d) Steuerfreibeträge erhöhen das steuerpflichtige Bruttoentgelt.
e) Für die Berechnung des steuerpflichtigen Bruttoentgelts werden vom sozialversicherungspflichtigen Bruttoentgelt die Sozialversicherungsbeiträge abgezogen.

4 Die tarifvertragliche Einstufung eines Arbeitnehmers in eine Gehaltsgruppe hängt ab von …

a) dem Lebensalter des Arbeitnehmers.
b) der Qualifikation des Arbeitnehmers.
c) dem Familienstand des Arbeitnehmers.
d) den Arbeitszeiten des Arbeitnehmers.
e) der Dauer der Vollzeitbeschäftigung des Arbeitnehmers.

5 Die Lohnsteuer …

a) ist eine Vorauszahlung auf die Einkommensteuer, sie belastet ausschließlich Einkünfte aus selbstständiger Arbeit.
b) wird dem Arbeitnehmer am Ende des Jahres in voller Höhe vom Finanzamt erstattet.
c) ist die Grundlage zur Berechnung der Höhe der Kirchensteuer.
d) muss jeder Arbeitnehmer unabhängig von der Höhe seines Einkommens bezahlen.
e) wird vom Arbeitgeber mit Hilfe von Grundsteuertabellen ermittelt.

6 In der Steuerklasse V sind …

a) Arbeitnehmer, die gleichzeitig von mehreren Arbeitgebern Arbeitslohn erhalten.
b) ledige, geschiedene sowie verwitwete Arbeitnehmer, die nicht in die Steuerklasse II oder III fallen.
c) Verheiratete, wenn der Ehepartner keine Einkünfte erzielt
d) Ledige, geschiedene und verwitwete Arbeitnehmer mit Entlastungsbetrag für Alleinerziehende
e) Verheiratete, wenn der Ehepartner die Steuerklasse III gewählt hat.

7 Ab einem sozialversicherungspflichtigen Bruttoentgelt in Höhe der jeweiligen Beitragsbemessungsgrenze können die Versicherten …

a) die gesetzliche Rentenversicherung verlassen und eine private Rentenversicherung abschließen.
b) zwischen privater oder gesetzlicher Kranken- und Pflegeversicherungen wählen.
c) sich entscheiden, ob sie krankenversichert sein wollen oder nicht.
d) aus den gesetzlichen Sozialversicherungen austreten.
e) die Zahlung eines ermäßigten Beitrags zu den Sozialversicherungen beantragen.

8 Eine im Arbeitsvertrag schriftlich fixierte Vereinbarung über die Höhe des Entgelts …

a) kann aus wichtigen Gründen zu Gunsten des Arbeitgebers abgeändert werden.
b) ist immer abhängig von der tarifvertraglichen Einstufung des Arbeitnehmers in eine Gehaltsgruppe.
c) unterliegt der Aufsicht durch das Bundesministerium für Arbeit und Soziales.
d) kann von allgemein verbindlichen Tarifverträgen zu Gunsten des Arbeitnehmers abweichen.
e) wird in jedem Fall nach dem Grundsatz der Vertragsfreiheit vorgenommen.

9 Steuerfreibeträge …

a) mindern das sozialversicherungspflichtige Bruttoentgelt.
b) werden in die Datenbank des zuständigen Finanzamtes eingetragen.
c) kann der Arbeitnehmer nur in seiner Einkommensteuererklärung am Jahresende beantragen.
d) in Form von außergewöhnlichen Belastungen werden vom Finanzamt automatisch berücksichtigt.
e) können bei erhöhten Werbungskosten zur Verringerung des steuerpflichtigen Bruttoeinkommens beantragt werden.

10 Welche Aufwendung zählt zu den Sonderausgaben?

a) Teilnahmegebühren für einen Sprachkurs zur Vorbereitung eines geplanten Bildungsurlaubs
b) steuerlich begünstigter Beitrag für eine private Haftpflichtversicherung
c) Kinderbetreuungskosten, die eine zumutbare Eigenbelastung übersteigen
d) Krankheitskosten, die nicht von der gesetzlichen Krankenkasse übernommen werden
e) Anschaffung und Pflege von spezieller Arbeitskleidung, die vom Arbeitgeber nicht bezahlt wird

11 Der Arbeitgeber kann beim Bundeszentralamt für Steuern die notwendigen Daten für die Entgeltabrechnung der Arbeitnehmer abrufen. Dazu gehören:

a) Steuerklasse
b) Höhe des Bruttoeinkommens
c) Konfessionszugehörigkeit
d) Anzahl und Geschlecht der Kinder
e) Fehlzeiten bei einer längeren Krankheit

12 Grundlage für die Berechnung der Kirchensteuer ist …

a) der Familienstand.
b) die Anzahl der Kinder.
c) der steuerliche Freibetrag.
d) die Höhe des Einkommens.
e) die Höhe der Lohnsteuer/Einkommensteuer.

13 Welche Bedeutung hat das Solidaritätsprinzip im Zusammenhang mit der Beitragszahlung zu den Sozialversicherungen?

a) Arbeitnehmer und Arbeitgeber zahlen in die Sozialversicherungskassen ein.
b) Die über der Beitragsbemessungsgrenze liegenden Einkünfte des Versicherten sind beitragsfrei.
c) Die Beitragszahlungen sind für alle Versicherten unabhängig vom Bruttoentgelt gleich hoch.
d) Die Versicherten der Kranken- und Pflegeversicherung erhalten unabhängig von der Höhe ihrer Beiträge die gleichen Leistungen.
e) Auszubildende sind von der Beitragszahlung in die Sozialversicherungskassen befreit.

14 Der Arbeitgeber überweist die Gesamtbeiträge für die Sozialversicherungen an …

a) die jeweiligen Sozialversicherungszweige bis zum drittletzten Bankarbeitstag jeden Monats.
b) die Krankenkasse des Arbeitnehmers bis zum drittletzten Bankarbeitstag jeden Monats.
c) das für den Arbeitnehmer zuständige Finanzamt bis spätestens zum 10. des Folgemonats.
d) die Krankenkasse des jeweiligen Arbeitnehmers bis spätestens zum 10. des Folgemonats.
e) das für den Unternehmer zuständige Finanzamt bis zum drittletzten Bankarbeitstag jeden Monats.

6 Leistungen des Staats und der Sozialkassen

Entgeltabrechnung
→ LF 13, Kap. 5

Die Gesamtabzüge vom Bruttoentgelt einschließlich der Sozialbeiträge eines Arbeitnehmers liegen je nach persönlichem Steuersatz zwischen 30 % und 50 %. Keine Frage, bei einem Blick auf die Entgeltabrechnung fragt sich der Arbeitnehmer, ob das richtig ist. Aber er zahlt dieses Geld nicht vergebens. Er bekommt dafür vom Staat und von den Sozialversicherungen eine Gegenleistung.

6.1 Leistungen des Staats

Der Staat erfüllt eine ganze Reihe von öffentlichen Aufgaben. Beispielsweise finanziert er unseren Rechtsstaat, unterhält Krankenhäuser, baut Straßen, finanziert die Bildung und sorgt für die innere Sicherheit durch Polizei und Feuerwehr sowie für die äußere Sicherheit durch die Bundeswehr. Damit der Staat diese öffentlichen Aufgaben erfüllen kann, benötigt er entsprechende Einnahmen.

Der Staat finanziert seine Ausgaben aus verschiedenen Quellen:

- **Steuern** sind Geldleistungen des Steuerpflichtigen, ohne dass dieser eine konkrete Gegenleistung beanspruchen kann.
- **Beiträge** sind Geldleistungen, durch die sich der Beitragszahler einen Anspruch erwirbt, die Leistungen der beitragserhebenden Institution zu nutzen.
- **Gebühren** werden für bestimmte Leistungen des Staates oder öffentlicher Einrichtungen erhoben, z. B. für die Müllabfuhr oder für die Beantragung eines Reisepasses.

Steuern sind mit Abstand die wichtigste Einnahmequelle des Staates. Die Lohn- und Einkommensteuer stellt dabei eine wichtige Größe dar. Welche weiteren Einnahmequellen der Staat hat und wofür er dieses Geld verwendet, stellt folgende Grafik übersichtlich dar.

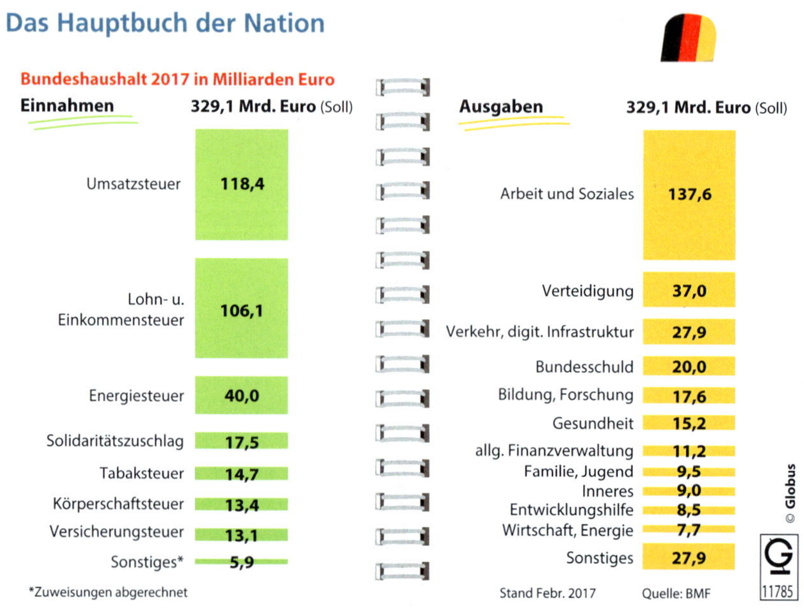

6.2 Leistungen der Sozialversicherungen

Im Rahmen der sozialen Absicherung spricht man in Deutschland auch von dem **Fünf-Säulen-System**. Die fünf Säulen symbolisieren dabei jeweils eine Sozialversicherung, die den Arbeitnehmer im Bedarfsfall absichert:

- Krankenversicherung
- Pflegeversicherung
- Rentenversicherung
- Arbeitslosenversicherung
- gesetzliche Unfallversicherung

Das System der Sozialversicherung beruht auf dem so genannten **Versicherungsprinzip**: Nur derjenige hat Anspruch auf eine Versicherungsleistung, der vorher auch seinen Beitrag gezahlt hat. Doch angesichts steigender Lebenserwartung und bei hohen Arbeitslosenzahlen beginnt dieses Säulensystem zu bröckeln. Die Ausgaben der Sozialversicherungen sind zeitweise nicht mehr durch die Beitragszahlungen gedeckt.

Bei finanziellen Engpässen springt dann häufig der Staat ein und bezuschusst die Sozialkassen, damit diese die zugesagten Leistungen auch erfüllen können. Gleichzeitig steigen die Sozialversicherungsbeiträge und belasten Arbeitnehmer und Arbeitgeber in zunehmendem Maße. Angesichts der schwerwiegenden Finanzierungsprobleme des Sozialversicherungssystems werden immer wieder Leistungskürzungen, private Zuzahlungen oder sogar die Reduzierung auf ein Grundsicherungssystem diskutiert.

Die langfristige Sicherung der Sozialsysteme ist eine der wichtigsten Aufgaben der gegenwärtigen und zukünftigen Sozialpolitik.

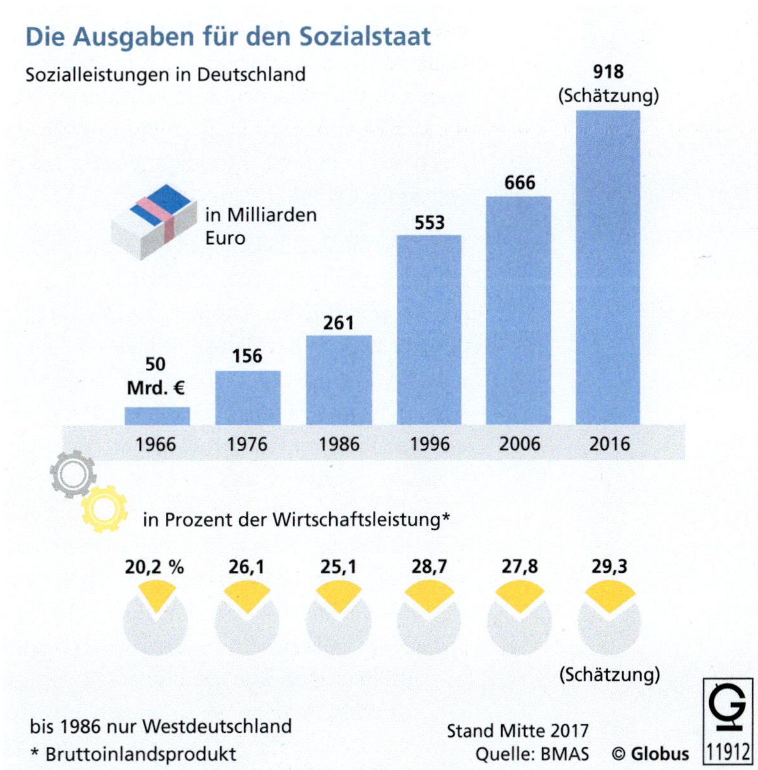

6.2.1 Gesetzliche Krankenversicherung

www.bmg.bund.de
Unter dieser Internetadresse finden Sie weitere Informationen zum Thema gesetzliche Krankenversicherung sowie zur Pflegeversicherung und zur Rente.

Aufgabe der gesetzlichen Krankenversicherung (GKV) ist es, Arbeitnehmer und ihre Familien für den Krankheitsfall abzusichern. **Träger** der gesetzlichen Krankenversicherung sind Orts-, Betriebs- und Innungskrankenkassen sowie die Ersatzkassen, denen ein Versicherter beitreten kann.

Jedes Mitglied der gesetzlichen Krankenkasse kann frei wählen, bei welcher Krankenkasse es sich versichern lassen möchte. Beim Wechsel der Krankenkasse sind Fristen und Regeln einzuhalten. Nach einer Mindestmitgliedschaft von 18 Monaten ist der Wechsel zu einer anderen gesetzlichen Krankenkasse möglich und zwar zum Ende des übernächsten Kalendermonats. Vor Ablauf der 18-Monats-Frist ist eine Kündigung nur dann möglich, wenn die Kasse ihre Beitragssätze erhöht. In diesem Fall besteht ein Sonderkündigungsrecht und die Krankenkasse kann sofort gewechselt werden.

Während die Regelleistungen bei allen gesetzlichen Krankenkassen gleich sind, können die einzelnen Kassen Zusatzleistungen in ihrer Satzung vorsehen. Die Leistungen der gesetzlichen Krankenkassen sind zu über 90 % festgelegt. Die Versicherten der gesetzlichen Krankenkasse haben Anspruch auf folgende **Regelleistungen**:

- Maßnahmen zur Vorsorge und Früherkennung bestimmter Krankheiten
- ärztliche und zahnärztliche Behandlung mit freier Arztwahl
- Behandlung im Krankenhaus mit Transport
- Arznei-, Verband- und Heilmittel sowie Hilfsmittel (bei einigen Leistungen ist der Versicherte zur Übernahme von Eigenanteilen verpflichtet)
- Betreuung bei Schwangerschaft und im Mutterschutz
- Rehabilitationsmaßnahmen in entsprechenden Kliniken
- Krankengeld: nach sechswöchiger Lohnfortzahlung durch den Arbeitgeber zahlt die Kasse 70 % des Bruttoarbeitsentgelts als Krankengeld für maximal 78 Wochen wegen derselben Erkrankung
- Haushaltshilfe, wenn bei Krankheit oder Kur der Haushalt nicht weitergeführt werden kann und ein Kind unter 12 Jahren betreut werden muss
- Mutterschaftsgeld für die Schutzfrist von 6 Wochen vor und 8 Wochen nach der Geburt

Die Leistungen der Krankenversicherung werden überwiegend durch die Beiträge der Versicherten finanziert. Der **Beitragssatz** der Krankenkasse wird nicht individuell kalkuliert, sondern ist gesetzlich vorgegeben und wird in einen **Gesundheitsfonds** eingezahlt. Er beträgt zur Zeit 14,6 % vom sozialversicherungspflichtigen Bruttoentgelt und wird von Arbeitgeber und Arbeitnehmer je zur Hälfte getragen. Zusätzlich können die Krankenkassen bei Bedarf einen individuellen Zusatzbeitrag erheben, der ebenfalls zu gleichen Teilen von Arbeitgeber und Arbeitnehmer zu zahlen ist.

Im Rahmen der Lohn- und Gehaltsabrechnung überweist der Arbeitgeber den Krankenkassenbeitrag der Arbeitnehmer und des Arbeitgebers zusammen mit allen anderen Sozialversicherungsbeiträgen an die Krankenkassen. Diese leiten die Krankenversicherungsbeiträge an den **Gesundheitsfonds** weiter. Neben den Beiträgen der Arbeitnehmer und Arbeitgeber zahlt auch der Staat einen Zuschuss, finanziert aus Steuergeldern, in den Gesundheitsfonds ein. Dieses Geld wird nun vom Gesundheitsfonds wieder an die Krankenkassen verteilt. Grundsätzlich bekommen alle Krankenkassen für jeden Versicherten einen einheitlichen Geldbetrag aus dem Gesundheitsfonds zugewiesen. Zusätzlich erhalten jedoch die Krankenkassen Zu- und Abschläge – nach Alter, Geschlecht und Krankenstand der Versicherten. Durch diesen so genannten **Risikostrukturausgleich zwischen den Krankenkassen** soll verhindert werden, dass Krankenkassen mit einer überdurchschnittlich hohen Zahl kranker Versicherter Nachteile im Wettbewerb haben, denn manche Krankenkassen haben vorwiegend junge, gesunde Mitglieder, die wenig kosten, während andere Krankenkassen überwiegend ältere und behandlungsintensivere Mitglieder haben.

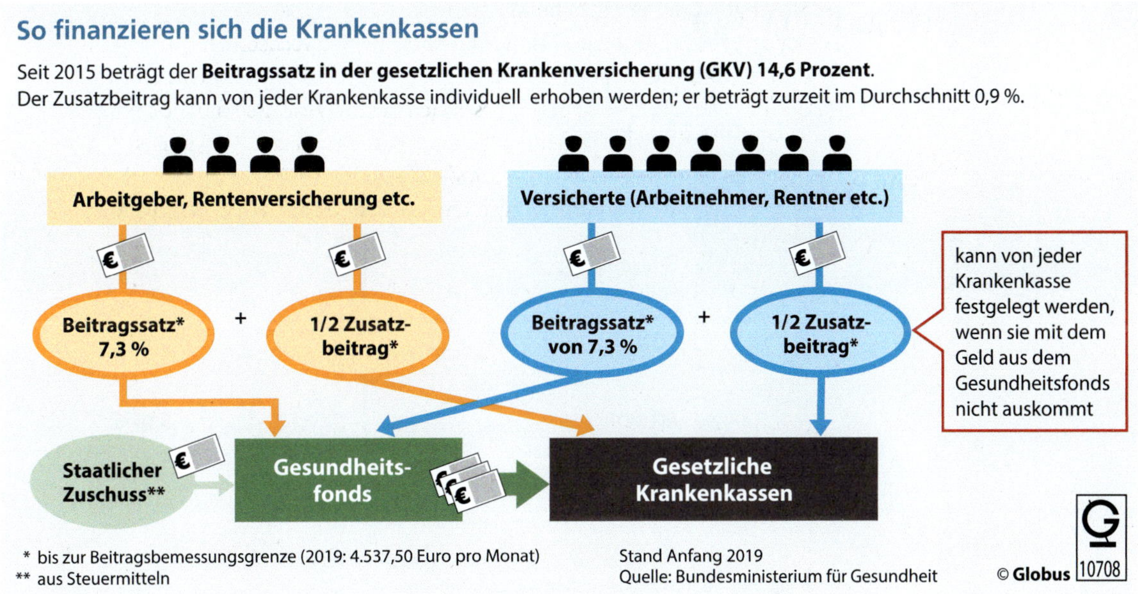

Kommen die Krankenkassen mit dem zugewiesenen Geld aus dem Gesundheitsfonds nicht aus, muss die Krankenkasse einen **Zusatzbeitrag** von ihren Mitgliedern erheben. Das Bundesministerium für Gesundheit legt jedes Jahr die durchschnittliche Höhe des Zusatzbeitrages fest. Im Jahr 2019 beträgt er 0,9 % vom sozialversicherungspflichtigen Bruttoeinkommen. Dies ist für die gesetzlichen Krankenkassen aber nur ein Richtwert. Jede Krankenkasse bestimmt selbst, wie hoch der Zusatzbeitrag für ihre Mitglieder ausfällt.

6.2.2 Pflegeversicherung

Viele ältere Menschen leiden an Alterskrankheiten, die ihre physische und psychische Gesundheit stark beeinträchtigen und die deshalb Pflege benötigen. Pflege im Alter ist teuer und für viele Mitbürger sogar unbezahlbar. Seit 1995 bezuschusst deshalb die Pflegeversicherung die Pflege im Hause des Pflegebedürftigen oder im Heim. Die Pflegeversicherung verfolgt u. a. folgende Ziele:

- Jeder soll sich darauf verlassen können, im Bedarfsfall ausreichende Pflegeleistungen zu erhalten.
- Pflegebedürftige Menschen sollen nicht auf Sozialhilfe angewiesen sein.
- Pflegekosten sollen nicht dem Staat aufgebürdet werden.
- Pflege durch Angehörige soll finanziell honoriert werden.

Wer in der gesetzlichen Krankenversicherung versichert ist, gehört auch der gesetzlichen Pflegeversicherung an. Wer privat versichert ist, muss eine private Pflegeversicherung abschließen. **Träger** der Pflegeversicherung sind die Pflegekassen der Krankenkassen und der privaten Krankenversicherung.

Die **Leistungen** der Pflegeversicherung richten sich nach dem Grad der Bedürftigkeit. Mit dem Inkrafttreten des Zweiten Pflegestärkungsgesetzes gelten seit dem 1. Januar 2017 fünf neue **Pflegegrade**. Damit erhalten nun alle pflegebedürftigen Menschen gleichberechtigten Zugang zu den Leistungen der Pflegeversicherung, unabhängig davon, ob sie körperlich, geistig oder psychisch beeinträchtigt sind.

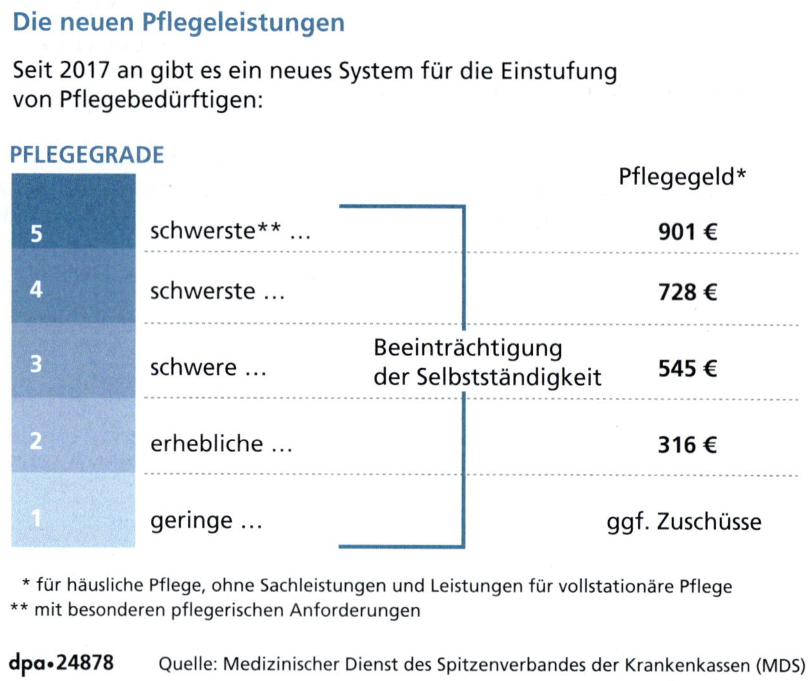

Seit Einführung der Pflegeversicherung im Jahr 1995 hat sich die Zahl der Pflegebedürftigen auf 3,3 Millionen Menschen verdreifacht (Stand Ende 2017). Mit der Einführung der neuen Pflegegrade sind auch die Kosten gestiegen: 2017 schloss die gesetzliche Pflegeversicherung trotz Beitragserhöhung erstmals seit 10 Jahren wieder mit einem Defizit (2,42 Milliarden Euro) ab.

6.2.3 Rentenversicherung

Aufgabe der gesetzlichen Rentenversicherung (RV) ist die finanzielle Sicherung der Arbeitnehmer und ihrer Familien bei Berufs- und Erwerbsunfähigkeit, Alter und Tod. **Träger** der Rentenversicherung ist die Deutsche Rentenversicherung. Leistungen aus der Rentenversicherung werden nur gewährt, wenn ihr der Versicherte eine Mindestanzahl von Versicherungsjahren (so genannte Wartezeit) angehört hat. Die **Leistungen** der Rentenversicherung lassen sich in die vier großen Bereiche untergliedern: Altersrente, Erwerbsminderungsrente, Hinterbliebenenrente und sonstige Leistungen.

www.deutsche-rentenversicherung.de

Altersrente

Anspruch auf Altersrente hat der Versicherte, wenn er ein bestimmtes Lebensalter (Altersgrenze) erreicht hat. Beim Erreichen der Altersgrenze erhält der ehemalige Arbeitnehmer eine Altersrente, die sich u. a. berechnet aus der Höhe seiner Rentenversicherungsbeiträge und der Dauer seiner Beitragszahlung.

Zurzeit erhalten etwa 17,5 Millionen Bürger in Deutschland eine Altersrente. Bei der Höhe der Rente gibt es zwischen Männern und Frauen deutliche Unterschiede: Während die Männer eine durchschnittliche Rente von etwa 1.000 Euro im Monat erhalten, kommen die Frauen nur auf knapp 670 Euro. Dies liegt im Wesentlichen an der kürzeren Dauer der Beitragszahlung. Anhand dieser Zahlen wird aber auch deutlich, dass einer zusätzlichen (privaten) Altersvorsorge immer stärkere Bedeutung zukommt.

Das Renteneintrittsalter steigt zurzeit Schritt für Schritt an. Ab der Mitte des Jahres 2029 gilt das Renteneintrittsalter von 67 Jahren. Dann erhalten die Versicherten erst mit dem Erreichen des 67. Lebensjahres ihre Altersrente. Mit der Verschiebung des Renteneintrittsalters von 65 Jahren auf 67 Jahre wird dem Umstand Rechnung getragen, dass sich immer mehr Menschen im Rentenalter befinden und die Lebenserwartung stetig ansteigt.

Versicherte können auf Wunsch auch vorzeitig in Rente gehen, müssen allerdings dann Abzüge bei ihrer Rentenzahlung in Kauf nehmen. Es gibt jedoch eine Ausnahme: Hat ein Versicherter insgesamt 45 Jahre lang Beiträge in die Rentenkasse eingezahlt, kann er schon zwei Jahre früher ohne Abzüge in Rente gehen.

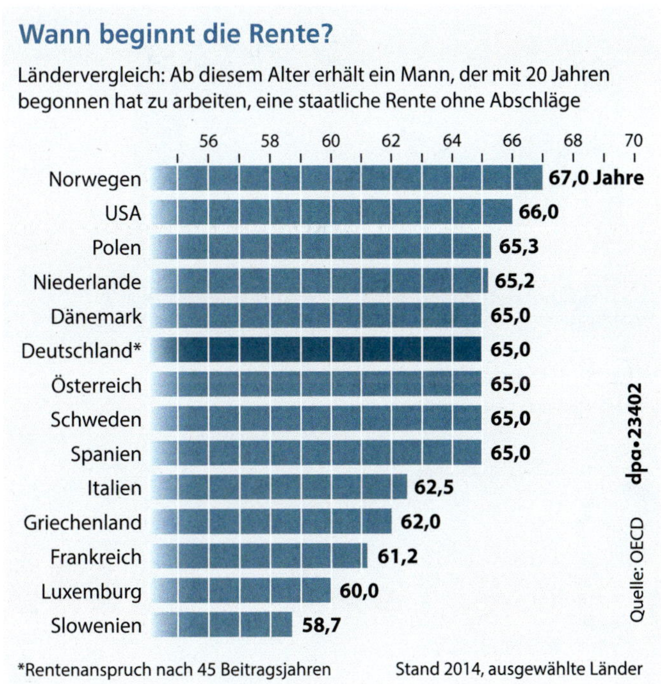

Erwerbsminderungsrente

Können Arbeitnehmer aufgrund einer gesundheitlichen Einschränkung gar nicht mehr oder nur noch weniger als drei Stunden täglich arbeiten, erhalten sie aus der Rentenkasse die volle Erwerbsminderungsrente (ca. 35 % des letzten Bruttoeinkommens). Die halbe Erwerbsminderungsrente erhält der Versicherte, wenn er noch mindestens drei und maximal sechs Stunden täglich arbeiten kann (ca. 17 % des letzten Bruttoeinkommens).

Hinterbliebenenrente

Stirbt ein Versicherter, zahlt die Deutsche Rentenversicherung an den hinterbliebenen Ehepartner und/oder die Kinder eine Rente. Hinterbliebene Ehepartner erhalten eine Witwen-/Witwerrente in Höhe von maximal 60 % der Rente des Verstorbenen. Allerdings wird ein etwaiges eigenes Einkommen des Partners angerechnet. Hinterbliebene Kinder erhalten eine Waisenrente bis zur Vollendung des 18. Lebensjahres. Sollten sie sich noch in der Ausbildung befinden (Berufsausbildung, Studium), verlängert sich ihr Anspruch bis zur Vollendung ihres 25. Lebensjahres.

Sonstige Leistungen

Neben der Zahlung von Renten hat die Deutsche Rentenversicherung weiterhin die Aufgabe, die Erwerbsfähigkeit der Versicherten zu erhalten, zu verbessern oder ggf. wiederherzustellen. Dies tut sie, indem sie Heilbehandlungen und Berufsförderungsmaßnahmen bei Bedarf für die Versicherten finanziert.

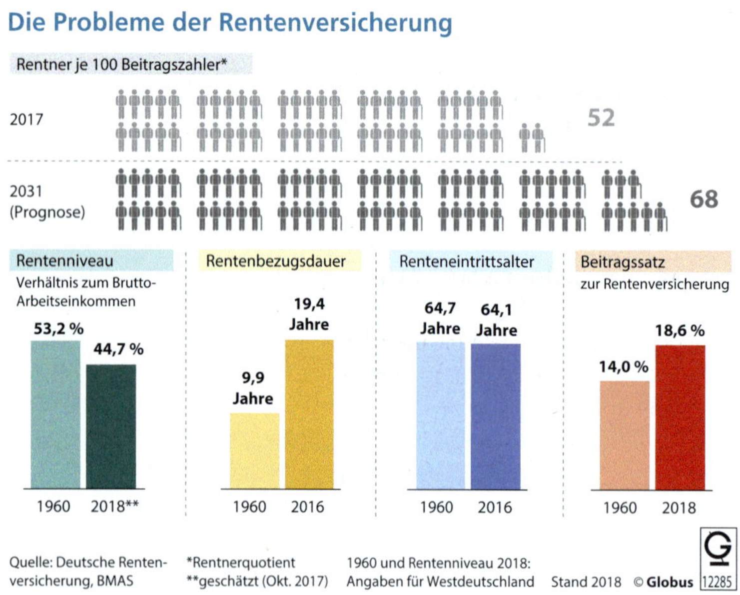

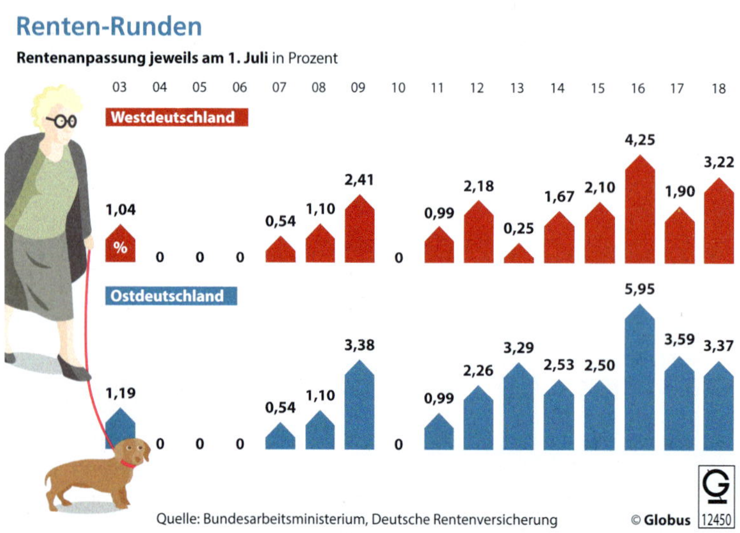

Der gesetzlichen Rentenversicherung liegt das Prinzip des **Generationenvertrages** zu Grunde. Durch die Beitragszahlungen der Erwerbstätigen werden die Rentenzahlungen der nicht mehr erwerbstätigen Generation finanziert. Dies setzt aber voraus, dass es genügend Erwerbstätige gibt, die in die Rentenkasse einzahlen. Angesichts niedriger Geburtenraten und längerer Lebensdauer steht die Rentenversicherung vor großen finanziellen Problemen und langfristig sicherlich vor weitreichenden Veränderungen.

In der Regel werden die Renten an die jährlichen Lohn- und Gehaltssteigerungen der rentenversicherungspflichtigen Arbeitnehmer angepasst. Steigt also das durchschnittliche Nettoentgelt aller versicherungspflichtigen Arbeitnehmer, so steigen die Renten im darauffolgenden Jahr im gleichen prozentualen Verhältnis an (**dynamische Rente**).

Der aktuelle **Beitragsatz** zur Rentenversicherung beträgt 18,6 % (Stand: 2019) und wird je zur Hälfte vom Arbeitnehmer und vom Arbeitgeber gezahlt.

6.2.4 Arbeitslosenversicherung

Die Arbeitslosenversicherung versichert das Risiko der Arbeitslosigkeit. **Träger** der Arbeitslosenversicherung ist die Bundesagentur für Arbeit. Die Bundesagentur für Arbeit erbringt z. B. folgende **Leistungen** im Rahmen der Arbeitslosenversicherung:

- Zahlung von **Entgeltersatzleistungen** (Arbeitslosengeld, Kurzarbeitergeld, Winterausfallgeld, Insolvenzausfallgeld und Beiträge zur Soziaversicherung für Arbeitslose)
- Berufsberatung
- Förderung der beruflichen Aus- und Weiterbildung
- Kindergeldzahlung aus der Familienkasse

Als arbeitslos gilt, wer

1. keine Beschäftigung hat, d. h. weniger als 15 Stunden in der Woche arbeitet,
2. Arbeit sucht,
3. dem Arbeitsmarkt zur Verfügung steht und
4. arbeitslos gemeldet ist.

Nur wer diese vier Kriterien erfüllt, wird in den offiziellen **Arbeitslosenstatistiken** geführt und hat unter bestimmten Voraussetzungen Anspruch auf Arbeitslosengeld I (ALG I).

Arbeitslosengeld I erhält, wer

- wie oben beschrieben arbeitslos ist,
- in den letzten zwei Jahren vor der Arbeitslosigkeit mindestens zwölf Monate gearbeitet hat und dabei in die Arbeitslosenversicherung eingezahlt hat,
- sich persönlich arbeitslos gemeldet hat. Diese persönliche Meldung über die Beendigung des Arbeitsverhältnisses muss unmittelbar nach Kenntnis über die Beendigung des Arbeitsverhältnisses (z. B. bei Erhalt der Kündigung) persönlich erfolgen. Handelt es sich um einen befristeten Vertrag, muss die Meldung drei Monate vor Ablauf des Vertrages erfolgen. Diese Regelung gilt nicht für betriebliche Ausbildungsverhältnisse. Erfolgt die Meldung nicht rechtzeitig, so kommt es zu Kürzungen des Arbeitslosengeldes.

Die **Höhe des Arbeitslosengeldes** beläuft sich auf 60 % (bzw. 67 % für Arbeitslose mit Kind) des Nettoentgelts, das in der letzten Beschäftigung vor der Arbeitslosigkeit durchschnittlich erzielt wurde. Wie lange ein Arbeitsloser Anspruch auf Arbeitslosengeld hat, ist abhängig von seinem Alter und davon, wie lange er in den letzten fünf Jahren bei der Bundesagentur für Arbeit versicherungspflichtig war.

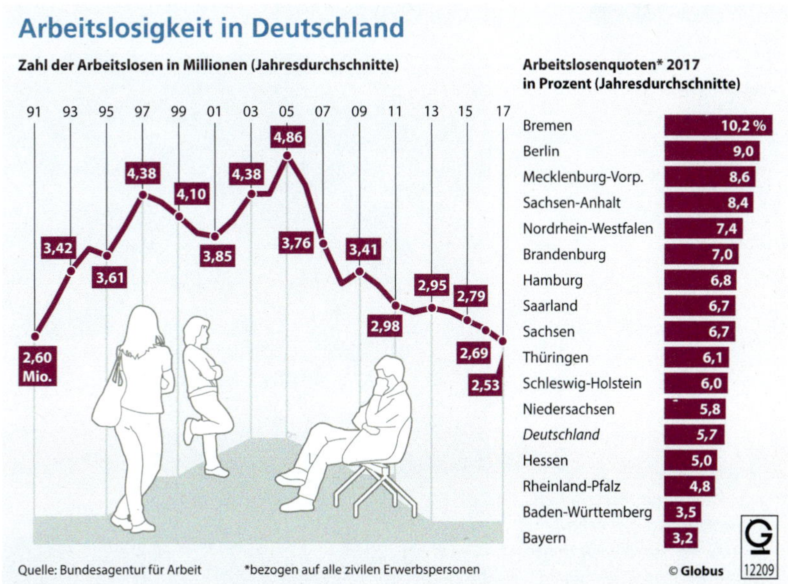

Ansprüche auf Arbeitslosengeld I

Versicherungspflicht in den letzten 5 Jahren vor der Arbeitslosmeldung (Monate)	Vollendetes Lebensjahr	Höchstanspruchsdauer (Monate)
12		6
16		8
20		10
24		12
30	50.	15
36	55.	18
48	58.	24

Der Höchstanspruch für Arbeitslose, die das 50. Lebensjahr noch nicht vollendet haben, beträgt zwölf Monate. Er setzt voraus, dass die/der Arbeitslose in den letzten fünf Jahren zwei Jahre versicherungspflichtig beschäftigt war.
Die Höchstdauer von 24 Monaten gilt nur für Arbeitslose, die das 58. Lebensjahr vollendet haben und in den letzten fünf Jahren vor der Arbeitslosmeldung Versicherungspflichtzeiten von mindestens 48 Monaten nachweisen.

Quelle: BMAS; www.bmas.de/DE/Themen/Arbeitsmarkt/Arbeitslosengeld/arbeitslosengeld.html

Spätestens mit Ablauf des Monats, in dem das 65. Lebensjahr vollendet wird, endet die Zahlung von Arbeitslosengeld. Der aktuelle **Beitragssatz** zur Arbeitslosenversicherung beträgt zurzeit 2,5 % (Stand: 2019) und wird je zur Hälfte vom Arbeitgeber und Arbeitnehmer gezahlt.

Nach Ablauf des Anspruchs auf Arbeitslosengeld hat der Arbeitslose die Möglichkeit, bei der Bundesagentur für Arbeit **Arbeitslosengeld II** (ALG II) zu beantragen. Das Arbeitslosengeld II ist allerdings keine Leistung der Arbeitslosenversicherung. Es ist eine staatliche Transferleistung, die durch Steuergelder finanziert wird. Die Höhe richtet sich nicht nach dem früheren Einkommen, sondern nach festen Regelsätzen (Regelbedarfe).

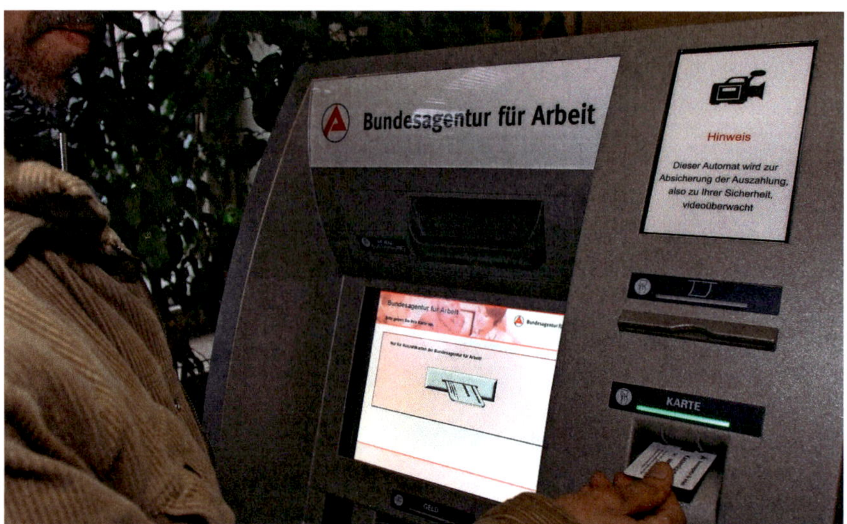

Nach den gesetzlichen Bestimmungen erhalten Arbeitslose nach ihrer Entlassung Arbeitslosengeld.

6.2.5 Unfallversicherung

Die Unfallversicherung ist die Sozialversicherung mit den meisten Versicherten. Neben allen Arbeitnehmern sind u. a. auch Schüler und Studenten pflichtversichert. Unternehmer können sich selbst freiwillig versichern.

Die **Beiträge** zur gesetzlichen Unfallversicherung werden vom Arbeitgeber allein gezahlt. Die **Beitragshöhe** richtet sich nach der Gefahrenzone (z. B. muss ein Dachdeckerbetrieb wegen der größeren Unfallgefahr höhere Beiträge zahlen als ein Einzelhandelsunternehmen) und nach der Unternehmensgröße (Lohn- und Gehaltssummen der Unternehmen). Die **Träger** der Unfallversicherung sind die Berufsgenossenschaften der unterschiedlichen Branchen oder bei Schülern die Gemeindeunfallversicherung.

Für den Einzelhandel ist die Berufsgenossenschaft Handel und Warendistribution zuständig.

www.bghw.de

Leistungsbereiche der Unfallversicherung

Unfallverhütung	Milderung oder Beseitigung von Unfallfolgen bei Arbeitsunfällen
• Erlass und Überwachung von Unfallverhütungsmaßnahmen • Sicherstellung einer wirksamen Ersten Hilfe bei Arbeitsunfällen • Auskunft- und Beratungswesen	• Zahlung der Heilbehandlung • Berufshilfe (z. B. Umschulung) • finanzielle Entschädigung für Unfallfolgen • Berufserkrankungen

Unter **Arbeitsunfällen** sind Unfälle zu verstehen, die im Zusammenhang mit der Berufsausübung eintreten, wie Unfälle während der Arbeit, Unfälle auf dem Weg von der oder zu der Arbeit und Berufskrankheiten. **Berufskrankheiten** entstehen durch besonders schädigende Einflüsse am Arbeitsplatz (z. B. Schadstoffe und Lärm).

Die gesetzliche Unfallversicherung

Versicherungsschutz	Aufgaben und Leistungen
bei • Arbeits- und Wegeunfällen • Berufskrankheiten für • alle Beschäftigten und Auszubildenden • Landwirte • Kinder in Kindertagesstätten, Schüler, Studenten • Retter, Helfer, Blutspender • Pflegepersonen • freiwillig Versicherte	Prävention Verhütung von • Arbeitsunfällen • Berufskrankheiten • arbeitsbedingte Gesundheitsgefahren Rehabilitation • Heilbehandlung • berufliche und soziale Rehabilitation Entschädigung • Verletztengeld • Übergangsgeld, Renten

Versicherungsträger
- Gewerbliche Berufsgenossenschaft
- Landwirtschaftliche Berufsgenossenschaft
- Versicherungsträger der öffentlichen Hand

Weitere Lohnnebenkosten entstehen dem Arbeitgeber durch die Insolvenzumlage (U3) mit 0,06 % der rentenversicherungspflichtigen Lohnsumme sowie durch die Umlage zur Entgeltfortzahlung im Krankheitsfall (U2) und die Mutterschaftsgeldumlage (U1). Die Höhe der Umlagen 1 und 2 bestimmt die zuständige Krankenkasse.

ALLES KLAR?

1 Zu den fünf Säulen der Sozialversicherungen zählen

a) Rentenversicherung, Lebensversicherung, Krankenversicherung, Unfallversicherung, Pflegeversicherung
b) Arbeitslosenversicherung, Krankenversicherung, Unfallversicherung, Pflegeversicherung, Rentenversicherung,
c) Krankenversicherung, Pflegeversicherung, Erwerbsunfähigkeitsversicherung, Rentenversicherung, Unfallversicherung
d) Unfallversicherung, Krankenhaustagegeldversicherung, Rentenversicherung, Arbeitslosenversicherung, Pflegeversicherung
e) Arbeitslosenversicherung, Berufsunfähigkeitsversicherung, Krankenversicherung, Unfallversicherung, Pflegeversicherung

2 In welchem Fall liegt keine Regelleistung der gesetzlichen Krankenkasse vor?

a) Krankengeld nach sechswöchiger Lohnfortzahlung durch den Arbeitgeber
b) Behandlung im Krankenhaus nach einem selbstverschuldeten Unfall
c) Maßnahmen zur Früherkennung bestimmter Krankheiten
d) Krankenhaustagegeld nach dreiwöchigem Krankenhausaufenthalt
e) Haushaltshilfe bei Krankheit, wenn ein Kind unter 12 Jahren betreut werden muss

3 Der Gesundheitsfonds …

a) dient dem Risikostrukturausgleich zwischen den Krankenkassen.
b) wird aus den Beiträgen der Arbeitnehmer und der Arbeitgeber zu den Sozialversicherungen finanziert.
c) verteilt die Einnahmen aus den Beiträgen der Versicherten an die Krankenkassen.
d) zahlt an Krankenkassen einen einheitlichen Geldbetrag unabhängig vom Alter, Geschlecht und Krankenstand der Versicherten.
e) kann bei Bedarf von den Versicherten zusätzliche Beiträge erheben.

4 Die Pflegeversicherung bezahlt Leistungen an pflegebedürftige Menschen, die …

a) mindestens 67 Jahre alt sind.
b) im Heim untergebracht sind.
c) mindestens den Pflegegrad 3 haben.
d) nicht von Angehörigen im selben Haushalt betreut werden können.
e) zu Hause oder im Heim versorgt werden müssen.

5 Wer ist Träger der gesetzlichen Rentenversicherung?

a) Rentenversicherung Deutschland
b) Bundesagentur für Renten
c) Bundesversicherungsanstalt für Renten
d) Deutsche Rentenversicherung
e) Bundeskasse für Renten

6 Wer ist berechtigt, Arbeitslosengeld I zu beziehen?

a) Antonia ist arbeitslos, hat in den letzten zwei Jahren 10 Monate in die Arbeitslosenversicherung eingezahlt und hat sich persönlich arbeitslos gemeldet.
b) Bert hat keine Beschäftigung, hat in den letzten 20 Monaten 12 Monate sozialversicherungspflichtig gearbeitet und sucht eine Stelle als Verkäufer im Elektronikhandel.
c) Charly ist arbeitslos, hat sich persönlich arbeitslos gemeldet und das ganze letzte Jahr in die Arbeitslosenversicherung eingezahlt.
d) Doro ist arbeitslos, hält sich für zwei Monate im Ausland auf und meldet sich per E-Mail arbeitslos.
e) Emile teilt dem Arbeitsamt telefonisch mit, dass er arbeitslos ist und dem Arbeitsmarkt zur Verfügung steht.

7 Auf dem Weg zur Arbeit verunglückt ein Arbeitnehmer. Wer trägt die Kosten der Heilbehandlung?

a) Privathaftpflichtversicherung
b) gesetzliche Unfallversicherung
c) Erwerbsunfähigkeitsversicherung
d) private Krankenversicherung
e) gesetzliche Pflegeversicherung

7 Mitarbeitermotivation

Mitarbeiter, die ihre Arbeit mit Lust und Laune erledigen, arbeiten nicht nur besser und schneller, sondern sie sind zufriedener, zeigen mehr Loyalität dem Unternehmen gegenüber. Durch ihre Leistungsbereitschaft tragen motivierte Mitarbeiter entscheidend zum Erfolg des Einzelhandelsunternehmens bei. Sie arbeiten selbstständig, sind hilfsbereit und freundlich und binden damit die Kunden an das Unternehmen.
Das **Unternehmensleitbild der Kundenorientierung** setzt also eine mitarbeiterorientierte Personalführung voraus. Zur Optimierung des Unternehmenserfolges muss deshalb die Mitarbeitermotivation zur „Chefsache“ gemacht werden.

Loyalität (franz.)
Anständigkeit, Treue

Optimierung des Unternehmenserfolges

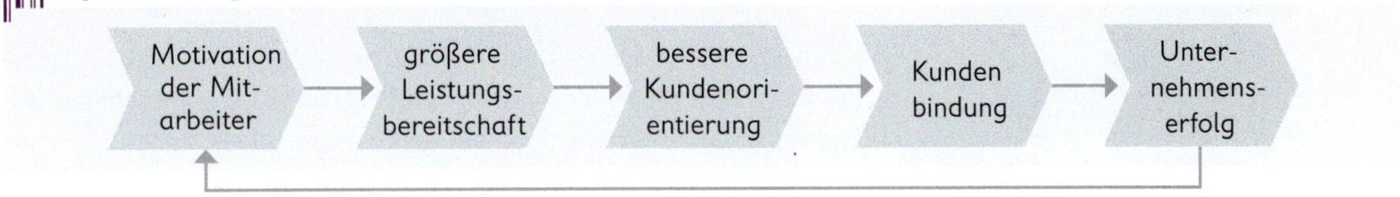

Zufriedenheit und Engagement der Mitarbeiter sind besonders mit
- einer guten Arbeitsatmosphäre,
- dem kollegialen Verhalten,
- dem Arbeitseinsatz im Unternehmen und der damit verbundenen Freude an der Arbeit,
- der Anerkennung der Arbeitsleistung durch Vorgesetzte,
- einer angemessenen Bezahlung und
- der Möglichkeit, sich weiterzuqualifizieren,

verbunden.

Zur Erreichung dieser Ziele steht ein breites Spektrum an Möglichkeiten der materiellen und immateriellen Motivation und deren Mischformen zur Verfügung. Obwohl es situationsabhängig ist, welche Motivationsart angewandt wird, sollte die Unternehmensführung grundlegend dafür Sorge tragen, dass
- respektvolle Umgangsformen herrschen,
- regelmäßige Gespräche mit Mitarbeitern stattfinden,
- Perspektiven zur Weiterbildung und zum Erwerb von Zusatzqualifikationen aufgezeigt werden,
- Mitarbeiter die Möglichkeit zur Mitgestaltung des Arbeitsumfeldes haben und
- eine leistungsgerechte Bezahlung gewährleistet wird.

materielle Motivation
Motivation durch finanzielle Anreize

immaterielle Motivation
Motivation durch geistige, ideelle Vorteile

Welche Maßnahmen zum Erfolg führen, hängt von der Struktur und Situation des Betriebes ab. Einige Einzelhandelsunternehmen führen Mitarbeiterbefragungen durch, um Ursachen und Zusammenhänge mangelnder Mitarbeitermotivation zu erkennen und um die richtigen Konsequenzen für effektive Veränderungen aus den Ergebnissen abzuleiten. Mit solchen Befragungen signalisiert man den Mitarbeitern Interesse und Wertschätzung, sie haben das Gefühl, „ernst genommen“ zu werden. Die Mitarbeiter haben außerdem den Eindruck, Einfluss auf die Gestaltung ihrer Arbeitsbedingungen nehmen zu können. Nachhaltige Verbesserungen können nur erreicht werden, wenn die Geschäftsleitung bereit ist, die Befragungsergebnisse umzusetzen, wobei bei den Mitarbeitern keine unrealistischen Erwartungen geschürt werden dürfen. Die Befragungen müssen auf anonymer und freiwilliger Basis unter Wahrung des Datenschutzes durchgeführt werden, denn nur so kann man Vertrauen aufbauen und mit einem aussagekräftigen Rücklauf der Befragungen rechnen.

7.1 Immaterielle Mitarbeitermotivation

Arbeitsklima
→ Band 1, LF 1, Kap. 6.3

7.1.1 Arbeitsklima

Mitarbeiter fühlen sich in einer guten und stabilen Arbeitsatmosphäre wohl. Dazu müssen die passenden Rahmenbedingungen geschaffen werden, z.B. wirkt sich eine Arbeitsumgebung mit lichtdurchfluteten, luftigen und farbenfreundlichen Räumen positiv auf die Motivation aus. Mitarbeiter möchten ihre Arbeit ohne unnötige Störungen verrichten können, deshalb sollten funktionierende Arbeitsgeräte sauber und ordentlich an ihrem Platz stehen. Das Arbeitsklima wird von Mitarbeitern dann als besonders angenehm empfunden, wenn der **Teamgeist** stimmt.

Erfolgreiche Führungspersonen wirken mit einem kooperativen Umgang den Mitarbeitern als Vorbild. Durch gemeinsame Aktivitäten wie Betriebsausflüge, Betriebssport, ein gemeinsames Frühstück o.Ä. wird das Zusammengehörigkeitsgefühl der Mitarbeiter gestärkt. Zu einem guten Betriebsklima gehört auch, dass Vorgesetzte ein „offenes Ohr" für die persönlichen Bedürfnisse der Mitarbeiter haben und deren Anliegen ernst nehmen.

kooperativer Umgang
Mitarbeiter werden durch ihren Chef z.B. in Entscheidungsprozesse einbezogen.

Beispiel

Die Beska GmbH stellt eine „Meckerbox" bereit, wo jeder Mitarbeiter anonym aufschreiben kann, was ihm nicht passt. Die Schreiben werden von der Geschäftsleitung regelmäßig gelesen und ziehen, wenn möglich, entsprechende Konsequenzen nach sich.

Mit der Einrichtung von Betriebskindergärten oder der Organisation einer Ferienbetreuung ermöglicht man berufstätigen Eltern ein Arbeiten mit weniger Stress und einen flexibleren Arbeitseinsatz.

7.1.2 Mitarbeitergespräch

formelle Gespräche
Gespräche mit ausdrücklichem Gesprächstermin

informelle Gespräche
Gelegenheitsgespräche

konstruktiv
aufbauend

Das persönliche Gespräch bietet dem Führungspersonal und den Mitarbeitern Gelegenheit zum gegenseitigen Informationsaustausch. Formelle und informelle Gespräche ermutigen den Mitarbeiter, eigene Ideen und konstruktive Verbesserungsvorschläge zu aktuellen Fragen der Arbeit zu machen. Mitarbeiter honorieren, wenn Vorgesetzte Interesse zeigen und sich die Zeit nehmen, ihnen zuzuhören. Vorgesetzte nutzen ihrerseits die Chance, Informationen über das Unternehmen, wie z.B. über geplante Änderungen, weiterzugeben.

In **Beurteilungsgesprächen**, die gleichzeitig Beratungsgespräche sein sollen, erhalten Mitarbeiter ein Feedback zu ihrer Arbeitsleistung und damit auch eine Orientierung darüber, mit welcher Arbeitsleistung die Unternehmensführung zufrieden ist. Lob, besonders wenn es zeitnah ausgesprochen wird, verstärkt positive Verhaltensweisen.

Beispiel

Die Abteilungsleiter der Beska GmbH führen mindestens einmal im Jahr oder bei Bedarf mehrmals im Jahr ein Gespräch mit jedem Mitarbeiter der jeweiligen Abteilung. Die Ergebnisse dieses Gespräches halten sie in einem Protokoll fest. In diesen Gesprächen werden auch Möglichkeiten aufgezeigt, wie der jeweilige Mitarbeiter in seiner beruflichen und betrieblichen Entwicklung gefördert werden kann.

7.1.3 Personalentwicklung

Neue technische Entwicklungen, Produktneuheiten, Vertikalisierung und Internationalisierung der Märkte im Einzelhandel erfordern **Qualifikationsanpassungen** der Mitarbeiter und stellen hohe Anforderungen an deren Flexibilität. Qualifizierte Mitarbeiter sind für das Unternehmen eine entscheidende Voraussetzung, um im Wettbewerb erfolgreich bestehen zu können.

Bei der Vertikalisierung ist die Aufeinanderfolge der Wirtschaftsstufen Industrie und Handel aufgehoben. Das ist bei der Produktentwicklung und Vermarktung von Eigenmarken der Fall. Diese Aufgaben muss bei Eigenmarken der Handel selbst organisieren.

Aufgabe der Personalentwicklung ist es, talentierte Mitarbeiter, vom Auszubildenden bis hin zum Abteilungsleiter, für die neuen Herausforderungen zu gewinnen und sie in ihrer beruflichen Entwicklung zu fördern. Außerdem müssen alle Mitarbeiter auf veränderte Bedingungen ihres Arbeitsplatzes vorbereitet werden. Dies geschieht durch betriebsinterne und externe Fort- und Weiterbildungsmaßnahmen. Die Weiterbildung der Mitarbeiter kommt sowohl dem Erfolg des Unternehmens zugute als auch der individuellen Karriere des Mitarbeiters.

Fort- und Weiterbildung
→ Band 1, LF 1, Kap. 1.7

Beispiel

Die Beska GmbH fördert leistungsorientierte Mitarbeiter bei ihrem Wunsch zur Aufstiegsweiterbildung, z.B. als Handelsfachwirt, indem sie diese Weiterbildung finanziell oder durch Freistellung von der Arbeit unterstützt.

7.1.4 Mitgestaltung durch Arbeitnehmer

Mitarbeiter, die eigenverantwortlich entscheiden können, sind in der Regel motivierter als jene, die nur auf Anweisung handeln. Die erfolgreiche Delegation von Aufgaben und Entscheidungsbefugnissen (**Empowerment**) erfordert von den Führungskräften nicht nur Mut zum „Loslassen", sondern sie setzt voraus, dass Führungskräfte

- eine positive Einstellung und Vertrauen zu ihren Mitarbeitern haben,
- Informationen für die Mitarbeiter jederzeit verfügbar machen,
- eine offene Atmosphäre schaffen, in der die Mitarbeiter sich trauen, für Fehler geradezustehen und
- die Ziele präzise vorgeben und gleichzeitig den Mitarbeitern genügend Freiraum für den Lösungsweg geben.

Delegation
Übertragung von Befugnissen und Verantwortung

Als motivierend wird von den Mitarbeitern empfunden, wenn sie auch an den eigenen Arbeitsbedingungen, wie z. B. der **Arbeitszeitverteilung**, mitwirken können.

Beispiel

Die Beska GmbH gibt innerhalb einer Abteilung einem Team von gewählten Mitarbeitern die Möglichkeit, Arbeitszeiten mitzubestimmen. Der Abteilungsleiter gibt die Anzahl der benötigten Wochenstunden vor, das Team verteilt die wöchentliche Arbeitszeit auf die Mitarbeiter.

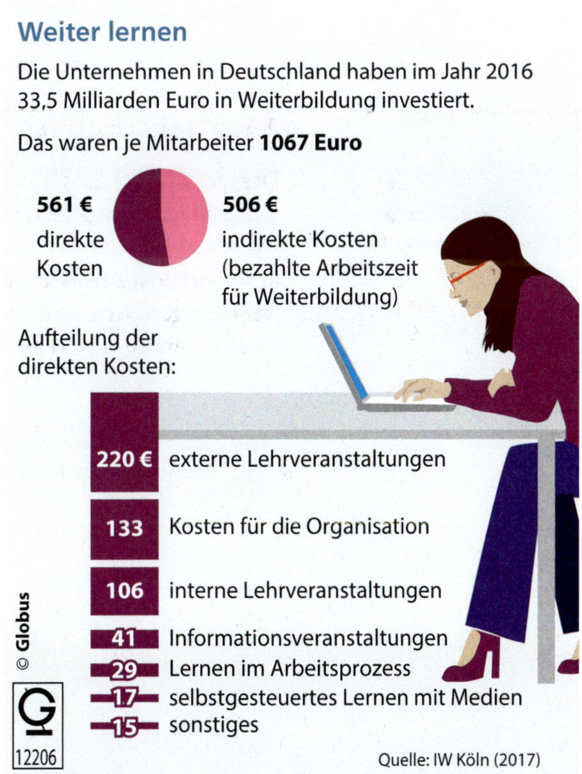

7.2 Materielle Mitarbeitermotivation

Die Beteiligung der Mitarbeiter am Unternehmenserfolg ist eine wirksame Motivation für größere Leistungsbereitschaft und kommt letztlich dem Unternehmen zugute. Es gibt verschiedene Möglichkeiten der **Mitarbeiterbeteiligung**.

Prämienspanne
mögliche Gehaltssteigerung

Powerselling
„Verkaufen um jeden Preis"

Neben einem erfolgsunabhängigen Grundentgelt wird in Abhängigkeit der erbrachten Leistung eine **Prämie** bezahlt. Solche Zusatzzahlungen werden für konkret feststellbare Leistungen gewährt. Die Wirkung der Prämie als Leistungsanreiz hängt von der Höhe der Prämienspanne ab. Prämien dürfen nicht dazu führen, dass das Personal „Powerselling" um jeden Preis macht, um das eigene Einkommen zu erhöhen. Das kann zu einem qualitativen Leistungsabfall führen und dann bleibt die Kundenorientierung auf der Strecke.

Beispiel

- Das Verkaufspersonal der Beska GmbH erhält in verschiedenen Abteilungen Prämien für erbrachte Umsätze.
- Auf einen Tagesmindestabsatz einer bestimmten Aktionsware erhalten die Mitarbeiter der jeweiligen Abteilung eine Verkaufsprämie.

Betriebliche Altersvorsorge
→ Band 1, LF 1, Kap. 2.2.2

Betriebliche Sozialleistungen unterstreichen den Fürsorgegedanken des Unternehmens für seine Mitarbeiter. Ein in der Praxis häufig anzutreffendes Beispiel ist die betriebliche Altersvorsorge.

Bei der Vergabe von **Mitarbeiterdarlehen** erhalten Betriebsangehörige Kredite zu günstigen Konditionen und können hauseigene Waren auf Raten zu besonders günstigen Zinskonditionen kaufen. **Belohnungen** (Incentives) werden für einen guten Arbeitseinsatz oder für allgemeines Engagement in Form von kleinen Geschenken gegeben.

Beispiel

Für gute Zusammenarbeit und Engagement bei der Organisation einer Aktionswoche erhalten die Mitarbeiter einen Warengutschein.

Aktiengesellschaft
→ LF 14, Kap. 2.3.2

Die Mitarbeiter von Aktiengesellschaften können sich bei dieser Unternehmensform durch **Belegschaftsaktien** am Eigenkapital des Unternehmens und somit am Erfolg des Unternehmens beteiligen. Diese Belegschaftsaktien sind im Verhältnis zu den sonstigen Aktien des Unternehmens in der Regel wesentlich günstiger zu erwerben.

Beispiel

Die Mitarbeiter der Kaufgut AG können bis zu drei Anteile pro Jahr zu je 150 Euro erwerben. An der Börse werden die Aktien für 180 Euro gehandelt.

ALLES KLAR?

1 Von loyalen Mitarbeitern spricht man, wenn sie …

a) sich verpflichtet fühlen, unentgeltlich Überstunden zu leisten.
b) allen Entscheidungen der Vorgesetzten in blindem Gehorsam zustimmen.
c) im Team immer die Führungsrolle übernehmen.
d) sich selbst gegenüber verpflichtet fühlen, durch Sport und Weiterbildung ihre Leistungsfähigkeit zu erhalten.
e) sich fair gegenüber Vorgesetzten und Kollegen verhalten und sich mit dem Unternehmen identifizieren.

2 Führungskräfte können Voraussetzungen für die Mitarbeiterloyalität schaffen, indem sie …

a) dafür sorgen, dass alle Beschäftigten regelmäßig befördert werden.
b) einen respektvollen Umgang mit Vorgesetzten einfordern.
c) in regelmäßigen Gruppengesprächen jeden Fehler vortragen und mit der Gruppe gemeinsam Lösungen erarbeiten.
d) durch verschiedene Maßnahmen zeigen, dass sie die Leistungen der Mitarbeiter anerkennen.
e) jeden Mitarbeiter unabhängig von seinen persönlichen Stärken gleichermaßen einsetzen.

3 Warum ist eine hohe Arbeitsmotivation für den Erfolg des Unternehmens wichtig?

4 Mangelnde Motivation ist erkennbar, wenn ein Mitarbeiter …

a) Kritik an einer Entscheidung der Unternehmensführung ausspricht.
b) den Wunsch nach flexibleren Arbeitszeiten äußert.
c) nach 15-jähriger Betriebszugehörigkeit einen Arbeitsplatzwechsel aus persönlichen Gründen vornimmt.
d) ohne Engagement seine Tätigkeiten nach Vorschrift erledigt.
e) ein persönliches Gespräch mit einer bestimmten Führungskraft ablehnt.

5 Welche Maßnahme ist für ein Unternehmen am besten geeignet, die Ursachen und Zusammenhänge mangelnder Mitarbeitermotivation objektiv zu erkennen?

a) In regelmäßig stattfindenden Gesprächen werden Mitarbeiter von ihrem Vorgesetzten aufgefordert, Missstände offen zu benennen.
b) Mitarbeiter werden auf freiwilliger und anonymer Basis zu dem Thema online befragt.
c) Kunden werden in einer Fragebogenaktion zur Freundlichkeit und Hilfsbereitschaft des Verkaufspersonals befragt.
d) Jeder Mitarbeiter wird unter Angabe seines Alters und seines Geschlechts in regelmäßigen Abständen schriftlich zu dem Thema befragt. Die Abgabe des Fragebogens wird dokumentiert.
e) In informellen Gesprächen werden Mitarbeiter von ihren Vorgesetzten ermutigt, eine Stellungnahme über die Zufriedenheit einzelner Kollegen abzugeben.

6 Nennen Sie jeweils zwei Maßnahmen zur

a) immateriellen Mitarbeitermotivation
b) materiellen Mitarbeitermotivation

7 Beschreiben Sie Möglichkeiten zur Verbesserung des Arbeitsklimas.

8 Was sollten Mitarbeitergespräche beinhalten?

9 Warum ist eine stetige Qualifikationsanpassung im Einzelhandel bei den Mitarbeitern notwendig?

10 Was versteht man unter Empowerment und welche Voraussetzungen müssen für ein funktionierendes Empowerment existieren?

8 Beendigung des Arbeitsverhältnisses

Lernsituation 94

Ein Arbeitsverhältnis kann aus verschiedenen Gründen beendet werden:

- wenn ein **befristeter Arbeitsvertrag** vorliegt, endet das Arbeitsverhältnis mit Vertragsablauf
- wenn zwischen dem Arbeitgeber und Arbeitnehmer der Arbeitsvertrag im gegenseitigen Einvernehmen – durch einen so genannten **Aufhebungsvertrag** – gelöst wird
- wenn eine **Kündigung** durch den Arbeitgeber oder den Arbeitnehmer ausgesprochen wird

Besonders wenn der Arbeitgeber kündigt, kommt es häufig zu Interessenkonflikten. Der unternehmerischen Entscheidungsfreiheit des Arbeitgebers, die auch die Entscheidung für oder gegen einen bestimmten Mitarbeiter beinhaltet, steht das dringende Interesse des Arbeitnehmers am Erhalt seines Arbeitsplatzes gegenüber. Das Kündigungsschutzgesetz versucht hier einen Ausgleich zwischen den Beteiligten zu schaffen. Es gelten besondere Anforderungen an die ordentliche und außerordentliche Kündigung.

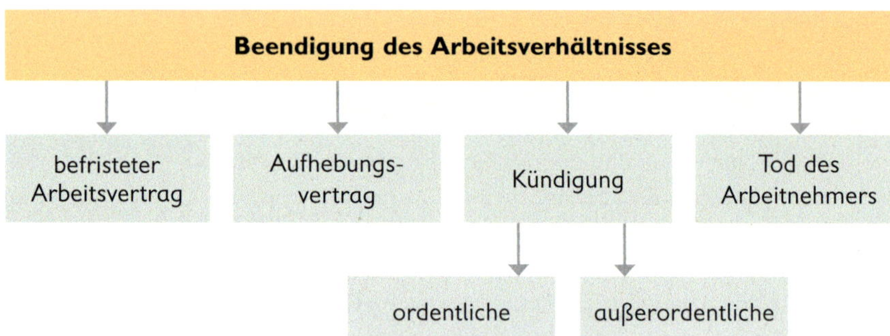

8.1 Allgemeine Anforderungen an eine Kündigung

Formvorschrift für die Kündigung
→ § 623 BGB

Je nach Art der Kündigung müssen sich beide Parteien an gesetzliche Vorgaben halten. Unabhängig davon, wer das Arbeitsverhältnis gekündigt hat, ist für die Kündigung grundsätzlich die **Schriftform** vorgeschrieben. Ein Verstoß gegen diese Vorschrift lässt die Kündigung unwirksam werden. Außerdem ist es für die Wirksamkeit der Kündigung erforderlich, dass die Anhörung des Betriebsrates erfolgt, sofern ein solcher in dem Unternehmen vorhanden ist.

Anhörung des Betriebsrats
→ LF 13, Kap. 8.3

Kündigungsschutzgesetz
→ Band 1, LF 1, Kap. 5.1.6

Rechtsgrundlage für den allgemeinen Kündigungsschutz ist das **Kündigungsschutzgesetz**. Es gilt für Unternehmen mit mehr als zehn Arbeitnehmern. In Unternehmen mit fünf bis zehn Mitarbeitern gilt der Kündigungsschutz nur für Arbeitsverhältnisse, die bereits vor dem 01.01.2004 Datum bestanden. Für Kleinunternehmen mit weniger als fünf ständigen Mitarbeitern wurde die Wirksamkeit einiger Vorschriften aufgehoben. Außerdem gilt das Gesetz nur, wenn der betreffende Arbeitnehmer dem Unternehmen mehr als sechs Monate ohne Unterbrechung angehört hat.

Für folgende Arbeitnehmergruppen gilt ein **besonderer Kündigungsschutz**:

Arbeitnehmerinnen während des Mutterschutzes: Die Kündigung einer Mitarbeiterin während ihrer Schwangerschaft und bis zum Ablauf von vier Monaten nach ihrer Entbindung ist unzulässig, sofern dieser Umstand dem Arbeitgeber zum Zeitpunkt der Schwangerschaft oder Entbindung bekannt war.

Mutterschutzgesetz
→ Band 1, LF 1, Kap. 5.1.4

Elternzeit: Ab dem Zeitpunkt, von dem an Elternzeit verlangt wird, darf der Arbeitgeber nicht mehr kündigen. Dies gilt somit während der Elternzeit und höchstens acht Wochen vor Beginn der Elternzeit.

Elternzeit
→ Band 1, LF 1, Kap. 5.1.5

Schwerbehinderte: Besteht das Arbeitsverhältnis eines Schwerbehinderten länger als sechs Monate, kann er nur gekündigt werden, wenn die Zustimmung des Integrationsamtes vorliegt. Das gilt sowohl für die ordentliche als auch für die außerordentliche Kündigung. Die Kündigungsfrist bei der ordentlichen Kündigung beträgt mindestens vier Wochen. Als schwerbehindert in Deutschland gilt, wer einen Grad der Behinderung von mindestens 50 % hat. Das Versorgungsamt nimmt die jeweilige Anerkennung vor und die betreffende Person erhält einen Schwerbehindertenausweis.

Schutzvorschriften für Schwerbehinderte
→ Band 1, LF 1, Kap. 5.1.3

Mitglieder des Betriebsrates und der Jugend- und Auszubildendenvertretung: Bei den genannten Personen ist eine ordentliche Kündigung während ihrer Amtszeit und innerhalb eines Jahres nach Beendigung der Amtszeit generell unzulässig. Aus wichtigem Grund kann jedoch eine außerordentliche Kündigung ausgesprochen werden, wenn der Betriebsrat dieser zugestimmt hat.

Jugend- und Auszubildendenvertretung
→ Band 1, LF 1, Kap. 4

8.2 Arten der Kündigung

8.2.1 Ordentliche Kündigung

Von einer ordentlichen oder auch **fristgerechten Kündigung** wird gesprochen, wenn der Kündigende das Arbeitsverhältnis unter Einhaltung einer Kündigungsfrist beenden will. Eine ordentliche Kündigung ist eine **einseitig empfangsbedürftige Willenserklärung**. Sie wird daher erst dann rechtswirksam, wenn sie dem Vertragspartner zugeht. Beendet der Arbeitgeber das Arbeitsverhältnis, muss im Kündungsschreiben darauf hingewiesen werden, dass sich der Arbeitnehmer unverzüglich bei der Bundesagentur für Arbeit als arbeitsuchend melden muss.

Der Arbeitgeber hat bei der ordentlichen Kündigung je nach Betriebszugehörigkeit des Mitarbeiters unterschiedlich lange Kündigungsfristen einzuhalten. So beträgt die **Grundkündigungsfrist** während der ersten zwei Beschäftigungsjahre vier Wochen zum 15. des Monats oder zum Monatsende und kann sich je nach Dauer der Betriebszugehörigkeit auf bis zu sieben Monate verlängern. Während einer **Probezeit** beträgt die beidseitige Kündigungsfrist zwei Wochen. In Tarifverträgen können abweichende Kündigungsfristen vereinbart werden. Das BGB § 622 legt folgende Fristen fest:

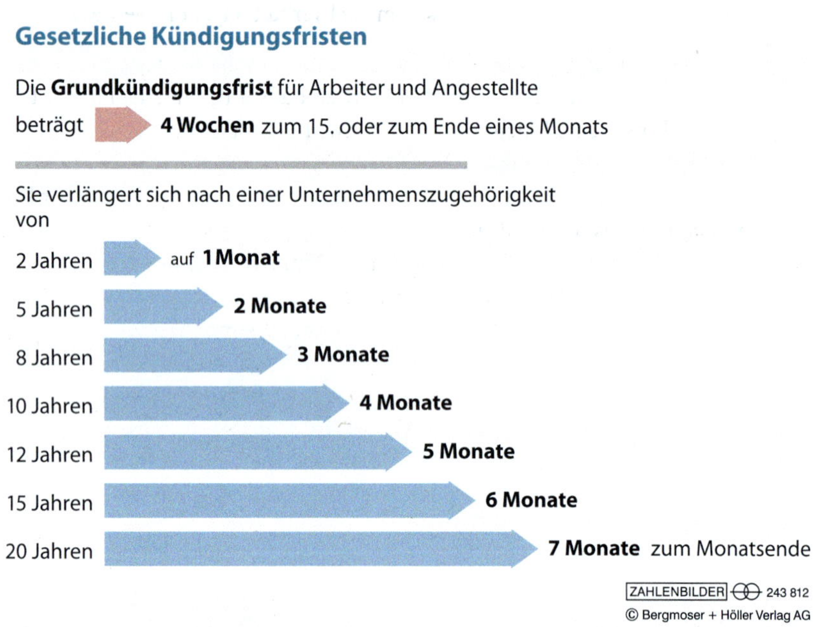

Ist das Kündigungsschutzgesetz anzuwenden, so darf der Arbeitgeber nur **sozial gerechtfertigte Kündigungen** aussprechen. Die Gründe für eine solche Kündigung können betriebsbedingt, verhaltensbedingt oder personenbedingt sein.

Betriebsbedingte Kündigung

Hier stehen betriebliche Notwendigkeiten der Weiterbeschäftigung des Arbeitnehmers entgegen. Die Kündigung muss unvermeidbar sein.

Beispiel

- Rationalisierungsmaßnahmen
- Verkleinerung des Einzelhandelsunternehmens, z.B. die Schließung von Filialen
- Änderung der Betriebsform

Unter mehreren vergleichbaren Arbeitnehmern ist denjenigen zu kündigen, die am wenigsten schutzbedürftig sind. Für die Auswahl der zu kündigenden Mitarbeiter hat der Arbeitgeber folgende soziale Kriterien zu berücksichtigen (**Sozialauswahl**):

- Dauer der Betriebzugehörigkeit
- Lebensalter
- Unterhaltspflichten
- Schwerbehinderung

Mitarbeiter, deren Weiterbeschäftigung aufgrund ihrer Qualifikationen und Eigenschaften im betrieblichen Interesse liegt, müssen nicht in die soziale Auswahl einbezogen werden.

Verhaltensbedingte Kündigung

Bei der verhaltensbedingten Kündigung liegen die Gründe der Kündigung in einem Fehlverhalten des Arbeitnehmers. Eine verhaltensbedingte Kündigung ist erst dann zulässig, wenn der Arbeitgeber das Fehlverhalten vorher abgemahnt hat, der Arbeitnehmer sein Verhalten daraufhin aber nicht ändert. Vor der Erteilung einer Abmahnung muss der Arbeitnehmer allerdings zum Sachverhalt angehört werden.

Die **Abmahnung** hat für den Arbeitgeber folgende drei Funktionen:

- **Hinweisfunktion:** Durch den konkreten Hinweis auf sein Fehlverhalten wird dem Arbeitnehmer seine Pflichtverletzung verdeutlicht. Das Fehlverhalten wird mit genauer Zeit- und Ortsangabe dokumentiert.
- **Warn- und Androhungsfunktion:** Der Arbeitgeber teilt dem Arbeitnehmer klar und deutlich mit, dass er das Fehlverhalten des Arbeitnehmers nicht duldet, und fordert ihn zu vertragsmäßigem Verhalten auf. Dem Arbeitnehmer wird außerdem deutlich gemacht, dass es bei wiederholtem Fehlverhalten zu arbeitsrechtlichen Konsequenzen bis hin zur Kündigung kommen kann.
- **Dokumentationsfunktion:** Der Arbeitgeber ist dazu verpflichtet, das Fehlverhalten des Arbeitnehmers zu dokumentieren, um seine spätere Kündigung darauf beziehen zu können. Eine Formvorschrift ist nicht vorgesehen, aber die Abmahnung schriftlich zu erteilen ist empfehlenswert.

Beispiel

- Mitarbeiter kommt der Arbeitspflicht nicht nach.
- Mitarbeiter erbringt über einen längeren Zeitraum hinweg nur unterdurchschnittliche Arbeitsleistungen (dauerhaft um ca. 25 % schlechter als bei vergleichbaren Mitarbeitern).
- Mitarbeiter kommt häufig zu spät.
- Tätlichkeiten, z.B.: der Arbeitgeber wird durch seinen Angestellten körperlich angegriffen.
- Mitarbeiter stiehlt Ware aus dem Lager.
- Mitarbeiter verstößt gegen ein Alkohol- oder Rauchverbot.

Eine einmalige Abmahnung wegen eines konkreten Fehlverhaltens reicht im Vorfeld für eine Kündigung aus. Außerdem müssen sich die Abmahnung und die daraus resultierende Kündigung auf das gleiche Fehlverhalten beziehen. Sollten zusätzlich andere Fehlverhalten beim Arbeitnehmer auftreten, sind separate Abmahnungen erforderlich.

Personenbedingte Kündigung

Bei der personenbedingten Kündigung liegen die Gründe in der Person des Arbeitnehmers. Diese Gründe beeinträchtigen seine Arbeitsfähigkeit oder behindern sie sogar vollständig.

Beispiel

Krankheit bei gleichzeitiger negativer Gesundheitsprognose für die Zukunft bzw. sehr häufige Kurzerkrankungen bzw. eine krankheitsbedingte Minderung der Leistungsfähigkeit, die dem Arbeitgeber nicht mehr zugemutet werden kann

Bevor der Arbeitgeber die ordentliche Kündigung ausspricht, muss er eine **Interessenabwägung** vornehmen. Dies bedeutet, dass er sein Interesse an der Kündigung den Interessen des Arbeitnehmers an der Weiterbeschäftigung gegenüberstellen muss. Diese Abwägung erfolgt in der Praxis sehr häufig erst vor dem **Arbeitsgericht**, wenn der Arbeitnehmer Kündigungsschutzklage erhebt. Dort wird dann entschieden, welche Interessen überwiegen.

Zu Gunsten des Arbeitgebers können folgende Überlegungen berücksichtigt werden:
- Wiederholungsgefahr, z. B. des unentschuldigten Fernbleibens vom Arbeitsplatz
- Schutz der übrigen Arbeitnehmer, z. B. bei tätlichen Übergriffen
- Vermeidung von Störungen des Betriebsablaufes

Zu Gunsten des Arbeitnehmers werden soziale Kriterien überprüft (z. B. Dauer der Betriebszugehörigkeit, Lebensalter, Unterhaltspflichten, Lage auf dem Arbeitsmarkt). Stellt das Arbeitsgericht im Klagefall fest, dass die Kündigung sozial ungerechtfertigt ist, so ist die Kündigung unwirksam und der Arbeitgeber muss den Arbeitnehmer weiterbeschäftigen. Da im Klagefall die beiden Parteien aber meist so zerstritten sind, dass eine Weiterbeschäftigung des Arbeitnehmers nicht vorstellbar ist, einigen sich die Parteien häufig auf die Beendigung des Arbeitsverhältnisses und auf Zahlung einer Abfindung durch den Arbeitgeber.

Abfindung
einmalig gezahlter Geldbetrag, der die finanziellen Nachteile abmildern soll, die dem Arbeitnehmer durch die Kündigung entstehen

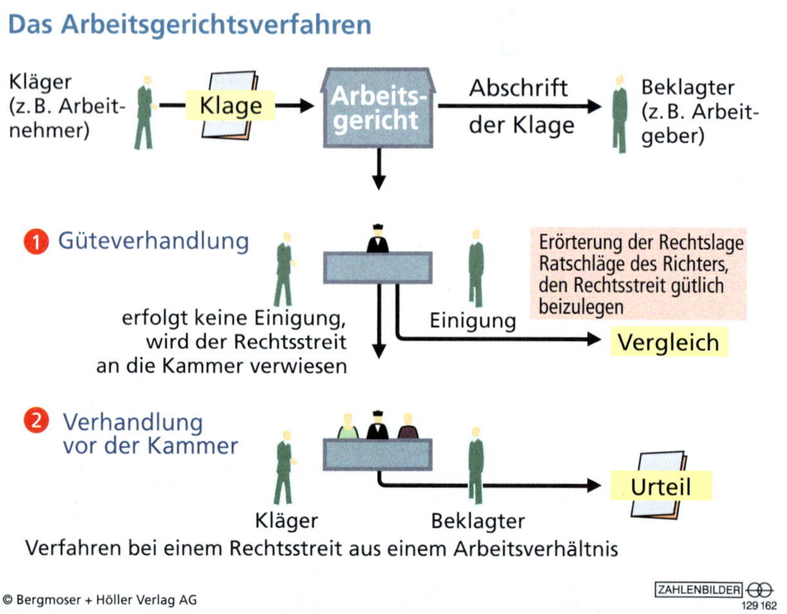

8.2.2 Außerordentliche Kündigung

Eine außerordentliche Kündigung ist eine Kündigung, die das Arbeitsverhältnis ohne Beachtung der sonst geltenden Kündigungsfristen beendet. Sie wird daher auch als **fristlose Kündigung** bezeichnet. Eine fristlose Kündigung kann sowohl vom Arbeitgeber als auch vom Arbeitnehmer ausgesprochen werden. Nach § 626 BGB muss dazu allerdings ein **wichtiger Grund** vorliegen. Ein wichtiger Grund macht dem Kündigenden die Fortsetzung des Arbeitsverhältnisses bis zum nächsten ordentlichen Kündigungstermin unzumutbar.

Beispiel

Wichtige Gründe können sein:
- Tätlichkeiten
- Betrug und Unterschlagung
- Diebstahl, wenn die Sache für das Unternehmen einen großen wirtschaftlichen Wert hat
- Vortäuschen von Arbeitsunfähigkeit
- grobe Beleidigung
- beharrliche Arbeitsverweigerung

Prinzipiell können alle Gründe, die zu einer verhaltensbedingten oder personenbedingten ordentlichen Kündigung führen, nach Rechtsprechung der Arbeitsgerichte auch zu einer außerordentlichen Kündigung führen. Die außerordentliche Kündigung muss innerhalb von zwei Wochen nach Bekanntwerden des Grundes, der zur Kündigung führen soll, ausgesprochen werden. Erfolgt sie später, ist sie unwirksam.

Auch eine fristlose Kündigung kann nur verhindert werden, wenn der Arbeitnehmer innerhalb von drei Wochen nach Zugang der Kündigung eine Kündigungsschutzklage beim Arbeitsgericht erhebt.

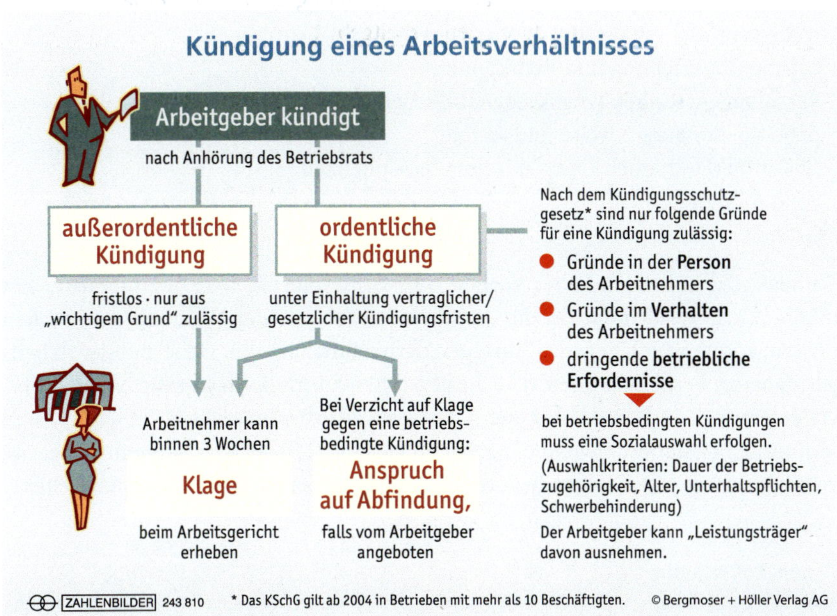

8.3 Anhörung des Betriebsrates

In allen Unternehmen, in denen ein Betriebsrat besteht, muss dieser vor jeder Kündigung von Seiten des Arbeitgebers informiert und angehört werden. Erfolgt die Anhörung des Betriebsrates nicht, so ist die vorgenommene Kündigung unwirksam. Der Betriebsrat kann der **ordentlichen Kündigung** bei Vorliegen gesetzlich festgelegter Gründe innerhalb einer Woche schriftlich widersprechen. So könnte z. B. die Weiterbeschäftigung des Arbeitnehmers unter geänderten Vertragsbedingungen mit dem Einverständnis des betroffenen Arbeitnehmers einen Widerspruch des Betriebsrates rechtfertigen. Der Widerspruch verhindert die Kündigung aber nicht, sie bleibt trotzdem bestehen. Sie stärkt lediglich die Position des Arbeitnehmers vor Gericht im Falle einer Kündigungsschutzklage. Der Arbeitgeber muss den Arbeitnehmer auf dessen Verlangen grundsätzlich bis zum rechtskräftigen Abschluss des Rechtsstreites weiterbeschäftigen.

Bei einer **außerordentlichen Kündigung** kann der Betriebsrat nur seine Bedenken äußern, nicht jedoch widersprechen. Diese Bedenken muss er aber im Gegensatz zur ordentlichen Kündigung innerhalb von drei Tagen schriftlich mitteilen. Der Tag, an dem die Information dem Betriebsrat gegeben wurde, zählt bei der Fristberechnung sowohl bei der ordentlichen als auch außerordentlichen Kündigung nicht mit.

8.4 Arbeitszeugnis

Lernsituation 95

Der Arbeitnehmer hat nach Beendigung des Arbeitsverhältnisses das Recht auf ein Arbeitszeugnis. Dieses muss vom Arbeitgeber unverzüglich ausgestellt werden. Grundsätzlich werden hierbei zwei Arten von Arbeitszeugnissen unterschieden. Das **einfache Arbeitszeugnis** beinhaltet lediglich die Personalien des Arbeitnehmers und Angaben über die Art und Dauer der Beschäftigung. Auf Verlangen des Arbeitsnehmers muss ein **qualifiziertes Arbeitszeugnis** ausgestellt werden, das zusätzliche Angaben enthält:

- Leistungsbeurteilung und Fachkönnen
- Verhalten gegenüber Vorgesetzten, Kollegen und Kunden
- Arbeitsbefähigung, -weise und -erfolg
- Gesamtbild bezüglich Charakter und Persönlichkeit
- Weiterbildung
- Grund der Kündigung

Grundsätzlich sollen einmalige Vorfälle oder Umstände positiver oder negativer Art unberücksichtigt bleiben. Da die Angaben im Zeugnis der Wahrheit entsprechen müssen, können auch negative Aussagen darin enthalten sein. Dabei hat der Arbeitgeber aber zu berücksichtigen, dass die gewählten Formulierungen von einem Wohlwollen geprägt sind. Die Folge, die sich daraus für die Zeugnissprache ergibt, sind bestimmte Formulierungen, die mit Noten gleichgesetzt werden können. In der betrieblichen Praxis sind folgende Formulierungen in Zeugnissen häufig anzutreffen:

Formulierung	Note
„... stets zu unserer vollsten Zufriedenheit ..."	sehr gut
„... stets zu unserer vollen Zufriedenheit ..."	gut
„... zu unserer vollen Zufriedenheit ..."	befriedigend
„... zu unserer Zufriedenheit ..."	ausreichend
„... im Allgemeinen zu unserer Zufriedenheit ..."	mangelhaft
„... hat sich bemüht, die ihm übertragenen Aufgaben zu unserer Zufriedenheit ..."	ungenügend

ALLES KLAR?

1 Wie kann ein Arbeitsverhältnis grundsätzlich beendet werden?

2 Die Kündigung ist ein …

a) zweiseitiges Rechtsgeschäft mit einseitiger Verpflichtung.
b) einseitiges Rechtsgeschäft, das erst durch die Empfangsbestätigung des Adressaten wirksam wird.
c) einseitiges, empfangsbedürftiges Rechtsgeschäft, das durch Zugang an den Adressaten wirksam wird.
d) zweiseitiges Rechtsgeschäft, das vom Absender und Empfänger unterschrieben werden muss.
e) einseitig verpflichtender Vertrag, der erst nach Zugang an den Adressaten wirksam wird.

3 Unterscheiden Sie die beiden verschiedenen Kündigungsarten.

4 Eine ordentliche Kündigung …

a) ist an keine bestimmte Form gebunden.
b) kann in einfacher Schriftform mit eigenhändiger Unterschrift des Absenders verfasst werden.
c) kann online ausgesprochen werden.
d) muss notariell beglaubigt werden.
e) kann in jeder beliebigen Schriftform erfolgen.

5 Für welche Arbeitnehmer gilt ein besonderer Kündigungsschutz?

6 Das Kündigungsschreiben des Arbeitgebers muss unbedingt einen Hinweis auf die …

a) unverzügliche Meldepflicht des Arbeitnehmers als arbeitsuchend bei der Arbeitsagentur
b) Anhörung des Betriebsrates
c) eingehaltene Kündigungsfrist
d) Rechtsgrundlage der Kündigung
e) Kriterien für die Sozialauswahl der zu kündigen Mitarbeiter

enthalten.

7 Für welche Person gilt in einem Unternehmen mit 12 Mitarbeitern bei einer ordentlichen Kündigung die Kündigungsfrist nach dem Kündigungsschutzgesetz?

a) Atila ist Auszubildender im zweiten Ausbildungsjahr.
b) Benita hat ein unbefristetes Arbeitsverhältnis, sie ist seit fünf Monaten im Unternehmen tätig.
c) Cornelia ist im sechsten Monat schwanger, ihr befristetes Arbeitsverhältnis läuft zum Monatsende ab.
d) Dirk befindet sich im zweiten Beschäftigungsjahr, er hat ein unbefristetes Arbeitsverhältnis.
e) Elena hat ein unbefristetes Arbeitsverhältnis. Sie ist seit zwei Jahren in dem Unternehmen beschäftigt und hat vor acht Wochen Elternzeit angemeldet.

8 Welche gesetzlich festgelegten Kündigungsfristen muss der

a) Arbeitgeber
b) Arbeitnehmer

bei einer ordentlichen Kündigung in folgenden Fällen einhalten?

1) Franka ist seit einem Jahr im Unternehmen beschäftigt.
2) Gerald befindet sich in der Probezeit als Angestellter.
3) Helen arbeitet seit vier Jahren im Unternehmen.
4) Joachims Arbeitsverhältnis besteht seit 10 Jahren.
5) Kathrin, 20 Jahre alt, hat nach ihrer Ausbildungszeit von zwei Jahren ihren fünften Arbeitstag als Angestellte.

9 Eine Kündigung nach dem Kündigungsschutzgesetz ist nur zulässig, wenn sie sozial gerechtfertigt ist. Was bedeutet das?

10 Nennen Sie je drei mögliche Gründe für eine

a) betriebsbedingte
b) verhaltensbedingte
c) personenbedingte Kündigung

11 Kriterien für die Sozialauswahl bei einer betriebsbedingten Kündigung sind

a) die Dauer der Betriebszugehörigkeit
b) das Lebensalter ab dem 55. Lebensjahr
c) der Familienstand
d) die Anzahl der unterhaltspflichtigen Kinder
e) die Anzahl der durchschnittlichen Krankentage im Jahr

12 Begründen Sie, warum bei der Sozialauswahl Mitarbeiter mit besonderen Qualifikationen nicht mit einbezogen werden müssen.

13 Warum ist die Abmahnung eine Voraussetzung für eine wirksame verhaltensbedingte Kündigung?

14 Vor der Kündigung muss eine Interessenabwägung durch den Arbeitgeber stattfinden. Was ist damit gemeint?

15 Was ist eine Abfindung und wann wird sie gezahlt? Nennen Sie ein Beispiel.

16 Eine außerordentliche Kündigung …

a) kann nur vom Arbeitgeber ausgesprochen werden.
b) ist ein einseitiges Kündigungsrecht des Arbeitnehmers.
c) kann ohne Einhaltung der gesetzlichen Kündigungsfristen ausgesprochen werden.
d) ist unwirksam, wenn der Betriebsrat der Kündigung widersprochen hat.
e) ist eine Kündigung ohne Recht des Arbeitnehmers, eine Kündigungsschutzklage beim Arbeitsgericht zu erheben.

17 Nennen Sie drei mögliche Gründe, die zu einer außerordentlichen Kündigung führen Können.

18 Wann muss eine außerordentliche Kündigung ausgesprochen werden?

a) spätestens zwei Tage, nachdem die Unternehmensleitung von dem Kündigungsgrund Kenntnis erlangt hat.
b) spätestens 14 Tage vor dem Monatsende.
c) spätestens zwei Wochen nach dem Eintreten des Kündigungsgrundes.
d) frühestens zwei Wochen vor dem Termin der Kündigung.
e) spätestens zwei Wochen nach dem Bekanntwerden des Kündigungsgrundes.

19 Nach Beendigung des Arbeitsverhältnisses hat der Arbeitnehmer das Recht auf Ausstellen eines Arbeitszeugnisses. Welche beiden Arten werden dabei unterschieden?

20 Welche Angabe über den Arbeitnehmer beinhaltet ein qualifiziertes Arbeitszeugnis zusätzlich im Vergleich zu einem einfachen Arbeitszeugnis?

a) Name
b) Geburtsdatum
c) Art der Tätigkeit
d) Dauer der Tätigkeit
e) Teilnahme an Weiterbildungsmaßnahmen

21 Ein Arbeitgeber möchte im Arbeitszeugnis einem Mitarbeiter „befriedigende“ Leistungen bescheinigen. Welche Formulierung ist dazu geeignet? „Die Arbeiten sind …

a) stets zu unserer vollen Zufriedenheit
b) im Allgemeinen zu unserer Zufriedenheit
c) zu unserer Zufriedenheit
d) zu unserer vollen Zufriedenheit
e) zu unserer vollsten Zufriedenheit

ausgeführt worden.“

14

Ein Einzelhandelsunternehmen leiten und entwickeln

Rechtliche Rahmenbedingungen unternehmerischen Handelns

Rechtsformen von Unternehmen

Finanzierung, Investition und Kapitalbedarf

Zinsrechnung

Kapitalbeschaffung

Zahlungsverzug

Insolvenz

Existenzgründung

1 Rechtliche Rahmenbedingungen unternehmerischen Handelns

Lernsituation 96

Unter der Bezeichnung „Kaufmann“ versteht man im täglichen Sprachgebrauch Menschen, die eine kaufmännische Ausbildung absolviert haben oder im Handel tätig sind. Im juritstischen Sinne ist dieser Begriff jedoch anders definiert. Wer Kaufmann ist, legt das **Handelsgesetzbuch (HGB)** in seinem ersten Paragrafen fest.

§ 1 HGB

(1) Kaufmann im Sinne dieses Gesetzbuchs ist, wer ein Handelsgewerbe betreibt.
(2) Handelsgewerbe ist jeder Gewerbebetrieb, es sei denn, dass das Unternehmen nach Art oder Umfang einen in kaufmännischer Weise eingerichteten Geschäftsbetrieb nicht erfordert.

Die Vorschriften des HGB sind nur für Kaufleute voll anwendbar. Die Anwendung des HGB hat u. a. Auswirkungen auf

- die **Namensgebung** (Firma) des Unternehmens,
- die **Buchführungspflicht** und
- die Abwicklung von **Kaufverträgen**.

Firma → LF 14, Kap. 1.2
Buchführungspflicht → Band 2, LF 8, Kap. 2.1
Handelsregister → LF 14, Kap. 1.3

Kaufleute sind grundsätzlich verpflichtet, sich ins **Handelsregister** eintragen zu lassen. Außerdem gelten für sie bestimmte anerkannte Handelsbräuche, z. B. müssen sie dafür sorgen, dass ihnen schriftliche Mitteilungen auch bei Abwesenheit vom Geschäft (durch Urlaub, Krankheit usw.) zugestellt werden.

1.1 Kaufmannseigenschaften

Das HGB geht vom Begriff des **Handelsgewerbes** aus. Als Gewerbe wird danach jede erlaubte und fortgesetzte selbstständige Tätigkeit bezeichnet, die auf die Erzielung von Gewinn ausgerichtet ist. Der Begriff des Handelsgewerbes ist unabhängig von der Branche. Auch Handwerksunternehmen oder Hotels können Handelsgewerbe sein.

Führt der Gewerbetreibende außerdem einen „in kaufmännischer Weise eingerichteten Geschäftsbetrieb“, ist er **Istkaufmann** im Sinne des § 1 HGB. Ob ein solcher Geschäftsbetrieb vorliegt, muss im Einzelfall entschieden werden. Beurteilungskriterien sind u. a. die Höhe von Umsatz, Forderungen und Vermögen, die Mitarbeiterzahl sowie die Anzahl/Größe der Geschäftsräume.

Für ein Handelsgewerbe mit geringer Umsatzhöhe und nur einem Mitarbeiter ist z. B. kein kaufmännischer Geschäftsbetrieb erforderlich. Ein solches Handelsgewerbe fällt unter den Begriff **Kleingewerbe**. Aber auch der Betreiber eines Kleingewerbes kann den Status eines Kaufmannes erwerben, indem er sich freiwillig ins Handelsregister eintragen lässt. Er ist nach § 2 HGB ein so genannter **Kannkaufmann**.

Hat das Handelsgewerbe eine bestimmte Unternehmensform (Handels- oder Kapitalgesellschaft) gelten ebenfalls die Bestimmungen des HGB. Die Betreiber dieser Handelsgewerbe sind gemäß § 6 HGB so genannte **Formkaufleute**.

Rechtsformen von Unternehmen → LF 14, Kap. 2

Kaufmannseigenschaften

Istkaufmann	Kannkaufmann	Formkaufmann
Kaufmann, weil kaufmännisch eingerichteter Geschäftsbetrieb	Kaufmann, weil Eintragung ins Handelsregister; die Eintragung ist freiwillig.	Kaufmann, weil Vorgabe durch Rechtsform, z. B. Kapitalgesellschaften (z. B. GmbH, AG) Personengesellschaften (z. B. OHG, KG)
(HGB § 1)	(HGB §§ 2, 3)	(HGB § 6)

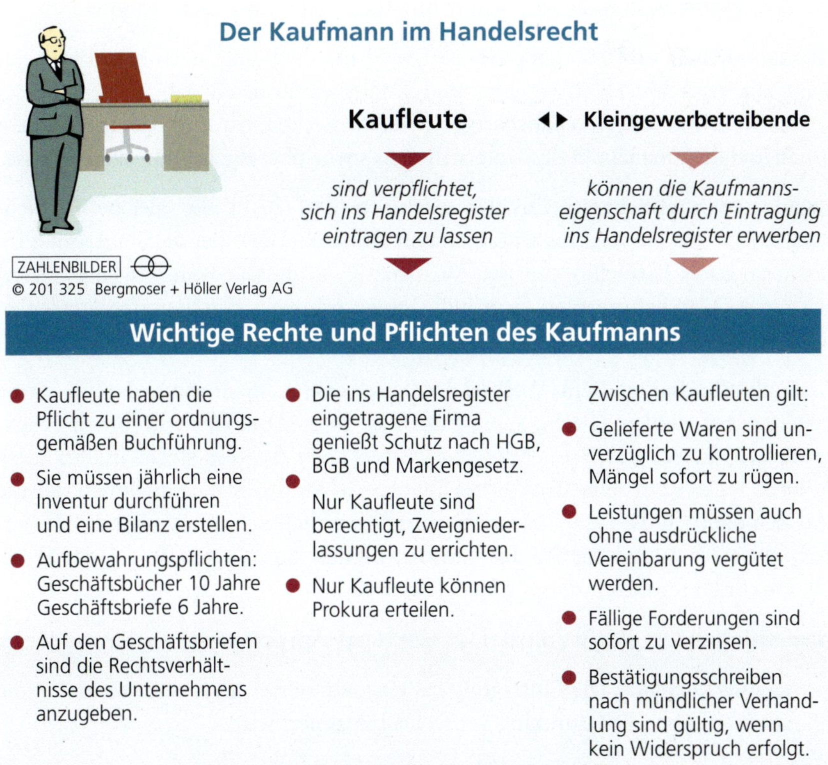

Prokura → LF 14, Kap. 1.4

1.2 Firma

§ 17 HGB

(1) Die Firma eines Kaufmanns ist der Name, unter dem er seine Geschäfte betreibt und die Unterschrift abgibt.
(2) Ein Kaufmann kann unter seiner Firma klagen und verklagt werden.

Kaufleute können eine Firma führen. Die Firmenführung ist jedoch auf den Geschäftsbetrieb beschränkt, sie wird nicht in den Pass oder Personalausweis eingetragen. Dagegen kann der Kaufmann, der für sein Unternehmen einen Dienstwagen unterhält, einen Kraftfahrzeugschein auf seine Firma ausstellen lassen.

Rechtsformen
→ LF 14, Kap. 2

Es werden folgende **Firmenarten** unterschieden:
- Personenfirma, bestehend aus einem oder mehreren Personennamen,
- Sachfirma, abgeleitet vom Unternehmensgegenstand,
- Fantasiefirma, häufig eine von Markennamen abgeleitete werbewirksame Bezeichnung,
- gemischte Firma, die sowohl Personennamen als auch den Unternehmensgegenstand enthält.

Die **Wahl der Firma** hängt von der Rechtsform ab. Bei Einzelunternehmen muss z. B. die Bezeichnung „eingetragener Kaufmann" bzw. „eingetragene Kauffrau" (e. K. oder e. Kfm. bzw. e. Kfr.) in der Firma enthalten sein. Dieser Zusatz ist auch auf Geschäftsbriefen, Visitenkarten, Katalogen usw. zu vermerken. Nichtkaufleute dürfen nur eine Geschäftsbezeichnung führen, z. B. „Zum Kölschhaus".

Die Firma ist an bestimmte rechtliche Grundsätze gebunden. Dazu gehören:

Firmenwahrheit und Firmenklarheit: Die Firma darf nicht irreführend sein. Sie muss den tatsächlichen Geschäfts- und Rechtsverhältnissen entsprechen. Dieser Grundsatz schützt die Geschäftspartner, denn die Rechtsform gibt Auskunft über die Größe und die Finanzkraft des Unternehmens sowie über die Haftungsverhältnisse.

Firmenausschließlichkeit: Das Unternehmen darf nicht die gleiche Bezeichnung tragen wie ein anderes Unternehmen am selben Ort. Bei der Eintragung ins Handelsregister wird dies geprüft. Auch dieser Grundsatz bedeutet eine Sicherheit für die Geschäftspartner, da er hilft, Verwechslungen zwischen den Firmen zu vermeiden.

Firmenbeständigkeit: Beim Wechsel des Betreibers (auch: Inhabers) darf die Firma weitergeführt werden. Hierbei muss jedoch im Zweifel die Firmenwahrheit beachtet werden, da sich durch einen Inhaberwechsel auch die Rechtsform ändern kann. Wenn z. B. ein Vater seine Tochter als Teilhaberin in die Firma aufnehmen möchte und sich dadurch die Rechtsform von einer Einzelunternehmung in eine OHG ändert, muss der Zusatz OHG aufgenommen werden. So müsste z. B. aus der Firma „Elektro Erich Karl e. K." dann „Elektro Erich Karl OHG" werden.

Firmeneinheit: Ein Kaufmann darf für sein Handelsgewerbe nur eine Firma führen.

Firmenöffentlichkeit: Die Eintragung ins Handelsregister muss erfolgen, damit die Öffentlichkeit über die Gründung der Firma informiert wird.

1.3 Handelsregister

§ 29 HGB

Jeder Kaufmann ist verpflichtet, seine Firma und den Ort seiner Handelsniederlassung bei dem Gericht, in dessen Bezirk sich die Niederlassung befindet, zur Eintragung in das Handelsregister anzumelden; er hat seine Namensunterschrift unter Angabe der Firma zur Aufbewahrung bei dem Gericht zu zeichnen.

Kaufleute unterliegen in ihren Geschäften zum Teil anderen (strengeren) Vorschriften als Nichtkaufleute. Deshalb muss allen, die mit ihnen Geschäfte abschließen, bekannt sein, dass sie es mit Kaufleuten zu tun haben. Alle Tatsachen, die für die Geschäftspartner eines Kaufmannes rechtlich bedeutsam sein können, werden deshalb durch die **Eintragung ins Handelsregister** öffentlich.

Das Handelsregister ist ein beim Amtsgericht geführtes Verzeichnis aller Unternehmen. Es dient dem Zweck, die Öffentlichkeit zu informieren und zu schützen. Jedermann hat das Recht, das Register einzusehen. Die Eintragungen erfolgen auf Anmeldung des Kaufmanns mit öffentlicher Beglaubigung oder von Amts wegen (z. B. bei Eröffnung eines Insolvenzverfahrens). Das Gericht muss die Eintragungen online veröffentlichen.

Insolvenz
→ LF 14, Kap. 7

Die Eintragung hat häufig nur eine **rechtsbezeugende (deklaratorische) Wirkung**, d. h., die ins Register aufgenommenen Tatsachen waren bereits vor dem Eintrag rechtsgültig und werden nun öffentlich bekannt gemacht. Dies ist z. B. beim Eintrag eines Istkaufmanns der Fall. Entsteht die Kaufmannseigenschaft jedoch – wie beim Kannkaufmann – erst durch den Registereintrag, hat dieser **rechtsbegründende (konstitutive) Wirkung**. Das Handelsregister genießt **öffentlichen Glauben**. Das Vertrauen auf seinen Inhalt ist geschützt. Solange eine Tatsache, die ins Register eingetragen werden müsste, noch nicht eingetragen ist, kann sie einem Dritten gegenüber nicht geltend gemacht werden.

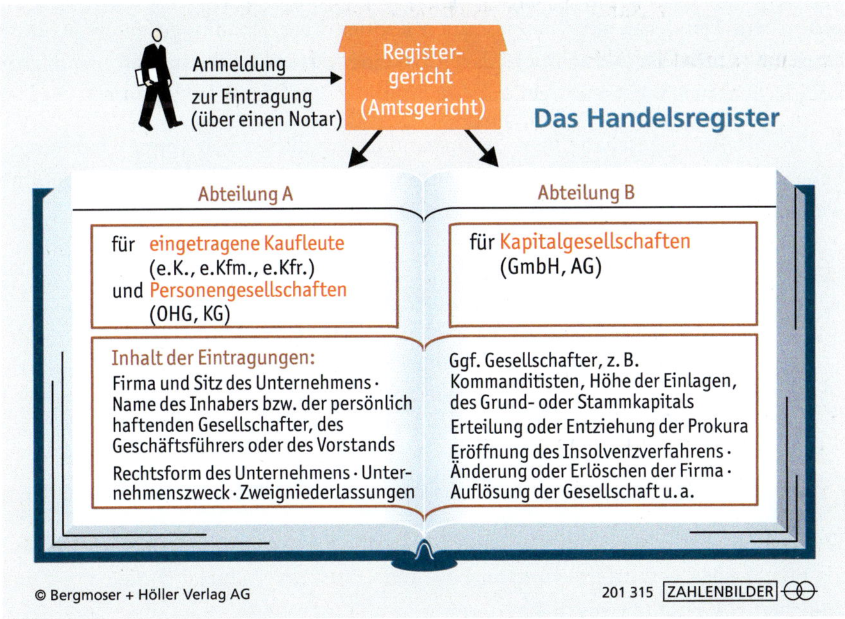

1.4 Handlungsvollmacht und Prokura

Lernsituation 97

Die Angestellten eines Handelsgewerbes handeln häufig stellvertretend für dieses. Bei der Stellvertretung werden Willenserklärungen in fremdem Namen abgegeben, so dass z. B. Kaufverträge auch ohne Anwesenheit des Unternehmers durch die Mitarbeiter abgeschlossen werden können. Dazu ist es jedoch notwendig, dass die Angestellten ausdrücklich eine entsprechende Handlungsvollmacht erhalten.

Beispiel

Ein Auszubildender wird gebeten, ausnahmsweise Paketscheinformulare bei der nächstgelegenen Postfiliale zu besorgen, die dringend für den Versand im Unternehmen benötigt werden. Er handelt hier als Stellvertreter seines Ausbildungsunternehmens und erhält dazu eine Handlungsvollmacht (Einzelvollmacht).

Die wichtigsten Vollmachten im Handelsrecht sind die Handlungsvollmacht und die Prokura. Prokuristen und Handlungsbevollmächtigte sind Stellvertreter eines Kaufmannes.

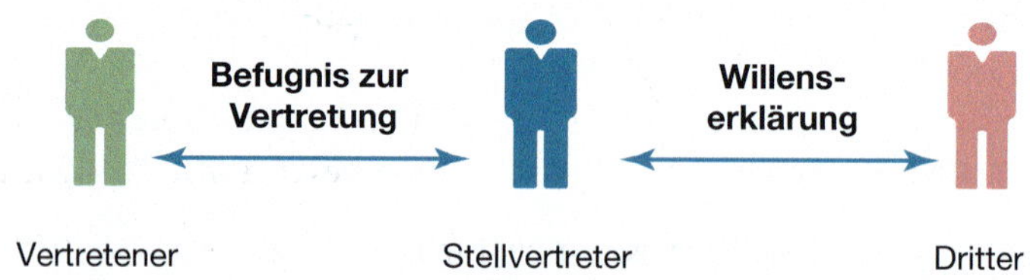

Die **Handlungsvollmacht** wird vom Kaufmann erteilt und bedarf keiner besonderen Form. Sie kann auch durch schlüssiges Verhalten (z. B. durch die Duldung von Handlungen) gegenüber dem Bevollmächtigten erfolgen. Die Handlungsvollmacht wird nicht ins Handelsregister eingetragen.

Man unterscheidet verschiedene Arten von Vollmachten: Die **allgemeine Handlungsvollmacht** erstreckt sich auf alle Rechtsgeschäfte und Rechtshandlungen, die der Betrieb eines derartigen Handelsgewerbes **gewöhnlich** mit sich bringt. Der Handlungsbevollmächtigte ist somit nur zu gewöhnlichen (alltäglichen), branchenüblichen Geschäften ermächtigt, nicht wie der Prokurist zu Geschäften, die in irgendeinem Handelsgewerbe vorkommen können. Der Handlungsbevollmächtigte eines Einzelhandelsunternehmens darf z. B. keine Aktien kaufen, auch wenn ein großer Gewinn zu erwarten ist.

Bestimmte Rechtsgeschäfte bzw. Rechtshandlungen dürfen von einem Handlungsbevollmächtigten nur mit besonderer Ermächtigung des Kaufmanns durchgeführt werden. Dazu gehören die Aufnahme von Darlehen und die Prozessführung.

Arten von Vollmachten

Einzel- oder Spezialvollmacht	Der Spezialbevollmächtigte ist zu einzelnen, konkret bestimmten Geschäften bevollmächtigt, z. B. Bevollmächtigung zum Kauf eines neuen Lkws.
Artvollmacht	Sie ermächtigt zur Vornahme von Geschäften einer bestimmten Art, z. B. Kassierer, Abteilungsleiter, Einkäufer.
allgemeine oder Generalvollmacht	Sie erstreckt sich auf alle gewöhnlichen Geschäfte und den gesamten Betrieb dieses Handelsgewerbe.

Der Handlungsbevollmächtigte unterschreibt üblicherweise mit „i. A." (im Auftrag) als Einzel oder Artbevollmächtigter bzw. mit „i. V." (in Vollmacht) oder „per" bei allgemeiner Handlungsvollmacht.

Es gibt noch eine weitere Regelung im Handelsrecht für Angestellte im Verkaufsraum oder Warenlager. Für Angestellte im Verkauf gilt auch **ohne entsprechende Vollmachterteilung**, dass sie zu Verkäufen und zur Empfangnahme (z. B. von Waren oder Geld) ermächtigt sind, die in einem derartigen Laden gewöhnlich vorkommen. Wenn jemand einen Verkaufsraum betritt und mit einer dort beschäftigten Person Geschäfte abschließt, wird im Namen des Unternehmens gehandelt. Bei solchen Geschäften besteht grundsätzlich die Vermutung, dass der Handelnde für das Handelsgewerbe aufgetreten ist.

Die **Prokura** ist die umfassendste Vollmacht, die ein Kaufmann einem Angestellten erteilen kann. Durch die Erteilung der Prokura erhält der Prokurist nahezu die gleichen Befugnisse wie der Kaufmann selbst. Deshalb kann die Prokura auch nur vom Betreiber des Handelsgewerbes oder seinem gesetzlichen Vertreter und nur mittels ausdrücklicher Erklärung erteilt werden. Die Prokura ist im Handelsregister einzutragen. Der Prokurist ist zu allen Arten von gerichtlichen und außergerichtlichen Geschäften und Rechtshandlungen ermächtigt, die der Betrieb eines Handelsgewerbes mit sich bringt. Nicht ermächtigt ist er zu so genannten Grundlagengeschäften, also Geschäften, die den Bereich des Handelsgewerbes als solches betreffen.

Die Prokura kann vertraglich eingeschränkt werden. Zum Schutz von Dritten ist eine Beschränkung des Umfanges der Prokura dem Dritten gegenüber jedoch unwirksam.

Was darf ein Prokurist?

Der Prokurist ist ermächtigt	Der Prokurist ist nicht ermächtigt
• Personal einzustellen • Handlungsvollmachten zu erteilen • Kredite aufzunehmen und einzuräumen • Schenkungen zu machen und fremde Verbindlichkeiten zu übernehmen • Zweigniederlassungen zu eröffnen und zu schließen • Unternehmen und Beteiligungen zu erwerben • Grundstücke zu kaufen	• das Handelsgewerbe einzustellen oder zu veräußern • die Firma zu ändern • neue Gesellschafter aufzunehmen • Insolvenz anzumelden • Anmeldungen zum Handelsregister vorzunehmen • das Inventar und die Bilanz zu unterzeichnen • Grundstücke zu belasten oder zu veräußern (außer mit Sondervollmacht)

Beispiel

Einem Prokuristen wird vom Kaufmann ausdrücklich die Vergabe von Krediten untersagt. Dennoch vergibt der Prokurist einen Kredit an einen Kunden. In diesem Falle haftet der Prokurist gegenüber dem Kaufmann, der Kunde hat aber einen rechtmäßigen Anspruch auf den Kredit, es sei denn, ihm war die Einschränkung der Prokura bekannt.

Arten von Prokura

Einzelprokura	Berechtigung, die Vertretung alleine auszuüben
Filialprokura	Der Kaufmann kann die Prokura auf einen Filialbetrieb beschränken.
Gesamtprokura	Prokura, die mehreren Personen gemeinschaftlich erteilt wird; kann nur von den Prokuristen gemeinsam ausgeübt werden

Geschäftsbriefe oder andere geschäftliche Unterlagen unterzeichnet der Prokurist üblicherweise mit der Abkürzung „ppa." (per procura) vor seinem handgeschriebenen Namen und unter Angabe der Firma des Handelsgewerbes.

ALLES KLAR?

1 Kaufmann gemäß HGB ist, ...

a) wer die Abschlussprüfung vor der IHK bestanden hat.
b) wer die Vorschriften des HGB einhält.
c) wer einen Gewerbebetrieb führt.
d) wer Paragraph 283 des Handelsgesetzbuchs erfüllt.
e) wer von der IHK ernannt wird.

2 Was versteht man unter einem Handelsgewerbe?

a) Jede selbstständige und erlaubte Tätigkeit, die auf Erzielung von Gewinn ausgerichtet ist.
b) Jede erlaubte Tätigkeit, die auf Erzielung von Gewinn ausgerichtet ist.
c) Jede fortgesetzte selbstständige Erlaubnis, die auf Erzielung von Gewinn ausgerichtet ist.
d) Jede erlaubte und fortgesetzte selbstständige Tätigkeit, die auf Erzielung von Gewinn ausgerichtet ist.
e) Jede erlaubte und selbstständige Fortsetzung, die auf Erzielung von Gewinn ausgerichtet ist.

3 Folgende Kriterien gelten für Beurteilung eines in kaufmännischer Weise eingerichteten Geschäftsbetriebs:

a) Die Höhe von Umsatz, Eigenkapital und Vermögen, die Mitarbeiterzahl sowie die Anzahl/Größe der Geschäftsräume.
b) Der Handelsregistereintrag, IHK-Mitgliedschaft und Bilanzbuchhaltung nach IAS sowie die Anzahl/Größe der Geschäftsräume.
c) Die Höhe von Umsatz, Forderungen und Vermögen, die Mitarbeiterzahl und IHK-Mitgliedschaft.
d) Die Größe der Geschäftsräume, die Handelsregistereintragung, IHK-Mitgliedschaft und Bilanzbuchhaltung nach IAS.
e) Die Höhe von Umsatz, Forderungen und Vermögen, die Mitarbeiterzahl sowie die Anzahl/Größe der Geschäftsräume.

4 Welcher der folgenden Firmengrundsätze ist richtig?

a) **Firmenwahrheit und Firmenklarheit:** Die Firma darf nicht irreführend sein. Sie muss den tatsächlichen Geschäfts- und Rechtsverhältnissen entsprechen.
b) **Firmenausschließlichkeit:** Das Unternehmen darf ausschließlich die gleiche Bezeichnung tragen wie ein anderes Unternehmen am selben Ort.
c) **Firmenbeständigkeit:** Beim Wechsel des Betreibers (auch: Inhabers) darf die Firma nicht weitergeführt werden.
d) **Firmeneinheit:** Ein Kaufmann darf für alle Handelsgewerbe nur eine Firma führen.
e) **Firmenöffentlichkeit:** Die Eintragung ins Handelsregister muss erfolgen, damit die Konkurrenz über die Gründung der Firma informiert wird.

5 Die Handelsregistereintragung hat ...

a) konstitutive Wirkung, wenn ein Kannkaufmann im Handelsregister eingetragen wird.
b) deklaratorische Wirkung, wenn ein Kannkaufmann im Handelsregister eingetragen wird.
c) konstitutive Wirkung, wenn ein Istkaufmann im Handelsregister eingetragen wird.
d) konstitutive Wirkung, wenn ein Formkaufmann im Handelsregister eingetragen wird.
e) deklaratorische Wirkung, wenn ein Formkaufmann im Handelsregister eingetragen wird.

6 Welche der folgenden Aussagen ist richtig?

a) Durch die Erteilung der Prokura erhält der Prokurist genau die gleichen Befugnisse wie der Kaufmann selbst.
b) Für Angestellte im Verkauf gilt auch ohne entsprechende Vollmachterteilung, dass sie zu Verkäufen ermächtigt sind.
c) Die Artvollmacht erstreckt sich auf alle Rechtsgeschäfte und Rechtshandlungen, die der Betrieb eines derartigen Handelsgewerbes gewöhnlich mit sich bringt.
d) Die Einzelvollmacht ermächtigt zur Vornahme von Geschäften einer bestimmten Art, z.B. Kassierer, Abteilungsleiter, Einkäufer.
e) Die Prokura ist im Einzelhandelsregister einzutragen.

2 Rechtsformen von Unternehmen

Für jeden Unternehmensgründer stellt sich die Frage, welche Rechtsform den Zielsetzungen seines Unternehmens am besten entspricht. Grundsätzlich hat er die Wahl zwischen verschiedenen gesetzlich festgeschriebenen Rechtsformen, neben denen in der Praxis weitere, vom Gesetzgeber zunächst gar nicht vorgesehene Mischformen entstanden sind.

Für die Wahl der Rechtsform gibt es keine Patentlösung. Jede Form hat Vor- und Nachteile und wirkt sich auf wichtige betriebswirtschaftliche Grundfragen aus, wie z. B. auf die

- Möglichkeiten der Kapitalbeschaffung,
- Geschäftsführung,
- Gewinn- und Verlustverteilung,
- Haftung,
- Besteuerung.

Rechtsform
die gesetzlichen Bedingungen, unter denen im Unternehmen gehandelt wird.

Kapitalbeschaffung
→ LF 14, Kap. 5

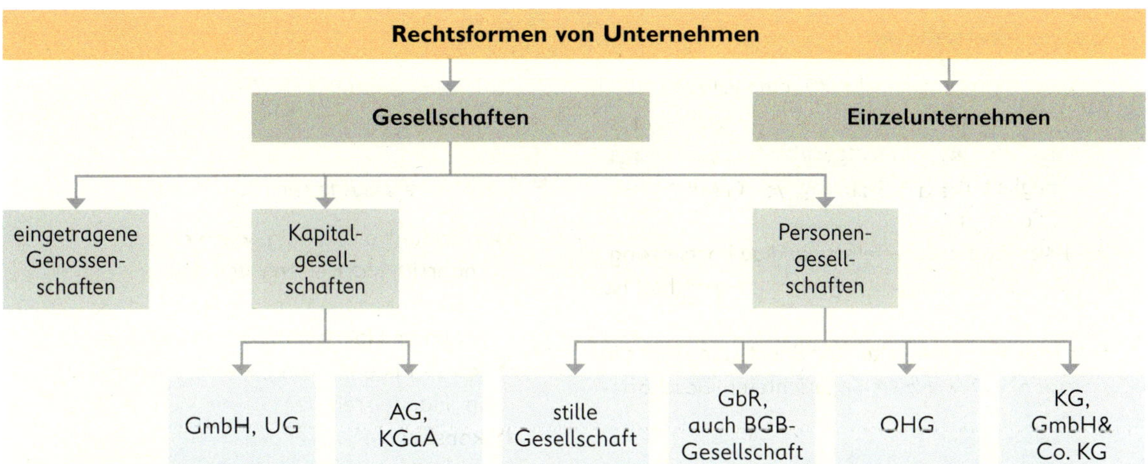

2.1 Einzelunternehmen

Das Einzelunternehmen ist eine besonders häufige Rechtsform. Die Gründung ist insoweit einfach, als das Einzelunternehmen nicht an eine bestimmte Form gebunden ist. Ist für das Unternehmen jedoch ein kaufmännischer Geschäftsbetrieb erforderlich, muss eine Eintragung ins Handelsregister vorgenommen werden.

Handelsregister
→ LF 14, Kap. 1.3

Beispiel

Erich Karl ist in einem Elektrofachgeschäft beschäftigt und möchte sich selbstständig machen. Ein wesentlicher Grund dafür ist, dass er endlich sein „eigener Herr" sein will. Er rechnet zunächst mit Aufträgen von Privatkunden, denen er bereits bekannt ist. Die Verwaltungsarbeit wird seine Frau übernehmen; ein kleines Büro kann er im Haus einrichten, die Garage ist für den Anfang groß genug, um alle notwendigen Artikel lagern zu können. Der Kapitalbedarf zur Gründung des Unternehmens ist nicht sehr hoch. Ein gebrauchter Transporter als Fahrzeug ist schon vorhanden. Einen Namen für sein Unternehmen hat er auch schon: „Elektro Erich Karl e.K.".

Einzelunternehmen

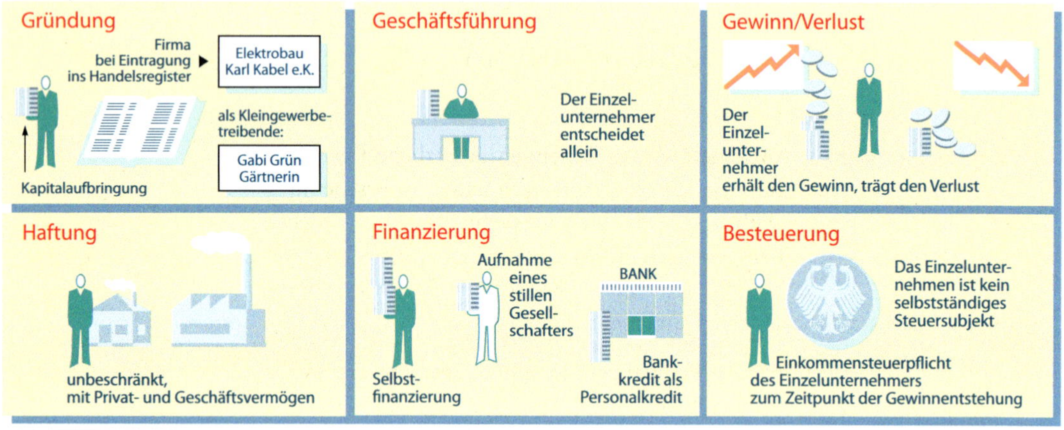

ZAHLENBILDER 201 115

Einerseits muss der Einzelunternehmer allein das Kapital zur Finanzierung des Unternehmens aufbringen, womit natürlich auch ein hohes finanzielles Risiko verbunden sein kann. Andererseits steht ihm dann auch der erzielte Gewinn allein zu. Die Führung des Unternehmens liegt allein in seiner Hand. Er trägt allein die Verantwortung gegenüber Mitarbeitern, Lieferanten und Kunden. Als Einzelunternehmer haftet er für alle Schulden des Unternehmens, und zwar unbegrenzt, also nicht nur mit dem Betriebsvermögen, sondern auch mit seinem Privatvermögen.

Vor- und Nachteile des Einzelunternehmens

Vorteile	Nachteile
• geringer Kapitalaufwand • alleinige Entscheidungsbefugnis • erwirtschafteter Gewinn muss nicht geteilt werden • einfache und kostengünstige Gründung	• unbeschränkte Haftung auch mit Privatvermögen • beschränktes Wachstum durch begrenzte Arbeitskraft und begrenzte Geldmittel (Kreditbasis) • persönlicher Ausfall (z.B. Krankheit) führt leicht zur Krise des Unternehmens

2.2 Personengesellschaften

natürliche/juristische Person
→ Band 1, LF 3, Kap. 7.1

Mit **Gesellschaft** wird eine **Vereinigung von natürlichen und/oder juristischen Personen** bezeichnet, die privatrechtsgeschäftlich ein gemeinsames Ziel verfolgen. Da heute auch eine GmbH oder AG von einer einzigen Person gegründet werden kann, ist diese Definition jedoch etwas offener zu sehen. Es gibt auch Personenvereinigungen, die dem öffentlichen Recht unterliegen. Dies sind z. B. Bund, Länder und Gemeinden, aber auch Anstalten des öffentlichen Rechts oder Stiftungen. Sie fallen nicht unter den Gesellschaftsbegriff.

Charakteristisch für **Personengesellschaften** ist es, dass die handelnden Personen natürliche Personen sind und auch mit ihrem Privatvermögen haften. Einige ausgewählte Personengesellschaften werden im Folgenden näher betrachtet.

2.2.1 Stille Gesellschaft

Beispiel

Als Erich Karl seinem Cousin Wilfried von dem Vorhaben erzählt, einen eigenen Betrieb zu gründen, zeigt dieser sich sehr interessiert und überzeugt von Erichs Geschäftsidee. Wilfried möchte Erich gern unterstützen, indem er sich ohne großes Aufsehen mit einer Kapitaleinlage von 20.000 Euro am neuen Unternehmen beteiligt.

Werden einem Unternehmen von einem Außenstehenden zusätzliche finanzielle Mittel zur Verfügung gestellt, ohne dass diese Person nach außen in Erscheinung treten will (sie also z. B. keinerlei Führungs- oder Weisungsbefugnisse beansprucht), dann spricht man von einer stillen Gesellschaft. Im Gesellschaftsvertrag kann geregelt werden, ob und in welcher Höhe ein stiller Gesellschafter an einem Verlust beteiligt sein soll. Ihm steht jedoch eine Gewinnbeteiligung zu.

Ein stiller Gesellschafter wird nicht ins Handelsregister eingetragen, die Firma des Unternehmens ändert sich durch seinen Beitritt nicht. Sind beispielsweise über Banken bzw. Kreditinstitute keine finanziellen Mittel für ein Einzelunternehmen zu erhalten, so kann eine stille Gesellschaft durchaus vorteilhaft sein.

2.2.2 Gesellschaft bürgerlichen Rechts (GbR)

Die GbR muss aus mindestens zwei Gesellschaftern bestehen, die auch formlos einen Gesellschaftervertrag schließen können, mit dem sie sich gegenseitig verpflichten, die Erreichung eines gemeinsamen Zieles zu fördern. Ziel kann z. B. ein gemeinsamer Geschäftsbetrieb – mit Ausnahme eines Handelsgewerbes sein, d. h., die Gesellschafter einer GbR (z. B. einer Anwaltskanzlei) dürfen **keine Kaufleute** im Sinne des HGB sein. Daher erklärt sich auch der Name der Gesellschaft: Für sie gelten nur die Vorschriften des Bürgerlichen Gesetzbuches (BGB).

Die GbR ist ein Zusammenschluss von Kleingewerbetreibenden oder auch Freiberuflern (Ärzte, Anwälte, Künstler).

Jeder Gesellschafter muss einen Beitrag leisten. Das können Geld- oder Arbeitsleistungen, aber auch die Einbringung von Kunden oder Know-how sein. Falls nichts Abweichendes vereinbart wird, haben die Gesellschafter gleiche Beiträge zu leisten und deshalb auch gleichen Anteil an Gewinn und Verlust.

Die Beiträge und die durch die Geschäftsführung erworbenen Gegenstände werden gemeinschaftliches Vermögen der Gesellschafter (Gesellschaftsvermögen). Haben die Gesellschafter vertraglich keine speziellen Abmachungen getroffen, dann steht ihnen die Geschäftsführung gemeinschaftlich zu (Grundsatz der Einstimmigkeit). Grundsätzlich haften die Gesellschafter auch mit ihrem Privatvermögen.

2.2.3 Offene Handelsgesellschaft (OHG)

Die offene Handelsgesellschaft ist eine Personengesellschaft, deren Zweck auf den Betrieb eines Handelsgewerbes unter gemeinschaftlicher Firma gerichtet ist. Charakteristisch an dieser Rechtsform ist, dass bei keinem der Gesellschafter die **Haftung** gegenüber den Gesellschaftsgläubigern beschränkt ist.

Die Gläubiger können sowohl auf das Geschäfts- als auch auf das Privatvermögen zurückgreifen (unbeschränkt). Die Gläubiger können zur Befriedung ihrer Forderungen an einen beliebigen Gesellschafter herantreten (unmittelbar). Hieraus erklärt sich auch der Name: Die OHG ist „offen", weil der Zugriff der Gläubiger auf das Vermögen der Gesellschafter offen ist. Insofern besteht auch eine enge Bindung der Gesellschafter, denn alle haben für das Handeln der jeweils anderen solidarisch einzustehen.

Beispiel

Erich Karl hat mit seinen Erwartungen recht behalten. Sein Geschäft läuft glänzend – für ihn und seine Frau alleine bald schon zu gut. Nun erhält er das Angebot, die Elektroinstallationen für ein Geschäftszentrum zu übernehmen. Für diesen Großauftrag ist eine Aufstockung des Personals notwendig; außerdem reicht jetzt sein Wohnhaus nicht mehr für die Büro- und Lagerräume aus. Er benötigt einen größeren Fuhrpark und erheblich mehr Geräte und Werkzeuge. Dies kann Herr Karl mit seinen bisherigen Möglichkeiten nicht realisieren – vor allem deshalb, weil keine Bank bereit ist, den dafür notwendigen Kredit zur Verfügung zu stellen. Anna Moser, eine ehemalige Kollegin, wäre bereit, als Teilhaberin in das Unternehmen einzusteigen. Herrn Karl ist das recht, zumal Frau Moser über einiges Kapital verfügt, das sie in das Unternehmen einbringen könnte.

ELEKTRO ERICH KARL OHG

Die **Gründung** der OHG vollzieht sich in zwei Stufen: dem Abschluss eines Gesellschaftervertrages und der Anmeldung zum Handelsregister. Der Gesellschaftervertrag ist ohne Einhaltung einer bestimmten Form möglich, d. h., man muss ihn in der Regel nicht notariell beurkunden lassen. Zuständig für die Anmeldung zum Handelsregister ist das Gericht, in dessen Bezirk die Gesellschaft ihren Sitz hat.

Alle Gesellschafter sind zur Geschäftsführung berechtigt bzw. verpflichtet. Anders als bei der GbR geht das Gesetz bei der OHG von einer **Einzelgeschäftsführungsbefugnis** aus, d. h., jeder Gesellschafter ist berechtigt, allein zu handeln. Soll das anders sein, so können die Gesellschafter in ihren Vertrag aufnehmen, dass nur zusammen gehandelt werden kann. Bei dieser so genannten **Gesamtgeschäftsführungsbefugnis** bedarf es dann für jedes Geschäft der Zustimmung aller.

Für die Verbindlichkeiten der OHG haften die Gesellschafter sowohl mit dem Gesellschaftsvermögen als auch persönlich. Selbst nach dem Ausscheiden eines Gesellschafters aus der OHG besteht auch später noch eine so genannte **Nachhaftung**. Vorteil dieser vollen Haftung ist jedoch, dass dadurch meist eine größere Kreditwürdigkeit bei Banken und Kreditinstituten besteht.

Kreditwürdigkeit
→ LF 14, Kap. 5.2.2

Häufig ist ein erhöhter Kapitalbedarf der Grund für die Bildung einer OHG. Aber auch bei der Fortsetzung eines Einzelunternehmens durch eine Erbengemeinschaft wird diese Rechtsform oft gewählt, wenn z. B. ein Einzelunternehmer aus Altersgründen die Geschäftsführung seinen Kindern übertragen will.

2.2.4 Kommanditgesellschaft (KG)

Bei der Kommanditgesellschaft ist die **Haftung** eines oder mehrerer Gesellschafter auf den Betrag ihrer Vermögenseinlage beschränkt (**Kommanditist**), während mindestens ein Gesellschafter unbeschränkt haftet (**Komplementär**). Die Höhe der Haftsumme der Kommanditisten ist ins Handelsregister einzutragen. Ist die Einlage vom Kommanditisten vollständig bezahlt, dann kann er auch nicht mehr persönlich für die Verbindlichkeiten der Gesellschaft haftbar gemacht werden.

Die **Gründung** der KG vollzieht sich nach den gleichen rechtlichen Schritten wie bei der OHG. Die Kommanditisten sind von der Geschäftsführung ausgeschlossen und grundsätzlich auch nicht zu einer Vertretung der Gesellschaft nach außen ermächtigt, es sei denn, es wird ihnen ausdrücklich Prokura erteilt. Vorteil dieser Gesellschaftsform ist also, dass man sich vorab entscheiden kann, ob man nur mit einer begrenzten Vermögensmasse Teilhaber wird, dafür aber von der Geschäftsführung ausgeschlossen ist, oder ob man voll haften will bzw. muss, dafür aber „die Zügel in der Hand hält".

Prokura
→ LF 14, Kap. 1.4

Kommanditisten haben ein Widerspruchsrecht bei außergewöhnlichen Geschäften, ein Recht auf Einsicht in die Geschäftsbücher und ein Recht auf den vertraglich vereinbarten Gewinnanteil. Der Komplementär einer KG kann auch eine juristische Person, z. B. eine GmbH, sein. Die Rechtsform ist dann die **GmbH & Co. KG**. Bei dieser Rechtsform ist eine Vermischung zweier Grundtypen erfolgt. Wichtig ist, dass es sich dabei insgesamt um eine Personengesellschaft und nicht um eine Kapitalgesellschaft handelt. Damit beschränkt sich die Haftung auf das Kapital der GmbH.

Kommanditgesellschaft (KG)

ZAHLENBILDER 201 130

2.3 Kapitalgesellschaften

Juristische Person
→ Band 1, LF 3, Kap. 7.1

Kapitalgesellschaften sind juristische Personen und damit selbst rechtsfähig. Im Gegensatz zu den Personengesellschaften, wo Eigenkapitalgeber (Gesellschafter) und Geschäftsführer normalerweise identisch sind, liegen Eigentum und Unternehmensführung bei Kapitalgesellschaften in der Regel nicht beieinander. Normalerweise beschränkt sich der Einfluss der Gesellschafter auf ihr Stimmrecht in der Gesellschafterversammlung, ihr Risiko beschränkt auf die geleistete Kapitaleinlage.

2.3.1 Gesellschaft mit beschränkter Haftung (GmbH)

Die GmbH ist eine Kapitalgesellschaft, deren Gesellschafter sich an dem in Stammeinlagen zerlegten Stammkapital beteiligt haben, ohne persönlich für die Verbindlichkeiten der Gesellschaft zu haften. Die Gläubiger können sich mit ihren Forderungen nur an das Gesellschaftsvermögen, nicht aber an die Gesellschafter halten. Im Gesellschaftsvertrag kann jedoch eine beschränkte oder unbeschränkte Nachschusspflicht vereinbart werden. Mit einer Nachschusspflicht verpflichtet sich der Gesellschafter, unter bestimmten Voraussetzungen weitere Geldleistungen an die Gesellschaft zu erbringen.

Die **Gründung** einer GmbH ist schwieriger als die Gründung einer Personengesellschaft, da der Gesellschaftervertrag der notariellen Form bedarf. Da die Zahl der Gesellschafter nicht vorgeschrieben ist, kann die GmbH auch von nur einer Person errichtet werden (**Einmann-GmbH**). Bei der Gründung wird ein **Stammkapital** in Höhe von mindestens 25.000 Euro vorausgesetzt. Auf dieses Kapital muss jeder Gesellschafter eine Stammeinlage von mindestens 100 Euro zahlen. Die Einlagen können in Form von Geld- oder Sachleistungen erbracht werden. Bei Sachleistungen muss der Gegenstand (z. B. ein Fahrzeug oder ein Kopierer) und der hierfür veranschlagte Betrag im Gesellschaftsvertrag festgesetzt werden. Um die GmbH beim Handelsregister anmelden zu können, muss auf jede Stammeinlage mindestens ein Viertel gezahlt und dabei insgesamt mindestens die Hälfte des Stammkapitals angesammelt worden sein (also mindestens 12.500 Euro). Sachleistungen müssen voll erbracht werden.

Um handeln zu können, bedarf es bei der GmbH verschiedener **Organe**. Das sind im Wesentlichen ein oder mehrere **Geschäftsführer** und die **Gesellschafterversammlung**. Letztere wird von der Geschäftsführung einberufen und entscheidet unter anderem über die Verwendung des Gewinnes sowie die Bestellung und Abberufung von Geschäftsführern und Prokuristen. Hat die GmbH mehr als 500 Beschäftigte, ist die Einrichtung eines **Aufsichtsrates** gesetzlich vorgeschrieben. Der Aufsichtsrat setzt sich aus Vertretern der Gesellschafter und der Arbeitnehmer zusammen. Seine Aufgabe besteht hauptsächlich in der Überwachung der Geschäftsführung und der Prüfung von Jahresabschluss und Lagebericht.

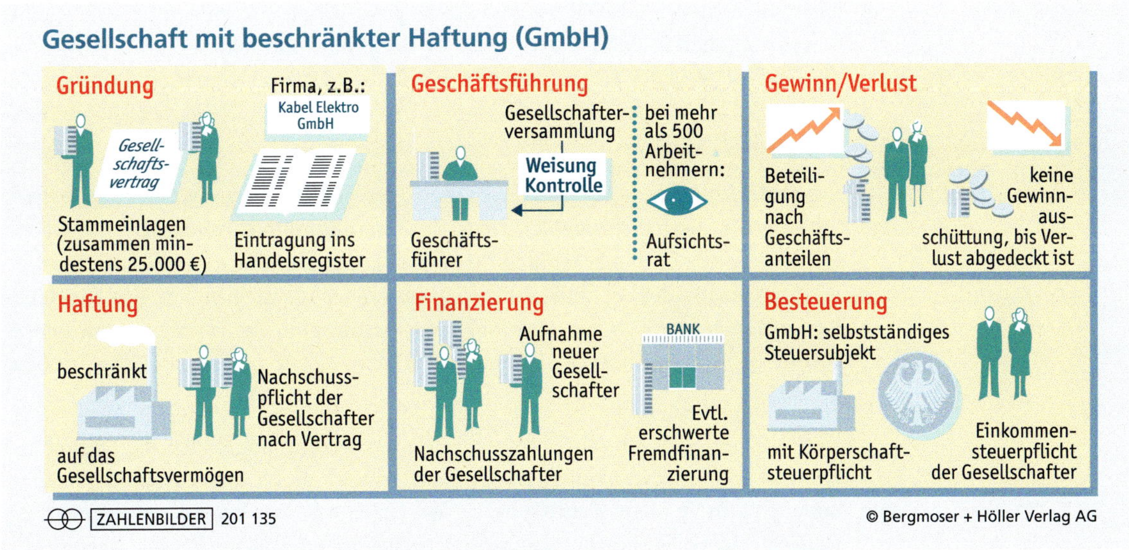

Eine Sonderform der GmbH ist die **haftungsbeschränkte Unternehmergesellschaft (UG)**. Sie ist eine Einstiegsvariante der GmbH ohne eine bestimmtes Mindeststammkapital. Zur Gründung reicht 1 Euro. Man spricht daher auch manchmal von einer 1-Euro-GmbH oder Mini-GmbH. Allerdings darf die UG ihre Gewinne nicht voll ausschütten, sondern muss einen Teil zur Ansparung des Stammkapitals der normalen GmbH nutzen.

Bei der Einführung der UG 2008 ging es auch um die Erleichterung von Unternehmensgründungen im Wettbewerb mit den Mitgliedstaaten der Europäischen Union, denn in vielen Mitgliedstaaten der Europäischen Union werden geringere Anforderungen an die Gründungsformalitäten und die Aufbringung des Mindeststammkapitals gestellt.

2.3.2 Aktiengesellschaft (AG)

Auch die Aktiengesellschaft ist eine Kapitalgesellschaft, also eine juristische Person. Das Grundkapital dieser Gesellschaft in Höhe von mindestens 50.000 Euro ist in **Aktien** zerlegt. Jeder Kapitalanteil ist damit als Wertpapier verbrieft und dem Kapitalmarkt zugänglich. Die Aktien von börsennotierten AGs werden an der Börse gehandelt.

Die **Gründung** der AG erfolgt durch eine oder mehrere Personen. Bei der Feststellung des Gesellschaftsvertrages ist notarielle Beurkundung erforderlich. Die Gesellschafter (Aktionäre) übernehmen die Aktien gegen Zahlung einer Einlage. Sie werden am Gewinn der AG durch eine so genannte Dividende beteiligt. Die Dividende ist ein Betrag, der sich aus der Höhe eines bestimmten Prozentsatzes vom Bilanzgewinn pro Aktie ergibt. Die Haftung ist bei der AG auf das Gesellschaftsvermögen beschränkt.

Der Vorstand, der Aufsichtsrat und die Hauptversammlung bilden die **Organe** der AG. Die AG wird gerichtlich und außergerichtlich durch den **Vorstand** vertreten, der auch zur Geschäftsführung befugt ist. Dabei ist er an keinerlei Weisungen des Aufsichtsrates oder der Hauptversammlung gebunden. Der Vorstand wird vom Aufsichtsrat bestimmt. Gibt es mehrere Vorstandsmitglieder, handeln diese in der Regel gemeinschaftlich (Gesamtgeschäftsführungsbefugnis).

Der **Aufsichtsrat** besteht aus mindestens drei Mitgliedern und wird von der Hauptversammlung alle vier Jahre zu zwei Dritteln gewählt. Wählbar sind nur natürliche Personen, die nicht dem Vorstand angehören und nicht leitende Angestellte der AG sind. Mindestens ein Drittel des Aufsichtsrates wird gemäß Betriebsverfassungsgesetz von Arbeitnehmern gebildet. Seine Hauptaufgabe besteht in der Bestellung, Abberufung und Überwachung des Vorstandes sowie der Festlegung der Unternehmenspolitik.

Betriebsverfassungsgesetz
→ Band 1, LF 1, Kap. 4

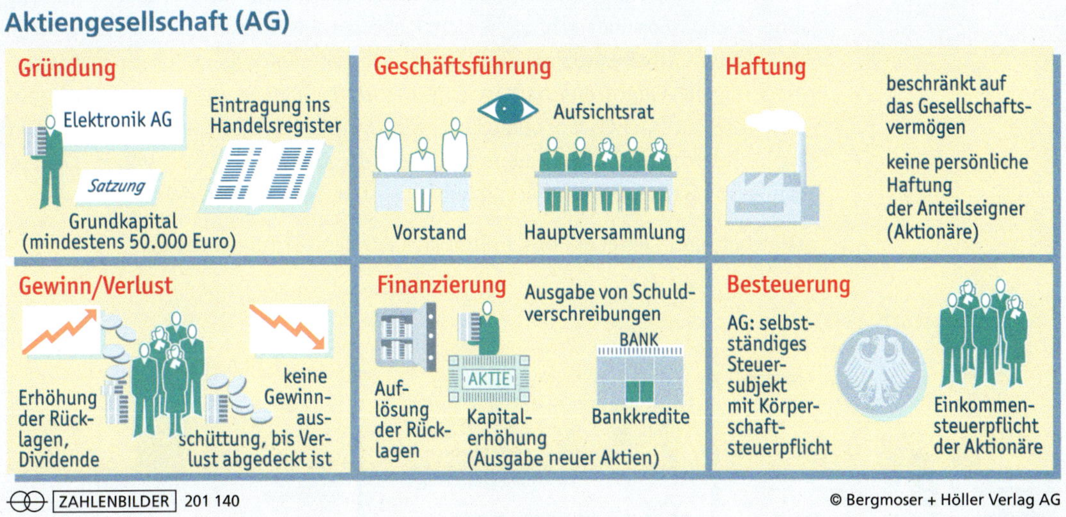

Die **Hauptversammlung** wird regelmäßig einmal im Jahr vom Vorstand einberufen. Die Aktionäre beschließen unter anderem über Bestellung und Entlastung des Vorstandes und des Aufsichtsrates. Bei der Beschlussfassung hat jeder Aktionär ein Stimmrecht pro Aktie. In der Regel gilt für Beschlüsse der Hauptversammlung die einfache Stimmenmehrheit, für Entscheidungen von besonderer Tragweite (z. B. Satzungsänderungen oder Kapitalbeschaffung) bedarf es jedoch einer so genannten qualifizierten Mehrheit von 75 % des bei der Beschlussfassung vertretenen Grundkapitals.

Jahreshauptversammlung der Bayer AG am 17.05.2018

2.4 Eingetragene Genossenschaften (eG)

Eine **Genossenschaft** ist ein Zusammenschluss von natürlichen oder juristischen Personen, die gemeinsam ein Unternehmen betreiben. Das Ziel der unternehmerischen Tätigkeit ist **nicht vorrangig die Gewinnerzielung**, sondern Leitideen wie Mitgliederförderung, Selbsthilfe, Selbstverantwortung und Selbstverwaltung. In einer Genossenschaft schließen sich Personen zusammen, die gleiche oder ähnliche wirtschaftliche, soziale oder kulturelle Interessen gemeinsam verfolgen. Die eingetragene Genossenschaft ist eine juristische Person und nach **§ 17** Genossenschaftsgesetz (GenG) Formkaufmann im Sinne des Handelsrechts. Eine eG muss aus mindestens drei Mitgliedern bestehen, die sich eine Satzung geben. Der Eintrag erfolgt im **Genossenschaftsregister** des zuständigen Amtsgerichts.

Die Haftung in einer eG beschränkt sich auf das Vermögen der eG.

Beispiele

GREENPEACE ENERGY
Mein Strom. Mein Gas. Meine Entscheidung.

Greenpeace Energy, eingetragene Genossenschaft, die derzeit (2017) über 25 000 Mitgliedern gehört. Neben dem Verkauf von Ökostrom baut die Genossenschaft Kraftwerke zur Stromgewinnung aus Erneuerbaren Energien wie Wind und Sonne.

www.greenpeace-energy.de

taz

die tageszeitung, eingetragene Genossenschaft seit 1991. Ihre Mitglieder sind überzeugt, dass diese Tageszeitung wegen ihrer ökonomischen Unabhängigkeit den gewünschten Freiraum in der Berichterstattung bewahren kann.

www.taz.de

Genossenschaft der Öko-Bauern eG

Genossenschaft der Öko-Bauern eG, Erzeugergemeinschaft, die sich seit 1994 für die Vermarktung von Öko-Produkten an den Lebensmitteleinzelhandel und die weiterverarbeitende Industrie stark macht. Die Genossenschaft stellt die Verbindung zwischen Bio-Höfen und Handel/Industrie her.

www.marktgenossenschaft.de

ALLES KLAR?

1 Die Wahl der Rechtsform wirkt sich folgendermaßen aus:

a) Möglichkeiten der Kapitalbeschaffung, Eigenkapitalquote, Geschäftsführung, Gewinn- und Verlustverteilung, Haftung
b) Möglichkeiten der Kapitalbeschaffung, Geschäftsführung, Gewinn- und Verlustverteilung, Haftung, Besteuerung
c) Möglichkeiten der Kapitalbeschaffung, Gewinn- und Verlustverteilung, Verbindlichkeiten, Haftung, Vermögen, Besteuerung
d) Möglichkeiten der Kapitalbeschaffung, Umlaufvermögen, Geschäftsführung, Besteuerung
e) Möglichkeiten der Kapitalbeschaffung, Geschäftsführung, Gewinn- und Verlustverteilung, Standort, Besteuerung

2 Die Gründung eines Einzelunternehmens ist insoweit einfach, dass …

a) das Einzelunternehmen nicht an eine bestimmte Form gebunden ist.
b) grundsätzlich keine Handelsregistereintragung notwendig ist.
c) grundsätzlich eine Handelsregistereintragung notwendig ist.
d) das Einzelunternehmen an eine bestimmte Form gebunden ist.
e) immer ein kaufmännischer Geschäftsbetrieb erforderlich ist.

3 Die Vorteile von Einzelunternehmen sind z.B. …

a) geringer Kapitalaufwand, geringe Arbeitsbelastung, einfache und kostengünstige Gründung und beschränkte Haftung.
b) geringer Kapitalaufwand, einfache und kostengünstige Gründung und alleinige Entscheidungsbefugnis.
c) geringer Kapitalaufwand, geringe Arbeitsbelastung, einfache und kostengünstige Gründung und beschränkte Haftung.
d) geringer Kapitalaufwand, einfache und kostengünstige Gründung und beschränkte Haftung.
e) geringer Kapitalaufwand, einfache und kostengünstige Gründung und unbeschränkte Haftung.

4 Was ist typisch für Personengesellschaften?

a) Die handelnden Personen sind juristische Personen und haften auch mit ihrem Privatvermögen.
b) Die handelnden Personen sind natürliche Personen und haften auch mit ihrem Privatvermögen.
c) Die handelnden Personen sind natürliche Personen und haften auch mit ihrem Geschäftsvermögen.
d) Die natürlichen Personen sind gesellschaftliche Personen und haften auch mit ihrem Privatvermögen.
e) Die gesellschaftlichen Personen sind handelnde Personen und haften auch mit ihrem Privatvermögen.

5 Ein stiller Gesellschafter …

a) … ist ein geheimer Gesellschafter.
b) … ist nach außen unsichtbar.
c) … handelt anonym.
d) … ist ein unbekannter Teilhaber.
e) … haftet still.

6 Bei welchen der folgenden Zusammenschlüsse handelt es sich um eine GbR?

a) Prinz und Weiß – Gemeinschaftspraxis für Zahnheilkunde
b) Wim und Partner – Spedition
c) Anwohner der Mühlenstraße – Organisation des jährlichen Straßenfestes
d) Giancarlo Fusilli – Italienische Spezialitäten
e) Meier und Maier – Schulbuchverlag
f) Hofreiter und Sädler – IT-Zubehörvertrieb
g) Kempen und Schrunz – Hundefutterherstellung

7 In welchem Zusammenhang steht der Begriff „offen" bei der OHG?

a) Die OHG ist „offen", weil der Zugriff der Gläubiger auf die Schulden der Gesellschafter offen ist.
b) Die OHG ist „offen", weil der Zugriff der Gläubiger auf das Kapital der Gesellschaft offen ist.
c) Die OHG ist „offen", weil der Zugriff der Gläubiger auf die Forderungen der Schuldner offen ist.
d) Die OHG ist „offen", weil der Zugriff der Gläubiger auf das Vermögen der Gesellschafter offen ist.
e) Die OHG ist „offen", weil der Zugriff der Gläubiger auf die Verbindlichkeiten der Gesellschafter offen ist.

8 Welche Eigenschaft ist für die OHG typisch?

a) Die Haftung ist beschränkt auf die Kapitaleinlage.
b) Alle Gesellschafter haften solidarisch.
c) Alle Gesellschafter legen ihre Steuererklärung offen.
d) Die Geschäftsführung bleibt jederzeit offen für alle Gesellschafter.
e) Die Anmeldung im Handelsregister ist öffentlich.

9 Die Gewinnverteilung bei der OHG funktioniert folgendermaßen:

a) 4 % pro Kopf, Rest nach Kapitalanteilen
b) 4 % pro Kapitalanteil, Rest nach Köpfen
c) 4 % auf den Kopfanteil, Rest nach Kapital
d) 4 % Kapital nach Verteilung nach Köpfen
e) 4 % auf den Kapitalanteil, Rest nach Köpfen

10 Für wen gilt die Haftungsbeschränkung bei der KG?

a) Die Haftung ist auf die Vermögenseinlage unbeschränkt (Kommanditist), während mindestens ein Gesellschafter beschränkt haftet (Komplementär).
b) Die Haftung ist auf die Vermögenseinlage beschränkt (Kommanditist), während mindestens ein Gesellschafter beschränkt haftet (Komplementär).
c) Die Haftung ist auf die Vermögenseinlage beschränkt (Kommanditist), während mindestens ein Gesellschafter unbeschränkt haftet (Komplementär).
d) Die Haftung ist auf die Gesellschafter beschränkt (Kommanditist), während mindestens ein Gesellschafter unbeschränkt haftet (Komplementär).
e) Die Haftung ist auf die Vermögenseinlage beschränkt (Komplementär), während mindestens ein Gesellschafter unbeschränkt haftet (Kommanditist).

11 In der KG gelten folgende Sachverhalte:

a) Der Komplementär haftet beschränkt und führt die Geschäfte.
b) Die Höhe der Haftung der Kommanditisten darf nicht im Handelsregister veröffentlicht werden.
c) Die Kommanditisten vertreten das Unternehmen.
d) Die Kommanditisten haften beschränkt und führen nicht die Geschäfte.
e) Der Gewinn wird gleichmäßig auf Komplementär und Kommanditisten verteilt.

12 Bei der GmbH …

a) ist eine Stammeinlage von mindestens 2.500,00 € vorausgesetzt.
b) kann nicht ein Gründer allein die Gesellschaft gründen.
c) entscheidet die Gesellschafterversammlung über die Geschäftsführung.
d) ist die Besteuerung gesetzlich beschränkt.
e) ist der Geschäftsführer immer im Aufsichtsrat vertreten.

13 Welche der folgenden Aussagen zur AG ist **nicht** richtig?

a) Die Hauptversammlung wird regelmäßig einmal im Jahr vom Aufsichtsrat einberufen.
b) Der Aufsichtsrat besteht aus mindestens drei Mitgliedern.
c) Die Haftung ist auf das Gesellschaftsvermögen beschränkt.
d) Die AG wird ins Handelsregister eingetragen.
e) Die Gesellschafter werden am Gewinn durch eine Dividende beteiligt.

3 Finanzierung, Investition und Kapitalbedarf

Lernsituation 98

Jedes Einzelhandelsunternehmen muss Waren beschaffen und hat damit Ausgaben. Der Absatz der Waren hat Einnahmen zur Folge. Da Ausgaben und Einnahmen meist zeitlich erheblich auseinander liegen, entsteht ein Kapitalbedarf.

Beispiel

Die Beska GmbH kauft im Winter die neue Kollektion von Damenoberbekleidung für die Frühjahrssaison ein. Die Waren müssen gelagert werden, bis sie im Verkaufsraum angeboten werden können. Erst wenn die Saison vorbei ist, frühestens im Sommer, kann das investierte Kapital zurückfließen.

3.1 Die Notwendigkeit der Finanzierung

Die Beschaffung von Waren bindet Kapital, der Absatz der Waren setzt Kapital frei.

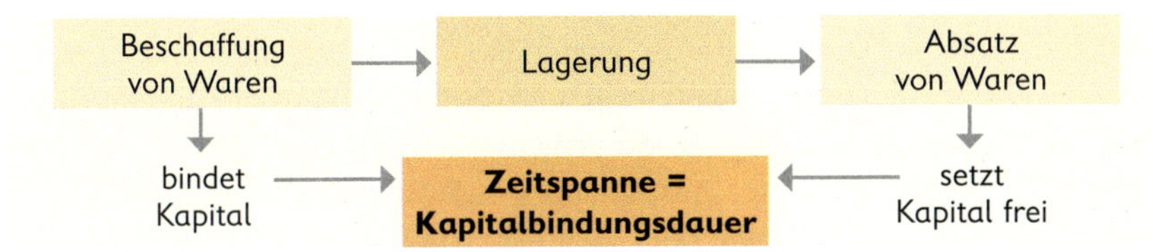

Durch das zeitliche Auseinanderfallen der Kapitalbindung und der Kapitalfreisetzung entsteht ein **Kapitalbedarf**. Dieser wird durch die Höhe der jeweiligen Ausgaben und Einnahmen sowie durch die Kapitalbindungsdauer bestimmt. Ein bestehender Kapitalbedarf muss durch die Beschaffung von Kapital gedeckt werden. Unter **Finanzierung** versteht man alle Maßnahmen der lang-, mittel- und kurzfristigen **Kapitalbeschaffung** eines Unternehmens.

Kapitalbeschaffung
→ LF 14, Kap. 5

Dem Begriff der Kapitalbeschaffung ist der Begriff der **Kapitalverwendung** gegenüberzustellen. Unter **Investition** versteht man alle Maßnahmen, die der Verwendung finanzieller Mittel zur Beschaffung von Sachvermögen, immateriellem Vermögen oder Finanzvermögen dienen.

In der Bilanz zeigt sich die Kapitalbeschaffung auf der Passivseite, die Kapitalverwendung dagegen in den Positionen des Anlage- und Umlaufvermögens auf der Aktivseite. Während die Passivseite darüber Auskunft gibt, welche Kapitalbeträge dem Unternehmen überlassen worden sind und in welcher Form (Eigen- oder Fremdkapital) dies geschehen ist, gibt die Aktivseite Auskunft darüber, wie das Kapital im Unternehmen gebunden ist.

Bilanz
→ Band 2, LF 8, Kap. 1

Bilanz

Aktiva (= Vermögen)	**Bilanz**		**Passiva** (= Kapital)
Investitionsbereich		**Finanzierungsbereich**	
Anlagevermögen	in Euro	Eigenkapital	in Euro
Umlaufvermögen	in Euro	Fremdkapital	in Euro
Mittelverwendung/Investition In welcher Form sind die Mittel im Unternehmen gebunden?		**Mittelherkunft/Finanzierung** Woher stammen die Mittel?	

Die Begriffe Finanzierung und Investition stehen in engem Zusammenhang, denn eine Kapitalverwendung setzt immer eine Kapitalbeschaffung voraus. Ein Investitionsvorhaben ist ohne Bedeutung, wenn es nicht finanziert werden kann. Andererseits ist die Beschaffung finanzieller Mittel für einen Betrieb ohne praktischen Wert, wenn er keine ertragreiche Verwendung für sie findet. Kapitalverwendung setzt also grundsätzlich Kapitalbeschaffung voraus; Kapitalbeschaffung muss grundsätzlich Mittelverwendung zur Folge haben.

Investitions- und Finanzierungsprozesse gehören in einem kundenorientierten Unternehmensmodell zu den Unterstützungsprozessen (Supportleistungen), d. h., sie unterstützen andere Geschäftsprozesse durch Versorgungs- und Steuerungsleistungen. Sie lassen sich in Teilprozesse aufgliedern, die sich von der Ermittlung des Kapitalbedarfs über die Kapitalbeschaffung bis hin zur Kapitalverwendung erstrecken.

3.2 Ermittlung des Kapitalbedarfs

kumuliert
aufaddiert

Die Höhe des Kapitalbedarfs wird von mehreren Faktoren bestimmt. Hierzu zählen z. B. die zeitliche Abfolge güter- und finanzwirtschaftlicher Vorgänge, das Beschäftigungsniveau, die Betriebsgröße und das Preisniveau. Der Kapitalbedarf ist die Differenz zwischen den kumulierten Auszahlungen und den kumulierten Einzahlungen zu einem bestimmten Zeitpunkt oder innerhalb eines bestimmten Zeitraums. Die Höhe des Kapitalbedarfs schwankt in aller Regel im Zeitablauf.

Beispiel

Eine Einzelhandelskette plant für das Folgejahr die Eröffnung einer neuen Filiale (Änderung der Betriebsgröße). In diesem Fall ist zuerst der Kapitalbedarf für das notwendige **Anlagevermögen** zu planen. Der Kapitalbedarf ergibt sich hier aus der Summe der Anschaffungswerte aller Anlagegüter einschließlich notwendiger Nebenkosten (Grundstück, Gebäude, Betriebs- und Geschäftsausstattung, Fahrzeuge usw.). Hinzuzurechnen ist ggf. ein in der Filiale vorzuhaltender Mindestbestand an Waren und Ausgaben, die im Zusammenhang mit der Filialeröffnung entstehen (z. B. Werbeausgaben).

durchschnittliche Lagerdauer
→ Band 2, LF 7, Kap. 3.4.2

Der Kapitalbedarf für das **Umlaufvermögen** ist abhängig vom täglich geplanten Wareneinsatz, der durchschnittlichen Lagerdauer und den von Lieferanten und an Kunden gewährten Zahlungszielen.

Wird z. B. ein durchschnittlicher Wareneinsatz von 3.000,00 Euro pro Tag geplant, so ist ein Kapitalbedarf von 105.000,00 Euro (3.000,00 Euro · 35 Tage) für Waren notwendig. Betragen die geplanten Handlungskosten 50 % des Wareneinsatzes, so beträgt der Kapitalbedarf für die Handlungskosten 67.500,00 Euro (3.000,00 Euro · 45 Tage · 50 %), da hier das Lieferantenziel keine Rolle spielt.

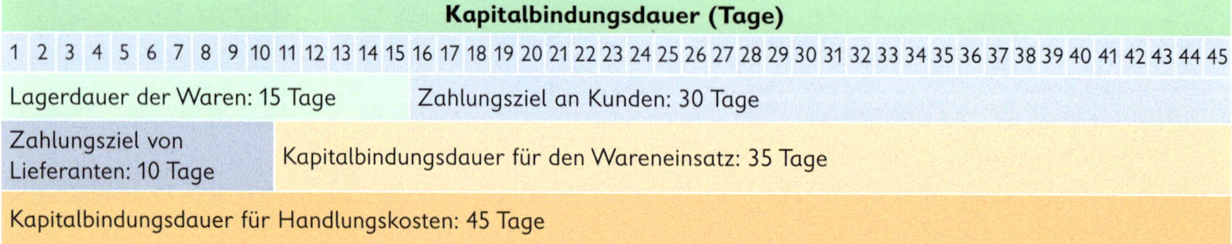

Dieser zusätzliche Kapitalbedarf muss in einer Gesamtplanung des Unternehmens für eine bestimmte Abrechnungsperiode (z. B. Monat August 20XX) in einem **Finanzplan** eingeplant werden. Darin werden alle Einzahlungen, Auszahlungen und Geldbestände für zukünftige Abrechnungsperioden in tabellarischer Form gegenübergestellt. Der Finanzplan gibt also stets Auskunft über den jeweils aktuell notwendigen Kapitalbedarf und die zu seiner Deckung momentan vorhandenen und in Zukunft erwarteten finanziellen Mittel.

Finanzpläne können für kurz-, mittel- oder langfristige Planungszeiträume erstellt werden. Je nach Planungszweck kann es sich um ordentliche oder außerordentliche Finanzpläne handeln. Sie erfassen künftige Ein- und Auszahlungen **termingenau und vollständig** nach dem Bruttoprinzip, d. h., Saldierungen von Ein- und Auszahlungen müssen unterbleiben, weil sonst nicht mehr erkennbar ist, welche Einzahlung einen Zahlungsmittelüberschuss und welche Auszahlung einen Zahlungsmittelfehlbetrag bewirkt.

Der Finanzplan soll sicherstellen, dass das für die fälligen Zahlungsverpflichtungen benötigte Geld zur richtigen Zeit, am richtigen Ort und in ausreichender Menge zur Verfügung steht. Er soll Überliquidität und Liquiditätsengpässe aufzeigen. Das frühzeitige Erkennen solcher Entwicklungen erlaubt es, rechtzeitig Maßnahmen einzuleiten. Bei einer zu hohen Liquidität kann z. B. das überschüssige Geld bei der Hausbank (z. B. als Festgeld) angelegt werden; bei einer zu niedrigen Liquidität ist die Finanzierung z. B. durch das Ausschöpfen von Kreditlimits bzw. von Zahlungszielen der Kreditoren oder durch die Aufnahme kurzfristiger Kredite zu sichern.

Zur besseren Übersichtlichkeit sowie aus organisatorischen Gründen wird ein Finanzplan normalerweise aus einer Vielzahl von Teilplänen zusammengesetzt, zu denen unter anderem ein **Grundplan** und ein **Zahlungsmittelplan** gehören.

Grundplan			
	Monat 1	Monat 2	Monat 3
flüssige Mittel			
Einnahmen (Erlöse):			
Umsatzerlöse			
sonstige Erlöse			
Summe Einnahmen (Erlöse)			
Ausgaben:			
Wareneinsatz			
Personalkosten			
Miet- und Pachtzahlungen (inkl. Leasing)			
Steuerzahlungen			
Versicherungszahlungen			
weitere aufwandsbezogene Auszahlungen			
Kauf von Anlagegütern			
Summe Ausgaben			

Kreditplan			
Finanzierungszahlungen:	Monat 1	Monat 2	Monat 3
Auszahlung von aufgenommenen Krediten			
Zinsgutschriften			
= Summe Finanzierungseinzahlungen			
Tilgung von Krediten			
Zinszahlungen			
= Summe Finanzierungsauszahlungen			

Man rechnet:	
	flüssige Mittel
+	Summe Einnahmen (Erlöse)
−	Summe Ausgaben
+	Summe Finanzierungseinzahlungen
−	Summe Finanzierungsauszahlungen
=	Einnahme-/Ausgabenüberschuss

3.3 Finanzierungsregeln

Eine der wichtigsten Voraussetzungen für den Bestand eines Unternehmens ist, dass es der Unternehmensleitung gelingt, das Unternehmen im finanziellen Gleichgewicht zu halten. Insbesondere durch das Sicherheitsstreben der Fremdkapitalgeber haben sich in der betrieblichen Praxis einige Grundregeln für die Gestaltung der Kapitalstruktur herausgebildet, deren Beachtung Ungleichgewichtszustände verhindern soll.

Ausgehend von einem gegebenen Kapitalbedarf stellen **Finanzierungsregeln** Grundsätze auf, welche Finanzmittel zur Deckung des Kapitalbedarfs heranzuziehen sind. Je nach der Art der gebildeten Bilanzrelation werden horizontale und vertikale Finanzierungsregeln unterschieden.

Bilanzrelation
Verhältnis verschiedener Bilanzposten zueinander

Die **horizontalen Kapitalstrukturregeln** setzen Kapitalbeschaffung (Passivposten) und Kapitalverwendung (Aktivposten) in Beziehung. Die wichtigste horizontale Regel ist die **„goldene Finanzierungsregel"**. Sie verlangt eine Fristenentsprechung von Mittelherkunft und Mittelverwendung. So sollte z. B. das Anlagevermögen, das die langfristige Arbeitsfähigkeit des Unternehmens sicherstellt, durch Eigenkapital bzw. langfristiges Fremdkapital abgedeckt sein, während das Umlaufvermögen auch durch kurzfristiges Fremdkapital finanziert sein darf.

Die **„goldene Bilanzregel"** formuliert die Forderung der goldenen Finanzierungsregel strenger. In ihrer engen Fassung verlangt sie, dass das Anlagevermögen ausschließlich durch Eigenkapital zu finanzieren ist. Nach ihrer weiteren Fassung ist das Anlagevermögen durch Eigenkapital und langfristiges Fremdkapital zu finanzieren. Die goldene Bilanzregel findet ihren Niederschlag in Kennzahlen, die als **Deckungsgrade (Anlagendeckung)** bestimmte Vermögenspositionen zu bestimmten Kapitalpositionen in Beziehung bringen. Sie überprüfen, wie viel Prozent des Anlagevermögens langfristig finanziert sind.

Deckungsgrad I

$$\frac{\text{kurzfristige Schulden}}{\text{Eigenkapital}}$$

Deckungsgrad II

$$\frac{\text{Eigenkapital + langfristiges Fremdkapital}}{\text{Eigenkapital}}$$

Verschuldungskoeffizient

$$\frac{\text{Fremdkapital}}{\text{Eigenkapital}}$$

Die **vertikalen Kapitalstrukturregeln** setzen Eigen- und Fremdkapital zueinander in Beziehung. Wie bei der goldene Bilanzregel gibt es auch hier unterschiedliche Fassungen. Die strengste Fassung verlangt, dass der Eigenkapitalanteil den Fremdkapitalanteil nicht unterschreiten soll, das Verhältnis von Eigen- und Fremdkapital also 1:1 betragen müsse. Andere Formulierungen der Regel fordern Verhältnisse von 1:2. Vertikale Finanzierungsregeln beruhen auf der Überlegung, dass als Haftungsbasis für das Fremdkapital eine bestimmte Mindesthöhe des Eigenkapitals notwendig ist. Die vertikalen Finanzierungsregeln finden ihren Niederschlag im **Verschuldungskoeffizienten**.

Neben der goldenen Bilanzregel und den Anlagedeckungsgraden als Ausdruck langfristiger Deckungsgrade gibt es noch **Liquiditätsregeln** und Liquiditätskennzahlen als Ausdruck kurzfristiger Deckungsgrade.

Ein Betrieb ist liquide, wenn er in der Lage ist, allen Zahlungsverpflichtungen nachzukommen, die zu dem betreffenden Zeitpunkt oder in einer bestimmten Periode fällig werden. Die **Wahrung der Liquidität** ist ein Kernproblem der finanzwirtschaftlichen Planung. Nach geltendem Recht droht Insolvenz, wenn fällige Zahlungsverpflichtungen dauerhaft nicht erfüllt werden können. Dies gilt auch für ein mit Gewinn arbeitendes Unternehmen.

Insolvenz
→ LF 14, Kap. 7

ALLES KLAR?

1 Kapitalbedarf entsteht, weil …

a) Ausgaben und Einnahmen meist zeitlich erheblich auseinander liegen.
b) Ausgaben und Einnahmen meist organisatorisch erheblich auseinander liegen.
c) Ausgaben und Einnahmen meist kalkulatorisch erheblich auseinander liegen.
d) Ausgaben und Einnahmen meist buchhalterisch erheblich auseinander liegen.
e) Ausgaben und Einnahmen meist kostenrechnerisch erheblich auseinander liegen.

2 Unter „Finanzierung" versteht man folgendes:

a) alle Maßnahmen der mittel- und kurzfristigen Kapitalbeschaffung eines Unternehmens bei Investoren
b) alle Maßnahmen der lang-, mittel- und kurzfristigen Kapitalbeschaffung eines Unternehmens bei einer Geschäftsbank
c) alle Maßnahmen der lang-, mittel- und kurzfristigen Kapitalbeschaffung eines Unternehmens bei Investoren
d) alle Maßnahmen der lang-, mittel- und kurzfristigen Kapitalbeschaffung eines Unternehmens
e) alle Maßnahmen der lang-, mittel- und kurzfristigen Kapitalbeschaffung eines Investors

3 Was versteht man unter „Investition"?

a) alle Maßnahmen, die zur Finanzierung von Sachvermögen, immateriellem Vermögen oder Finanzvermögen dienen
b) die Verwendung finanzieller Mittel zur Beschaffung von Sachvermögen, immateriellem Vermögen oder Finanzvermögen
c) alle Maßnahmen, die der Verwendung finanzieller Mittel zur Beschaffung von Eigen- und Fremdkapital dienen
d) alle Vermögensmaßnahmen
e) alle Maßnahmen, die der Verwendung finanzieller Mittel zum Kapitalbedarf von Sachvermögen, immateriellem Vermögen oder Finanzvermögen dienen

4 Wo findet man Investition und Finanzierung in der Bilanz?

a) In der Bilanz zeigt sich die Kapitalbeschaffung auf der Passivseite, die Kapitalverwendung auf der Aktivseite.
b) In der Bilanz zeigt sich die Kapitalbeschaffung auf der Passivseite, die Finanzierung auf der Aktivseite.
c) In der Bilanz zeigt sich die Finanzierung auf der Passivseite, die Kapitalbeschaffung auf der Aktivseite.
d) In der Bilanz zeigt sich die Investition auf der Passivseite, die Kapitalverwendung auf der Aktivseite.
e) In der Bilanz zeigt sich die Kapitalbeschaffung auf der Aktivseite, die Kapitalverwendung auf der Passivseite.

5 Die goldene Finanzierungsregel besagt, dass …

a) das Eigenkapital immer größer als das Fremdkapital sein muss.
b) das Einzelhandelsunternehmen keine Kredite aufnehmen sollte.
c) das Anlagevermögen durch Eigenkapital bzw. langfristiges Fremdkapital abgedeckt sein sollte, während das Umlaufvermögen auch durch kurzfristiges Fremdkapital finanziert sein darf.
d) die Eigenkapitalquote immer bei mindestens 50 % liegen sollte.
e) das Einzelhandelsunternehmen immer seinen Zahlungsverpflichtungen nachkommen kann.

6 Der Finanzplan gibt Auskunft …

a) über den jeweils bisher notwendigen Kapitalbedarf und die in Zukunft erwarteten finanziellen Mittel.
b) über die jeweils aktuell notwendigen finanziellen Mittel.
c) über den jeweils aktuell notwendigen Kapitalbedarf sowie die vorhandenen und in Zukunft erwarteten finanziellen Mittel.
d) über den grundsätzlich notwendigen Kapitalbedarf sowie die zu seiner Deckung momentan vorhandenen finanziellen Mittel.

4 Zinsrechnung

Lernsituation 99

Fremdkapitalgeber lassen sich das von ihnen geliehene Kapital durch Zinsen „bezahlen". Die Zinsrechnung ist ein mathematisches Instrument, um die entstehenden Kosten zu kalkulieren und Finanzierungsentscheidungen treffen zu können.

4.1 Von der Prozentrechnung zur Zinsrechnung

Beispiel

Die Beska GmbH bekommt ein Kreditangebot zur Anschaffung eines neuen Fahrzeuges. Wie hoch sind die Zinsen für diesen Kredit?

Musterbank
Überall

Kreditangebot vom 23.06.20XX

Kreditsumme	45.000,00 Euro
Kreditzinsen	7,5 % pro Jahr
Kreditlaufzeit	4 Jahre
Zinszahlungen	jährlich, rückwirkend
Kapitalrückzahlungen	nach 4 Jahren in einer Summe (Fälligkeitsdarlehen)

Für die Überlassung von Kapital verlangt der Kapitalgeber eine Vergütung (**Zinsen**) in Abhängigkeit von der Höhe und der Überlassungsdauer des Kapitals. Der Preis (Zinssatz) wird immer **pro Jahr** (per annum = p. a.) **in Prozent** von der Kreditsumme angegeben. Er ist abhängig von den jeweils gültigen Kapitalmarktzinssätzen.

Prozentrechnung
→ Band 1, LF 3, Kap. 8.2

Wird bei der Prozentrechnung auch die Größe **Zeit** mit berücksichtigt, spricht man von Zinsrechnung. Auch diese basiert auf dem Dreisatz, benutzt aber andere Begriffe als die Prozentrechnung. Hier eine Gegenüberstellung:

Begriffe der Prozent- und Zinsrechnung

allgemein		**für das Beispiel Beska GmbH**
Prozentrechnung	**Zinsrechnung**	**Zinsrechnung**
Grundwert	Kapital	Kreditsumme 45.000,00 Euro
Prozentsatz	Zinssatz Zinsfuß	Zinssatz 7,5 % Zinsfuß 7,5
Prozentwert	Zinsen	? = gesuchter Wert
---	Zeit	Laufzeit 4 Jahre

4.2 Allgemeine Zinsformel

Abkürzungen in der Zinsrechnung

Kapital	Zinsfuß	Zinssatz	Zinsen	Zeit
K (in €)	p	i (in %) $i = \frac{p}{100}$	Z (in €)	**j** = Jahre **m** = Monate **t** = Tage

4.2.1 Jahreszinsen

Die Berechnung der Jahreszinsen erfolgt mit Hilfe eines zusammengesetzten Dreisatzes. Dabei wird zunächst die Höhe der Zinsen für ein Jahr ermittelt und das Ergebnis mit der Laufzeit des Kredites in Jahren multipliziert.

Beispiel

Das Kreditangebot der Musterbank Überall sieht Kreditzinsen in Höhe von 7,5 % pro Jahr vor. Wie viel Euro betragen die Zinsen für die gesamte Laufzeit von vier Jahren?

K = 45.000,00 €	**p** = 7,5	**i** = 7,5 %	**Z** = ? €	**j** = 4

Bedingungssatz:	100 % → 45.000,00 €
Fragesatz:	7,5 % → ? €
Bruchsatz:	$? \text{ €} = \frac{45.000{,}00 \text{ €} \cdot 7{,}5\,\%}{100\,\%}$
Ergebnis (1 Jahr):	Die Zinsen für 1 Jahr betragen 3.375,00 Euro
Ergebnis (4 Jahre):	3.375,00 · 4 = **13.500,00 €**

Die **Zinskosten** für das Kreditangebot belaufen sich für die Beska GmbH auf 13.500,00 Euro.

Berechnung der Jahreszinsen

Jahreszinsen = Kapital · **Zinssatz** · Zeit in Jahren **Z = K · i · j**

alternativ:
Jahreszinsen = $\frac{\text{Kapital} \cdot \textbf{Zinsfuß} \cdot \text{Zeit in Jahren}}{\textbf{100}}$ $Z = \frac{K \cdot p \cdot j}{100}$

4.2.2 Monatszinsen

Beispiel

Ein Lieferant gewährt der Beska GmbH für eine Warenlieferung in Höhe von 24.000,00 Euro ein Zahlungsziel von neun Monaten. Hierfür verlangt er 6 % Zinsen. Wie viel Euro Zinsen muss die Beska GmbH für diesen Kredit bezahlen?

Zunächst werden wieder die Zinsen für ein Jahr berechnet. Die Jahreszinsen werden dann in Monate umgerechnet, indem das Ergebnis mit $\frac{m}{12}$ multipliziert wird.

K = 24.000,00 €	**p** = 6	**i** = 6,0 %	**Z** = ? €	**m** = 9
Bedingungssatz:	100 % → 24.000,00 €			
Fragesatz:	6,0 % → ? €			
Bruchsatz:	? € = $\frac{24.000{,}00\,€ \cdot 6{,}0\,\%}{100\,\%}$			
Ergebnis (1 Jahr):	Die Zinsen für 1 Jahr betragen 1.440,00 Euro.			
Ergebnis (9 Monate):	Die Zinsen für 9 Monate betragen $\frac{1.440{,}00\,€ \cdot 9}{12}$ = **1.080,00 Euro**.			

Berechnung der Monatszinsen

Monatszinsen = Kapital · Zinssatz · $\frac{\text{Zeit in Monaten}}{12}$ $\qquad Z = \frac{K \cdot i \cdot m}{12}$

alternativ:

Monatszinsen = Kapital · $\frac{\text{Zinsfuß}}{100}$ · $\frac{\text{Zeit in Monaten}}{12}$ $\qquad Z = \frac{K \cdot p \cdot m}{100 \cdot 12}$

4.2.3 Tageszinsen

Beispiel

Für den Ausgleich seiner Rechnung für eine Warenlieferung in Höhe von 12.000,00 Euro gewährt ein Lieferant der Beska GmbH folgende Zahlungsbedingung: „Zahlbar innerhalb von 10 Tagen mit 2 % Skonto, innerhalb von 30 Tagen netto Kasse." Wie hoch ist der Skontoertrag der Beska GmbH, wenn Sie die Skontofrist ausnutzt?

Für die Berechnung von Tageszinsen wird ein 360-Tage-Jahr zu Grunde gelegt. Jeder Monat wird immer mit 30 Tagen berechnet. Die Tageszinsen werden ermittelt, indem die Zinsen pro Jahr mit $\frac{t}{360}$ multipliziert werden.

K = 12.000,00 €	**p** = 2	**i** = 2,0 %	**Z** = ? €	**t** = 20
Bedingungssatz:	100 % → 12.000,00 €			
Fragesatz:	2,0 % → ? €			
Bruchsatz:	? € = $\frac{12.000{,}00\,€ \cdot 2{,}0\,\%}{100\,\%}$			
Ergebnis (1 Jahr):	Die Zinsen für 1 Jahr betragen 1.080,00 Euro.			
Ergebnis (20 Tage):	Die Zinsen für 20 Tage betragen $\frac{240{,}00\,€ \cdot 20}{360}$ = **13,33 €**.			

Berechnung der Tageszinsen

Tageszinsen = Kapital · Zinssatz · $\frac{\text{Zeit in Tagen}}{360}$ $\qquad Z = \frac{K \cdot i \cdot t}{360}$

alternativ:

Tageszinsen = Kapital · $\frac{\text{Zinsfuß}}{100}$ · $\frac{\text{Zeit in Tagen}}{360}$ $\qquad Z = \frac{K \cdot p \cdot t}{100 \cdot 360}$

$Z = \frac{K \cdot p \cdot t}{100 \cdot 360}$ wird als kaufmännische Zinsformel bezeichnet.

Für die Ermittlung der Zinstage sind folgende Regeln zu beachten:

- ein Zinsjahr = 360 Zinstage
- ein Zinsmonat (auch der Monat Februar) = 30 Zinstage
- Bei Laufzeiten bis Ende Februar (28. oder 29. Februar) müssen 28 oder 29 Zinstage berechnet werden.
- Der erste Tag eines Zinszeitraumes (z. B. Auszahlungstag) wird nicht mitgezählt, der letzte Tag eines Zinszeitraumes (z. B. Rückzahlungstag) wird mitgezählt.

4.3 Effektivverzinsung

Beispiel

Die Beska GmbH benötigt für die Modernisierung ihres Lagers ein Bankdarlehen in Höhe von 300.000,00 Euro. Die Deutsche Bank bietet nach einer ausführlichen Kreditwürdigkeitsprüfung mit positivem Ergebnis ein Darlehen zu den unten stehenden Bedingungen an. Darüber hinaus liegt der Beska GmbH ein Konkurrenzangebot von der Volksbank Berlin vor. Welches Angebot ist für die Beska GmbH kostengünstiger?

Kreditwürdigkeit → LF 14, Kap. 5.2.2

	Deutsche Bank	**Volksbank**
Kreditsumme	300.000,00 €	300.000,00 €
Kreditzinsen	9,0 % p.a.	9,4 % p.a.
Kreditlaufzeit	4 Jahre	4 Jahre
Provision	1,0 % der Kreditsumme	– – –
Kapitalrückzahlung	nach 4 Jahren in einer Summe	nach 4 Jahren in einer Summe

Das kostengünstigste Angebot ist bei Krediten mit gleicher Laufzeit das mit den insgesamt niedrigsten anfallenden Kosten. Hierbei werden nicht nur die Kreditzinsen betrachtet, sondern alle Kreditkosten, also auch das Disagio und alle sonstigen bei der Kreditvergabe anfallenden Gebühren (z. B. Vermittlungsprovison). Diese Kosten werden in den Jahreszinssatz eingerechnet und ergeben die effektive Verzinsung. Nur durch einen Vergleich der effektiven Verzinsung kann der günstigste Kredit ermittelt werden.

Disagio → LF 14, Kap. 5.2.1

Beispiel

Kosten für das Angebot der Deutschen Bank

Zinsen für 4 Jahre	$Z = \frac{K \cdot p \cdot j}{100}$ $\quad Z = \frac{300.000{,}00\,€ \cdot 9 \cdot 4}{100}$ = **108.000,00 €**
Provision:	Kreditsumme in € · Provision in % 300.000,00 € · 0,01 = **3.000,00 €**
Kreditkosten:	Zinsen + Provision 108.000,00 € + 3.000,00 € = **111.000,00 €**

Auf Grundlage der errechneten Kreditkosten kann dann mit Hilfe der folgenden Formel die effektive Verzinsung bzw. der effektive Zinssatz berechnet werden.

Berechnung der effektiven Verzinsung

$$\text{Effektive Verzinsung} = \frac{\text{Kreditkosten} \cdot 100\,\%}{\text{Auszahlungsbetrag} \cdot \text{Jahre}}$$

Auszahlungsbetrag = Kreditsumme – Disagio und Gebühren (ohne Zinsen)

Beispiel

Vergleich der effektiven Zinssätze

Der effektive Zinssatz für das Angebot der Deutschen Bank beträgt damit

$$\frac{111.000{,}00\,€ \cdot 100\,\%}{297.000{,}00\,€ \cdot 4} = 9{,}34\,\%.$$

Da beim Angebot der Volksbank keine Gebühren erhoben werden, entspricht dort der angegebene Zinssatz dem effektiven Zinssatz in Höhe von 9,4 %. Das Angebot der Deutschen Bank ist also kostengünstiger.

Grundsätzlich gilt: Je höher das Disagio und sonstige Spesen und je kürzer die Kreditlaufzeit, desto weiter steigt die effektive Verzinsung im Vergleich zu der angegebenen Nominalverzinsung.

Verbraucherkreditvertrag → Band 2, LF 10, Kap. 7

Bei **Verbraucherkrediten** muss nach der Preisangabenverordnung zusätzlich zum Nominalzinssatz auch der effektive Jahreszins angegeben werden. Diese Größe erleichtert dem Verbraucher den Kostenvergleich bei verschiedenen Kreditangeboten.

Wichtige Formeln in der Zinsrechnung

Abkürzungen:

Kapital	Zinsfuß	Zinssatz	Zinsen	Zeit
K	p	i = p/100	Z	j = Jahre, m = Monate, t = Tage

Ausgangsformel zur Zinsberechnung: Zinsen in € (Z)

$$Z = \frac{K \cdot p \cdot j}{100}$$ Jahreszinsen

$$Z = \frac{K \cdot p \cdot m}{100 \cdot 12}$$ Monatszinsen

$$Z = \frac{K \cdot p \cdot t}{100 \cdot 360}$$ Tageszinsen

Abgeleitete Formeln auf Basis der Tageszinsformel:

$$p = \frac{Z \cdot 100 \cdot 360}{K \cdot t}$$ Zinsfuß (p)

$$t = \frac{Z \cdot 100 \cdot 360}{K \cdot p}$$ Zeit in Tagen (t)

$$K = \frac{Z \cdot 100 \cdot 360}{p \cdot t}$$ Kapital in € (K)

Summarische Zinsrechnung (Zinszahl und Zinsteiler):

$$Z = \frac{\text{Zinszahl (\#)}}{\text{Zinsteiler (Zt)}}$$ Tageszinsen (Z)

$$\# = \frac{K \cdot t}{100}$$ Zinszahl

$$Zt = \frac{360}{p}$$ Zinsteiler

Effektive Verzinsung (Beispiele): Zinsfuß (p)

$$p = \frac{\text{Kreditkosten} \cdot 100}{\text{Auszahlungsbetrag} \cdot \text{Jahre}}$$ bei Krediten

$$p = \frac{\text{Reingewinn} \cdot 100}{\text{Eigenkapital} \cdot \text{Jahre}}$$ bei Kapitaleinsätzen

$$p = \frac{\text{Skontobetrag} \cdot 100 \cdot 360}{\text{Überweisungsbetrag} \cdot \text{Lieferkreditfrist in Tagen}}$$ beim Skontoabzug

5 Kapitalbeschaffung (Finanzierung)

Einzelhändler benötigen für die Gründung und den Betrieb des Unternehmens finanzielle Mittel. Diese finanziellen Mittel setzt der Unternehmer im laufenden Geschäftsbetrieb

- für die Ersatzbeschaffung wirtschaftlich verbrauchter oder zerstörter Anlagegüter (reine Ersatzinvestitionen),
- zur Erweiterung des Unternehmens (Erweiterungsinvestitionen bzw. Nettoinvestitionen),
- zur Sicherung der Verkaufstätigkeit (Vorratsinvestitionen durch Beschaffung neuer Waren) ein.

Beispiel

Ersatzinvestition: Die Beska GmbH benötigt für die Wiederbeschaffung eines Frischetransporters 50.000 Euro.

Erweiterungsinvestition: Die Beska GmbH benötigt für die Vergrößerung der Verkaufsfläche um 300 m^2 und die damit verbundenen Umbaumaßnahmen 800.000 Euro.

Vorratsinvestition: Die Beska GmbH benötigt für die Bestellung neuer Sommerware 45.000 Euro.

5.1 Eigenfinanzierung

Bei der Eigenfinanzierung bringt der Eigentümer bzw. bringen die Eigentümer für das Unternehmen das Kapital (Eigenkapital) selber auf. Dies geschieht beispielsweise bei der Gründung des Unternehmens, der Aufnahme neuer Gesellschafter oder anlässlich einer Kapitalerhöhung. Der Mittelzufluss kann in Form von Geldeinlagen, Sachwerten (Maschinen, Waren, Grundstücke) oder Rechten (Patente, Lizenzen) geschehen. Kapitalgeber sind bisherige oder neue Eigentümer.

Der Anteil des Eigenkapitals am Gesamtkapital **(Eigenkapitalquote)** entscheidet oft über die Kreditwürdigkeit des Unternehmens. Bei einer geringen Eigenkapitalquote ist die laufende Geschäftsfinanzierung nicht sichergestellt, weil selbst bestehende Kreditverträge von der Kündigung durch Kreditinstitute bedroht sind. Da Eigenkapital dem Unternehmen unbefristet zur Verfügung steht, sollten langlebige Güter des Anlagevermögens (z. B. Grundstück und Ladensausstattung) möglichst mit Eigenkapital finanziert werden. Eine gute Eigenkapitalausstattung macht den Einzelhändler unabhängig in seinen Entscheidungen für neue Investitionen. Damit kann er sich schneller und flexibler an veränderte Bedingungen des Marktes anpassen.

Eigenkapitalquote

$$\frac{\text{Eigenkapital} \cdot 100\ \%}{\text{Gesamtkapital}}$$

→ Band 2, LF 8, Kap. 1.1

Die Möglichkeiten, zusätzliches Eigenkapital zu beschaffen, sind von der Rechtsform des Unternehmens abhängig. Das Eigenkapital kann erhöht werden

- bei Einzelunternehmen oder Personengesellschaften durch die Bereitstellung zusätzlicher finanzieller Mittel durch den Unternehmer bzw. durch die Gesellschafter oder durch die Aufnahme neuer Gesellschafter (**Einlagenfinanzierung**),
- bei Kapitalgesellschaften durch die Erhöhung des Beteiligungskapitals, z. B. durch die Ausgabe neuer Aktien (**Beteiligungsfinanzierung**),
- durch **Selbstfinanzierung**: eigene finanzielle Mittel fließen dem Einzelhändler durch den Verkauf von Waren und Dienstleistungen zu. Umsatzerlöse sorgen für den Gewinn des Unternehmens. Nicht entnommene Gewinne dienen der Finanzierung von Investitionen.

Rechtsformen
→ LF 14, Kap. 2

Aktien
→ LF 14, Kap. 2.3.2

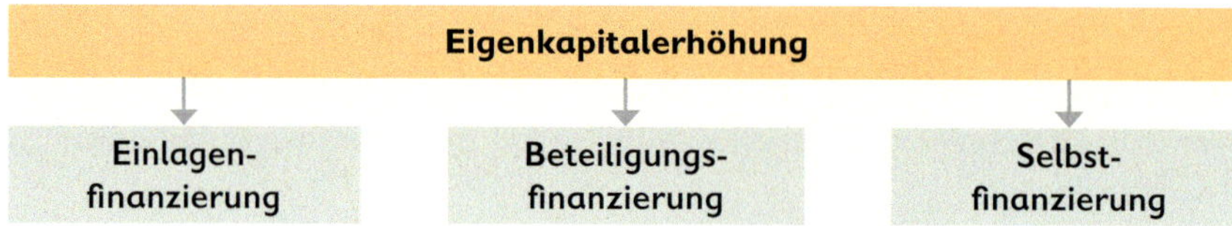

5.2 Fremdfinanzierung – Kreditfinanzierung

Bei der Fremdfinanzierung erhält der Einzelhändler das Kapital meistens von unternehmensfremden Personen (z. B. Kreditinstituten) in Form von Krediten. Da das Fremdkapital nur befristet bereitgestellt wird, sollte langfristiges Fremdkapital nur zur Finanzierung von Teilen des Anlagevermögens verwendet werden, während das Umlaufvermögen mit mittel- und kurzfristigem Fremdkapital finanziert werden kann.

Grundsätzlich gilt die **goldene Finanzierungsregel**, wonach die Rückzahlung der Kredite erst dann fällig sein sollte, wenn die damit finanzierten Investitionsgüter durch die Umsatzerlöse aus mehreren Perioden verdient worden sind. Diese Regel verlangt eine Fristentsprechung von Mittelherkunft und Mittelverwendung. Wird diese Regel missachtet, kann der Unternehmer seinen Zahlungsverpflichtungen wegen mangelnder Liquidität nicht mehr nachkommen.

5.2.1 Kreditarten

kurzfristig
bis zu einem Jahr

mittelfristig
ein bis vier Jahre

langfristig
mehr als vier Jahre

Bei der Kreditfinanzierung bekommt der Einzelhändler kurz-, mittel- oder langfristig Geldmittel oder Sachgüter zur Verfügung gestellt. Nach Ablauf bestimmter Fristen muss das Fremdkapital zurückgezahlt bzw. getilgt werden. Die meisten Unternehmenskredite werden von Banken oder Sparkassen in Form eines Kontokorrentkredits oder Darlehens vergeben. Von Bedeutung für das alltägliche Geschäftsleben des Einzelhändlers sind auch Kredite, die ihm die Lieferanten einräumen.

Kontokorrentkredit

Der Kontokorrentkredit dient dazu, kurzzeitige Schwankungen im Kapitalbedarf eines Unternehmens abzudecken. Es handelt sich um einen Kredit, der es dem Einzelhändler erlaubt, sein Geschäftskonto bis zu einer vereinbarten Maximalhöhe (Kreditlimit) zu überziehen. Dadurch verfügt der Einzelhändler kurzfristig über Geld. Die Einräumung eines Kontokorrentkredits setzt üblicherweise voraus, dass der Kreditnehmer seinen Zahlungsverkehr zu einem erheblichen Teil über das Kreditinstitut abwickelt.

Die Kosten des Kontokorrentkredits sind relativ hoch. Neben hohen Zinsen für den in Anspruch genommenen Kredit (tatsächlich überzogener Betrag) werden dem Kreditnehmer noch Bereitstellungsgebühren berechnet. Die Tilgung des Kredits erfolgt durch laufende Guthabenbuchungen.

Beispiel

Die Beska GmbH hat bei einer Bank ein Kreditlimit von 20.000,00 Euro. Sie hat für die Dauer von 15 Tagen das Konto um 8.700,00 Euro überzogen. Die Bank berechnet für den Kontokorrentkredit 12,5 % Zinsen p.a.

$$\text{Zinsen} = \frac{8.700{,}00\ € \cdot 12{,}5 \cdot 15}{100 \cdot 360} = 45{,}31\ €$$

$$\mathbf{Z = \frac{K \cdot p \cdot t}{100 \cdot 360}}$$

Der Kontokorrentkredit ist eine schnelle und bequeme Möglichkeit, einen Kredit aufzunehmen. Der Einzelhändler kann beim Kontokorrentkredit ohne Formalitäten jederzeit im Rahmen des Kreditlimits sein Konto überziehen und damit über liquide Mittel verfügen. Obwohl die Zinsen für den Kontokorrentkredit relativ hoch sind, ist es für den Einzelhändler oft vorteilhaft, für kurze Zeit sein Konto zu überziehen, um einen Rechnungsbetrag innerhalb der Skontofrist begleichen zu können.

Beispiel

Die Beska GmbH erhält für eine Warenlieferung eine Eingangsrechnung. Der Rechnungsbetrag beträgt 12.500,00 Euro. Die Rechnung ist zahlbar

- innerhalb von 10 Tagen nach Rechnungsdatum abzüglich 2 % Skonto
- innerhalb von 30 Tagen nach Rechnungsdatum netto Kasse

Der Zinssatz für den Kontokorrentkredit beträgt bei der Bank 12 % p.a.

netto Kasse
ohne Abzüge

Um die kostengünstigere Variante zu ermitteln, werden beide Möglichkeiten geprüft. Dabei wird angenommen, dass die Beska GmbH den Rechnungsbetrag nicht sofort zur Verfügung hat.

$$\text{Skonto} = \frac{12.500,00\text{ €} \cdot 2}{100} = 250,00\text{ €}$$

$$\text{Zinsen} = \frac{12.250,00\text{ €} \cdot 12 \cdot 20}{100 \cdot 360} = 81,67\text{ €}$$

Finanzierungsgewinn: 250,00 € – 81,67 € = 168,33 €

Erläuterung

Die Beska GmbH muss das Konto nur um 12.250,00 Euro überziehen, weil sie das Skonto von 250,00 Euro vom Rechnungsbetrag abziehen kann. Da die Beska GmbH für die Begleichung der Rechnung mit Skontoabzug 10 Tage Zeit hat, nimmt sie den Kredit nur noch für 20 Tage in Anspruch.

Ergebnis

Die Beska GmbH sollte die Rechnung innerhalb der Skontofrist begleichen, weil dadurch ein Finanzierungserfolg von 168,33 Euro entsteht.

Darlehensvertrag
→ § 488 BGB

Darlehen

Ein Darlehen ist ein Kredit, bei dem der Kreditbetrag in einer Summe oder in vorher vereinbarten Teilsummen bereitgestellt wird. Der Kreditbetrag steht dem Einzelhändler für einen mittel- oder langfristigen Zeitraum zur Verfügung. Zwischen dem Darlehensgeber, auch Gläubiger genannt, und dem Darlehensnehmer, auch Schuldner genannt, wird ein Darlehensvertrag geschlossen. Die Vertragspartner vereinbaren:

- die Kreditsumme,
- die Kreditkosten,
- die Laufzeit,
- die Art der Tilgung und
- die Kreditsicherung.

Die **Kreditsumme** ist der Betrag, den der Kreditnehmer zurückzahlen muss. Manchmal wird nicht 100 % der Kreditsumme, sondern ein geringerer Betrag ausgezahlt. Der nicht ausgezahlte Betrag wird als Vorauszahlung für Zinsen gesehen und als **Disagio** bezeichnet. Dadurch entstehen zusätzliche Kreditkosten.

Disagio
Abschlag auf die Kreditsumme, die den Auszahlungsbetrag verringert

Beispiel

Kreditsumme = 30.000,00 € Auszahlung 95 % = 28.500,00 €
Das Disagio beträgt 5 %.
Der Schuldner muss jedoch 30.000,00 Euro verzinsen und zurückzahlen.

Mit der **Tilgung** ist die Art der Rückzahlung des Darlehens gemeint. Das Darlehen kann im gesamten Betrag am Ende der Laufzeit erfolgen oder in Teilbeträgen (Raten) über die gesamte Dauer der Laufzeit.<

Beispiel

- jährliche Tilgung 20 % der Kreditsumme: 20 % von 30.000,00 € = 6.000,00 €
- Der Einzelhändler könnte mit der Bank auch vereinbaren, dass er im ersten Jahr keine Tilgung, sondern nur Zinsen bezahlt und ab dem zweiten Jahr 25 % der Kreditsumme tilgt, in diesem Beispiel also vier Jahre lang.

Lieferantenkredit

Der Einzelhändler erhält vom Lieferanten durch Inanspruchnahme eines Zahlungsziels einen kurzfristigen zinslosen Handelskredit. Die Dauer des Kreditzeitraums wird als Zahlungsbedingung im Kaufvertrag vereinbart und ist auf der Eingangsrechnung angegeben.

Zanders Feinpapier AG

Zanders Feinpapier AG
An der Gohrsmühle 12 · 51465 Bergisch Gladbach

Berliner Superkauf GmbH
Tauentzienstraße 60
10789 Berlin

Rechnung Nr. 12357 Datum: 10.11.XX
Bei Zahlung und Schriftwechsel bitte angeben.

Artikel-Nr.	Stück	Bezeichnung	Einzelpreis	Rabatt	Gesamtpreis
4000201254857	20	Füller „Edition“	15,23 EUR	15 %	258,91 EUR
+ 19 % USt					49,19 EUR
Rechnungsbetrag					308,10 EUR

Zahlbar innerhalb von 14 Tagen 2 % Skonto, oder
ohne Abzüge bis 10.12.XX

Beispiel

Die Beska GmbH erhält nebenstehende Eingangsrechnung.

Die Beska GmbH hat einen Kreditzeitraum von 30 Tagen. In dieser Zeit wird ein Teil der gelieferten Waren durch den Umsatzprozess in liquide Mittel verwandelt, die zur Begleichung der Rechnung eingesetzt werden.
Da der Lieferant 30 Tage auf sein Geld warten muss, gibt er evtl. einen Anreiz für vorzeitige Zahlung durch Skontogewährung.

5.2.2 Kreditwürdigkeit

Ob ein Einzelhändler sein Kreditvorhaben verwirklichen kann, hängt entscheidend von seiner Kreditwürdigkeit, der **Bonität**, ab. Zur Feststellung der Bonität überprüfen Kreditinstitute, ob der Kreditnehmer den aufgenommenen Kredit voraussichtlich zurückzahlen kann. Dazu müssen die Kreditnehmer ihre wirtschaftlichen Verhältnisse offenlegen. Die werden mit Hilfe quantitativer und qualitativer Beurteilungskriterien geprüft. Quantitative Kriterien (**Hard Facts**) sind aus dem Zahlenmaterial eines Unternehmens ersichtlich, z. B. aus Geschäftsbüchern, Bilanzen, Gewinn- und Verlustrechnungen, sowie den Rentabilitätskennziffern.

Bei der qualitativen Prüfung werden die Zukunftschancen eines Unternehmens beurteilt. Das Unternehmen wird als Ganzes durchleuchtet bis hin zur Organisationsstruktur, zum Führungsstil oder auch zur gesicherten Betriebsnachfolge (**Soft Facts**).

Banken können sich auch professioneller Wirtschaftsauskunfteien bedienen, z. B. der Schutzgemeinschaft für allgemeine Kreditsicherung (**Schufa**), um Informationen über bereits bestehende Kreditverpflichtungen des Kreditkunden zu erhalten. Dabei muss der Kreditkunde sich schriftlich damit einverstanden erklären, dass die Bank über die Schufa Auskünfte über seine Person oder sein Unternehmen einholt.

www.schufa.de

Am Ende der Risikobewertung stufen die Banken den Kreditkunden nach einem schulnotenähnlichen System (**Rating**) in eine Risikoklasse ein. Das Rating ist die Grundlage für die Vergabe neuer Kredite und die Festlegung der Höhe der Kreditzinsen. Auch bereits bestehende langfristige Kreditverträge werden der Kreditprüfung unterzogen. Schneidet der Unternehmer dabei schlechter als geplant ab, wird sich das bei der nächsten Zinsfestschreibung in höheren Zinsen niederschlagen oder der Kreditvertrag wird sogar gekündigt. Umgekehrt können Unternehmen mit überdurchschnittlicher Bonität günstigere Zinskonditionen erhalten.

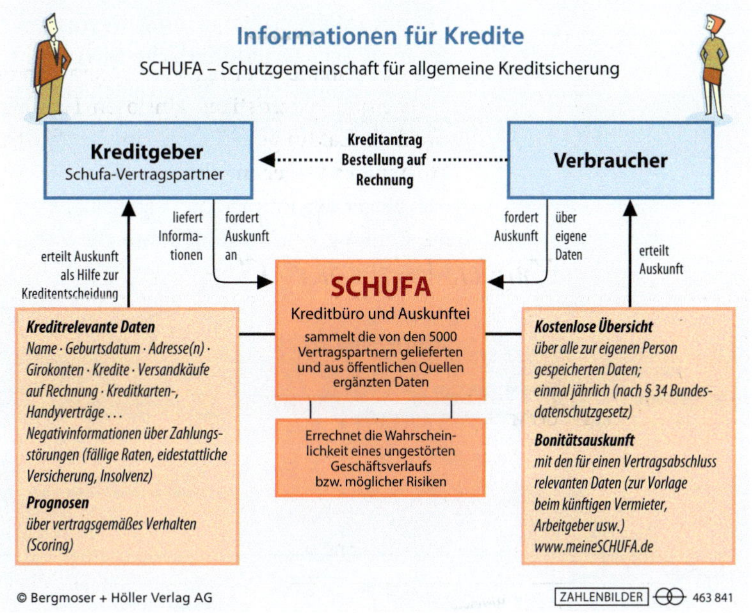

5.2.3 Kreditsicherheiten

Selbst bei guter Bonität müssen Kreditnehmer für die Aufnahme langfristiger Kredite oft noch zusätzliche Kreditsicherheiten in Form von Bürgschaften oder Sicherungsgegenständen nachweisen.

Ein Kredit, der durch andere Personen außer dem Schuldner, wie z. B. durch Bürgen, abgesichert wird, ist ein **verstärkter Personalkredit**. Bei der Absicherung von Krediten durch Vermögensgegenstände, wie z. B. durch Fahrzeuge, Grundstücke o. a., liegt ein **Realkredit** vor.

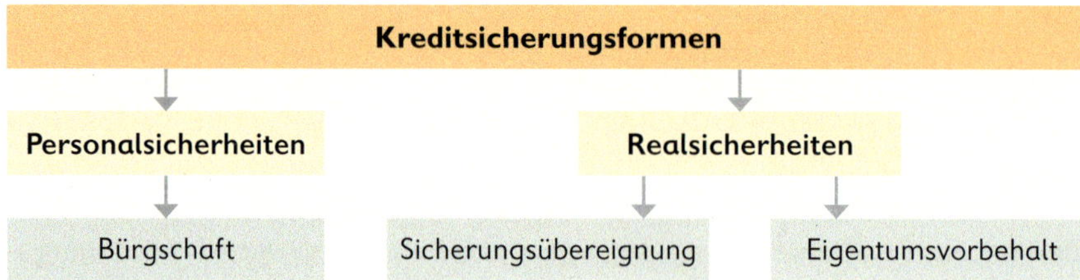

Bürgschaft

Ausfallrisiko
Risiko für den Kreditgeber, sein Geld nicht zurückzubekommen

Das Ausfallrisiko eines Kredits wird für Banken verringert, wenn neben dem Kreditnehmer eine weitere Person, ein Bürge, für Zinszahlung und Rückzahlung des Kredits haftet. Beim Bürgschaftskredit schließen Banken als Gläubiger zwei Verträge ab:
- einen Kreditvertrag mit dem Schuldner und
- einen Bürgschaftsvertrag mit dem/den Bürgen.

Durch den **Bürgschaftsvertrag** verpflichtet sich der Bürge zur Zahlung von Zinsen und Schulden, wenn der Kreditnehmer seine Verpflichtungen aus dem Kreditvertrag nicht erfüllen kann. Bürgschaftsverträge mit Banken werden schriftlich abgeschlossen, obwohl Kaufleute im Sinne des HGB sich auch mündlich verbürgen dürfen.

Kaufmannseigenschaften
→ LF 14, Kap. 1.1

Bürgen werden von den Banken, genau wie der Schuldner selbst, einer sorgfältigen Kreditwürdigkeitsüberprüfung unterzogen. Grundsätzlich verlangen Banken die so genannte **selbstschuldnerische Bürgschaft**, das bedeutet, dass die Bank den Bürgen zur Zahlung sofort heranziehen kann, wenn der Schuldner nicht in der Lage ist, rechtzeitig zurückzuzahlen.

Eine andere Form der Bürgschaft ist die **Ausfallbürgschaft**. Hierbei hat der Bürge das „Recht der Einrede der Vorausklage", d. h., der Gläubiger kann von dem Bürgen die Zahlung erst fordern, wenn die Zahlungsunfähigkeit des Schuldners nachgewiesen ist.

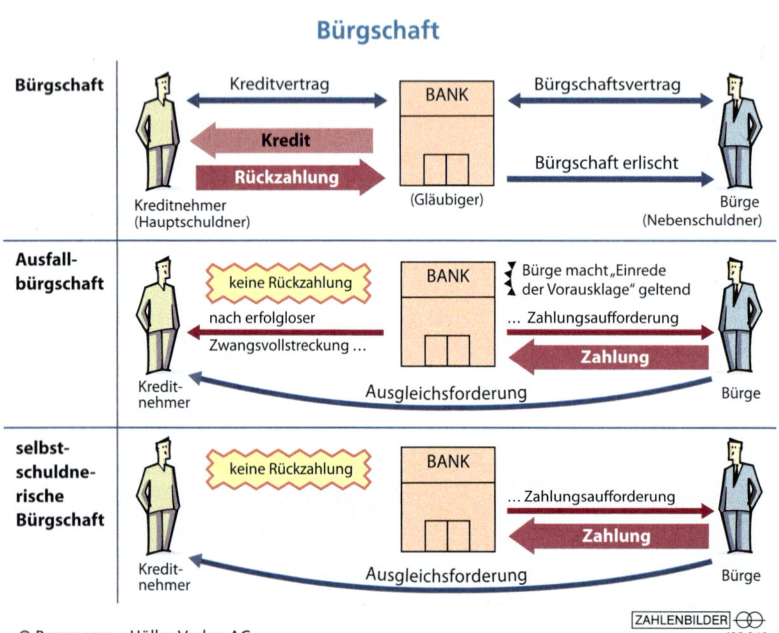

Benötigt ein Einzelhändler für sein Kreditvorhaben zusätzliche Sicherheiten, kann er sich an eine **Bürgschaftsbank** wenden. Diese übernimmt einen großen Teil des Kreditrisikos für die finanzierenden Hausbanken gegen Zahlung einer Bürgschaftsprovision. Aber auch die Bürgschaftsbank übernimmt die Absicherung des Kredits durch Übernahme der Bürgschaft erst nach einer Bonitätsprüfung des Schuldners.

Sicherungsübereignung

Bei einem Sicherungsübereignungskredit wird die Forderung der Bank dadurch gesichert, dass sie das bedingte Eigentum an einer Sache des Schuldners erwirbt. Beim **bedingten Eigentum** gelangt der Eigentümer nicht in den Besitz der Sache. Meistens werden Fahrzeuge, Teile der Geschäftseinrichtung oder andere Gegenstände des Anlagevermögens dem Gläubiger übereignet. Trotz der an die Bank übertragenen Eigentumsrechte kann der Schuldner weiter mit dem übereigneten Gegenstand arbeiten, weil er im Besitz des Gegenstandes bleibt.

Eigentum und Besitz
→ Band 1, LF 3, Kap. 7.3

In einem Sicherungsübereignungsvertrag einigen sich Kreditgeber und Kreditnehmer über den Eigentumswechsel und den Besitzerhalt (Besitzkonstitut). Die übereigneten Gegenstände müssen im Vertrag genau bezeichnet werden.

Besitzkonstitut
Schuldner bleibt Besitzer

Beispiel

Die Beska GmbH nimmt für die Finanzierung einer Papierpresse ein Darlehen bei ihrer Hausbank auf. Zur Absicherung des Kredits überträgt sie der Bank durch Vertrag das Eigentum an der Papierpresse. Die Papierpresse wird nicht der Bank übergeben, sondern verbleibt im Besitz des Unternehmers und kann dort wirtschaftlich genutzt werden.

Mit der vollständigen Tilgung des Kredits geht das Eigentum wieder auf den Kreditnehmer über. Kann der Schuldner seinen Zahlungsverpflichtungen nicht nachkommen, hat der Kreditgeber das Recht, ohne vollstreckbaren Titel in den Besitz des Gegenstandes zu gelangen.

vollstreckbarer Titel
→ LF 14, Kap. 6.4.2

Beispiel

Die Beska GmbH gerät bei der Tilgung des Kredits für die Papierpresse mit einer Rate in Verzug. Die Bank kann von der Beska GmbH sofort die Herausgabe der Papierpresse verlangen.

Da die Sicherungsübereignung nach außen nicht erkennbar ist, besteht für den Gläubiger die Gefahr, dass der sicherungsübereignete Gegenstand vom Schuldner beschädigt, zerstört, weiterveräußert oder nochmals zur Sicherungsübereignung eingesetzt wird.

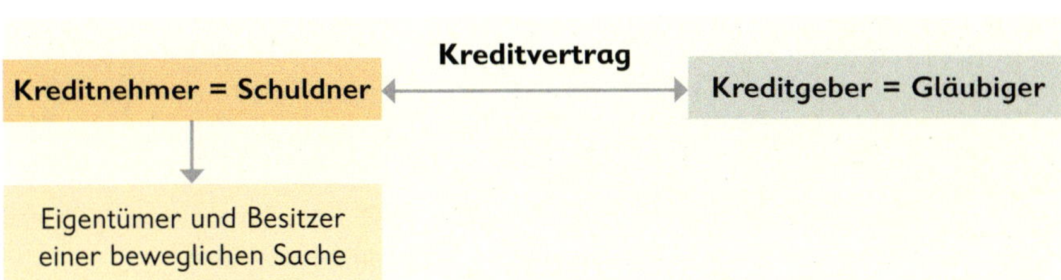

Situation vor Abschluss des Sicherungsübereignungsvertrages

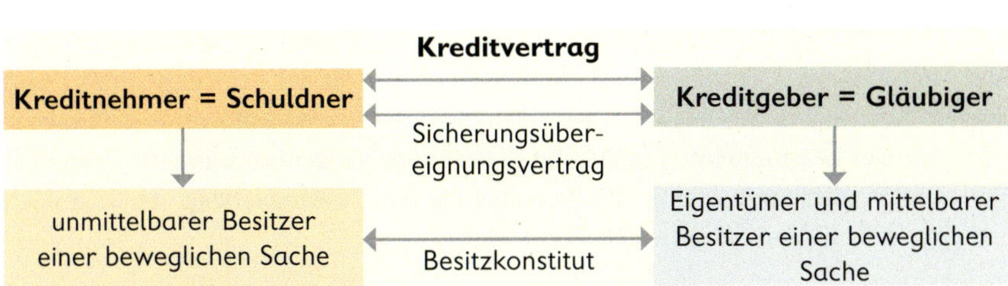

Situation nach Abschluss des Sicherungsübereignungsvertrages

Eigentumsvorbehalt

Mit dem Eigentumsvorbehalt können Zielgeschäfte abgesichert werden. Der Eigentumsvorbehalt wird zwischen Verkäufer und Käufer im Kaufvertrag vereinbart. Bei Übergabe des Gegenstandes wird der Käufer nur Besitzer, während der Verkäufer bis zur vollständigen Bezahlung des Kaufpreises Eigentümer bleibt.

Beispiel

Die Beska GmbH kauft eine Kühltheke auf Rechnung unter Eigentumsvorbehalt. Der Lieferant bleibt bis zur Begleichung der Rechnung Eigentümer, die Beska GmbH ist Besitzer.

Pfändung
→ LF 14, Kap. 6.4.2

Insolvenz
→ LF 14, Kap. 7

Beim Eigentumsvorbehalt kann der Verkäufer
- die Herausgabe der Sache bei Nichtzahlung,
- die Freigabe der Sache bei Pfändung,
- die Aussonderung der Sache bei einem Insolvenzverfahren

verlangen.

Da der Eigentumsvorbehalt erlischt, wenn der Gegenstand verbraucht, verarbeitet oder an Dritte weiterverkauft wird, ist diese Kreditsicherung für Warenlieferungen auf Ziel nicht geeignet. Gleichwohl wird er sehr häufig zwischen Lieferanten und Kunden vereinbart.

5.3 Sonderformen der Finanzierung

5.3.1 Finanzierung durch stille Beteiligung

Wird der Geldgeber über einen Gesellschaftervertrag am Unternehmen beteiligt, spricht man von einer stillen Gesellschaft.
→ LF 14, Kap. 2.2.1

Bei einer sicheren Ertragslage eines Unternehmens kann die Eigenkapitalausstattung durch stille Beteiligungen verbessert werden. Dabei stellt ein Geldgeber dem Unternehmen finanzielle Mittel (Kapital) gegen eine Beteiligung am Gewinn langfristig zur Verfügung. Dieses Kapital, das durch unternehmensfremde Personen eingebracht wird, wertet man in der Bilanz als Eigenkapital. Die stille Beteiligung liegt also zwischen der reinen Eigenfinanzierung und der reinen Fremdfinanzierung.

5.3.2 Leasing

Ein Unternehmen kann sich auch mit den notwendigen Gütern versorgen, ohne die Kapitalmittel in vollem Umfang bereitstellen zu müssen. Zu solchen „eigenkapitalschonenden“ Finanzierungsarten gehört das Leasing. Das Leasing „schont“ das Eigenkapital, weil ein alternativer Kreditkauf den Anteil des Fremdkapitals in der Bilanz steigern würde, was zu einer fallenden Eigenkapitalquote führt.

Leasing ist die Überlassung von Investitions- oder Konsumgütern gegen Zahlung eines Mietzinses, der **Leasingrate**. Der Leasingvertrag ist eine Sonderform des Miet- bzw. Pachtvertrages. Durch einen Leasingvertrag erwirbt der Leasingnehmer gegen Entgelt Nutzungsrechte am jeweiligen Leasingobjekt (z. B. Auto, Produktionsmaschinen). Der Leasingnehmer verzichtet dabei auf den Eigentumserwerb. Gesetzlich gibt es in Deutschland noch keine Regelung für den Leasingvertrag, der sich nach amerikanischem Vorbild entwickelt hat.

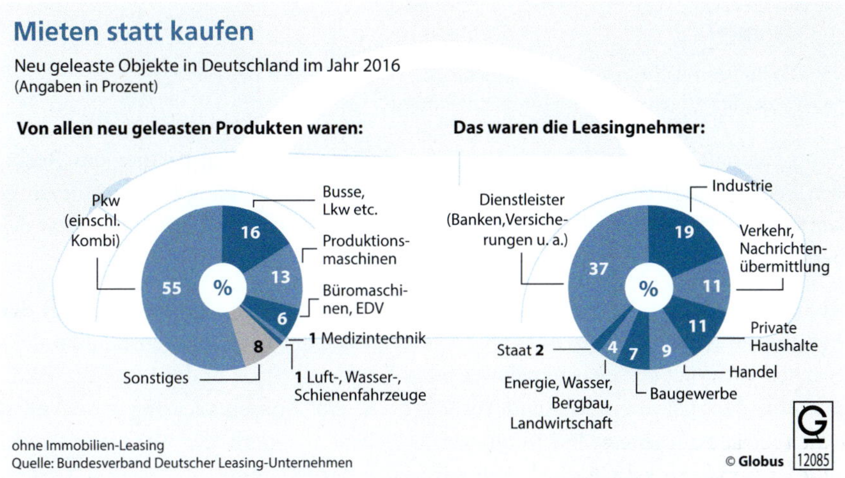

Der Vertrag zwischen Leasinggeber und Leasingnehmer beinhaltet
- die Höhe der Leasingrate,
- den Umfang des Leasing-Services, z. B. Wartung und Reparatur,
- die Kündigungsfristen und
- die Verwertung des Leasingobjekts.

Die **Höhe der Leasingraten** ist abhängig von den Zinsen für das eingesetzte Kapital, dem Wertverlust des Leasinggutes, den Verwaltungskosten und einem kalkulierten Risiko- und Gewinnzuschlag. Außerdem beeinflusst der Leasingservice die Höhe der Leasingrate. Neben der Überlassung des Leasingobjektes können auch umfangreiche **Serviceleistungen** vereinbart werden.

Beim Leasing wird zwischen dem direkten oder indirekten Leasing unterschieden. Beim **direkten Leasing** tritt der Hersteller oder eine herstellergebundene Bank bzw. Leasinggesellschaft als Leasinggeber auf. Beim **indirekten Leasing** tritt eine herstellerunabhängige Bank oder Leasinggesellschaft als Leasinggeber auf.

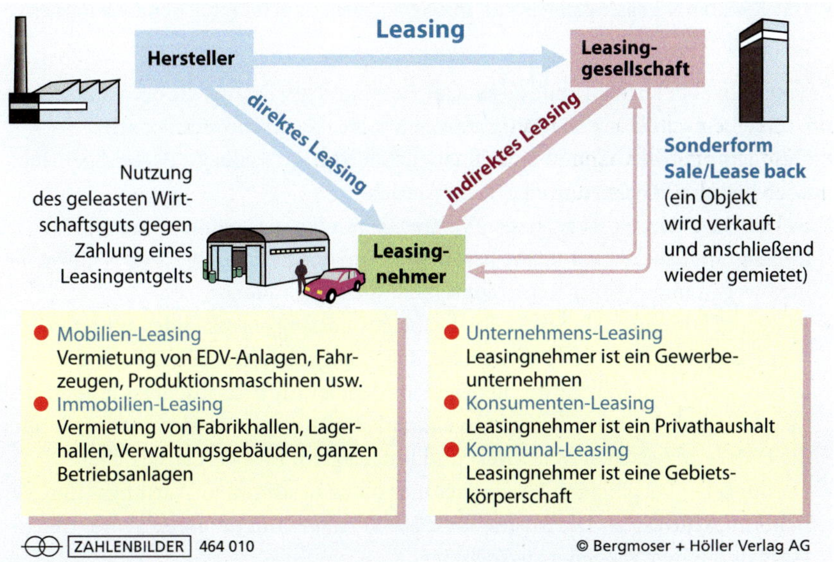

Beispiel
- Wartung und Reparatur von Geräten
- Finanzdienstleistungen wie Versicherungen

Beim Gebrauchsleasing (Operateleasing) haben beide Vertragspartner das Recht, den Vertrag kurzfristig zu kündigen. Beim Finanzierungsleasing (Financialleasing) kann der Vertrag innerhalb der Grundmietzeit, die zwischen 40 und 90 Prozent der betriebsgewöhnlichen Nutzungsdauer liegen muss, nicht gekündigt werden.

Abhängig vom gewählten Leasingverfahren entscheidet sich, was **nach Ablauf der Leasingzeit** passiert. Während beim Operateleasing der Leasinggegenstand zurückgegeben wird, hat der Leasingnehmer beim Financialleasing in der Regel die Wahl. Er kann den Leasinggegenstand zurückgeben, ein Anschlussleasing abschließen oder den Leasinggegenstand unter eng festgelegten steuerlichen Voraussetzungen zum Restkaufwert kaufen und damit dann auch das Eigentum am geleasten Gegenstand erwerben.

Immer mehr Unternehmer entscheiden sich für die Leasingfinanzierung, das folgende **Vorteile** bietet:
- Unternehmer müssen kein Fremdkapital aufnehmen. Dadurch liegt im Vergleich zur Kreditfinanzierung eine höhere Eigenkapitalquote vor und damit verbessert sich die Kreditwürdigkeit.
- Unternehmer können am Ende der Laufzeit den geleasten Gegenstand wieder zurückgeben und ein neues Objekt leasen. Das ist sinnvoll bei Gütern des Anlagevermögens, die einer schnellen technischen Überalterung unterliegen, z. B. bei Büromaschinen und Kraftfahrzeugen.
- Unternehmer können die Leasingraten aus den laufenden Umsatzerlösen finanzieren. Zum Zeitpunkt der Anschaffung des Gegenstandes entsteht kein großer Kapitalbedarf. Das bedeutet für das Unternehmen eine höhere Liquidität.
- Unternehmer können mit den immer gleich hohen Leasingraten gut planen.
- Unternehmer buchen die Leasingraten steuerlich als Aufwand und mindern damit den Gewinn und auch die Steuerbelastung.
- Das Risiko bei Leasingangeboten mit Serviceleistungen ist für den Leasingnehmer geringer.

Es sprechen aber auch Gründe gegen eine Leasingfinanzierung, die der Unternehmer vor seiner Entscheidung sorgfältig abwägen sollte. **Nachteile** können sein:
- Das Leasingobjekt kann in einer finanziellen Notlage weder zu Bargeld gemacht noch zur Kreditsicherung eingesetzt werden.
- Der Leasingnehmer ist an seinen Vertrag gebunden, das heißt, er muss die Leasingraten auch dann weiter bezahlen, wenn das Leasingobjekt im Unternehmen wegen mangelnder Rentabilität nicht mehr gebraucht wird.
- Probleme können auch bei der Rückgabe des Leasinggegenstandes auftreten, wenn es darum geht, den Restwert bei der Rückgabe festzustellen. Setzt der Leasinggeber den Marktwert niedriger als den bei Auftragsabschluss festgelegten Restwert an, z. B. wegen Kratzer an einem Fahrzeug, so muss der Leasingnehmer die Differenz zwischen Marktwert und festgelegtem Restwert ausgleichen.
- Leasinggeber verpflichten Leasingnehmer oft zu bestimmten Wartungs- und Versicherungsverträgen. Die Kosten für diese Verträge sind oft höher als bei freier Wahl durch den Versicherungsnehmer.

ALLES KLAR?

1 Bei der Eigenfinanzierung kommt das Kapital …

a) von den Lieferanten des Einzelhandelsunternehmens.
b) von der Bank.
c) von den Kunden des Einzelhandelsunternehmens.
d) vom Staat.
e) von dem Eigentümer bzw. der Eigentümerin des Einzelhandelsunternehmens.

2 Die Eigenkapitalquote beschreibt …

a) den Anteil des Eigenkapitals am Gewinn.
b) den prozentualen Anteil des Fremdkapitals am Eigenkapital.
c) die Höhe des Eigenkapital, ausgedrückt in Euro.
d) den prozentualen Anteil des Eigenkapitals am Gesamtkapital.
e) das Verhältnis von Fremdkapital zu Eigenkapital.

3 Welche der folgenden Finanzierungsarten führt zu einer Eigenkapitalerhöhung?

a) Beteiligungsfinanzierung
b) Fremdfinanzierung
c) Leasing
d) Kreditfinanzierung
e) Lieferantenkredit

4 Bei der Kreditfinanzierung bekommt der Einzelhändler kurz-, mittel- oder langfristig Geldmittel zur Verfügung gestellt. Mittelfristig beschreibt dabei einen Zeitraum von …

a) 1 bis 2 Jahren.
b) 2 bis 3 Jahren.
c) 1 bis 3 Jahren.
d) 1 bis 4 Jahren.
e) 1 bis 5 Jahren.

5 Im Kreditvertrag zwischen einer Bank und einem Einzelhändler wird eine Kreditsumme von 40.000 € und ein Disagio von 5 % vereinbart. Wie hoch ist die Auszahlungssumme, die der Einzelhändler erhält?

a) 40.000 €
b) 42.000 €
c) 38.000 €
d) 37.000 €
e) 36.000 €

6 Der Kontokorrentkredit dient dem Einzelhändler …

a) zur Finanzierung von Anlagevermögen.
b) zur in der Regel kurzfristigen Überziehung seines Geschäftskontos bis zu einer vereinbarten Maximalhöhe.
c) zum Erwerb von Grundstücken und Gebäuden zur Ausweitung seiner Geschäftstätigkeit.
d) zur Rückzahlung von langfristigen Verbindlichkeiten oder Darlehnsschulden.
e) zur Finanzierung der Ladenausstattung bei der Eröffnung neuer Filialen.

7 Mit der Tilgung ist die Rückzahlung eines Darlehns gemeint. Wie lange muss ein Kredit zurückgezahlt werden, wenn im Darlehensvertrag eine jährliche Tilgung von 20 % vereinbart wurde?

a) 1 Jahr
b) 2 Jahre
c) 3 Jahre
d) 4 Jahre
e) 5 Jahre

8 Welche der hier aufgeführten Geschäftsdaten des Einzelhändlers werden im Rahmen einer Kreditwürdigkeitsprüfung **nicht** von einer Bank überprüft?

a) Gewinn- und Verlustrechnung
b) Bilanz
c) Eigenkapitalrentabilität
d) Umsatz
e) Kundenverzeichnis

9 Bei einem verstärkten Personalkredit wird der Kredit des Einzelhändlers durch welche zusätzliche Kreditsicherheit abgesichert?

a) Bürgschaft
b) Grundstücke
c) Aktien
d) Schmuck
e) Fahrzeuge

10 Bei der selbstschuldnerischen Bürgschaft muss der Bürge im Unterschied zur Ausfallbürgschaft ...

a) selbst für den Kredit zahlen.
b) erst nach einem Gerichtsurteil zahlen.
c) sofort nach Aufforderung der Bank zahlen, wenn der Kreditnehmer nicht rechtzeitig zurückzahlt.
d) bei der vermuteten Zahlungsunfähigkeit des Kreditnehmers zahlen, wenn diese durch einen Gerichtsvollzieher festgestellt wird.
e) durch den Mahnbescheid des Gerichts sofort zahlen.

11 Bei der Sicherungsübereignung...

a) wird die Bank Besitzer einer beweglichen Sache.
b) bleibt der Kreditnehmer unmittelbarer Eigentümer einer beweglichen Sache.
c) wird die Bank Eigentümer und Besitzer einer beweglichen Sache.
d) bleibt der Kreditnehmer unmittelbarer Besitzer einer beweglichen Sache.
e) bleibt der Kreditnehmer Eigentümer einer unbeweglichen Sache.

12 Bei einem Eigentumsvorbehalt kann der Verkäufer verlangen, dass die Ware ...

a) sofort bezahlt wird.
b) bei Nichtzahlung herausgegeben wird.
c) nicht weiterverkauft wird.
d) nur an Kunden mit guter Bonität verkauft wird.
e) nur mit Vorkasse ausgeliefert wird.

13 Unter Leasing versteht man...

a) einen besonders günstigen Kredit.
b) eine Form der Eigenfinanzierung.
c) eine spezielle Kreditsicherheit.
d) die Überlassung von Gütern zur Miete.
e) eine Sonderform der Beteiligungsfinanzierung.

14 Welcher der hier angegebenen Punkte bestimmt **nicht** die Höhe der Leasingraten?

a) Einkommen des Leasinggebers
b) Zinsen für das eingesetzte Kapital
c) Wertverlust des Leasinggutes
d) Verwaltungskosten des Leasings
e) Risiko- und Gewinnzuschlag des Leasinggebers

15 Welcher der folgenden Punkte zählt **nicht** zu den Vorteilen des Leasings?

a) Unternehmer müssen kein Fremdkapital aufnehmen.
b) Unternehmer können zum Ende der Laufzeit den geleasten Gegenstand wieder zurückgeben und ein neues Objekt leasen.
c) Unternehmen können mit den gleich hohen Leasingraten planen.
d) Leasingraten stellen für den Einzelhändler einen steuerlichen Aufwand dar.
e) Der Einzelhändler ist bis zum Ende der Laufzeit an seinen Leasingvertrag gebunden.

6 Zahlungsverzug

Lernsituation 101

Jeder Einzelhändler freut sich über ein gelungenes Verkaufsgespräch, das zu einem Abschluss führt. Aber Vorsicht! Ob dieser Verkauf tatsächlich einen positiven Beitrag zum Geschäftsergebnis leistet, stellt sich erst heraus, wenn das Geld für die Ware beim Einzelhändler auch tatsächlich in der Kasse oder auf dem Bankkonto ist.

In der Regel zahlt ein Kunde im Einzelhandelsgeschäft seine Ware an der Kasse direkt bar, mit der Debitkarte oder Kreditkarte. Nur in Ausnahmefällen, z. B. bei gewerblichen Kunden oder Stammkunden, werden auch Zielverkäufe getätigt. Insbesondere hier lauert für den Einzelhändler Gefahr, dass das Geld für die Ware ausbleibt. Aber auch wenn der Kunde mit der Debitkarte im Lastschriftverfahren zahlt, hat der Einzelhändler keine Zahlungsgarantie. Schlimmstenfalls ist die Ware und auch das Geld weg. Hieraus ergibt sich ein sehr wichtiges Aufgabengebiet für den Einzelhändler, das **Forderungsmanagement** (Verwaltung der fälligen Ausgangsrechnungen).

Zahlungsformen an der Kasse
→ Band 1, LF 3, Kap. 6

6.1 Ursachen und Folgen eines Zahlungsverzuges

Eine Rechnung für eine erhaltene Ware oder Dienstleistung zu bezahlen, gehört zu einem ehrlichen Umgang mit Geschäftspartnern und sollte eine Selbstverständlichkeit sein. Allerdings zahlen immer mehr Endverbraucher oder auch Unternehmen verspätet oder gar nicht. Warum sie nicht zahlen, kann verschiedene Ursachen haben, die von Vergesslichkeit bis zum Vorsatz reichen.

Im Umgang mit säumigen Kunden sollte der Einzelhändler den Kundenstatus und die bisherigen Erfahrungen mit dem jeweiligen Kunden berücksichtigen. Schnell kann ein zuverlässiger Stammkunde, der erstmalig aus Vergesslichkeit eine Rechnung verspätet zahlt, mit einer scharf formulierten Mahnung verärgert werden. Andere Kunden legen es wiederum bewusst darauf an, Rechnungen erst ab der Ankündigung rechtlicher Schritte zu bezahlen. Dementsprechend muss der Einzelhändler seine Schritte im Umgang mit säumigen Kunden sorgsam auswählen.

säumig
nachlässig im Zahlen

Mahnung
→ LF 14, Kap. 6.4.1

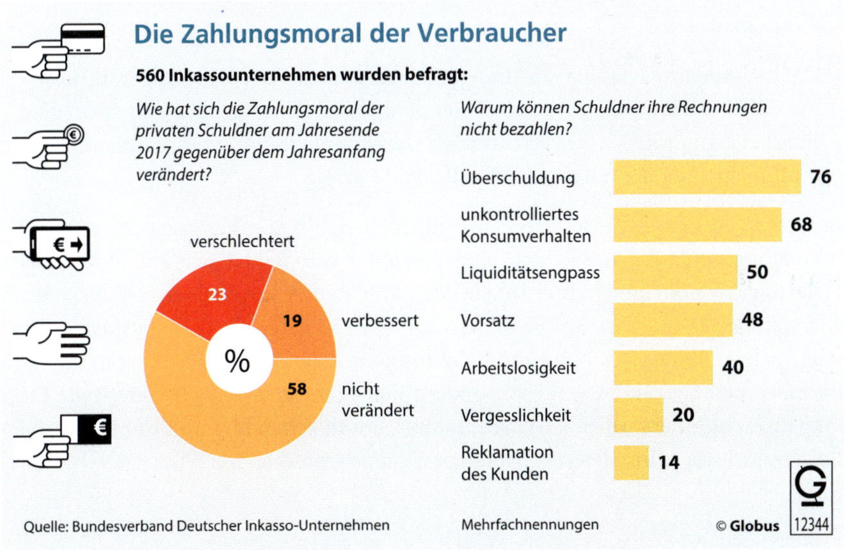

Kavaliersdelikt
Handlung, die von der Gesellschaft als nicht schlimm angesehen wird

Die schlechte Zahlungsmoral von Verbrauchern und Unternehmen stellt aber kein Kavaliersdelikt dar. Die Konsequenzen, die ein Unternehmen durch verspätete oder ausbleibende Zahlungen zu tragen haben, sind dafür zu weitreichend. Folgende Wirkungskette kann durch eine schlechte Zahlungsmoral von Kunden ausgelöst werden.

Folgen verspäteter Zahlung

Das Guthaben auf dem Bankkonto sinkt, das Unternehmen verliert Guthabenzinsen.

→ Das Unternehmen verliert an Liquidität und gerät dadurch ggf. selbst in Zahlungsschwierigkeiten. Dadurch verschlechtert sich die Geschäftsbeziehung zu den eigenen Lieferanten und der Verlust von Rabatten und Boni droht.

↓ Um die eigene Zahlungsschwierigkeit zu vermeiden, muss das Unternehmen bei Banken einen Kredit aufnehmen.

← Durch den zusätzlichen Kredit verschlechtert sich die Eigenkapitalquote des Unternehmens und die Kreditwürdigkeit sinkt.

← Nicht selten steht am Ende einer solchen Wirkungskette die Insolvenz des Unternehmens.

Insolvenz
→ LF 14, Kap. 7

Wie kann diese Wirkungskette vermieden werden?

Debitoren
Kunden des Unternehmens, an die das Unternehmen Forderungen stellt

Kreditoren sind Lieferanten, bei denen das Unternehmen Verbindlichkeiten laufen hat.

- Eine strenge Verwaltung der fälligen Rechnungen (**Forderungsmanagement**) ist hierfür Voraussetzung. Der Einzelhändler muss ständig einen Überblick über seine fälligen Ausgangsrechnungen haben. Für diesen Überblick ist es sinnvoll, eine **Offene-Posten-Liste** für die Debitoren zu führen.
- Der Einzelhändler muss das rechtliche Handwerkszeug in Bezug auf verspätete bzw. ausbleibende Kundenzahlungen beherrschen:
  - Wann liegt ein Zahlungsverzug vor?
  - Welche Rechte hat der Einzelhändler als Gläubiger?
  - Welche Maßnahmen kann der Einzelhändler einsetzen, um sein Recht durchzusetzen?
- Um personenunabhängig ein strenges Forderungsmanagement zu gewährleisten, sollte der Einzelhändler einen Handlungsplan aufstellen, wie mit säumigen Kunden grundsätzlich zu verfahren ist. Dies könnte in Form eines Ablaufplanes in Abhängigkeit des jeweiligen Kundenstatus erfolgen.

Pflichten aus dem Kaufvertrag
→ Band 1, LF 3, Kap. 7.5
→ § 433 II BGB

Bei Abschluss eines Kaufvertrages verpflichten sich beide Vertragspartner zur Erfüllung ihrer jeweiligen Pflichten. Der Verkäufer verpflichtet sich zur rechtzeitigen Lieferung der bestellten mangelfreien Ware. Der Käufer verpflichtet sich, diese Ware anzunehmen und rechtzeitig zu zahlen. Erfüllt der Käufer die Zahlungspflicht nicht oder nicht rechtzeitig, kommt er in **Zahlungsverzug**. Die verspätete Zahlung wird im BGB nicht gesondert geregelt, sondern fällt unter den Bereich „verspätete Leistung des Schuldners“ (hier = Geldschuldner). Somit gelten hier im Prinzip dieselben Regelungen wie beim Lieferungsverzug (= Warenschuldner).

6.2 Voraussetzungen für den Zahlungsverzug

Es müssen mehrere Voraussetzungen erfüllt sein, damit sich ein Käufer rechtlich gesehen im Zahlungsverzug (Leistungsverzug) befindet.

Es **muss ein gültiger Kaufvertrag bestehen:** Ein Kaufvertrag kommt durch zwei **übereinstimmende Willenserklärungen zu Stande.**

Der Käufer hat trotz Fälligkeit des Rechnungsbetrages bisher noch nicht gezahlt: In der Regel wird im Kaufvertrag ein Zahlungstermin genannt, der die Fälligkeit der Rechnung bestimmt. Sollte kein Zahlungstermin genannt sein, ist die Zahlung bei Lieferung fällig.

Der Verkäufer hat die Zahlung angemahnt und den Käufer somit in Verzug gesetzt: Mit einer Mahnung fordert der Verkäufer den Käufer zur Zahlung des fälligen Betrages auf. Die **Mahnung** ist an keine bestimmte Form gebunden. Aus späteren Beweisgründen empfiehlt es sich aber, eine Mahnung schriftlich an den Käufer zu senden. Ist im Kaufvertrag kein Zahlungstermin genannt, **muss** der Verkäufer an den Käufer eine Mahnung senden, denn erst mit Zugang der Mahnung wird der Käufer in Verzug gesetzt. Allerdings gerät der Käufer in folgenden Fällen auch **ohne Mahnung** in Verzug:

Mahnung
→ LF 14, Kap. 6.4.1

1. wenn der Zahlungstermin im Kaufvertrag kalendermäßig bestimmt bzw. bestimmbar ist,
2. wenn der Käufer die Zahlung verweigert,
3. wenn 30 Tage nach dem Rechnungsdatum vergangen sind, tritt der Zahlungsverzug automatisch am 31. Tag ein. Diese Regelung spielt eigentlich nur dann eine Rolle, wenn der Zahlungstermin nicht kalendermäßig bestimmt wurde. Für einen Verbrauchsgüterkauf gilt diese Regelung jedoch nur, wenn der Verkäufer auf den Verzugseintritt ohne Mahnung in seiner Rechnung ausdrücklich hinweist.

Verbrauchsgüterkauf
→ Band 2, LF 6, Kap. 4

Beispiel

Ein Blumengeschäft kauft am 13.05. bei der Beska GmbH Kopierpapier auf Ziel. Der Zahlungstermin lautet: „zahlbar sofort netto Kasse“. Bei der Auslieferung vergisst der Fahrer, das Geld zu kassieren. Die Beska GmbH schickt keine Mahnung, damit gerät das Blumengeschäft automatisch am 14.06. in Zahlungsverzug.

Sollte bei einem zweiseitigen Handelskauf der Käufer behaupten, die Rechnung nie erhalten zu haben, so beginnt die 30-Tages-Frist ab dem Lieferdatum.

zweiseitiger Handelskauf
→ Band 2, LF 6, Kap. 4

Der Käufer hat den Zahlungsverzug zu verschulden: Bei Geldschulden wird angenommen, dass der säumige Käufer in nahezu allen Fällen den Zahlungsverzug zu verschulden hat.

Beispiel

Herr Krause kauft auf Empfehlung seiner Bank ein größeres Aktienpaket. Durch Missmanagement sinkt der Wert der Aktien gegen null. Herr Krause hatte aber auf die Möglichkeit gesetzt, Aktienanteile zu verkaufen und bei der Beska GmbH einen Computer mit Bildschirm und Scanner bestellt. Jetzt gerät er in Zahlungsverzug. Die Beska GmbH kann von ihm Schadenersatz verlangen.

6.3 Rechte des Einzelhändlers

Ist ein Käufer in Zahlungsverzug geraten, so hat der Verkäufer verschiedene Rechte, die er geltend machen kann.

6.3.1 Der Verkäufer geht davon aus, dass der Käufer noch zahlt

Hat der Verkäufer berechtigte Hoffnungen, dass der Käufer seiner Zahlungsverpflichtung noch nachkommt, oder handelt es sich bei der Ware um eine Spezialanfertigung, die der Verkäufer nur schwer anderweitig verkaufen kann, so hat der Verkäufer zunächst ein Interesse daran, den Kaufvertrag aufrechtzuerhalten. Er kann weiterhin die Zahlung verlangen oder Schadenersatz wegen Pflichtverletzung geltend machen.

Zahlung verlangen: Der Verkäufer kann trotz der Überschreitung des Zahlungstermins weiterhin die Zahlung verlangen.

Schadenersatz wegen Pflichtverletzung: Zahlt der Käufer nicht rechtzeitig, kann der Verkäufer einen Verzugsschaden geltend machen. Voraussetzung hierfür ist das Verschulden des Käufers, welches bei Geldschulden aber grundsätzlich als gegeben angesehen wird. Folgende Schäden können dem Käufer zusätzlich in Rechnung gestellt werden:

- Schäden, die durch die verspätete Zahlung entstanden sind, z. B. Mahnkosten, Anwaltskosten und Telefonkosten

Verzugszinsen → § 288 BGB

- Der Verkäufer ist berechtigt, **Verzugszinsen** zu verlangen. Bei einem **Verbrauchsgüterkauf** wird grundsätzlich ein Verzugszinssatz von 5 % p. a. über dem Basiszinssatz berechnet. Die Zinsen sind ab dem Verzugsdatum zu berechnen. Falls für den Zahlungsverzug eine Mahnung notwendig ist, gilt die Zeit ab Zugang der Mahnung. In der Praxis werden zwei Tage nach der Absendung der Mahnung als Zugangsdatum angenommen.
  Bei einem **zweiseitigen Handelskauf** beträgt der Zinssatz 9 % p. a. über dem Basiszinssatz, hier allerdings schon ab Fälligkeit der Zahlung.

Der Basiszinssatz wird jeweils zum 1. Januar und 1. Juli eines jeden Jahres von der Deutschen Bundesbank bekannt gegeben. Außerdem hat der Gläubiger beim Zahlungsverzug Anspruch auf die Zahlung einer Pauschale in Höhe von 40,00 €.

www.basiszinssatz.info

Beispiel

Der Basiszinssatz beträgt im Juli 2018 –0,88 %. Für den Verbrauchsgüterkauf ergibt sich daraus ein Verzugszinssatz von 4,12 %, für den zweiseitigen Handelskauf 8,12 %.

§ 288 (4) BGB

- **Höherer Verzugsschaden:** Entsteht dem Verkäufer ein höherer Verzugsschaden, etwa durch die Notwendigkeit einer Kreditaufnahme infolge des ausstehenden Zahlungseinganges, so kann er diese Aufwendungen ebenfalls geltend machen. Für diese Mehraufwendungen besteht allerdings eine Nachweispflicht, es sei denn, es wurde vorab eine vertragliche Vereinbarung diesbezüglich geschlossen (**Konventionalstrafe**).

6.3.2 Der Verkäufer geht davon aus, dass der Käufer nicht zahlt

Erwartet der Verkäufer nicht mehr, dass der Käufer seiner Zahlungsverpflichtung nachkommt, so ist der Verkäufer an einem Ende der Vertragsbeziehung interessiert. In diesem Fall sollte er die Rechte Schadenersatz statt Leistung und/oder Rücktritt vom Kaufvertrag in Anspruch nehmen.

Für die Inanspruchnahme der oben genannten Rechte ist es aber notwendig, dass der Verkäufer dem Käufer eine angemessene **Nachfrist** zur Zahlung setzt. Diese Nachfrist ist nur entbehrlich, wenn

- der Käufer die Zahlung verweigert oder
- der Zahlungstermin im Vertrag terminlich genau bestimmt und deutlich ist, dass bei nicht rechtzeitiger Zahlung der Verkäufer kein Interesse mehr am Fortbestehen des Vertrages hat.

Schadenersatz statt der Leistung
Auf dieses Recht wird der Verkäufer dann zurückgreifen, wenn er die nicht bezahlte Ware an einen anderen Kunden verkaufen kann, allerdings dafür einen niedrigeren Preis akzeptieren muss. Die Differenz zwischen diesem Verkaufserlös und dem im Kaufvertrag zuvor vereinbarten höheren Preis sowie etwaige Verzugszinsen wird er als Schaden geltend machen.

Rücktritt vom Kaufvertrag
Von dieser Möglichkeit wird der Verkäufer z. B. dann Gebrauch machen, wenn er in Erfahrung gebracht hat, dass der Käufer nicht zahlen kann. Durch Rücktritt vom Kaufvertrag wird der Verkäufer wenigstens versuchen, seine Ware zurückzuerhalten.

6.4 Mahnverfahren

Erfüllt ein Käufer seine Zahlungsverpflichtung nicht, kann der Verkäufer mit Hilfe des kaufmännischen und des gerichtlichen Mahnverfahrens versuchen, seinen Anspruch geltend zu machen.

6.4.1 Kaufmännisches (außergerichtliches) Mahnverfahren

Das kaufmännische Mahnverfahren, das auch als außergerichtliches Mahnverfahren bezeichnet wird, soll den säumigen Kunden zur Zahlung veranlassen, ohne sich dabei gerichtlicher Hilfe zu bedienen. Für das kaufmännische Mahnverfahren gibt es keine gesetzlichen Vorschriften, sodass die Vorgehensweise von Unternehmen zu Unternehmen unterschiedlich sein kann.

Wenn ein Kunde erstmalig nicht pünktlich zahlt, so wird der Einzelhändler nicht gleich von all seinen gesetzlichen Rechten Gebrauch machen. Er wird Wert darauf legen, auch weiterhin die Geschäftsbeziehung aufrechtzuerhalten, und zunächst versuchen, auf gütliche Weise zum Ziel zu kommen. In der kaufmännischen Praxis beginnt das kaufmännische Mahnverfahren in der Regel mit einer freundlich formulierten Zahlungserinnerung. Diese hat ggf. auch den Zweck, den Kunden in Zahlungsverzug zu setzen. Sollte dies nicht zum erhofften Erfolg führen, werden die folgenden Mahnungen schrittweise dringender formuliert.

Zahlungsverzug
→ LF 14, Kap. 6.2

Möglicher Ablauf des kaufmännischen Mahnverfahrens

Zahlungserinnerung
Eine höflich formulierte Zahlungserinnerung mit einer Rechnungskopie wird verschickt

→ Käufer zahlt nicht →

1. Mahnung
Die erste Mahnung wird nicht unfreundlich, aber entschieden formuliert. Unter Hinweis auf die Fälligkeit der Schuld enthält sie die Aufforderung zur Zahlung unter Angabe einer Frist.

→ Käufer zahlt nicht →

2. Mahnung
Die zweite Mahnung enthält die schärfer formulierte Aufforderung zur Zahlung und ggf. in Rechnung gestellte **Mahnkosten** und Verzugszinsen.

→ Käufer zahlt nicht →

3. Mahnung
Die letzte Mahnung enthält meist die Androhung rechtlicher Schritte, wenn bis zu einem letzten Termin keine Zahlung erfolgt ist.

Mahnkosten (z.B. Anwalts- oder Inkassokosten) dürfen dem säumigen Kunden in Rechnung gestellt werden.

Aus Gründen der Beweisbarkeit erfolgen Mahnungen schriftlich.

Ob ein Unternehmen den beispielhaften Ablauf übernimmt, ist ihm freigestellt. Möglich ist auch, dass ein Unternehmen bereits im ersten Schreiben seinen säumigen Kunden rechtliche Schritte androht. Die Auswahl der möglichen Maßnahmen hängt von folgenden Faktoren ab:

- Höhe der Rechnung: Je höher der ausstehende Rechnungsbetrag und damit der drohende Verlust, desto stärker drängt der Einzelhändler auf die Begleichung durch den Kunden.
- Bonität des Kunden: Bei geringer Bonität und dadurch erhöhtem Risiko des Einzelhändlers, dass seine Forderung nicht beglichen werden kann, wird das Mahnverfahren u. U. abgekürzt.
- Kundenstatus: Ein langjähriger Stammkunde mit guter Zahlungsmoral durchläuft ein anderes Mahnverfahren als ein Kunde, der seine Rechnungen schon häufiger verspätet bezahlt hat bzw. bei dem der Einzelhändler Vorsatz vermuten muss.

6.4.2 Gerichtliches Mahnverfahren

Das gerichtliche Mahnverfahren stellt ein standardisiertes Verfahren dar, mit dem ein Gläubiger aber mit Unterstützung des Gerichts schnell und kostengünstig an sein Geld kommen kann. Dafür muss beim Amtsgericht ein Mahnbescheid beantragt werden.

Der Antrag auf Erlass eines **Mahnbescheides** kann im Bürofachhandel erworben oder online im kostenlos nutzbaren Antragsportal der Mahngerichte ausgefüllt werden. Nachdem der Antrag ausgefüllt und unterschrieben ist, wird er an das Amtsgericht geschickt, das dann einen Mahnbescheid an den säumigen Kunden sendet. Die Rechtmäßigkeit des Anspruches wird durch das Gericht nicht geprüft. Ein Mahnbescheid ist nichts anderes als eine Mahnung des Gerichts, d. h. die Aufforderung des Gerichts zur Zahlung der genannten Schuld.

www.online-mahnantrag.de

Für Rechtsanwälte und Inkasso-Unternehmen gilt eine „Verpflichtung zur Antragstellung in maschinell-lesbarer Form".

Der Antrag auf einen Mahnbescheid ist dann sinnvoll, wenn zu erwarten ist, dass der säumige Kunde seine Zahlungsverpflichtung nicht abstreiten wird. Der Gläubiger kann so schneller zu seinem Geld kommen als durch einen langwierigen Prozess.

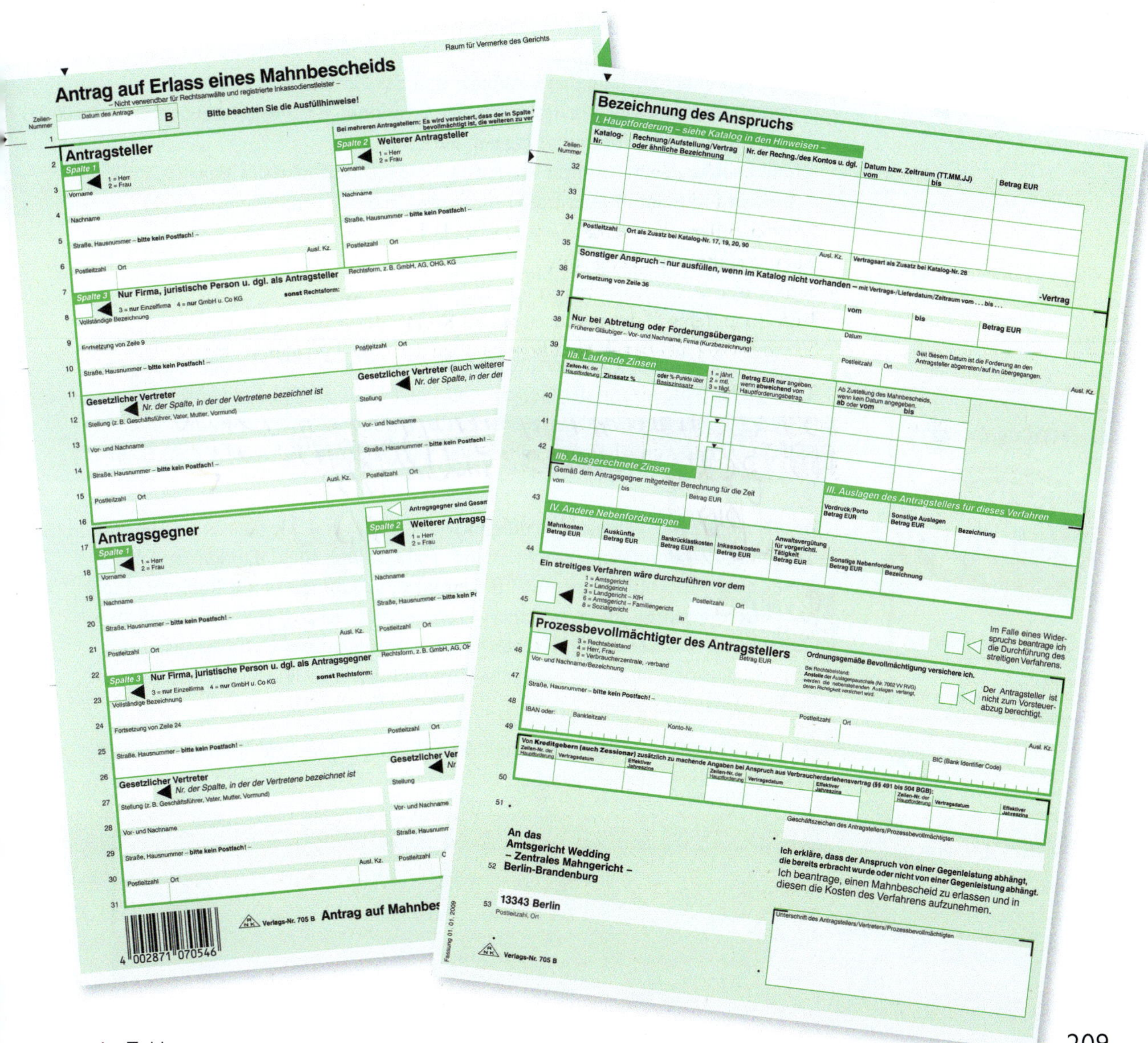

Ablauf des gerichtlichen Mahnverfahrens:

1. Antrag eines gerichtlichen Mahnbescheides beim zuständigen Amtsgericht.

2. Das Amtsgericht erlässt den Mahnbescheid und stellt ihn dem Schuldner (Käufer) zu. Der Schuldner hat nun drei Möglichkeiten, auf den Mahnbescheid zu reagieren:
   a) Der Schuldner zahlt an den Gläubiger und das Verfahren ist beendet.
   b) Der Schuldner erhebt innerhalb von zwei Wochen Widerspruch bei Gericht. Bei Widerspruch wird der Gläubiger durch das Amtsgericht benachrichtigt und aufgefordert, seinen Anspruch zu begründen. Das Gericht setzt dann einen Termin für eine mündliche Verhandlung fest.
   c) Der Schuldner unternimmt nichts. Nach zwei Wochen kann der Gläubiger innerhalb von sechs Monaten einen Antrag auf Erlass eines Vollstreckungsbescheids stellen.

Mögliche Gründe für einen Widerspruch:
- Forderung ist schon bezahlt.
- Es besteht eine Gegenforderung.
- Es gibt gar keinen Kaufvertrag.

Der Vollstreckungsbescheid ist die letzte Zahlungsaufforderung des Gerichts.

3. Das Amtsgericht erlässt den **Vollstreckungsbescheid** auf Antrag des Gläubigers: Der Vollstreckungsbescheid ist ein so genannter „vollstreckbarer Titel", der es dem Gläubiger erlaubt, gegen den Schuldner die Zwangsvollstreckung durchzuführen. Nach der Zustellung des Vollstreckungsbescheides hat der Schuldner folgende Handlungsalternativen:
   a) Der Schuldner zahlt an den Gläubiger und das Verfahren ist beendet.
   b) Innerhalb von zwei Wochen kann der Schuldner Einspruch erheben. Dann kommt es zu einer Verhandlung vor Gericht.
   c) Der Schuldner unternimmt wiederum nichts. Damit wird der Vollstreckungsbescheid rechtskräftig.

Die Zwangsvollstreckung beinhaltet alle Maßnahmen, um gerichtlich festgestellte Ansprüche durchzusetzen.

4. Nach Ablauf der zweiwöchigen Einspruchsfrist kann die **Zwangsvollstreckung** durch einen Gerichtsvollzieher folgendermaßen durchgeführt werden: Die Voraussetzung einer Zwangsvollstreckung ist ein Vollstreckungsbescheid oder ein gerichtliches Urteil. Die Zwangsvollstreckung meint die **Pfändung** durch einen Gerichtsvollzieher und Verwertung von Pfandsachen zu Gunsten des Gläubigers. Bei der Pfändung nimmt der Gerichtsvollzieher Geld, Schmuck und Wertpapiere in Besitz. Andere verwertbare Gegenstände werden nicht sofort mitgenommen, aber durch das Aufkleben eines Pfandsiegels („Kuckuck") als gepfändet gekennzeichnet.

   Unpfändbar sind lebensnotwendige Gegenstände und Gegenstände, die zur Ausübung des Berufs unabdingbar sind. Haben diese nichtpfändbaren Gegenstände aber einen außerordentlich hohen Wert, so können sie im Rahmen einer **Austauschpfändung** durch geringerwertige ersetzt werden. Neben beweglichen Gegenständen können auch Rechte, wie z. B. Forderungen und Gehaltsansprüche, und natürlich auch unbewegliche Gegenstände, wie z. B. Häuser und Grundstücke, gepfändet werden.

Pfandsiegel

5. Zum Abschluss des Verfahrens erhält der Schuldner eine Abrechnung und eventuell einen Überschuss ausgezahlt.

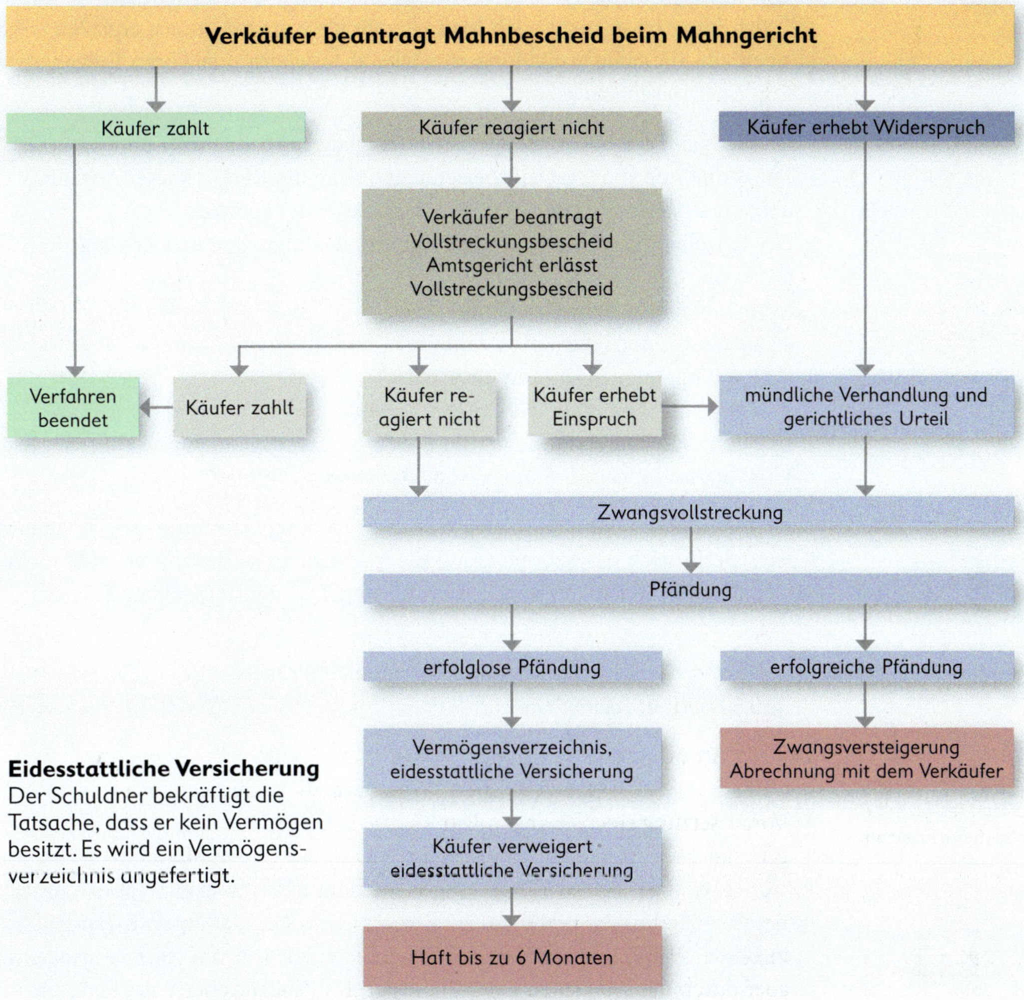

Eidesstattliche Versicherung
Der Schuldner bekräftigt die Tatsache, dass er kein Vermögen besitzt. Es wird ein Vermögensverzeichnis angefertigt.

6.4.3 Klageverfahren und Inkassoinstitut

Sollte es im Rahmen des gerichtlichen Mahnverfahrens zu einem Widerspruch/Einspruch des Gläubigers kommen, so wird die Rechtmäßigkeit der Forderung in einer gerichtlichen Verhandlung geprüft. Selbstverständlich kann der Einzelhändler als Gläubiger auch sofort den Weg der **Klage vor Gericht** beschreiten. Dies ist aber selten der Fall, weil dies ein sehr zeitaufwändiger und unter Umständen kostenintensiver Weg ist, da hier meist ein Anwalt beauftragt werden muss.

Inkassoinstitute sind darauf spezialisiert, gewerbsmäßig den Einzug fremder Geldforderungen zu übernehmen. Auf Grund ihrer umfangreichen Erfahrungen und ihres hohen Organisationsgrades nutzen sie alle Möglichkeiten des kaufmännischen und gerichtlichen Mahnverfahrens, der Klage und der Zwangsvollstreckung. Der Einzelhändler spart Zeit und Verwaltungskosten, muss dafür aber eine Gebühr an das Inkassoinstitut zahlen. Es sollte seriösen Unternehmen ausgewählt werden, das im Rahmen der gültigen Gesetze handelt und nicht am Rande der Legalität.

6.5 Zahlungseingänge sichern

Angesichts der Arbeit und der hohen Kosten, die säumige Kunden verursachen stellt sich die Frage, ob es nicht auch Maßnahmen gibt, die im Voraus ergriffen werden können, um die fälligen Zahlungseingänge abzusichern oder ihren Eingang wahrscheinlicher werden zu lassen.

Schufa
→ LF 14, Kap. 5.2.2

Eigentumsvorbehalt
→ Band 2, LF 10, Kap. 7.1

Auch hier kann der Einzelhändler aus einem ganzen Maßnahmenpool schöpfen:
- Vor Aufnahme von Geschäftsbeziehungen kann der Einzelhändler Auskünfte über die Bonität der Kunden (z. B. Schufa-Anfrage) einholen.
- Der Einzelhändler kann besondere Zahlungsbedingungen und Zahlungswege festlegen:
  - Vorauszahlung und Anzahlung
  - nur Barzahlung oder Kartenzahlung mit Zahlungsgarantie
  - Lieferung unter Eigentumsvorbehalt
  - Abzug von Skonto bei frühzeitiger Zahlung
- Der Einzelhändler sollte ein aktives Forderungsmanagement und eine festgelegte Vorgehensweise gegen säumige Kunden haben.

Die Forderungen aus einem Kaufvertrag (z. B. Zahlung des Kaufpreises) können verjähren. Beruft sich der Schuldner auf die Verjährung, so braucht er nicht mehr zu zahlen. Für die Verjährung von Forderungen gibt es unterschiedliche Fristen.

Wichtige Verjährungsfristen gemäß BGB

2 Jahre	bei Sachmangelhaftung	Verjährung beginnt mit der Entstehung des Anspruchs.
3 Jahre	regelmäßige Verjährungsfrist für alle Ansprüche (§ 195 BGB)	Verjährungsfrist beginnt mit dem Schluss des Jahres (31.12.), in dem der Anspruch entstanden ist.
5 Jahre	bei Mängeln am Bau	Verjährung beginnt mit der Entstehung des Anspruchs.
10 Jahre	bei Ansprüchen auf Übertragung des Eigentums an einem Grundstück (§ 196 BGB)	Verjährung beginnt mit der Entstehung des Anspruchs.
30 Jahre	1. bei Herausgabeansprüchen aus Eigentum und anderen dinglichen Rechten, 2. familien- und erbrechtlichen Ansprüchen, 3. rechtskräftig festgestellten Ansprüchen (Urteil), 4. Ansprüchen aus vollstreckbaren Vergleichen oder vollstreckbaren Urkunden (z. B. Vollstreckungsbescheid), 5. Ansprüchen, die durch die im Insolvenzverfahren erfolgte Feststellung vollstreckbar geworden sind, und 6. Ansprüche auf Erstattung der Kosten der Zwangsvollstreckung (§ 197 BGB)	Verjährung beginnt mit der Entstehung des Anspruchs.

ALLES KLAR?

1 Welche Voraussetzung muss immer erfüllt sein, damit ein Kunde des Einzelhandelsunternehmens in Zahlungsverzug gerät?

a) Der Kunde muss gemahnt werden.
b) Es besteht ein gültiger Kaufvertrag.
c) Der Kunde hat nach 10 Tagen noch nicht gezahlt.
d) Die Ware ist beim Kunden zu spät angekommen.
e) Der Kunde hat die Ware berechtigt reklamiert.

2 Wann ist eine Mahnung beim Zahlungsverzug **nicht** notwendig?

a) Der Kunde verweigert die Zahlung.
b) Der Zahlungstermin ist im Kaufvertrag nicht kalendermäßig bestimmt.
c) Seit dem Rechnungsdatum sind 10 Tage vergangen.
d) Der Kunde ist in Insolvenz.
e) Die Allgemeinen Geschäftsbedingungen sind nicht Teil des Kaufvertrages geworden.

3 Welche Voraussetzung muss zusätzlich erfüllt sein, damit ein Einzelhändler beim Zahlungsverzug Schadenersatz verlangen kann?

a) Die Zahlung muss fällig sein.
b) Die dritte Mahnung muss erfolglos geblieben sein.
c) Ein Mahnbescheid muss beim Amtsgericht beantragt werden.
d) Es muss ein Verschulden des Schuldners vorliegen.
e) Der Schuldner hat sein Zahlungsversprechen nicht eingehalten.

4 Wie hoch ist der Verzugszinssatz beim Verbrauchsgüterkauf, der über den Basiszinssatz gezahlt werden muss?

a) 3 %
b) 4 %
c) 5 %
d) 6 %
e) 7 %

5 Wie hoch ist der Verzugszinssatz beim zweiseitigen Handelskauf, der über den Basiszinssatz gezahlt werden muss?

a) 5 %
b) 6 %
c) 7 %
d) 8 %
e) 9 %

6 Was sind Debitoren?

a) Kunden des Einzelhändlers, an die der Einzelhändler Forderungen stellt.
b) Lieferanten, bei denen der Einzelhändler Verbindlichkeiten hat.
c) Hersteller, bei denen der Einzelhändler regelmäßig seine Waren bestellt.
d) Großhändler, die regelmäßig Ware an den Einzelhändler liefern.
e) Unternehmen, die die Forderungen des Einzelhändlers eintreiben.

7 Welches Recht kann das Einzelhandelsunternehmern beim Zahlungsverzug gegenüber dem Käufer grundsätzlich geltend machen?

a) Ersatzlieferung
b) Preisminderung
c) Zahlung verlangen
d) Nachbesserung
e) Schadenersatz statt Leistung

8 Unter einer Konventionalstrafe versteht man im Zusammenhang mit dem Zahlungsverzug …

a) die Verzugszinsen.
b) die Kreditgebühren.
c) einen Preisaufschlag.
d) eine Vertragsstrafe.
e) entgangene Rabatte.

9 Das kaufmännische Mahnverfahren beginnt in der Regel mit…

a) einer Zahlungserinnerung.
b) einer Mahnung.
c) einem Mahnbescheid.
d) einem Vollstreckungsbescheid.
e) einem Gerichtsurteil.

10 Der Mahnbescheid …

a) ist beim zuständigen Amtsgericht zu beantragen.
b) ist formlos möglich.
c) ist Bestandteil des kaufmännischen Mahnverfahrens.
d) kann nur durch eine juristische Person ausgestellt werden.
e) muss immer dann beantragt werden, wenn der Kunde nicht zahlt.

11 Welche Aussage zum gerichtlichen Mahnverfahren ist richtig?

a) Die Kosten für das gerichtliche Mahnverfahren trägt am Ende immer der Gläubiger.
b) Das gerichtliche Mahnverfahren muss zwingend nach einem erfolglosen kaufmännischen Mahnverfahren eingeleitet werden.
c) Das Amtsgericht prüft nicht, ob der Anspruch des Einzelhändlers auf Zahlung berechtigt ist.
d) Der Vollstreckungsbescheid muss immer vor dem Mahnbescheid beantragt werden.
e) Das gerichtliche Mahnverfahren endet immer mit einem Gerichtsurteil.

12 Wie kann der Schuldner reagieren, wenn er einen Mahnbescheid erhält?

a) Er beantragt einen Vollstreckungsbescheid.
b) Er zahlt.
c) Er erhebt Einspruch.
d) Er beantragt eine Zwangsvollstreckung.
e) Er verlangt eine eidesstattliche Versicherung.

13 Mit welcher Aussage ist der Vollstreckungsbescheid richtig beschrieben?

a) Der Vollstreckungsbescheid beinhaltet alle Maßnahmen, um gerichtlich festgestellte Ansprüche durchzusetzen.
b) Der Vollstreckungsbescheid wird vom Amtsgericht immer zu Beginn des gerichtlichen Mahnverfahrens erlassen.
c) Der Vollstreckungsbescheid ist die letzte Zahlungsaufforderung des Gerichts.
d) Mit dem Vollstreckungsbescheid endet das gerichtliche Mahnverfahren.
e) Auf einen Vollstreckungsbescheid kann der Schuldner mit einem Widerspruch reagieren.

14 Welcher der hier aufgeführten Gründe berechtigen den Schuldner **nicht** zu einem Widerspruch bei einem gerichtlichen Mahnverfahren?

a) Die Forderung ist bereits bezahlt.
b) Es besteht eine Gegenforderung.
c) Es gibt gar keinen Kaufvertrag.
d) Der Schuldner wartet selbst noch auf eine Zahlung.
e) Die Ware ist noch nicht bei ihm angekommen.

15 Um Zahlungseingänge zu sichern, kann der Einzelhändler besondere Zahlungsbedingungen und Zahlungswege festlegen. Welche der hier aufgeführten Möglichkeiten zählt **nicht** dazu?

a) Der Einzelhändler verlangt von seinen Kunden Vorauszahlungen und Anzahlungen.
b) Der Einzelhändler verkauft seine Ware nur gegen Barzahlung oder Kartenzahlung mit Zahlungsgarantie.
c) Wenn der Einzelhändler Ware auf Ziel verkauft, erfolgt die Übergabe der Ware nur unter einem Eigentumsvorbehalt.
d) Der Einzelhändler räumt seiner Kundschaft bei frühzeitiger Zahlung Skonto ein.
e) Zur Sicherung der Zahlungseingänge gewährt der Einzelhändler seinen Stammkunden einen Treuerabatt.

16 Die Forderungen aus einem Kaufvertrag auf Zahlung des Kaufpreises können verjähren. Wie lange beträgt die regelmäßige Verjährungsfrist für diese Ansprüche?

a) 2 Jahre
b) 3 Jahre
c) 5 Jahre
d) 10 Jahre
e) 30 Jahre

7 Insolvenz

Die Insolvenz bezeichnet die Zahlungsunfähigkeit bzw. die drohende Zahlungsunfähigkeit eines Unternehmens. Grundlage für die Vorgehensweise bei der Insolvenz bildet die **Insolvenzordnung** (InsO). Sie legt auch fest, dass bei Unternehmen in der Rechtsform einer AG und GmbH die **Überschuldung** als Grund für eine Insolvenz gilt. Eine Überschuldung liegt dann vor, wenn das Vermögen des Schuldners die Verbindlichkeiten nicht mehr deckt.

Zahlungsunfähigkeit
→ §17 Abs. 2 Satz 2 InsO

drohende Zahlungsunfähigkeit
→ §18 InsO

Überschuldung
→ §19 Abs. 1 InsO

AG, GmbH
→ LF 14, Kap. 2.3

7.1 Unternehmensinsolvenz

Das Insolvenzverfahren ist ein gerichtliches Verfahren zur gemeinschaftlichen Befriedigung der Gläubiger. Es soll vermeiden helfen, dass einzelne Gläubiger versuchen, durch raschen Zugriff volle Befriedigung ihrer Forderungen zu erlangen, während andere leer ausgehen. Rechtsgrundlage ist die Insolvenzordnung (InsO).

§ 1 InsO

Das Insolvenzverfahren dient dazu, die Gläubiger eines Schuldners gemeinschaftlich zu befriedigen, indem das Vermögen des Schuldners verwertet und der Erlös verteilt oder in einem Insolvenzplan eine abweichende Regelung, insbesondere zum Erhalt des Unternehmens, getroffen wird. Dem redlichen Schuldner wird Gelegenheit gegeben, sich von seinen restlichen Schulden zu befreien.

Im Wege des Insolvenzverfahrens sollen aber nicht nur die Gläubiger ihr Geld erhalten, sondern auch der Erhalt des verschuldeten Unternehmens und damit von Arbeitsplätzen erreicht werden. Die Insolvenz kann sowohl ein Gläubiger als auch der Schuldner beim zuständigen Insolvenzgericht beantragen. Das Insolvenzgericht prüft daraufhin, ob die Voraussetzungen zur Eröffnung des Insolvenzverfahrens vorliegen und ernennt ggf. einen vorläufigen Insolvenzverwalter.

Ist die Kostendeckung des Verfahrens durch das Vermögen des Schuldners nicht gewährleistet, wird der Antrag mangels Masse abgewiesen. Stellt sich die nicht ausreichende Deckung erst während des Verfahrens heraus, wird es eingestellt. Danach können die Gläubiger wieder Einzelvollstreckungen einleiten, d. h., jeder Gläubiger hat die Möglichkeit, seine Forderungen direkt und in größtmöglicher Höhe bei dem Schuldner einzutreiben, auch auf die Gefahr hin, dass dadurch andere Gläubiger komplett leer ausgehen.

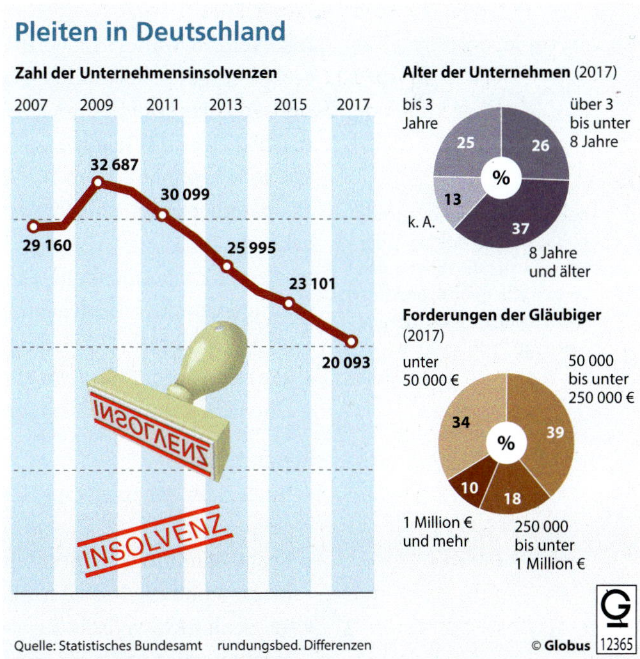

Wird das Verfahren eröffnet, ernennt das Gericht einen **Insolvenzverwalter**. Ferner wird der **Eröffnungsbeschluss** veröffentlicht und ins Handelsregister sowie ins Grundbuch eingetragen. Letzteres soll den gutgläubigen Grundstückserwerb ausschließen, damit auch alle Immobilien in die Insolvenzmasse einfließen und zur Befriedigung der Gläubigerforderungen herangezogen werden können.

7.1.1 Wirkungen des Eröffnungsbeschlusses auf die Beteiligten

Zwangsvollstreckung
→ LF 14, Kap. 6.4.2

Wirkung auf die Gläubiger: Die Gläubiger verlieren ihr Recht auf Zwangsvollstreckung, sie müssen ihre Forderungen beim Gericht anmelden, wo sie in ein Verzeichnis eingetragen werden. Die Verjährung ihrer Forderungen ist unterbrochen.

Wirkung auf den Schuldner:
- Das Recht der Vermögensverwaltung geht auf den Insolvenzverwalter über.
- Der Schuldner muss sich auf Anordnung des Gerichts jederzeit zur Verfügung halten.
- Er hat dem Insolvenzverwalter gegenüber Auskunftspflicht und muss ihn bei der Aufgabenerfüllung unterstützen.
- Verfügt das Gericht eine Postsperre, darf nur noch der Insolvenzverwalter die Geschäftspost öffnen.
- Auf Beschluss der Gläubigerversammlung kann dem Schuldner, seinem Ehegatten und seinen minderjährigen Kindern Unterhalt aus seinem Vermögen gewährt werden.
- Vom Schuldner erteilte Vollmachten erlöschen.

Vollmacht
→ LF 14, Kap. 1.4

Drittschuldner
Schuldner des insolventen Unternehmens

Wirkung auf Drittschuldner: Sie dürfen nicht mehr an den Schuldner zahlen. Tut einer es doch, muss er nachweisen, dass er zum Zeipunkt der Leistung von der Verfahrenseröffnung nichts wusste.

Gläubigerversammlungen werden vom Gericht einberufen und geleitet und dienen der Wahrnehmung der gemeinsamen Gläubigerinteressen. In der ersten Versammlung erläutert der Insolvenzverwalter die Verfahrensursachen und die eingeleiteten Maßnahmen. Die Gläubigerforderungen müssen unter Angabe von Grund und Beträgen schriftlich beim Insolvenzverwalter angemeldet werden. Sie werden dann im Rahmen einer zweiten Gläubigerversammlung geprüft, die beschließt, ob ein Gläubigerausschuss eingesetzt werden soll. Die Mitglieder des Gläubigerausschusses unterstützen und kontrollieren den Insolvenzverwalter.

Insolvenzverwalter: Er wird vom Gericht bestellt und soll eine für den Einzelfall geeignete, geschäftskundige Person sein. Verletzt er schuldhaft seine Pflicht, kann er zum Schadenersatz herangezogen werden. Die erste Gläubigerversammlung kann an Stelle der vom Insolvenzgericht ernannten Person auch einen anderen Insolvenzverwalter wählen. Dem Insolvenzverwalter obliegen folgende Aufgaben: Er muss das gesamte zur Insolvenzmasse gehörende Vermögen in Besitz und Verwaltung nehmen.

Insolvenzmasse
Das Insolvenzverfahren erfasst das gesamte Vermögen, das dem Schuldner zum Zeitpunkt der Eröffnung des Verfahrens gehört und das er während des Verfahrens erlangt (Insolvenzmasse).
→ § 35 InsO

In diesem Zusammenhang kann er vom Schuldner auch die Herausgabe von Sachen verlangen, die zur Insolvenzmasse gehören,
- jede angemeldete Forderung in die Insolvenztabelle eintragen,
- alle Massegegenstände in ein Verzeichnis aufnehmen,
- eine Bilanz und ein Gläubigerverzeichnis erstellen.

Ferner kann er
- Miet- oder Pachtverträge, Dienstverträge sowie Betriebsvereinbarungen kündigen,
- Rechtshandlungen anfechten, die vor der Verfahrenseröffnung vorgenommen wurden und die Insolvenzgläubiger benachteiligen,
- bei noch nicht vollständig abgewickelten Verträgen entscheiden, ob der Vertrag erfüllt werden soll oder nicht.

7.1.2 Einteilung der Gläubiger

Massegläubiger sind vorab zu befriedigen. Hierunter fallen Gläubiger der Kosten des Insolvenzverfahrens, also das Insolvenzgericht und der Insolvenzverwalter. Sonstige Masseverbindlichkeiten, entstanden durch die Verwaltung, Verwertung und Verteilung, oder nach Verfahrenseröffnung entstandene Schulden (Mieten, Gehälter) gehören ebenfalls dazu, wie auch unter bestimmten Voraussetzungen Verbindlichkeiten aus dem Sozialplan.

Sozialplan
Vereinbarung zwischen Betriebsrat und Arbeitgeber zum Ausgleich oder zur Milderung wirtschaftlicher Nachteile der Arbeitnehmer, die auf Grund von Betriebsänderungen entstehen

Insolvenzgläubiger haben zum Zeitpunkt der Verfahrenseröffnung einen begründeten Vermögensanspruch an den Schuldner. Sie erhalten bei der Verteilung der Restmasse einen festgelegten Bruchteil ihres Anspruchs. Die Festlegung erfolgt durch den Insolvenzverwalter und den Gläubigerausschuss.

Nachrangige Insolvenzgläubiger sind Gläubiger, denen Kosten durch ihre Verfahrensteilnahme entstehen. Zu diesen Kosten zählen auch die seit der Verfahrenseröffnung laufenden Verzugszinsen für offene Forderungen. Ein Gläubiger kann also Insolvenzgläubiger sein, sofern er eine offene Forderung gegenüber dem Schuldner hat, und gleichzeitig nachrangiger Insolvenzgläubiger, wenn auf Grund dieser offenen Forderung weiterhin Zinsen auflaufen.
Nicht zu den Insolvenzgläubigern gehören Aussonderungsberechtigte, Absonderungsberechtigte und Aufrechnungsberechtigte. Dies sind Gläubiger, die unter bestimmten Umständen Gegenstände aus der Insolvenzmasse zurückerhalten können.

Aussonderungsberechtigte haben ein Eigentumsrecht an Gegenständen, die sich im Besitz des Schuldners befinden (abgetretene Forderungen, mit Eigentumsvorbehalt gelieferte und noch nicht bezahlte Waren, gemietete oder gepachtete Gegenstände).

Absonderungsberechtigte haben ihre Forderungen durch ein Pfandrecht, eine Hypothek o. Ä. gesichert oder können ein kaufmännisches Rückbehaltungsrecht vorweisen.

Aufrechnungsberechtigte sind kraft Gesetzes oder auf Grund einer Vereinbarung zur Aufrechnung berechtigt und dürfen ihre Forderungen an den Schuldner mit Forderungen des Schuldners an sie selbst verrechnen.

7.1.3 Verwertung und Verteilung der Insolvenzmasse

Zu dem im Eröffnungsbeschluss genannten **Berichtstermin** muss der Insolvenzverwalter den Gläubigern erklären, welche Aussicht zur Erhaltung des Unternehmens besteht, ob ein Insolvenzplan aufgestellt werden soll und welche Auswirkungen sich jeweils für die Gläubiger ergeben. Auf Beschluss der Gläubigerversammlung hat der Insolvenzverwalter dann das zur Insolvenzmasse gehörende Vermögen zu verwerten, indem er noch vorhandene Vermögensgegenstände verkauft und damit zu Geld macht. Das dabei erzielte Bargeld kann an die Gläubiger ausgezahlt werden.

Vor der Verteilung muss der Insolvenzverwalter ein Verzeichnis aller Forderungen aufstellen, die an ihn gemeldet wurden (**Insolvenztabelle**). Die Forderungssumme und der für die Verteilung verfügbare Betrag sind öffentlich bekannt zu machen. Der Gläubigerausschuss legt die **Insolvenzquote** fest. Der Insolvenzverwalter muss die Gläubiger hierüber informieren. Beträgt die Insolvenzquote z. B. 45 %, so erhält ein Gläubiger mit einer Forderung von 1.000,00 Euro 450,00 Euro aus der Insolvenzmasse ausgezahlt.

In einer abschließenden Gläubigerversammlung legt das Gericht den **Schlusstermin** für die Erörterung der Schlussrechnung des Insolvenzverwalters fest. Bei diesem Termin muss der Insolvenzverwalter über seine Tätigkeit Rechenschaft ablegen. Die Schlussverteilung kann nur mit Zustimmung des Insolvenzgerichts erfolgen und findet nach der Verwertung der Insolvenzmasse statt. Einen etwaigen Überschuss erhält der Schuldner. Nach der Schlussverteilung wird vom Insolvenzgericht die **Aufhebung des Insolvenzverfahrens** beschlossen. Danach kann der Schuldner über eventuell noch vorhandene Masse wieder selbst verfügen. Sein Unternehmen ist im Handelsregister gelöscht. Die Restforderungen der Insolvenzgläubiger gegen den Schuldner können wieder geltend gemacht und anhand der Eintragung in die Insolvenztabelle kann die Zwangsvollstreckung betrieben werden.

Handelt es sich beim Schuldner um eine natürliche Person, so kann er auf Antrag vom Insolvenzgericht von den Restschulden befreit werden. Für die **Restschuldbefreiung** muss der Schuldner eine Erklärung abgeben, dass er für die Zeit von sechs Jahren nach Aufhebung des Insolvenzverfahrens alle pfändbaren Forderungen an einen Treuhänder abtritt. Mit der Restschuldbefreiung soll erreicht werden, dass der Schuldner nach Ablauf der sechs Jahre wieder ein Geschäft eröffnen oder eine normale Erwerbstätigkeit ausüben kann, ohne dem dauernden Druck der restlichen Schulden zu unterliegen.

Gemäß § 217 InsO kann von den gesetzlichen Vorgaben des Insolvenzverfahrens abgewichen werden, wenn eine Mehrheit der Gläubiger, deren Forderungen betroffen sind, zustimmt. In diesem Fall wird ein **Insolvenzplan** erstellt, der vom Insolvenzgericht bestätigt werden muss. Ziel des Insolvenzplans ist in der Regel die **Sanierung des Unternehmens**. Durch den Erhalt des Unternehmens erhoffen sich die Gläubiger, dass der Schuldner in die Lage versetzt wird, einen größeren Anteil der offenen Forderungen zu begleichen. Allerdings steht am Ende des Insolvenzplans auch die Restschuldbefreiung, sofern im Plan nichts anderes vereinbart wurde.

7.2 Verbraucherinsolvenz

Der steigenden Zahl von überschuldeten Privathaushalten trug der Gesetzgeber Rechnung, als er die Möglichkeit der Restschuldbefreiung für Privatpersonen, die so genannte Verbraucherinsolvenz, geschaffen hat. Dieses Verfahren für Privatpersonen und – unter besonderen Bedingungen – für Einzelkaufleute wurde eingerichtet, um es diesen Personengruppen zu ermöglichen, sich aus der Schuldenfalle zu befreien.

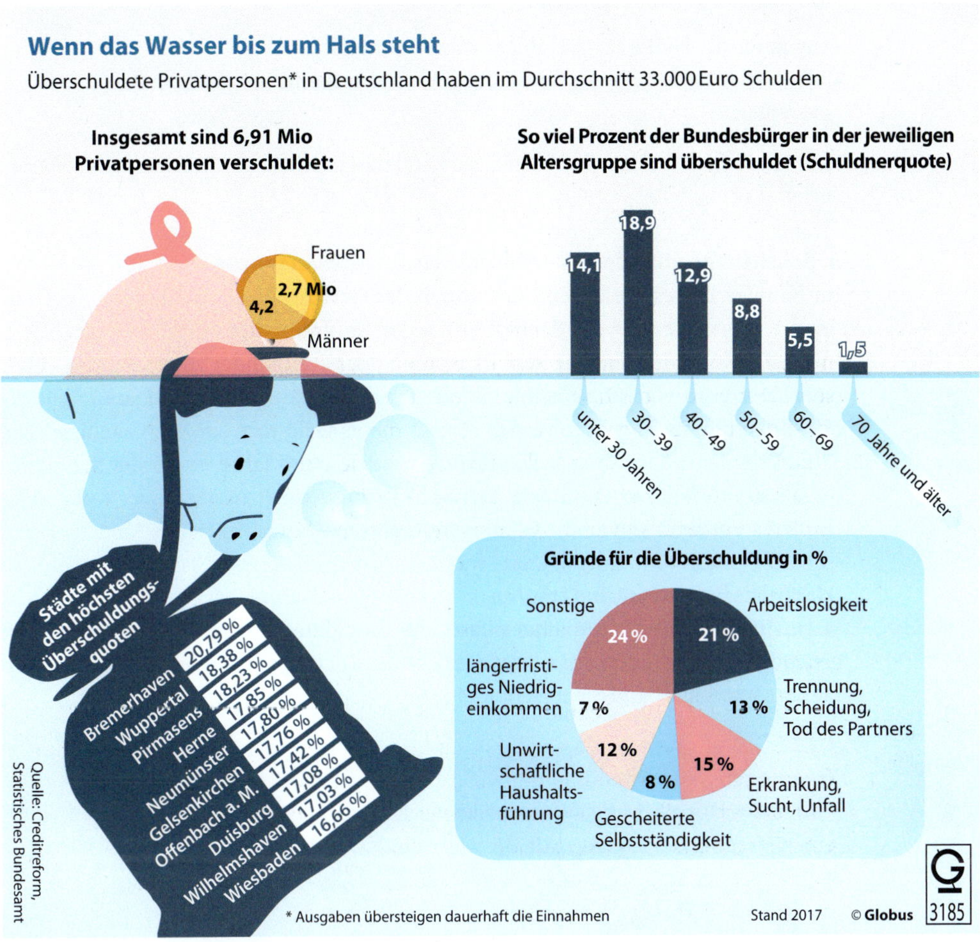

Grundlage für ein Verfahren zur Verbraucherinsolvenz ist die Überschuldung einer natürlichen Person. Das Verfahren vollzieht sich in der Regel in vier Schritten:

1. Schritt: Außergerichtlicher Einigungsversuch

Bevor das eigentliche Insolvenzverfahren eröffnet werden kann, muss der Schuldner versuchen, sich außergerichtlich mit seinen Gläubigern zu einigen. Dazu gehört ein **Schuldenbereinigungsplan**, der von allen Gläubigern akzeptiert wird. Dieser Plan, der mit Hilfe einer Schuldnerberatung ausgearbeitet wird, muss konkrete Vorschläge über den Zeitraum und die Ratenhöhe für den Abbau der Schulden beinhalten. Gleichzeitig muss ein Verzeichnis erstellt werden, aus dem alle Verbindlichkeiten und das gesamte Vermögen des Schuldners ersichtlich sind. Dieses Verfahren ist gescheitert, wenn mindestens ein Gläubiger den Schuldenbereinigungsplan nicht akzeptiert.

2. Schritt: Gerichtliches Schuldenbereinigungsverfahren

Voraussetzung für das gerichtliche Schuldenbereinigungsverfahren ist die Bescheinigung einer geeigneten Person, z. B. Schuldnerberatung oder Rechtsanwalt, die das erfolglose außergerichtliche Verfahren bestätigt. Grundlage für dieses Verfahren ist der gerichtliche Schuldenbereinigungsplan, der inhaltlich dem bisherigen Plan folgt. Das Gericht versucht, die Zustimmung der Gläubiger zu diesem Plan zu erreichen. Dabei kann das Gericht aber auch die Zustimmung einzelner Gläubiger ersetzen, wenn

- mehr als die Hälfte der Gläubiger zugestimmt hat und
- diese Gläubiger mehr als die Hälfte der offenen Forderungssumme auf sich vereinen.

Bleibt auch dieser Versuch erfolglos, so kann das gerichtliche Verbraucherinsolvenzverfahren eingeleitet werden.

3. Schritt: Vereinfachtes Verbraucherinsolvenzverfahren

Treuhänder
Mittelsmann, der zwischen Schuldner und Gläubiger gesetzt wird, häufig Notare oder Rechtsanwälte

Im Rahmen dieses Verfahrens wird durch das Gericht für den Schuldner ein Treuhänder eingesetzt. Hat der Schuldner bei der Eröffnung des Verfahrens einen Antrag auf Restschuldbefreiung gestellt, so erhält der Treuhänder vom Schuldner über einen Zeitraum von sechs Jahren (Wohlverhaltensphase) den pfändbaren Teil seines Einkommens. Der Treuhänder verteilt dieses Geld dann an die Gläubiger. Die Wohlverhaltensphase kann u. U. verkürzt werden: auf 5 Jahre, wenn der Schuldner die Verfahrenskosten bezahlt hat, oder auf 3 Jahre, wenn er zusätzlich 35 % der angemeldeten Forderungen an die Gläubiger bezahlt hat.

4. Schritt: Restschuldbefreiung

Treuhänder
Mittelsmann, der zwischen Schuldner und Gläubiger gesetzt wird, häufig Notare oder Rechtsanwälte

Nach Ablauf der Wohlverhaltensphase und Einhaltung der im Insolvenzverfahren geltenden Bedingungen erlässt das Gericht dem Schuldner die restlichen Schulden (außer Unterhalts- und Steuerschulden).

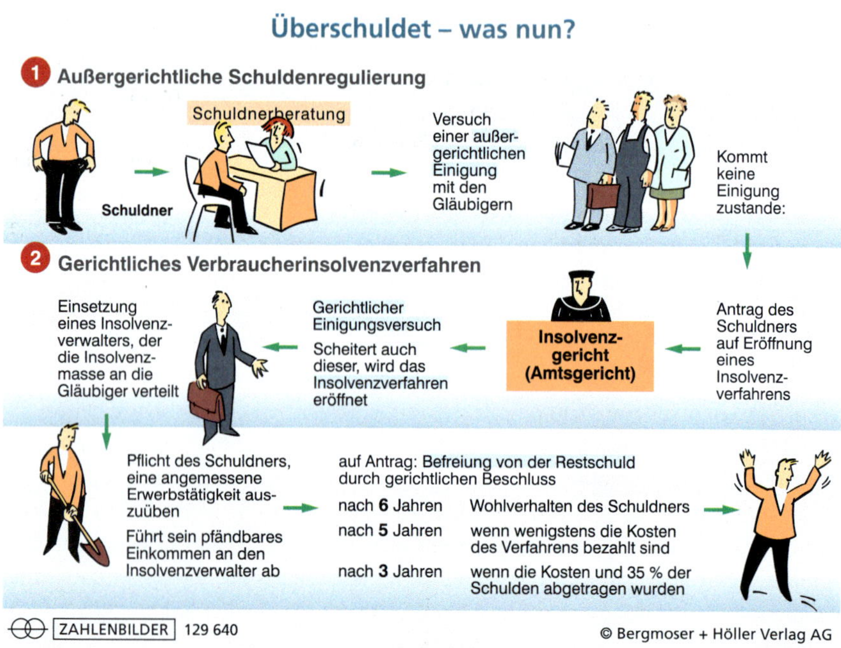

ALLES KLAR?

1 Die Insolvenz bezeichnet ...

a) den starken Umsatzrückgang eines Einzelhandelsunternehmens.
b) die steigenden Verbindlichkeiten des Einzelhändlers.
c) den ausbleibenden Gewinn eines Unternehmens.
d) zu geringe Einnahmen einer Kauffrau bzw. eines Kaufmanns.
e) die drohende Zahlungsunfähigkeit bzw. die Zahlungsunfähigkeit eines Unternehmens.

2 Durch die Eröffnung des Insolvenzverfahrens ...

a) können die Gläubiger ihr Recht auf eine Zwangsvollstreckung noch jederzeit ausüben.
b) kann der Schuldner nach wie vor sein Vermögen und seine Schulden verwalten.
c) kann der Schuldner weiterhin Vollmachten an seine Angestellten erteilen.
d) hat der Schuldner gegenüber dem Insolvenzverwalter eine Auskunftspflicht und muss ihn bei der Aufgabenerfüllung unterstützen.
e) können Drittschuldner weiterhin an den Schuldner zahlen.

3 Mit welcher Beschreibung ist die Insolvenzmasse richtig erklärt?

a) Zur Insolvenzmasse zählt das gesamte Geschäftsvermögen, das dem Schuldner zum Zeitpunkt der Eröffnung des Insolvenzverfahrens gehört.
b) Zur Insolvenzmasse zählt das gesamte Privat- und Geschäftsvermögen des Schuldners zu Beginn des Insolvenzverfahrens.
c) Das gesamte Vermögen des Schuldners, welches ihm zum Zeitpunkt der Eröffnung des Insolvenzverfahrens gehört und das er während des Verfahrens erlangt, zählt zur Insolvenzmasse.
d) Die Insolvenzmasse besteht aus den noch ausstehenden Forderungen des Schuldners gegenüber seinen Kunden.
e) Nur ausstehende Forderungen, für die noch kein gerichtliches Mahnverfahren beantragt wurde, zählen zur Insolvenzmasse.

4 Der Sozialplan steht für...

a) einen Plan der IHK, um in Zahlungsschwierigkeiten geratene Unternehmen zu unterstützen.
b) eine Vereinbarung zwischen Betriebsrat und Arbeitgeber zum Ausgleich oder zur Milderung wirtschaftlicher Nachteile für die Arbeitnehmer, die auf Grund von Betriebsänderungen entstehen.
c) für einen Plan, der bei jeder Insolvenz eines Unternehmens erstellt werden muss.
d) eine Vereinbarung zwischen Gläubigern und Schuldner im Rahmen des Insolvenzverfahrens.
e) eine Vereinbarung zwischen Insolvenzverwalter, Schuldner und Gläubigern.

5 Im Rahmen des Verbraucherinsolvenzverfahrens wird für den Schuldner durch das Gericht ein Treuhänder eingesetzt. Was ist ein Treuhänder?

a) Ein Familienangehöriger des Schuldners.
b) Ein Mittelsmann, der vom Gericht zwischen Schuldner und Gläubiger gesetzt wird.
c) Ein Richter eines Gerichts, der das Insolvenzverfahren bearbeitet.
d) Der Gläubiger, der die höchsten Forderungen gegenüber dem Schuldner besitzt.
e) Der Gläubiger, der bisher am längsten auf den Ausgleich seiner Forderungen warten musste.

6 Nach wie vielen Jahren kann bei einer Verbraucherinsolvenz eine Privatperson durch das Gericht frühestens eine Restschuldbefreiung erhalten?

a) nach 3 Jahren
b) nach 5 Jahren
c) nach 6 Jahren
d) nach 8 Jahren
e) nach 10 Jahren

8 Existenzgründung

Lernsituation 103

Unternehmer sind seit Urzeiten der Motor jeder Wirtschaft. Sie übernehmen Verantwortung und tragen Risiken. Sie ernten Erfolg und sind meist mit ihrer Arbeit selbst zufrieden. Immer mehr Menschen schaffen sich eine Existenz als Unternehmer. Für sie steht der Leitsatz fest: „Ich werde mein Arbeitgeber.“ Dabei ist der Weg in die selbstständige Existenz – als Gewerbetreibender oder Freiberufler – weniger durch die Not oder den Verlust des Arbeitsplatzes als vielmehr mit der Suche nach „Arbeit mit Sinn“ verbunden.

In Deutschland gibt es laut Angaben des Statistischen Bundesamtes ca. 3,3 Mio. Unternehmerinnen und Unternehmer (Stand 2016). Jährlich kommen rund 550 000 hinzu und ca. 520 000 geben auf – altersbedingt, erfolgsbedingt, motivationsbedingt. Unternehmer sind nicht nur „Großindustrielle“ – Studien des Instituts für Mittelstandsforschung (IfM) zufolge gehören rund 99 % aller Unternehmen zu den kleinen und mittleren Unternehmen (KMU), für die 70 % aller Beschäftigten rund die Hälfte aller Umsätze erwirtschaften und bei denen ca. 80 % aller Auszubildenden unter Vertrag stehen.

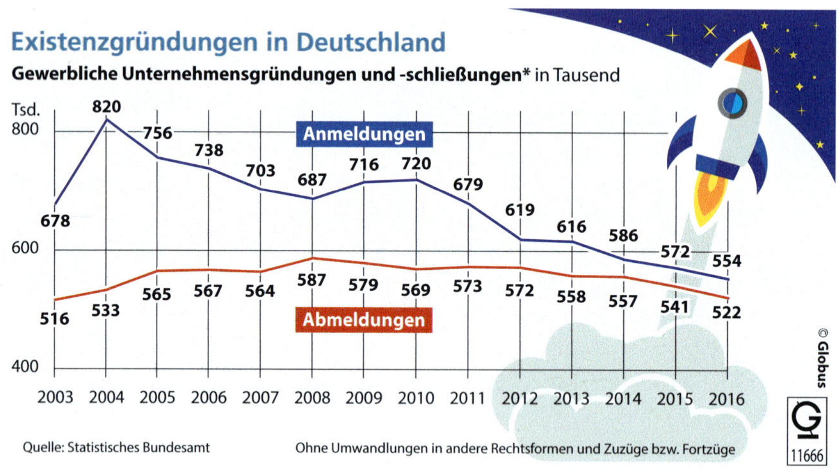

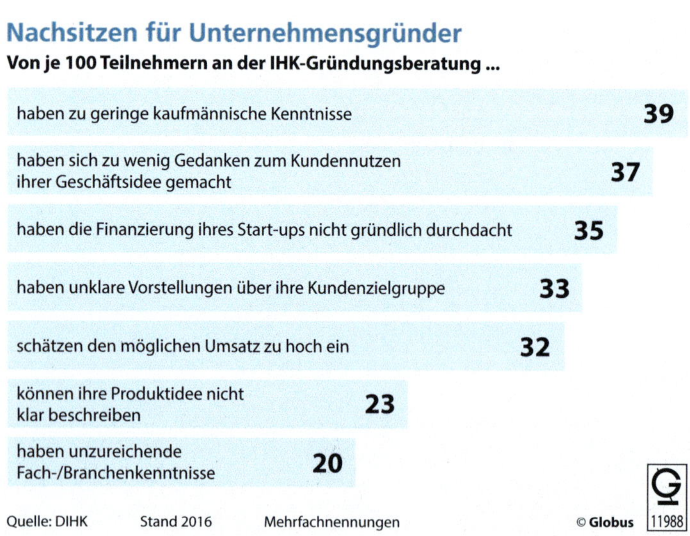

8.1 Lohnt sich das Unternehmertum?

Das Einkommen ist für den größten Teil der Unternehmer ein wichtiger Aspekt. Je höher der Gewinn, umso mehr hat der Unternehmer auch für seine Lebenshaltungskosten zur Verfügung. Um ein vergleichbares Arbeitseinkommen wie ein abhängig beschäftigter Arbeitnehmer zu ermitteln, müssen die unterschiedlichen Lebenshaltungskosten beachtet werden. Der wesentliche Unterschied liegt in den Beiträgen zur Sozialversicherung und den Ausfallzeiten bei Krankheit und Urlaub.

Der Unternehmer trägt seine „Arbeitgeberanteile“ zu den Sozialversicherungen selbst und muss auch für Urlaubs- und Krankheitstage finanzielle Vorsorge treiben.

Sozialversicherung
→ LF 13, Kap. 6

Beispiel

Eine Mitarbeiterin in der Kosmetikabteilung der Beska GmbH möchte sich mit einem Kosmetikstudio selbstständig machen. Sie plant die Unternehmensgründung zusammen mit einer Unternehmensberaterin. Diese entwickelt mit ihr einen Vergleich zwischen ihrem bisherigen Monatseinkommen und dem, was sie zukünftig bei vergleichbaren Ansprüchen ansetzen muss.

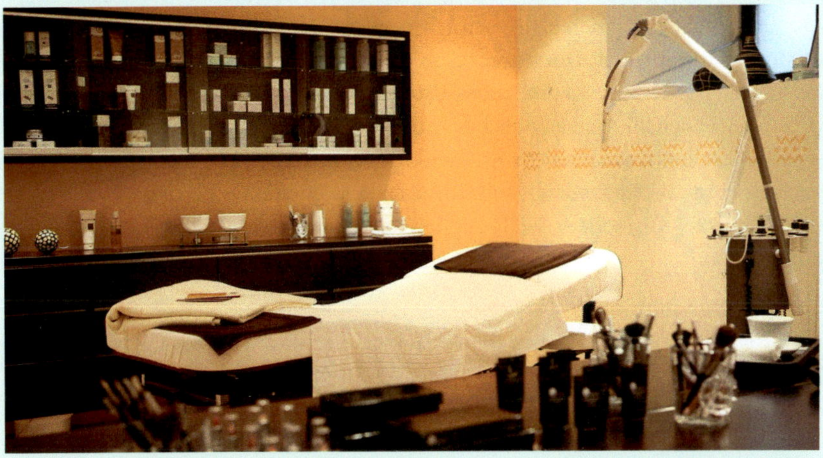

Nr.	Position	Angaben in Euro pro Monat
1	Bruttoeinkommen	2.200,00
2	Lohn-/Einkommensteuer	274,16
3	Solidaritätszuschlag	15,07
4	Kirchensteuer	–
5	Krankenversicherung (nur AN)	173,80
6	Pflegeversicherung (nur AN)	26,95
7	Rentenversicherung (nur AN)	218,90
8	Arbeitslosenversicherung (nur AN)	30,80
9	Nettoeinkommen	1.460,32
10	AG-Anteile zu 5–7	284,90
11	Bruttoarbeitskosten	2.484,90

Um zukünftig monatlich 1.500 Euro zur persönlichen Verfügung zu haben, plant die Unternehmensberaterin 2.500 Euro als Privatentnahme aus dem Gewinn ein.

Diesen Zusammenhang kann man auch anders formulieren: Wenn die Mitarbeiterin mit einer Existenzgründung bei vergleichbarer sozialer Absicherung das gleiche Nettoeinkommen zur Verfügung haben will, dann benötigt sie mindestens so viel, wie ihre derzeitigen Bruttoarbeitskosten ausmachen. Dabei sind Ausfallzeiten für Fehltage (Krankheit oder Urlaub) noch nicht berücksichtigt.

Bruttoarbeitskosten
→ LF 13, Kap. 5

Selbstständige Tätigkeiten können auch neben einer angestellten Tätigkeit ausgeübt werden. Eine solche Kombination mindert das persönliche Risiko. Die **Nebenberuflichkeit** wird angenommen, wenn die selbstständige Tätigkeit unter 15 Stunden/ Woche Zeit in Anspruch nimmt. Dies gilt auch für Empfänger von Arbeitslosengeld II. Sie können sich jederzeit nebenberuflich selbstständig machen.

Arbeitslosengeld II
→ LF 13, Kap. 6.2.4

8.2 Gründungsmöglichkeiten

Viele Wege führen zur Unternehmensgründung. In Abhängigkeit von Ihren persönlichen Voraussetzungen, den Markterfordernissen und dem Gründungskapital bieten sich folgende Alternativen:

Neugründung

Sie starten bei „Null“, müssen sich im Wettbewerb mit bereits etablierten Konkurrenten erst ein Stück vom Umsatzkuchen erobern und Ihre Marktposition Schritt für Schritt festigen. Für Neugründungen sind bereits bestehende Geschäftskontakte, beispielsweise aus der Zeit als Arbeitnehmer/-in, eine wesentliche Einstiegshilfe. In jedem Fall ist mit einer „Durststrecke“ in der Anlauf- und Aufbauphase zu rechnen. Das hierfür notwendige Kapital muss also vorhanden sein. Neugründungen werden vor allem in Dienstleistungsbereichen durchgeführt. Erfolg versprechend sind diese insbesondere bei vorhandenem Kundenkreis durch eine nebenberufliche Tätigkeit vor Eintritt in die Selbstständigkeit. Insbesondere beratende Berufe, Dozenten, Friseure, Grafiker, Kosmetiker, Naildesigner, Programmierer, Trainer, Übersetzer u. Ä. gründen neu.

Betriebsübernahme

Sie starten mit einem etablierten Betrieb und festem Kundenkreis. Unternehmer, die einen Nachfolger suchen, werden beispielsweise bei den Industrie- und Handelskammern (IHK) sowie den Handwerkskammern (HWK) angezeigt. Allerdings ist die Übernahme mit wesentlichen Kosten verbunden, zumal der Unternehmenseigner in der Regel seinen Ruhestand durch den Unternehmensverkauf finanziert. Jährliche Ausschüttungen sowie eine einmalige Zahlung bei Übernahme sind die Regel. Vor Übernahme ist der Betrieb auf seinen Wert eingehend zu prüfen.

Beteiligung

Dies ist eine gute Gelegenheit, sich selbstständig zu machen. Kundenkreis und Knowhow sind bereits vorhanden. Allerdings muss die Höhe der Einlage dem Wertanteil entsprechen. Somit ist eine eingehende Prüfung des Unternehmens erforderlich.

Gründung mit Partner/-in

Hier kann das persönliche Risiko reduziert werden. Sie starten zwar auch bei „null“, aber mit gegenseitiger Hilfe. Die Partnerwahl sollte dabei nicht primär durch private Beziehungen, sondern durch eine berufliche, sich ergänzende Basis geprägt sein. Auf jeden Fall ist – wie bei der Beteiligung – auf eine faire Vertragsgestaltung sowie eine nachvollziehbare Arbeits- und Haftungsverteilung zu achten.

Franchising

Eine Möglichkeit, sich selbstständig zu machen und dabei auf bewährte Vermarktungsideen zu setzen, ist das Franchising. Diese Vertriebsform basiert auf der Kooperation zwischen Franchisegeber und -nehmer. Beim Franchising nutzt der **Franchisenehmer** gegen Gebühr das bereits erfolgreich eingeführte Geschäfts- und Marketingkonzept des Franchisegebers. Der **Franchisegeber** plant und koordiniert das Marketing. Rund 1 400 Franchisesysteme sind derzeit am deutschen Markt tätig.

www.franchiseverband.com
www.franchise-net.de
www.franchiseportal.de

Die Kooperation zwischen Franchisegeber und -nehmer zielt auf den erfolgreichen Vertrieb von Waren und/oder Dienstleistungen. Beide Kooperationspartner sind selbstständige, unabhängige Kaufleute.

Kaufmann
→ LF 4, Kap. 1.1

Zu beachten ist, dass der Franchisenehmer als selbstständiger Unternehmer das wirtschaftliche Risiko auf sich nimmt, er jedoch vertraglich gebunden ist, das vorgeschriebene Geschäfts- und Marketingkonzept umzusetzen. Im Extremfall heißt das, dass der Franchisenehmer auch für Fehler im Marketing wirtschaftlich „geradestehen" und Verluste tragen muss, ohne jedoch das Konzept selbst beeinflussen zu können.

Vor- und Nachteile für den Franchisenehmer
Durch das Franchisesystem wird von Anfang an eine rationelle Betriebsführung ermöglicht, die schnell zum Erreichen der Gewinnzone führt.

Der Marktauftritt ist den Kunden unter Umständen schon bekannt und die Systemzentrale kann bei auftretenden Problemen schnell helfen, da dort das entsprechende Know-how schon erworben worden ist. Allerdings muss der Franchisenehmer akzeptieren, dass der Franchisegeber ein Weisungs- und Kontrollrecht hat, das den Franchisenehmer in seiner Kreativität und seiner Risikobereitschaft beeinträchtigen kann. Wenn in der Franchisezentrale Fehler gemacht werden, muss der Franchisenehmer mit seinem Geschäft diese Fehler mit verantworten. Insofern steht der Franchisenehmer immer in einer Schicksalsgemeinschaft mit dem Franchisegeber.

Vor- und Nachteile für den Franchisegeber
Der Franchisegeber gibt dadurch, dass er das Geschäft nicht selbst betreibt, die Möglichkeit aus der Hand, Einfluss auf die Gewinnspanne zu nehmen. Vom Franchisenehmer erhält er nur eine Eintrittsgebühr und dann laufende Franchisegebühren. Dafür braucht der Franchisegeber aber auch nicht das Risiko für das Geschäft zu übernehmen, denn das liegt beim selbstständigen Franchisenehmer.

Der Franchisegeber spart Expansionskosten und hat dadurch einen deutlich niedrigeren Kapitalbedarf, als wenn er seine Geschäfte als Filialen selbst betreiben würde. Die Spezialisten in der Franchisezentrale können, abgekoppelt vom Tagesgeschäft, das Franchisekonzept weiterentwickeln.

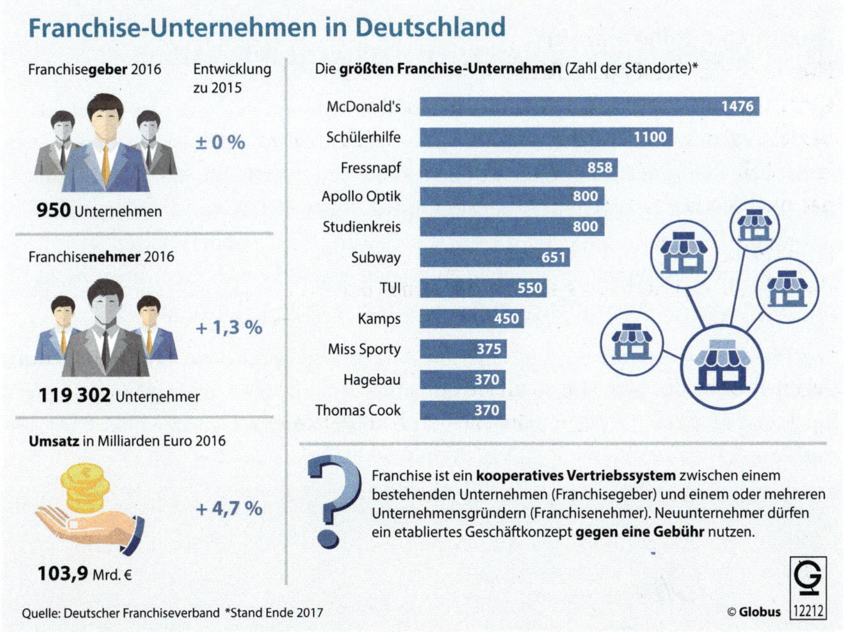

8.3 Planung der Gründungsmöglichkeiten und Gründungszuschuss

Rund 100 000 Menschen entschieden sich im Jahr 2017 für eine Existenzgründung aus der Arbeitslosigkeit. Jeder dritte Existenzgründer scheitert innerhalb der ersten drei Jahre. Nicht zuletzt deshalb wird Existenzgründern eine soziale Absicherung angeboten: Mit der freiwilligen Weiterversicherung in der gesetzlichen Arbeitslosenversicherung können Gründer Ansprüche auf Arbeitslosengeld erwerben bzw. aufrechterhalten für den Fall, dass die selbstständige Tätigkeit beendet wird und erneut Arbeitslosigkeit eintritt.

Eine Existenzgründung setzt feste Vorstellungen über die selbstständige Tätigkeit voraus. Der Weg vom Arbeitnehmer zum Unternehmer ist durch mehrere Phasen gekennzeichnet.

Die **Basisphase** ist durch die generelle Information über Gründungsmöglichkeiten, Chancen und Risiken sowie erste mögliche Ideen gekennzeichnet. Diese Phase der Selbstprüfung und Information umfasst die Ordnung persönlicher Ziele sowie die Suche nach Gründungsmöglichkeiten.

Die **Konzeptionsphase** dient der Entwicklung eines Grobkonzepts für Leistungsprogramm, Marketinginstrumente sowie Entscheidung über die tatsächliche Realisierung.

Mit der **Realisierungsphase** wird die Existenzgründung durch Anmeldung des Gewerbes, Eröffnung von Geschäftskonten, Anmietung von Geschäftsräumen usw. vollzogen.

8.3.1 Gründungszuschuss durch die Agentur für Arbeit

Als Gründungszuschuss wird eine Förderung der sozialen Absicherung in der Gründungsphase durch die Agentur für Arbeit bezeichnet. Der Zuschuss wird über sechs Monate jeweils zum Monatsende in einer Höhe von monatlich 300,00 Euro zuzüglich zum bislang bezogenen Arbeitslosengeld I gewährt **(Grundförderung)**. Der Gründungszuschuss dient der sozialen Absicherung des Gründers in der Startphase, indem die notwendigen persönlichen Ausgaben abgesichert werden. Er ist nicht für die Förderung von Investitionen in das gegründete Unternehmen gedacht.

Anschließend kann auf Antrag eine zweite Förderphase hinzutreten. Diese **Aufbauförderung** umfasst 300,00 Euro monatlich für maximal neun Monate, sofern eine selbstständige Tätigkeit nachgewiesen werden kann. Umsatz- oder Einkommensgrenzen existieren nicht. Jedoch bemessen sich die zum Teil freiwilligen Beiträge zur gesetzlichen Sozialversicherung nach dem Einkommen.

Sozialversicherung
→ LF 13, Kap. 6

Der in der Grundförderungsphase gewährte Gründungszuschuss ist mit Ausnahme der Pauschale in Höhe von 300,00 Euro für die Berechnung der gesetzlichen Kranken- und Pflegeversicherung eine beitragspflichtige Einnahme ebenso wie etwaige sozialversicherungspflichtige Tätigkeiten (z.B. Minijobs), die der Gründer zusätzlich zur beruflichen Selbstständigkeit ausübt. Allerdings muss die selbstständige Tätigkeit den Gründer mindestens 15 Stunden je Woche beschäftigen und sollte daher im Mittelpunkt der Tätigkeiten zur Erwirtschaftung des Erwerbseinkommens stehen. Rund 25 % der Gründer greifen auf eine Mischung aus abhängiger und selbstständiger Tätigkeit in der Gründungsphase zurück.

Gefördert werden Empfänger von Entgeltersatzleistungen der Bundesagentur für Arbeit (BA) mit einem Restanspruch auf Arbeitslosengeld (I) von mindestens 150 Tagen. Darüber hinaus ist die Tragfähigkeit des Gründungskonzepts nachzuweisen. Die BA kann Stellen für die fachgutachterliche Stellungnahme empfehlen. Überdies sind Kenntnisse und Fähigkeiten zur Ausübung der selbstständigen Tätigkeiten darzulegen, z.B. durch den Besuch von gründungsvorbereitenden Kursen oder Berufserfahrung.

§ 57 SGB III

8.3.2 Finanzierungshilfen durch Förderprogramme

Banken und Sparkassen stellen für die Finanzierung von Existenzgründungen und für andere Finanzierungsvorhaben Fremdkapital nicht mehr oder in nicht erforderlichem Umfang bereit. Daher sind betroffene Unternehmen darauf angewiesen, öffentliche Finanzierungshilfen in Anspruch zu nehmen. Es gibt eine Vielzahl von Förderprogrammen, die von der Bundesrepublik und von der Europäischen Union angeboten werden.

Ob öffentliche Finanzierungshilfen gewährt werden oder welches Förderprogramm bei dem geplanten Finanzierungsvorhaben in Frage kommt, muss im Einzelfall von hierzu speziell ausgebildeten Mitarbeitern der Kreditinstitute geklärt werden. Zur ersten Orientierung werden auch vom Bundesministerium für Wirtschaft und Energie (BMWi) Informationen und ein Lernprogramm angeboten.

www.existenzgruender.de

Hierzu gehört ein Überblick über
1. Entscheidung für oder gegen eine Selbstständigkeit
2. Prüfung der Geschäftsidee
3. Information und Beratung vor dem Start in die Selbstständigkeit
4. Planung der Unternehmensgründung
5. Berechnung des Startkapitals
6. Beschaffung des Startkapitals
7. Anmeldung der Selbständigkeit
8. Einplanen von Steuern
9. Versicherung des Betriebes und private Vorsorge
10. Beratung nach dem Start

Letztlich bedeutet der Eintritt in die Selbstständigkeit eine größere persönliche Freiheit bei der täglichen Arbeitsgestaltung. Demgegenüber steht immer das Risiko des persönlichen und finanziellen Scheiterns mit entsprechender Verantwortung für sich selbst und für die Mitarbeiter des Unternehmens.

ALLES KLAR?

1 In Deutschland gibt es je nach persönlichen Voraussetzungen, den Markterfordernissen und dem vorhandenen Gründungskapital verschiedene Alternativen, wie man sich selbstständig machen und ein Unternehmen gründen kann. Welche der hier aufgeführten Möglichkeiten zählt **nicht** dazu?

a) Neugründung
b) Betriebsübernahme
c) Beteiligung
d) Franchising
e) Leasing

2 Das Franchising ist eine Vertriebsform, bei dem der Franchisenehmer…

a) ausschließlich von einem Lieferanten beliefert wird.
b) nur an Wiederverkäufer verkaufen darf.
c) in allen geschäftlichen Angelegenheiten an die Weisungen des Franchisegebers gebunden ist.
d) das Geschäfts- und Marketingkonzept des Franchisegebers geben Gebühr nutzt.
e) eine Kooperation mit einem Hersteller und Großhändler eingeht.

3 Welcher der folgenden Punkte zählt **nicht** als Vorteil für den Franchisenehmer?

a) Eine rationelle Betriebsführung wird ermöglicht.
b) Der Marktauftritt ist den Kunden schon bekannt.
c) Fehler in der Franchisezentrale muss der Franchisenehmer mit seinem Geschäft auch mitverantworten.
d) Der Franchisenehmer kann von dem Wissen und der Erfahrung des Franchisegebers profitieren.
e) Der Franchisenehmer erhält ein bewährtes Vertriebskonzept.

4 Welcher der folgenden Punkte zählt **nicht** als Nachteil für den Franchisenehmer?

a) Der Franchisenehmer muss dem Franchisegeber eine Gebühr für die Nutzung seiner Geschäftsidee bezahlen.
b) Die Kreativität des Franchisenehmers wird durch das starre Vertriebskonzept des Franchisings eingeengt.
c) Durch das Franchising kann der Franchisenehmer schneller in die Gewinnzone kommen.
d) Die Risikobereitschaft des Franchisegebers kann durch das Franchising beeinträchtigt werden.
e) Der Franchisegeber hat gegenüber dem Franchisenehmer ein Weisungs- und Kontrollrecht.

5 Eine Existenzgründung setzt feste Vorstellungen über die selbstständige Tätigkeit voraus. Der Weg vom Arbeitnehmer zum Unternehmer ist durch mehrere Phasen gekennzeichnet. Welche zwei der folgenden Phasen zählen **nicht** dazu?

a) Basisphase
b) Liquidationsphase
c) Einführungsphase
d) Realisierungsphase
e) Konzeptionsphase

6 Welcher Personenkreis wird durch die Agentur für Arbeit bei einer Existenzgründung unterstützt?

a) ausgebildete Fachkräfte mit einer abgeschlossenen Berufsausbildung
b) alle Personen, die eine Selbstständigkeit planen
c) Empfänger von Entgeltersatzleistungen
d) Menschen, die bisher noch keiner selbstständigen Tätigkeit nachgegangen sind
e) Arbeitnehmer, die mindestens über eine fünfjährige Berufspraxis verfügen

Anhang

Grundsätzliches zum Thema „Lernen“

Lese- und Schreibtechniken

Lerntechniken

Kreativitätstechniken

Vortrags- und Präsentationstechniken

Arbeitsmethoden

Teamarbeit

Sprachkompetenz Englisch

1 Grundsätzliches zum Thema „Lernen"

Sie leben in einer Zeit, in der Wissen so schnell wächst und veraltet, dass Sie Ihr ganzes Leben lang immer wieder neu lernen müssen. Es reicht nicht aus, sich einmal das nötige Wissen anzueignen, um dann das ganze Leben davon zehren zu können. Sie müssen in der Lage sein, sich selbstständig und effektiv Wissen zu beschaffen, es anzuwenden und immer wieder auf Aktualität zu überprüfen. Dazu ist es nützlich zu verstehen, wie das Lernen überhaupt funktioniert und welche Hilfsmittel man einsetzen kann, um es so effektiv wie möglich zu gestalten.

1.1 Eine Einstellung zur Schule entwickeln

Jede Veränderung ist auch immer eine Chance, Dinge zu ändern, die man gerne ändern möchte. Oft wird diese Chance nicht genutzt; denn die Erfahrungen, die wir in der früheren Schule gemacht haben, beeinflussen unser Handeln auch an der neuen Schule. Machen Sie sich doch einmal bewusst, welche Erfahrungen Sie an früheren Schulen gemacht haben:

- Welche Gedanken verbinden Sie mit dem Wort Schule?
- Welche Situationen haben Sie an Ihrer früheren Schule gehasst, wann haben Sie sich wohl gefühlt?
- Welche Lehrer haben Sie in guter Erinnerung; was hat Ihnen an diesen Lehrern gefallen?
- Gab es Lieblingsfächer?
- Wie war Ihre Beziehung zu Ihren Mitschülern? Welche Rolle haben Sie in der Klasse gespielt (z. B. Pausenclown, Anführer, Schlichter)?
- Wie sah Ihr Nachmittag aus, mussten Sie lernen? Haben Sie das gerne getan? Wie viel Zeit haben die Hausaufgaben beansprucht?
- In welcher Erinnerung haben Sie Klassenarbeiten und Prüfungen: als Zusatzstress oder als etwas, das man locker packen kann?

Wichtig ist, dass Sie sich nicht nur die negativen Dinge in Erinnerung rufen, sondern gerade auch die Momente, in denen sie sich wohl gefühlt haben.

Welche Bedeutung die richtige Einstellung hat, zeigt sich am Vergleich zwischen Erfolg und Misserfolg: Wenn Sie Erfolg haben, fühlen Sie sich gut, lernen gerne, ernten Lob. Bei Misserfolg ist es genau andersherum: Alles fällt einem schwer, Sie brauchen für die einfachsten Dinge viel Zeit und haben das Gefühl, trotzdem nicht weiterzukommen. Deshalb ist es wichtig, dass Sie negativen Gedanken Mut machende (positive) Gedanken entgegenhalten.

Panikmacher	Mutmacher
Ich darf keinen Fehler machen.	Jeder Mensch macht Fehler.
Ich verstehe das sowieso nicht.	Ich muss einfach noch mal genau überlegen.
Mir gelingt überhaupt nichts.	Ich habe auch schon viel geschafft.
Ich kann das nicht.	Ich versuche das einfach mal.
Rechnen kann ich nicht.	Wenn ich übe, werde ich auch das hinbekommen.

1.2 Gedächtnisarten

Alles, was Sie lernen, muss Ihr Gedächtnis erst vom Ultrakurzzeitgedächtnis über das Kurzzeitgedächtnis ins Langzeitgedächtnis transportieren.

Das **Ultrakurzzeitgedächtnis** nimmt die Informationen auf, seine Speicherdauer ist sehr kurz. Es verankert nur die Informationen, denen eine gezielte Aufmerksamkeit bzw. Emotion zugewandt wird.

Das **Kurzzeitgedächtnis** speichert einen Teil des bereits bearbeiteten Informationsmaterials für einige Minuten ab. Dabei nimmt es vor allem visuelle und akustische Informationen auf. Um das Wissen nicht wieder zu verlieren, muss es durch wiederholtes Abrufen und das aktive Bearbeiten und Einbinden in bestehende Zusammenhänge verankert werden. Werden zu schnell neue Informationen aufgenommen, werden ältere, nicht verankerte Informationen ersetzt.

Fest gespeichertes Wissen befindet sich im **Langzeitgedächtnis**. Informationen werden erst dann abrufbar, wenn sie durch ähnliche Inhalte „angestoßen" werden. Lernprozesse, die sich auf vorhandenes Wissen beziehen, erfolgen schneller als bei völlig neuen Kontexten und Inhalten.

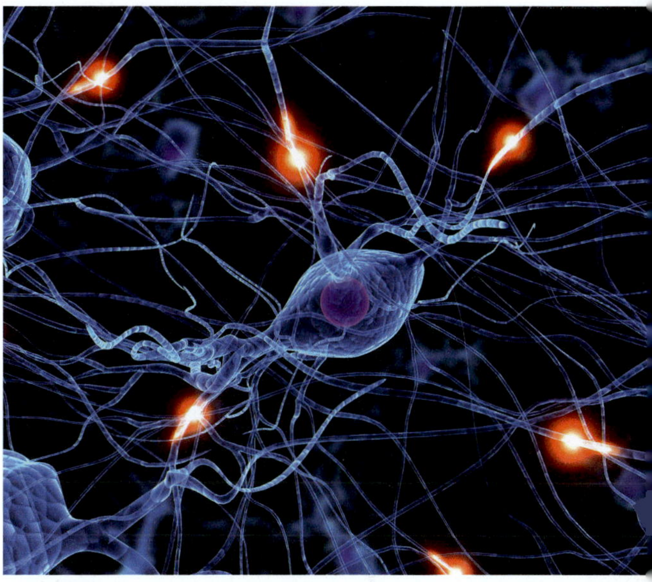

Beim Lernen entstehen neue Verbindungen (Synapsen) zwischen den Nervenzellen im Gehirn. Jede Nervenzelle kann mit tausenden anderen verbunden sein. Je öfter eine Verbindung aktiviert (d. h. das gespeicherte Wissen abgerufen) wird, desto stabiler wird sie.

1.3 Lerntypen

→ Arbeitsauftrag 5, S. 279

Wenn Sie bis heute schlechte Erfahrungen mit Schule und Lernen gemacht haben, kann das auch daran liegen, dass Sie falsch gelernt haben. Wenn Sie, z. B. vor Klassenarbeiten, viel lernen müssen, versuchen Sie sich durch möglichst abwechslungsreiche Aufgaben bei Laune zu halten. Dabei spielt es eine wichtige Rolle, welcher **Lerntyp** Sie sind:

- Der **Sehtyp** muss die Dinge mit den Augen erfassen. Er lernt am besten, wenn er den Stoff zu Bildern verarbeitet. Sind Sie ein Sehtyp, arbeiten Sie mit Schaubildern, Mindmaps, Diagrammen und Strukturbildern. Diese Arbeitstechnik nennt man visualisieren.
- Der **Hörtyp** muss etwas hören, damit er es sich merken kann. Er kann den Lernstoff z. B. auf eine Kassette sprechen, ihn sich laut vorlesen lassen oder, das ist vermutlich das einfachste, mit einem Mitschüler oder Mitbewohner darüber sprechen.
- Der **Handlungstyp** braucht viel Abwechslung. Alle Sinne müssen angesprochen werden. Er kann nicht stundenlang am Tisch sitzen, er bewegt sich beim Lernen, läuft im Zimmer hin und her und macht sich gelegentlich Notizen.

Visualisieren (lat.) optisch/bildlich darstellen

Überlegen Sie einmal, welcher Lerntyp Sie sein könnten und probieren Sie verschiedene Lernstrategien aus. Sie werden schnell merken, dass sich Ihre Freude am Lernen erhöht, wenn Sie die für Sie richtige Herangehensweise gefunden haben. Wahrscheinlich werden sich dann auch Ihre Ergebnisse verbessern.

1.4 Konzentration

Konzentration
die willentliche Ausrichtung und Einengung der Aufmerksamkeit auf einen bestimmten Gegenstand oder eine eng umgrenzte Tätigkeit

Für die Informationsaufnahme ist die Konzentrationsfähigkeit entscheidend. Sie wird beeinflusst von Interesse, Bereitschaft und Notwendigkeit zu lernen, Stimmungslage und Gefühlen, gesundheitlichem Befinden und Lernumgebung mit ihren evtl. ablenkenden Reizen.

Getrennte Orte zur Freizeitgestaltung auf der einen Seite und zum Arbeiten auf der anderen Seite fördern die Konzentrationsfähigkeit. Der **Arbeitsplatz** sollte übersichtlich organisiert sein und das Lernmaterial sollte sich in Zugriffsnähe befinden. **Lärm** wirkt eher ablenkend, ausreichender Schlaf und frische Luft sowie eine ausgewogene und regelmäßige Ernährung sind der Konzentrationsfähigkeit zuträglich.

Ein heller, aufgeräumter und möglichst lärmarmer Arbeitsplatz unterstützt die Konzentrationsfähigkeit.

Konzentrationsfähigkeit kann **geübt** werden. Nicht immer ist es leicht, alle Nebengedanken und Störfaktoren auszublenden und sich ganz und gar auf eine Sache zu konzentrieren. Da gilt es, für die Erarbeitung einer Lernaufgabe eine vergleichbare Spannung zu entwickeln wie bei der Lösung eines Falles in einem Krimi. Eine **positive Haltung** zum Lernprozess und zur eigenen Leistungsfähigkeit sowie die weitestmögliche Befreiung von Zeitdruck sind wichtige Helfer.

Ein **klares Lernziel** vor Augen hilft, die Aufgabenstellung und den Weg, es zu erreichen, zu erfassen. Dabei sollte das Lernziel nicht zu weit gesteckt sein, das wirkt eher frustrierend. Realistische Lernziele motivieren da schon eher. Daher hilft eine Einteilung der angestrebten Hauptziele in **Teilziele**. Gerade das Lernen von trockenem Stoff wird dadurch erleichtert. Die Aufteilung des Lernstoffes in **überschaubare Etappen** verringert den Druck und ist daher effektiver als massives Lernen. Dabei sollte man allerdings **zeitliche Lerngrenzen** beachten: Wenn über die eigene Lerngrenze (oft bei ca. 60 – 90 Minuten) hinaus gelernt wird, kann ein Teil des zuvor aufgenommenen Wissens wieder verloren gehen.

Auch die **Abwechslung der Lernkanäle** wirkt sich positiv auf unsere Konzentrationsfähigkeit aus. Lernkanäle sind dabei als Zuflüsse zu unserem Gehirn zu verstehen, durch die Informationen in unser Gedächtnis gelangen. Man geht davon aus, dass verschiedene Lernkanäle unterschiedlich stark geeignet sind, Wissen zu speichern:

- Über den Lernkanal „Hören“ behalten wir ca. 10 % des dargebotenen Lernstoffs,
- über den Lernkanal „Lesen“ ca. 20 %,
- über den Lernkanal „Sehen“ ca. 30 %,
- über die Kombination der Lernkanäle „Sehen und Hören“ ca. 50 %,
- über den Lernkanal „Selbersagen“ ca. 80 % und
- über den Lernkanal „Handeln“ (selber etwas tun) ca. 90 %.

Für die Aufrechterhaltung oder Steigerung der Konzentration ist es sinnvoll, unter mehreren Lernkanälen abzuwechseln.

1.5 Zeitplanung

Am leichtesten gelingt die Zeitplanung mit Hilfe eines Lernplans (siehe Abbildung unten). Dort werden zunächst die **Ausbildungszeiten** (Theorie und Praxis) sowie weitere fixe **Wochentermine** (z. B. Sporttraining) eingetragen. In den Freiräumen werden dann die geplanten **Lernzeiten** farbig notiert.

Beim **Planen der Lernzeiten** ist es sinnvoll, sie gleich nach Themen zu strukturieren. Dabei sollte bedacht werden, dass nicht zu große Lernmengen auf einmal aufgenommen werden und dass vom Einfachen zum Schwierigen übergegangen wird. Auch bietet es sich an, zwischen Themen abzuwechseln, um so Ermüdung bzw. „Themenüberdruss" zu vermeiden.

Wichtig bei der Lernzeitenplanung ist die Berücksichtigung von **Pausen**. 10 % bis 30 % der Lernzeit sollten für Pausen verwendet werden. Hierbei lassen sich unterscheiden:

- Minipausen: Wenn die Gedanken in die Ferne schweifen, erholt sich das Gehirn für einen Moment und speichert die neuen Informationen ab.
- kleine Pausen von 3–5 Minuten nach ca. 30 Minuten
- Entspannungspausen möglichst außerhalb des Arbeitszimmers von 15–20 Minuten nach 90 Minuten
- ausführliche Erholungspausen mit einer völlig anderen Tätigkeit im Zeitrahmen von 1–3 Stunden nach ca. 4 Stunden Lernarbeit

	Montag	Dienstag	Mittwoch	Donnerstag	Freitag	Samstag	Sonntag
8:00–10:00							
10:00–12:00							
12:00 14:00							
14:00–16:00							
16:00–18:00							
18:00–20:00							
20:00–22:00							
Σ möglicher Lernzeiten							

Zeitplan zur Erfassung möglicher Lernzeiten (bei genauerer Konzeption einstündig anzulegen); Inhalte: feste Termine (wie Unterricht, Arbeitszeit), bevorzugte Pausenzeiten, Freizeitbeschäftigung usw.

Um z. B. während der Prüfungszeit den anfallenden **Lernaufwand effektiv zu planen**, hat sich die **ALPEN**-Methode bewährt:

A – Aufgaben notieren
L – Länge des Zeitbedarfs für die einzelnen Schritte und die Gesamtvorbereitung abschätzen
P – Pausen und Pufferzeiten für Unvorhergesehenes einplanen
E – Entscheidungen über Prioritäten treffen
N – Nachkontrolle, ob alle geplanten Aufgaben erledigt wurden; ggf. neue Planung für Unerledigtes

1.6 Arbeits- und Organisationsmittel

Wenn Sie Ihre Arbeit gut planen und Informationen übersichtlich strukturieren, wird das Ihren Schulalltag enorm vereinfachen. Einfache, aber äußerst Zeit sparende Hilfsmittel hierzu sind das Lerntagebuch und ein gut durchdachtes Ordnersystem.

Lerntagebuch

Das Lerntagebuch kann zu einem treuen Ausbildungsbegleiter werden. In ihm wird der Lernstand möglichst täglich, mindestens aber wöchentlich aufgezeichnet. In Kürze werden der gelernte Stoff sowie außerdem offenstehende Fragen und Unklarheiten festgehalten. Die Einträge können kurz sein und aufs Wesentliche beschränkt werden. Ein Zeitrahmen von fünf bis zehn Minuten reicht für die Eintragungen zumeist aus. Ein Heft oder ein fester Ordner garantieren, dass die Notizen wiedergefunden werden.

Wie das Tagebuch formal angelegt wird, entscheidet sich nach den eigenen Bedürfnissen und Ideen. Fragen wie die folgenden werden als Mittel der Strukturierung genutzt:
- „Was habe ich heute getan und was habe ich dabei gelernt?"
- „Was werde ich wie weiterhin umsetzen?"
- „Welche Fragen stehen noch offen, was muss ich nachschlagen?"

→ Arbeitsauftrag 6, S. 279

Ordner

Im Laufe Ihrer Zeit in der Berufsausbildung erstellen und sammeln Sie eine Vielzahl an Informationsmaterialien. Wichtig für das schnelle Auffinden der Informationen ist der Einsatz eines Ordnersystems.

Sie benötigen dazu:
- 1 Aktenordner, 8 cm breit
- 20 Trennblätter zum Selbstausschneiden von Registertasten, evtl. in verschiedenen Farben
- 10 Prospekthüllen/Klarsichthüllen
- 1 A–Z-Register.

Und so wird's gemacht
- **Register schneiden:** Hängen Sie alle 20 Blätter in den Ordner ein. Es wird vom letzten Blatt nach vorn gearbeitet. Blatt 20 bleibt unberührt. Von Blatt 19 wird das unterste Zwanzigstel abgeschnitten, von Blatt 18 zwei Zwanzigstel und immer so weiter. Am Deckblatt muss oben ein Zwanzigstel stehen bleiben.
- **Struktur überlegen und Register beschriften:** Machen Sie sich klar, wie Sie Ihren Ordner gerne strukturieren möchten. Im ersten Jahr böte es sich z. B. an, den Lernfeldern 1–5 jeweils ein eigenes Trennblatt zuzuordnen. Danach folgt das A–Z-Register, dort hängen Sie zusätzliche Informationen, wie z. B. allgemeine Informationen zu Ausbildungsbetrieb und Berufsschule, ein.
- **Inhaltsverzeichnis anlegen:** Kleben Sie ein Inhaltsverzeichnis auf die vordere Innenseite des Ordners.

Die Prospekthüllen sind für Unterlagen vorgesehen, die nicht gelocht werden dürfen.

1.7 Informationsquellen

Als Arbeitsgrundlage im Unterricht dient i. d. R. ein bestimmtes Lehrbuch. Es hilft bei der Orientierung in neuen Wissensgebieten und beim Verstehen und Lernen komplexer Zusammenhänge. Außerdem ist es hilfreich, wenn Sie auch in der Lage sind, sich Erklärungen oder weiterführende Informationen selbst zu beschaffen.

Um Beiträge zu bestimmten Themen zu finden, stehen eine Vielzahl von Publikationsformen zur Verfügung, z. B. Bücher, (Lexika, Enzyklopädien, Fachbücher, Monografien), Zeitschriftenartikel oder Manuskripte. Für eine einfache Recherche reicht es i. d. R. aus, sich auf Bücher und Zeitschriftenartikel zu beschränken.

Recherche in der Bibliothek

Der Besuch einer Bibliothek kann eine wertvolle Erfahrung sein. Neben Büchern bieten Bibliotheken eine Vielzahl von Medien. Bibliotheken sind komplexe Gebilde mit einer eigenen Systematik. Möchte man regelmäßig die Dienste einer Bibliothek nutzen, empfiehlt sich die Teilnahme an einer Bibliotheksführung, um wirklich alle Ressourcen ausschöpfen zu können.

Internetgestützte Recherche

Um auf die beinahe unbegrenzte Informationsfülle des World Wide Web (WWW) zurückgreifen zu können, ist ein unbefangener Umgang mit dem Computer sehr hilfreich. Der Computer dient als Medium, um auf Netzwerke und Datenbanken zugreifen zu können. Suchmaschinen helfen dabei, gezielt Informationen zu finden.

→ Arbeitsauftrag 8, S. 280

Um sich einen Überblick über ein Thema zu verschaffen und Suchbegriffe zu einem Thema zu sammeln, bietet es sich an, erst einmal die allgemeinen Suchmaschinen zu nutzen. Sie verweisen z. B. auf Verbände oder Initiativen sowie wissenschaftliche Einrichtungen, die sich mit dem Suchthema befassen. Häufig findet man auf deren Internetseiten bereits einschlägige Artikel oder Internetverweise (Links) zu anderen relevanten Seiten. Diese Form der Suche bietet jedoch wirklich nur einen **ersten Überblick**, da die Informationen nur in eine bestimmte Richtung gehen oder gar falsch sein können.

Beurteilung von Internetartikeln

Im Internet finden sich Milliarden von Texten. Diese sind von sehr unterschiedlicher Qualität. Es gibt keine Kontrollinstanz, die die Qualität von Dokumenten automatisch überprüft. Experten gehen davon aus, dass ca. 90 % der Informationen im Internet als **Datenmüll** bezeichnet werden können. Deshalb reicht ein oberflächliches Surfen nicht aus. Um zu verhindern, dass Dinge gelernt werden, die falsch oder veraltet sind, gilt es, zuverlässige Daten zu finden. Durch die richtigen Suchbegriffe und deren Verknüpfung kann die Menge an Treffern bereits gesteuert und reduziert werden. Doch um die gefundenen Dateien verwenden zu können, müssen sie kritisch beurteilt werden. Dieser Prozess kann deutlich länger dauern als die Suche selbst, ist jedoch in jedem Falle notwendig und kann trainiert werden.

2 Lese- und Schreibtechniken

Lesen und Schreiben sind grundlegende Fertigkeiten, die zum Alltag dazu gehören. Doch darüber hinaus ist es möglich, durch den Einsatz der hier vorgestellten Techniken die Effizienz beim Lesen und Schreiben wesentlich zu steigern.

2.1 Fünf-Schritt-Lese- und Erarbeitungstechnik

Wenn Sie einen Text ohne Vorüberlegung lesen, ist es wahrscheinlich, dass Sie bis zu 90 % des Textes hinterher sofort aus dem Kurzzeitgedächtnis heraus vergessen. Wenn Sie die im Folgenden vorgestellte Fünf-Schritt-Lese- und Erarbeitungstechnik anwenden, können Sie die Behaltensquote erheblich steigern.

Vorgehensweise/Regeln

1. **Überblick verschaffen:** Der Text wird zur Orientierung mit Blick auf Kapitelüberschriften, Untertitel, Zusammenfassungen oder Hervorhebungen im Fließtext überflogen.

2. **Fragen stellen:** Formulieren Sie Fragen, die Ihnen der Text beantworten kann. Schreiben Sie Ihre Fragen auf einen separaten Zettel.

3. **Text mit Zielsetzung lesen:** Jetzt setzen Sie mit Stift und Markern Markierungen. Beantworten Sie auch die in Punkt 2 gestellten Fragen. Notieren Sie sich Kernaussagen und schlagen Sie unbekannte Wörter in einem Fachbuch nach.

4. **Text zusammenfassen:** Fassen Sie den gelesenen Textabschnitt in eigenen Worten zusammen und reduzieren Sie die Informationen auf das Wesentlichste.

5. **Text wiederholen:** Wiederholen Sie die wichtigsten Aussagen und Informationen des Textes. Hierbei berücksichtigen Sie die anfangs formulierten Fragen und Markierungen, die Sie während der Textbearbeitung vorgenommen haben. Stellen Sie sich z. B. die Frage: „Was habe ich Neues erarbeitet?"

2.2 Mitschriften und Protokolle

Mitschriften im Unterricht oder bei einer Gruppenarbeit halten wesentliche Inhalte der Veranstaltung fest. Sie sind ein erster Schritt der Informationsverarbeitung. Daher ist es sinnvoll, dass sie nach bestimmten Kriterien erfolgen. Ziel ist es nicht, jedes Wort der Sicherheit halber zu Papier zu bringen, sondern aktiv zu entscheiden, welche Information relevant und von Dauer ist. So wird das Gedächtnis entlastet, die Konzentration erhöht und das Verständnis erleichtert. Je übersichtlicher und strukturierter eine Mitschrift ist, desto hilfreicher ist sie. Mitgeschrieben werden Informationen,

- die evtl. nur an dieser Stelle in dieser Form vermittelt werden,
- auf die die Vortragenden ihre Betonung legen und
- die für den eigenen Lernprozess oder Themengebiete, mit denen man sich auseinandersetzt, relevant sind.

Außerdem werden festgehalten:

- Grundaussagen, Schwerpunkte, Fachbegriffe und Definitionen
- wesentliche Argumente, die die Sprechenden zu ihrer Sicht auf die dargestellten Dinge veranlassten
- Daten, die das Dargestellte unterstreichen und untermauern

Es müssen keine vollständigen Sätze formuliert werden, **Stichworte** reichen oft aus. Häufig auftretende Begriffe können abgekürzt werden. Um sich nicht verwirren zu lassen, ist es sinnvoll, von Anfang an die in der Fachsprache gängigen Abkürzungen zu nutzen und keine eigenen zu entwickeln.

Zur besseren Übersicht, und damit man zur Prüfungsvorbereitung nicht vor einem Rätselberg steht, hilft die **Beschriftung** von Mitschriften und ausgeteilten Kopien mit Datum, Themenbereich und/oder Lerneinheit, Thema und Namen des Lehrers. Ein erster Schritt zum Lernerfolg ist die Aufarbeitung der Mitschrift zu Hause. Dabei werden die Inhalte der Mitschrift abgeglichen und evtl. in eine lesbarere Form gebracht.

Protokolle fixieren Ergebnisse einer Sitzung oder einer Gruppenarbeit und stehen im Gegensatz zur Mitschrift der „Öffentlichkeit“ (i. d. R. die Teilnehmenden) zur Verfügung. Schon aus diesem Grund müssen sie einer gewissen Form folgen. In Protokollen wird neben den Namen der Anwesenden und den wesentlichen Inhalten (Tagesordnungspunkte = TOPs) festgehalten, wer in der Sitzung/Gruppenarbeit welche Aufgaben übernommen hat und bis wann diese zu erledigen sind. Außerdem werden Beschlüsse notiert. Ein **Ergebnisprotokoll** enthält nicht jeden einzelnen Schritt der Sitzung, sondern die wesentlichen Beiträge, Erkenntnisse und Pläne in Stichpunkten oder Sätzen. Die Inhalte müssen im Gegensatz zum Verlaufsprotokoll nicht streng chronologisch angeordnet sein. Das Protokoll wird häufig als Einstieg in die nächste Sitzung gemeinsam besprochen. Dabei aufgedeckte Fehler oder Missverständnisse werden umgehend verbessert.

Notebooks ermöglichen es, Mitschriften und Protokolle bereits während des Unterrichts direkt in eine Datei einzugeben. Dies sollte jedoch nur dann erfolgen, wenn der Nutzer sicher im Umgang mit der Technik und idealerweise sehr schnell im Tippen ist, um sich nicht von wesentlichen Inhalten ablenken zu lassen.

3 Lerntechniken

Lerntechniken können Ihnen dabei helfen, sich die vielen Informationen, die Sie in der Berufsschule und im Ausbildungsbetrieb aufnehmen, besser zu merken. Bewährt haben sich dabei die Lernkartei, die vor allem der Wissensspeicherung dient, und die Mindmap, mit deren Hilfe komplexe Zusammenhänge optisch dargestellt werden können.

3.1 Lernkartei

Dass Vokabelhefte beim Erlernen neuer Begriffe hilfreich sein können, dürfte den meisten Leserinnen noch aus ihrer Schulzeit bekannt sein. Vom Prinzip her ähnlich, aber in der Umsetzung differenzierter, ist das Lernen mit Karteikarten. Und das kann so funktionieren:

Vorgehensweise/Regeln

- Man kauft sich DIN-A6-Karten sowie einen Karteikasten (alternativ lassen sich auch Geschenk- oder Fotoboxen nutzen).
- Man nimmt die Karten wie ein Vokabelheft in den Unterricht mit.
- Taucht ein unbekannter/neuer Begriff auf, notiert man ihn, erfragt seine Bedeutung und schreibt sie auf die Karteikarte.
- Zu Hause vervollständigt man dann die Karteikarte, indem man eine Kopfzeile anlegt und Verweise zur Fachliteratur einträgt. Dies geschieht ähnlich wie bei Spielquizkarten: Die Vorderseite versieht man mit einem Stichwort, auf der Rückseite hält man die Übersetzung, Zusammenhänge und Zusatzinformationen fest.
- Möchte man nun gezielt mit den Karteikarten lernen, steckt man die Karten mit neuen Informationen jeweils in das hinterste von vier Fächern (Fach 0). Hat man den Inhalt einer Karte gut verinnerlicht, kommt die Karte in das davor liegende Fach (Fach 1). Diejenigen, die nicht gewusst wurden, gehen zurück in das hinterste Fach. Bei einer weiteren Wiederholung kommen die gewussten Karten wieder ein Fach nach vorn (Fach 2) und die noch zu lernenden ein Fach zurück. Der Prozess ist mit Erfolg abgeschlossen, wenn alle Karten im vordersten Fach sind.

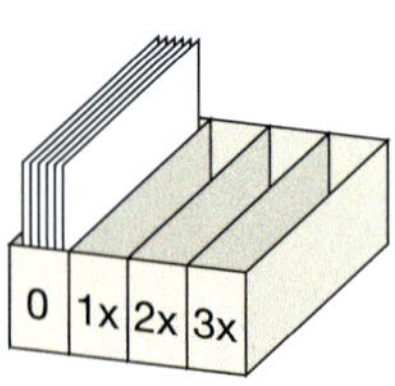

Alle Karten mit neuen Informationen werden in das hinterste Fach (Fach 0) gesteckt.

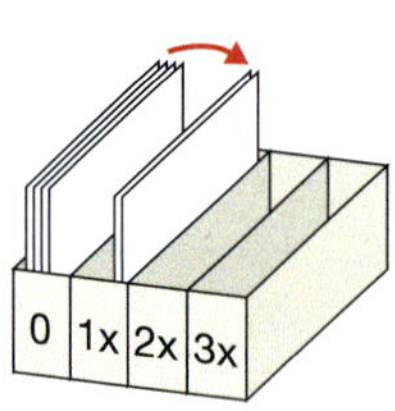

Sobald der Inhalt der Karteikarte gewusst wird, kommt sie in das dahinter liegende Fach.

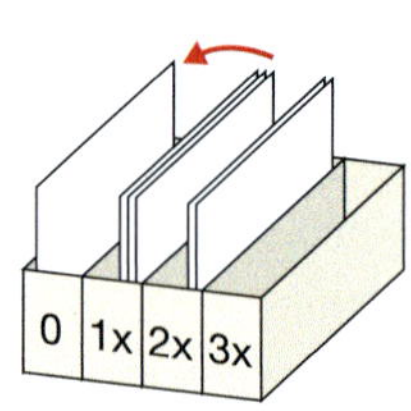

Wenn die Inhalte aus dem 2. Fach wiederholt werden, wandern diejenigen Karteikarten, deren Inhalt gewusst wurde, ein Fach weiter. Diejenigen Inhalte, die nicht gewusst wurden, kommen zurück in das Fach 0.

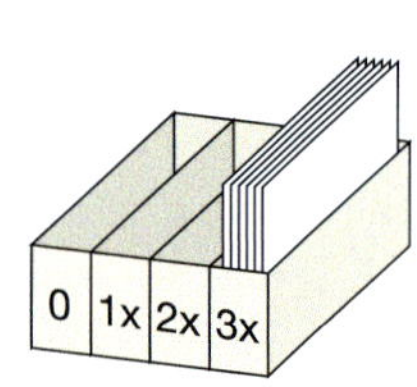

Dieser Vorgang wird so lange wiederholt, bis alle Karten im letzten Fach sind.

3.2 Mindmap

→ Arbeitsauftrag 2, S. 279

Mindmap
gedankliche Landkarte

Eine Mindmap soll komplexe Zusammenhänge visualisieren. Sie kann ständig geändert und erweitert werden. Eine Mindmap verknüpft Gedanken, Gefühle und Ideen mit Hilfe von Zeichnungen und kurzen Sätzen. Diese Visualisierungsform verbindet sprachliches und bildhaftes Denken, wodurch die gesamte Kapazität der beiden Gehirnhälften genutzt wird.

Linke Gehirnhälfte (analytisches Denken): zuständig für Logik, Ordnung, Zahlen, Sprache

Rechte Gehirnhälfte (bildliche Vorstellungskraft): zuständig für Farben, Fantasie, Musik, Bilder

Mindmaps können vielfältig eingesetzt werden:
- Informationen ordnen, gliedern und auswerten
- Zusammenfassung von Vorträgen
- Vorbereitung für Fachberichte
- Vorbereitung auf Klassenarbeiten, Prüfungen
- Planen von Projekten

Vorgehensweise/Regeln
- Verwenden Sie ein unliniertes Blatt Papier.
- Nutzen Sie das Blatt im Querformat.
- Breiten Sie die Mindmap von der Blattmitte über das gesamte Blatt aus.
- Schreiben Sie in den Mittelpunkt das Thema.
- Notieren Sie Ihre Ideen in knappen, schlagwortartigen Formulierungen.
- Schreiben Sie diese Ideen (= dem Hauptthema untergeordnete Schlüsselbegriffe) auf Linien (= Zweige).
- Diesen Linien können Sie weitere Verästelungen hinzufügen.
- Ideen, Schlüsselbegriffe schreiben Sie als Druckbuchstaben.
- Geben Sie Ihrer Mindmap Ausdruck durch Einfügen von Symbolen, kleinen Grafiken u. Ä.

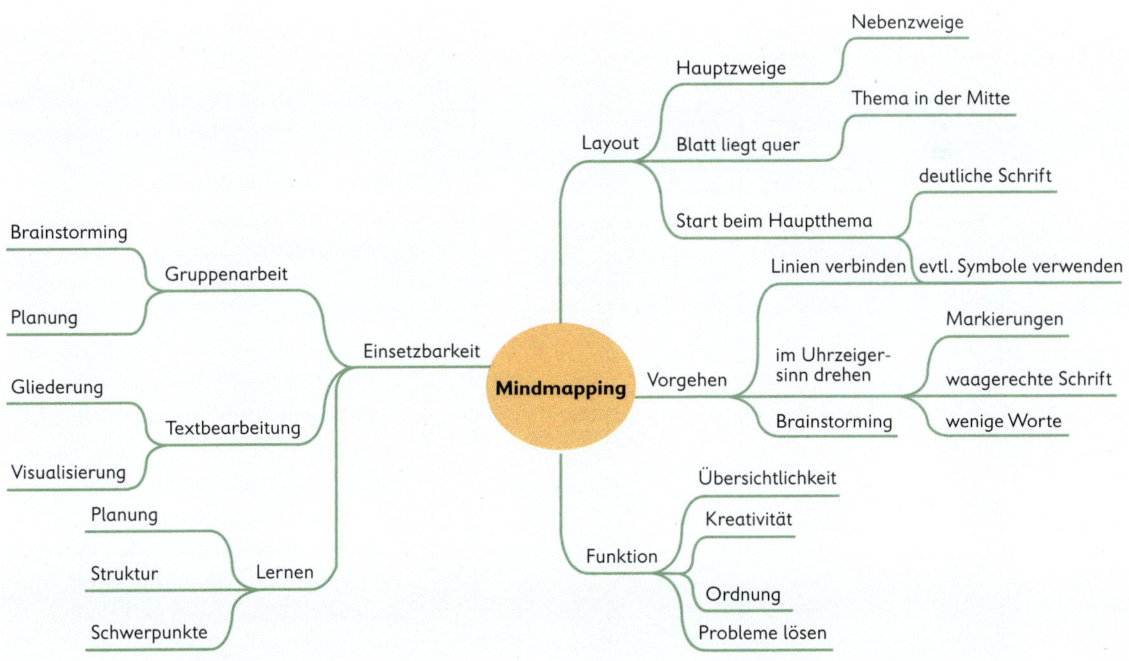

4 Kreativitätstechniken

4.1 Brainstorming

→ Arbeitsauftrag 1, S. 279

Mit Hilfe eines Brainstormings (= „Gedankensturm“) sollen innerhalb kurzer Zeit möglichst viele Lösungsvorschläge, Ideen usw. zu einem vorgegebenen Thema gesammelt werden.

Vorgehensweise/Regeln

- Verwenden Sie ein Blatt Papier, die Tafel, ein Flipchart o. Ä.
- Schreiben Sie das Thema auf.
- Sammeln Sie alle Gedanken, die Sie haben, und halten Sie diese schriftlich fest.
- Jede Idee von anderen wird unkommentiert aufgenommen.
- Kommentare, kritische Äußerungen sind verboten (keine Killerphrasen).
- Nach Beendigung der Ideensammlung (ca. 5–10 Min.) machen Sie eine Auswertung.
- Auswertungsmethoden: z. B. Diskussion, Beurteilung von Ideen in Kleingruppen

Killerphrasen
„Bleiben Sie mal bei der Sache!“
„Das gibt es ja gar nicht!“
→ Anhang, Kap. 7.2

4.2 Brainwriting (Methode 635)

Brainwriting ist eine **schriftliche Variante des Brainstormings**. Jeder Teilnehmer kann in Ruhe seine Ideen aufschreiben. Das Brainwriting wird auch Methode 635 genannt:

Name	Problemstellung		
1	Idee 1	Idee 2	Idee 3
2	Idee 4	Idee 5	Idee 6
3	Idee 7	Idee 8	Idee 9
4	Idee 10	Idee 11	Idee 12
5	Idee 13	Idee 14	Idee 15
6	Idee 16	Idee 17	Idee 18

Brainwriting-Formular

- 6 Teilnehmer halten auf einem Notizblatt
- 3 Ideen/Lösungsvorschläge fest und reichen ihr Notizblatt nach
- 5 Minuten an den nächsten Teilnehmer weiter.

Die Teilnehmerzahl ist allerdings nicht auf 6 begrenzt, sondern kann variiert werden.

Vorgehensweise/Regeln

- Die Problemstellung wird auf einem Formular festgehalten.
- Jeder Teilnehmer trägt in die Ideenzeile drei Ideen ein.
- Jeder Teilnehmer reicht sein Formular an den nächsten Teilnehmer weiter.
- In die zweite Ideenzeile trägt jeder Teilnehmer drei Ideen ein. Die Idee kann z. B. an die Vorgängeridee anknüpfen oder eine völlig neue sein.
- Die Ideenfindung ist beendet, wenn jeder Teilnehmer sein Formular mit mindestens 18 Vorschlägen zurückerhält.
- Ein Vorschlag wird gemeinsam ausgewählt und in der Gruppe diskutiert.

5 Vortrags- und Präsentationstechniken

5.1 Merkmale und Ziele

→ Arbeitsaufträge 3, 4, 8, S. 279 und 280

Ein Referat ist ein (i. d. R. mündlicher) Vortrag über ein Thema. Wird dieses Thema zusätzlich visualisiert, spricht man von einer Präsentation. Präsentationen bieten die Möglichkeit, das eigene Wissen mit anderen zu teilen und zur Diskussion zu stellen. Eine gelungene Präsentation fördert den Lern- und Kommunikationsprozess und regt zum Weiterdenken an. Auch aus diesem Grund sollte eine Präsentation einen Zeitumfang von 15–20 Minuten nicht überschreiten und ausreichend Zeit zum Diskutieren des Themas lassen.

Referat (lat.)
Bericht, Vortrag

AIDA-Formel
→ LF 5, Kap. 1.3

Eine Präsentation hat zum Ziel, das Interesse der Zuhörenden zu wecken und zu halten. Dabei kann die **AIDA**-Formel hilfreich sein:

1. **A**ttention (Aufmerksamkeit) – Aufmerksamkeit der Zuhörenden anregen
2. **I**nterest (Interesse) – Interesse der Zuhörenden wecken
3. **D**esire (Verlangen) – Wunsch nach kritischer Auseinandersetzung mit dem Thema forcieren
4. **A**ction (Handeln) – Zuhörende in die Diskussion aktiv mit einbeziehen

5.2 Planung

Die Planung der Präsentation erfolgt, sobald Inhalt und Zuordnung des Themas sowie der Termin und evtl. Mitreferenten feststehen. Die folgende Tabelle kann die Planung unterstützen:

Thema Stoff-sammlung	• Was sind Hauptaussage und Ziel der Präsentation? (Information, Überzeugung, Anleitung, Selbstpräsentation usw.) • Wie können Bezüge zum Unterricht und zu anderen Präsentationen hergestellt werden? • Welcher Schwierigkeitsgrad ist angemessen? • Wie können die Inhalte am besten dargestellt werden? • Was ist mir/uns besonders wichtig? • Wie viel Zeit steht für die Präsentation zur Verfügung?
Zuhörer-analyse Zielgruppe	• Welches Vorwissen haben die Zuhörenden? • Welche Erwartungen haben sie an den Vortrag, welche Interessen? • Welche Haltung haben sie zu dem Thema und wie können wir das konstruktiv aufnehmen? • Mit welchen Fragen und Meinungen ist zu rechnen? • Wie kann das Publikum mit einbezogen werden?
Unter-gliederung	• Hervorheben der Schwerpunkte und/oder Argumente • Bei Gruppenreferaten: · Wie werden die Aufgaben geteilt? · Wie wird zwischen den Vortragenden übergeleitet?
Medien-einsatz/ Handout	• Welche Hilfsmittel eignen sich besonders für die Darstellung? • Wie wird das Informationsmaterial übersichtlich gestaltet? • Was sollen die Zuhörenden mitschreiben und was bekommen sie ausgehändigt? • Wann werden Informationsmaterialien ausgehändigt? • Sind alle mit der eingesetzten Technik vertraut?

5.3 Gestaltung und Einsatz unterstützender Medien

Die Visualisierung von Präsentationen erfolgt durch Einsatz eines oder mehrerer der folgenden Medien (Auswahl):
- Folien für den Overheadprojektor (OHP, auch Polylux genannt)
- Flipchartbögen
- Tafelbilder
- Plakate
- PowerPoint-Dateien.

Unabhängig vom Medium ist es wichtig, dass das Dargebotene übersichtlich und ansprechend gestaltet ist. Die vortragende Person sollte sich im Vorfeld Gedanken machen, ob das Medium lediglich den Vortrag gliedert oder als direktes Anschauungsobjekt dient. Direkte Anschauungsobjekte (i. d. R. Bilder oder Grafiken) müssen für alle gut erkennbar sein. Manchmal ist eine eigene Zeichnung übersichtlicher als ein dreimal kopiertes und eingescanntes Bild. Ein an der Tafel während des Vortrags Stück für Stück entwickeltes Schema kann hilfreicher sein als ein aufwändig im Grafikprogramm erstelltes dreidimensionales Gebilde.

Entscheidet man sich für den Einsatz mehrerer Folien, erleichtert eine einheitliche Gestaltung und Struktur die Orientierung. Dabei sollte man sich von folgenden Prinzipien leiten lassen:
- Folie klar gliedern und mit einer Überschrift versehen
- Stichworte Sätzen vorziehen
- Farben im Sinne der Konzentration und der Lesbarkeit zurückhaltend einsetzen:
  - Helle Schriftfarben eignen sich für dunkle Hintergründe, dunkle Farben für helle Hintergründe.
  - Angenehme Farben fördern die Wahrnehmung; Blau und Rot sind in Kombination schwer zu erkennen.
- von Weitem lesbare Schriftgröße wählen, nicht mehr als drei Schriftgrößen auf einer Folie (Schriftgröße 14–16 für OHP-Folien, mindestens 18 für PowerPoint-Präsentationen, Überschriften größer)
- Folien nicht überladen – „weniger ist mehr“:
  - nicht mehr als 10 Zeilen pro Seite
  - ausreichenden Abstand zwischen den Zeilen lassen
- Großbuchstaben sind schwer lesbar: zurückhaltend einsetzen!
- Technische Spielereien lenken vom Wesentlichen ab.
- Zu viele Folien überfordern – als Faustregel gilt: nicht mehr als maximal eine Folie pro Minute.
- bei Zitaten und Bildern die Quellen benennen

Für den **Einsatz** der Medien gelten folgende Prinzipien:

- Allen Teilnehmenden ist eine freie Sicht auf das Medium zu ermöglichen, sodass die Inhalte gut lesbar sind.
- Die Teilnehmenden brauchen Zeit, um die Inhalte zu erfassen. Der Referent achtet bewusst darauf, „Gedankenpausen" einzubauen.
- In den ergänzenden Erklärungen stellt der Referent immer wieder einen Bezug zu den visualisierten Inhalten her und weist durch Zeigestock/Laserpointer/Finger darauf hin.
- Auch während des Medieneinsatzes wird der Blickkontakt zum Publikum aufrechterhalten. So wird nicht zur Wand oder Tafel gesprochen, sondern zum Publikum hin.
- Der Raum, die Materialien und ggf. die Sitzordnung werden frühzeitig vorbereitet.
- Folien werden nummeriert, Stifte gezielt ausgewählt und überprüft.
- Medien werden gezielt eingesetzt. Eine Medienschlacht wird so vermieden. Wenn ein Medium nicht mehr genutzt wird, wird es abgeschaltet bzw. abgedeckt.

Das **Thesenpapier** (engl. „Handout") unterstützt den Vortrag, indem es die wesentlichen Inhalte des Vortrags kurz und bündig zu Papier bringt. Als Faustregel gilt, dass es nicht länger als ein bis zwei Seiten sein sollte und ausreichend Platz für Notizen der Teilnehmenden bietet. Es kann entweder in derselben Form wie der Vortrag gegliedert sein oder als „echtes" Thesenpapier nur die zentralen Aussagen festhalten. Zusätzlich wird im Thesenpapier i. d. R. die dem Vortrag zu Grunde liegende Literatur genannt.
Arbeitet man mit PowerPoint-Folien, kann der „Handzettel"-Druckmodus genutzt werden. So stehen den Zuhörenden die eingesetzten Folien, mit zusätzlichen Schreibzeilen versehen, zur Verfügung.

Handzettel-Druckmodus im PowerPoint-Druckmenü

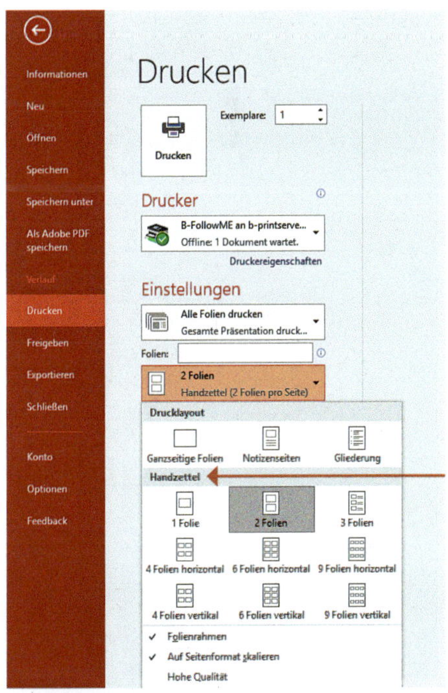

© Microsoft® Office. Nutzung mit Genehmigung von Microsoft.

5.4 Vortragstechnik

Körpersprache und Aussprache der vortragenden Person bestimmen maßgeblich die Wirkung einer Präsentation.

Körper/ Körpersprache 55 %	Stimme und Sprechtechnik 38 %	Inhalt 7 %
Mimik Gestik Haltung Blickkontakt Stand Kleidung	Betonung Stimm-Modulation Sprechtempo Atmung Pausen	inhaltliche Sicherheit klare Struktur angemessene Wortwahl klarer Ausdruck

Die Beachtung folgender Aspekte kann dabei hilfreich sein:
- Blick zum Publikum (nicht auf eine Person fixiert)
- positive Mimik, bei Rückfragen beispielsweise das aufmerksame Zuhören auch nonverbal signalisieren
- offene, nicht zu ausladende Gestik
- stehend, nicht zu steif und nicht zu lässig
- variierende Betonung
- der Situation angemessene Kleidung

Eine lebendige Präsentation wird frei vorgetragen – wesentliche Inhalte können auf Kärtchen notiert werden und dienen als Gedankenstütze. Es ist wichtig, das Vorgetragene selbst verinnerlicht zu haben. Bereits bei der Vorbereitung sollte daher der systematischen Erarbeitung des Stoffes Vorrang vor der Formulierung fertiger Sätze gegeben werden.

Um die Inhalte der Präsentation verständlich zu vermitteln, muss der **Einsatz der Sprache** wohlüberlegt sein. Folgende Punkte dienen der Verständlichkeit des Themas:

1. **Einfachheit**
   - kurze, einfache Sätze
   - einfache bzw. vertraute Wörter
   - ggf. Fachwörter und Fremdwörter erklären
   - aufs Wesentliche beschränken
2. **Ordnung (Gliederung)**
   - Einleitung nutzen, um einen Überblick zu geben
   - sinnvolles Verknüpfen von Informationen und Abläufen
   - Zusammenfassung
3. **Zusätzliche Anregungen / Anschaulichkeit**
   - Beispiele
   - Vergleiche
   - Bilder, Grafiken
   - Rollenspiele

6 Arbeitsmethoden

Sie benötigen bestimmte Arbeitsmethoden, um sachgerecht, situationsbezogen und zielgerichtet auf neue berufliche Situationen reagieren zu können. Im Folgenden werden Ihnen einige der wichtigsten vorgestellt.

6.1 Rollenspiel

Das Rollenspiel ist eine gute Methode, um z. B. den Umgang mit Kunden zu üben und ein Verkaufsgespräch spielerisch zu simulieren. Dadurch erhalten Sie die Chance, verkäuferische Fähigkeiten zu entwickeln und gegebenenfalls zu verändern.

Vorbereitung
- Formulieren Sie für den Kunden und den Verkäufer kurze, verständliche Rollenanweisungen.
- Die Rollen des Verkäufers und des Kunden werden verteilt.
- Die Nichtspieler (Beobachter) beobachten das Gespielte mit Hilfe eines Beobachtungsbogens.
- Verkäufer und Kunde befassen sich kurz mit ihrer Rolle (ca. fünf Minuten) und signalisieren den Nichtspielern den Beginn des Verkaufsgesprächs.

Durchführung
- Verkäufer und Kunde nehmen eine solche Position ein, dass sie von den Nichtspielern gut beobachtet werden können.
- Jedes Rollenspiel sollte mit Hilfe einer Videokamera aufgenommen werden.

Reflexion/Auswertung
- Die Spielsituation wird analysiert und besprochen.
- Geben Sie ein Feedback.

Feedback
→ Anhang, Kap. 6.5

Begrüßung im Verkaufsgespräch
→ LF 2, Kap. 2.1

Vorwahl
→ LF 1, Kap. 9.2

Beispiel

Rollenspiel: Begrüßungsphase im Verkaufsgespräch

Rollenkarte Kunde

Sie bummeln durch ein Kaufhaus mit Vorwahl und verschaffen sich einen Überblick über den aktuellen Modetrend.

Rollenkarte Verkäufer

Sie arbeiten in einem Kaufhaus mit Vorwahl und sehen eine Kundin an einem Ständer mit den neuen Sommerkleidern. Sie sprechen die Kundin an.

→ Arbeitsauftrag 7, S. 280

6.2 Pro-und-Kontra-Diskussion

Die Pro-und-Kontra-Diskussion verfolgt das Ziel, gegensätzliche Meinungen klarer herauszuarbeiten. Wenn man die gegensätzlichen Argumente besser versteht, gelingt die Einigung auf einen tragfähigen Kompromiss eher. Man lernt, die eigene Meinung klar zu vertreten, gegensätzliche Meinungen offen zur Kenntnis zu nehmen und anzuerkennen und die eigene Meinung ggf. zu verändern.

Vorbereitung

- Formulierung einer strittigen Aussage: Sie muss mit „Ja“ oder „Nein“ zu beantworten sein.
- Auswahl der Spieler: Die Zuordnung zur Pro-, Kontra- oder Beobachtergruppe sollte möglichst freiwillig sein.

Abstimmung über den formalen Ablauf

- Ort und Dauer der Gruppenarbeit festlegen
- Wahl von jeweils drei Spielern, die die Debatte durchführen (Pro- und Kontra-Gruppe)
- Die Pro- und Kontra-Gruppen erarbeiten ihre Standpunkte.
- Verteilung von Beobachtungsaufgaben (Beobachtergruppe) vornehmen
- Szenenaufbau für die Debatte und Zeitrahmen (ungefähr 15 Minuten) bestimmen

Beobachtungsaufgaben

- Sprechen die Gruppen alle wichtigen Argumente an?
- Welche fehlen?
- Welche der Gruppen erscheint stärker?
- Welche Argumente sind schwer zu widerlegen?
- Sind die Spieler innerhalb einer Gruppe kooperativ?
- Gibt es abwertende oder verletzende Argumente?

Durchführung

- Die Pro-und-Kontra-Gruppen setzen sich gegenüber.
- Die Beobachter setzen sich so hin, dass sie alle Spieler gut sehen können.
- Die Diskussion wird durchgeführt. Achten Sie darauf, dass die Argumente sachlich bleiben und kein Spieler beleidigt wird.
- Nach maximal 15 Minuten endet die Diskussion.

Beobachter bei einer Pro-und-Kontra-Diskussion

Auswertung

Zuerst äußern sich die Pro- und Kontra-Spieler darüber, wie sie sich gefühlt haben und ob sie mit sich zufrieden sind. Danach sprechen die Beobachter in der Ich-Form und ohne Bewertung über ihre Beobachtungen. Alle beteiligen sich daran, ein Ergebnis zu formulieren und die Streitfrage zu beantworten. Danach kann ein Kompromiss erarbeitet werden.

6.3 Kartenabfrage

Bei der Kartenabfrage schreiben alle Teilnehmer ihre Ideen und Problemlösungsvorschläge zu einem bestimmten Thema auf Karten. Danach werden die Ideen, z. B. an der Tafel, geordnet.

Vorgehensweise/Regeln

- An der Tafel oder auf einem Flipchart wird eine Frage oder ein Thema notiert.
- Jeder Teilnehmer erhält 3–5 Karten und einen Filzschreiber.
- Die Teilnehmer schreiben je eine Idee (Druckbuchstaben) auf eine einzelne Karte.
- Für weitere Antworten/Ideen werden weitere Karten verwendet.
- Die Karten werden unsortiert neben dem Thema befestigt.
- Danach werden die Karten von den Teilnehmern nach Schwerpunkten (Oberbegriffen) geordnet.
- Die Oberbegriffe werden auf farbige Karten geschrieben.
- Den Oberbegriffen werden Unterpunkte zugeordnet.
- Jeder Teilnehmer erhält 3–5 Klebepunkte.
- Die Teilnehmer bestimmen mit ihren Klebepunkten die Wertigkeit (Reihenfolge) der Problemfelder.
- Die daraus resultierende Reihenfolge der Themen wird in Kleingruppen diskutiert und erarbeitet.

6.4 Gruppenarbeit

Bei der Gruppenarbeit arbeiten mehrere Personen an der Lösung eines Problems oder einer Aufgabe zusammen. Der Arbeitsauftrag wird vom Moderator (z. B. Lehrer) schriftlich formuliert und jeder Gruppe zur Verfügung gestellt.

Planung

- Die ideale Gruppengröße besteht erfahrungsgemäß aus 3 – 6 Teilnehmern.
- Möglichkeit der Gruppenbildung:
  - Zufallsprinzip durch Abzählen, durch Losen (z. B. Farben, Zahlen) usw.
  - Themenzuordnung
  - Sympathie
- Die Teilnehmer in jeder Gruppe nehmen bestimmte Rollen ein:
  - Gruppensprecher: verantwortlich für den gesamten Arbeitsablauf und Arbeitsplan
  - Zeitmanager: verantwortlich für das Einhalten der vorgegebenen Zeit
  - Protokollant: verantwortlich für das Festhalten von Ergebnissen
  - Mitarbeiter
- Die Gruppe sorgt für eine angemessene Arbeitsatmosphäre (Raum, Sitzordnung, Arbeitsmaterialien usw.).

Für das Gesamtergebnis einer Gruppenarbeit ist die Arbeit aller Mitglieder entscheidend. Deshalb sind die abgesprochenen Arbeitsaufträge zuverlässig zu erledigen. Sie werden der Gruppe vorgestellt, um dann gemeinsam zu entscheiden, welche Aspekte in welcher Form in die Präsentation einbezogen werden. Es ist sinnvoll, immer wieder Rücksprache mit den Lehrenden zu halten, um den eigenen Lernstandpunkt reflektieren zu können.

Eine Gruppenarbeit kann wie folgt geplant werden:

1. **Vorbereitung**: Was ist konkret zu tun?
   - Ankommen (z. B. Sitzordnung mit Blickkontakt)
   - Lesen der Arbeitsaufgabe, des Fallbeispiels o. Ä.
   - Klärung möglicher Fragen oder Verständnisschwierigkeiten
2. **Wie soll vorgegangen werden? Was ist das Ziel?**
   - Erarbeitung der Fragestellungen und Zielsetzungen
3. **Durchführung:** Wie werden welche Aspekte in welcher Aufgabenverteilung bearbeitet?
   - Wissensinput (z. B. Sammlung von Texten, Informationen)
   - Systematisierung und Auswahl der gesammelten Beiträge
   - Sichtung der Beiträge bzgl. der Fragestellungen
   - Konkretisierung und eventuelle Neubewertung der Fragen und Ziele
   - Erarbeitung der Lernziele
   - Vorstellung und Diskussion der Arbeitsergebnisse
4. **Abschluss:** Wie soll das Ergebnis aussehen und präsentiert werden?
   - Zusammenstellung und Verdichtung des Arbeitsergebnisses
   - Vorbereitung und endgültige Absprache der Präsentation
5. **Evaluation/Feedback:** Reflexion des Gesamtablaufes und des Gruppenprozesses

Rollen- und Aufgabenverteilung

Zu Beginn der Gruppenarbeit sind folgende Rollen und Aufgaben zu verteilen:

- **Moderator:** Er gliedert den Sitzungsverlauf und achtet darauf, dass alle Gruppenmitglieder gleichberechtigt zu Wort kommen und beim Thema bleiben. Auch achtet er auf Pausen.
- **Protokollant:** Er sichert die Arbeitsergebnisse und gibt sie für die anderen Mitglieder frei.
- **Zeitwächter:** Er achtet darauf, dass die Arbeitsaufgaben in der zur Verfügung stehenden Zeit fertig gestellt werden.
- **Präsentierender:** Er stellt das Arbeitsergebnis vor.

Gruppenarbeit kann bei entsprechenden Rahmenbedingungen durchaus auch mal im Grünen stattfinden.

Eine wichtige Basis für eine erfolgreiche Gruppenarbeit ist eine **klare Zielsetzung**, Gleichberechtigung in der Gruppe und eine Rotation in der Rollenverteilung (so kann jedes Gruppenmitglied alle Rollen einüben). Ziel ist nicht, eine Rolle am Ende der Ausbildung bis ins Kleinste erfahren zu haben und ausfüllen zu können, sondern die persönliche Flexibilität und Entwicklung der notwendigen Kompetenzen.

Rahmenbedingungen

Um ein gleichberechtigtes und zielgerichtetes soziales Lernen zu ermöglichen, sind bestimmte Rahmenbedingungen und Umgangsformen für die Gruppenarbeit notwendig.

- Alle bringen ihr Wissen ein und akzeptieren Wissenslücken bzw. helfen, sie zu reduzieren.
- Gruppen stören einander nicht, sondern unterstützen sich.
- Abgesprochene Zeiten werden eingehalten, damit die Gruppen nicht aufeinander warten müssen.
- Abgesprochene Abläufe und Zeiten für Präsentationen werden eingehalten, damit alle die gleiche Chance haben.
- Probleme und Fragen werden offen und frühzeitig angesprochen, damit sie geklärt werden können und so die Arbeitsprozesse nicht stören.
- Sitzungen und Ergebnisse werden reflektiert und die Ergebnisse zur Weiterentwicklung genutzt.

6.5 Feedback

Ein Feedback gibt man auf sprachliche Äußerungen oder auf Verhaltensweisen eines Kommunikationspartners. Es ist wichtig für eine gute Gruppen- oder Teamarbeit, weil es die Möglichkeit für konstruktive und sachliche Kritik bietet. Der Feedback-Empfänger erhält die Chance, Verhaltensweisen zu verbessern und zu verändern. Wenn sich alle Teilnehmer einer Feedback-Runde an die unten aufgeführten Feedback-Regeln halten, kann sich dadurch eine positive Kritikkultur entwickeln.

Feedback-Regeln

Wenn Sie jemandem ein Feedback geben, sollte es … sein!	
fair	Geben Sie dem Feedback-Empfänger die Möglichkeit, sich als Erster kurz zu seiner Aussage/seinem Verhalten zu äußern.
ehrlich	Was Sie sagen, muss der Wahrheit entsprechen.
verantwortlich und persönlich	Sie sprechen in der „Ich-Form" und vertreten nur Ihre persönliche Meinung („Ich-Botschaften").
sachlich	Sie beschreiben genau, was Sie beobachtet haben.
positiv verstärkend	Sie nennen die Stärken des Feedback-Empfängers.
aufbauend	Sie formulieren Verbesserungsvorschläge.
Wenn Sie ein Feedback erhalten, können Sie …	
bestimmen	Sie können entscheiden, ob Sie ein Feedback erhalten möchten!
aktiv zuhören	Sie überprüfen, ob Sie das Feedback richtig verstanden haben, und fragen eventuell noch einmal nach. Wiederholen Sie das Gehörte!
geduldig sein	Rechtfertigen Sie sich nicht. Nehmen Sie sich Zeit, die Informationen des Feedback-Gebers zu reflektieren.
Rückmeldung geben	Sagen Sie Ihrem Feedback-Geber, ob für Sie die Informationen hilfreich waren.

→ Arbeitsauftrag 8, S. 280

7 Teamarbeit

Äquivalenzprinzip
hier: Gleichberechtigung

Teamarbeit ist eine spezielle Form der Zusammenarbeit in einer Gruppe, sie ist ein variables Zusammenspiel vieler unterschiedlicher Kenntnisse, Fähigkeiten und Eigenschaften. In Unternehmen bilden Teams eine Arbeitseinheit, die eine gemeinsame Aufgabe bzw. ein gemeinsames Ziel hat. Die Zusammenarbeit ist vergleichsweise zeitaufwendig und dauerhaft angelegt und wird von gegenseitiger Wertschätzung und Akzeptanz getragen. Bezüglich der Leistungsbewertung herrscht das Äquivalenzprinzip, d. h., dass die Beiträge eines jeden Teammitgliedes gleich viel wert sind.

7.1 Merkmale der Teamarbeit

Teamarbeit ist dadurch gekennzeichnet, dass die einzelnen Teammitglieder sehr intensiv miteinander in Beziehung treten und sich in fachlicher und persönlicher Hinsicht gegenseitig unterstützen. Ein gutes Team verträgt nicht zu viele Personalwechsel, sondern braucht zumindest einen **stabilen Kern** von Mitgliedern. Weitere Merkmale sind Kreativität, Partnerschaftlichkeit und Vertrauen. Gut funktionierende Teams erbringen Spitzenergebnisse, die die oft hohen Entwicklungskosten rechtfertigen. Deshalb ist Teamfähigkeit gerade in modernen Unternehmen eine wichtige Kompetenz der Mitarbeiter.

Mithilfe von Teamarbeit kann z. B.
- Kreativität freigesetzt werden,
- vorhandenes Wissen besser genutzt werden,
- der Informationsfluss verbessert werden,
- die Identifikation mit einem Unternehmen gestärkt werden,
- die gegenseitige Unterstützung der Mitarbeiter wachsen,
- die Qualität der Arbeit verbessert werden und
- die Arbeitszufriedenheit zunehmen.

Teams können besonders gut zusammenarbeiten, wenn die folgenden Voraussetzungen gegeben sind:

Voraussetzungen für gute Teamarbeit

- gegenseitige Wertschätzung
- richtige Gruppengröße
- Möglichkeit der Zusammenarbeit
- gute Führung
- Information und Kommunikation
- Wir-Gefühl
- gemeinsame Werte
- gemeinsame Ziele

Führung im Team

Eine Besonderheit von Teams ist die **rollierende Führung**, d. h., jedes Mitglied hat intern immer dann die Führungsrolle, wenn es um sein Fachgebiet geht. So bringt jeder seine Kombination an Kenntnissen, Stärken und Fähigkeiten in die Arbeitsaufgabe ein. Die Führungsrolle ist nie festgelegt, der gegenseitige Respekt lässt alle an einem Strang ziehen und der Umgang miteinander ist offen und zwanglos.

Teamrollen

Teams funktionieren besonders gut, wenn die einzelnen Teammitglieder aufgrund unterschiedlicher persönlicher Eigenschaften, Erfahrungen und Kenntnisse unterschiedliche **Teamrollen** wahrnehmen. In kleinen Teams kann eine Person mehrere Rollen ausfüllen; wichtig ist ein ausgewogener Mix der folgenden Rollen:

Umsetzer	tun das, was gerade getan werden muss
Beobachter	analysieren Probleme und entwickeln alternative Lösungen
Perfektionisten	erledigen Aufgaben, die Detailgenauigkeit und Konzentration verlangen
Spezialisten	bringen spezielle Fähigkeiten in eine Teamaufgabe ein (z. B. IT-Fachleute)
Teamarbeiter	fördern den Teamgeist, beugen zwischenmenschlichen Problemen vor und lösen sie
Wegbereiter	pflegen externe Kontakte und bringen durch ihre kommunikative Art neue Ideen ins Team
Koordinatoren	motivieren ihre Teamkollegen, auf das gemeinsame Ziel hinzuarbeiten
Macher	dringen ungeduldig auf notwendige Entscheidungen und Aktivitäten
Neuerer	entwickeln neuartige und kreative Losungen von Problemen

7.2 Konfliktlösung

Konflikte sind Bestandteile des menschlichen Lebens und treten auch im Rahmen der Teamarbeit immer wieder auf. Exakt definiert, entstehen Konflikte immer dann, wenn zwei Parteien unterschiedliche Interessen oder Standpunkte gleichzeitig durchsetzen wollen und eng miteinander verbunden sind.

Sie können durch Ihr Verhalten dazu beitragen, einen Konflikt zu verschärfen oder ihn zu lösen.

Menschen nutzen unterschiedliche Mechanismen und Strategien, um bewusst oder unbewusst auf Konflikte zu reagieren. Einige Menschen denken lösungsorientiert, während andere mit Abwehr, Aggression oder Resignation auf konfliktbeladene Situationen reagieren. Dabei lassen sich konfliktverschärfende Verhaltensmuster von konstruktiven Konfliktlösungsstrategien unterscheiden.

Konfliktverschärfende Verhaltensmuster

Folgende Verhaltensmuster, Strategien und/oder Persönlichkeitsmerkmale können dazu führen, dass Frust aufgestaut und Konflikte verschärft werden:

- Bei der **Idealisierung** der eigenen Person hat der Betroffene stets Recht und kann alles.
- Bei der **Verallgemeinerung und Projektion** versucht der Betroffene, anderen die Schuld zuzuweisen oder eigene Fehler auf andere zu projizieren.
- Abhängig von der Persönlichkeit können manche Menschen auch mit **Resignation** auf Konflikte reagieren. Hierbei richten die Betroffenen die aufgestaute Energie nicht nach außen (z. B. durch aggressives Verhalten), sondern gegen sich selbst. Dieses Verhalten zeigen besonders häufig Menschen mit einem geringen Selbstwertgefühl. Die Betroffenen setzen sich in Konfliktsituationen nicht zur Wehr, sondern ertragen die empfundene Frustration.
- Die Verwendung von **Killerphrasen** gehört auch zu den konfliktverschärfenden Verhaltensmustern. Darunter versteht man abwertende oder ablehnende Äußerungen ohne Bezug zum Sachverhalt. Killerphrasen blockieren jede Form von Kompromissen oder kreativem Denken. Sie wirken demotivierend und verschlechtern häufig das Betriebsklima. Gebräuchliche Killerphrasen sind z. B. „Sie denken wohl, Sie haben die Weisheit mit Löffeln gefressen?" oder „Das funktioniert eh nicht!"

Konstruktive Konfliktlösungsstrategien

Bei einer konstruktiven Konfliktbearbeitung folgen auf die empfundene Frustration

- das Erkennen des Konflikts,
- die Suche nach einer Aussprache und
- die Aussprache selbst, die zu einem möglichen Kompromiss oder Konsens führt.

Gezielte **Konfliktgespräche** im Team gehören zu den konstruktiven Strategien. Ziel eines solchen Gesprächs ist die gemeinsame Verarbeitung eines Konfliktes sowie eine Kompromisslösung oder Konsensfindung. Voraussetzung ist hierbei, dass

- der Konflikt erkannt ist,
- die Beteiligten zu einem Gespräch bereit sind,
- die Beteiligten Einfluss auf die Problemlösung haben und
- eine eventuelle Mittlerperson von allen Beteiligten akzeptiert wird.

Man unterscheidet Konfliktgespräche im Team umgangssprachlich in „4-Augen-Gespräche" und „6-Augen-Gespräche". Während das „4-Augen-Gespräch" von den beiden beteiligten Personen alleine geführt wird, ist beim „6-Augen-Gespräch" eine weitere (neutrale) Person anwesend, die eine **Mittlerrolle** einnimmt. Eine solche Mittlerperson hat folgende Aufgaben:

- Sie soll die eigenen Wahrnehmungen schildern, ohne Partei zu ergreifen, z. B.: „Ich stelle fest, dass dieser Aspekt für Partei A von großer Bedeutung ist."
- Sie soll methodische Hilfestellungen geben, z. B.: „Welche Reaktion hätten Sie von Ihrem Gegenüber erwartet?"
- Sie darf und soll den Konflikt der beteiligten Parteien nicht lösen. Die Konfliktparteien müssen selber einen Lösungsweg finden.

ARBEITSAUFTRÄGE

1 Erstellen Sie ein persönliches Brainstorming über Ihre eigenen Erfahrungen mit Lerntechniken, z.B.: Wie haben Sie sich bisher auf Klassenarbeiten oder Tests vorbereitet? Wie haben Sie sich bisher auf Prüfungen vorbereitet? Wie lesen Sie Texte? Woher erhalten Sie Informationen?

2 a) Erstellen Sie eine Mindmap über Ihre Wünsche, Ziele, Befürchtungen und Ängste bezüglich Ihrer Ausbildung! Sie haben dafür 15 Minuten Zeit!

b) Setzen Sie sich in einer von Ihnen zusammengestellten Gruppe von vier bis fünf Personen zusammen und stellen Sie Ihren Gruppenmitgliedern Ihre persönliche Mindmap vor. Sie haben dafür 10 Minuten Zeit!

c) Erstellen Sie zusammen mit Ihren Gruppenmitgliedern eine gemeinsame Mindmap bezüglich der Wünsche, Ziele, Befürchtungen und Ängste der Gruppe. Fertigen Sie diese Mindmap in Plakatgröße an und hängen Sie sie auf! Sie haben dafür 15 Minuten Zeit!

3 a) Klären Sie die folgende Fragen in Ihrem Ausbildungsbetrieb:

1. Wie heißt Ihr Ausbildungsbetrieb? Sind Sie in einer Filiale tätig?
2. Welche Waren werden in Ihrem Ausbildungsbetrieb verkauft?
3. Aus welchen Abteilungen besteht Ihr Ausbildungsbetrieb? Beschreiben Sie diese kurz!
4. Wie viele Mitarbeiterinnen und Mitarbeiter hat Ihr Ausbildungsbetrieb?
5. Woher bekommt Ihr Betrieb hauptsächlich die Ware?
6. Berichten Sie etwas über den Standort Ihres Ausbildungsbetriebes!
7. Welche anderen Einzelhandelsgeschäfte liegen in Ihrer näheren Umgebung?
8. Welche Kunden kaufen bei Ihnen in erster Linie ein?
9. Wer kann in Ihrem Betrieb außer Ihrem Chef noch Verträge abschließen?
10. Ist Ihr Betrieb eine Filiale eines anderen Betriebes?
11. Welche Tätigkeiten haben Sie in den ersten Tagen Ihrer Ausbildung ausgeübt? Beschreiben Sie kurz einen typischen Tagesablauf in Ihrem Betrieb.

b) Fassen Sie diese Informationen in der Schule auf einem Plakat zusammen. Sie haben dafür 45 Minuten Zeit!

c) Stellen Sie anschließend Ihr Plakat in der Klasse vor.

4 Damit in der Berufsschule nicht nur Theorie im Vordergrund steht, stellen wir Sie auch hier in die Situation eines/einer Auszubildenden. Sie sind Mitarbeiter der Berliner Superkauf GmbH (Beska GmbH). Informieren Sie sich über die Beska und präsentieren Sie das Unternehmen.

5 Für das Arbeiten an den Lernorten Ausbildungsbetrieb und Berufsschule ist es hilfreich zu wissen, welchem Lerntypen Sie entsprechen.
Überprüfen Sie, welchem Lerntyp Sie sich zuordnen würden. Notieren Sie sich dazu Kriterien, mit denen Sie festmachen, zu welchem Lerntyp Sie gehören. Tauschen Sie Ihre Kriterien mit Ihrem Nachbarn aus und diskutieren Sie über die Sinnhaftigkeit der Einteilung in Lerntypen.

6 Um ein aussagekräftiges Berichtsheft führen zu können, ist es sinnvoll, viele Informationen zu Ihrer Ausbildung während dieser Zeit zu sammeln. Hilfreiche Informationen können z.B. Unterlagen aus Fort- und Weiterbildung, Warenkundeseminaren usw. sein. Durch eine geleitete Internetrecherche gelangen Sie ebenso an adäquate Unterlagen. Sammeln Sie all diese Informationen und halten Sie alles in einem dafür vorgesehenen Ordner fest. Hilfreich für Sie ist ein gutes Ordnersystem. Schauen Sie sich in Ihrem Fachbuch die dazugehörigen Seiten an und erstellen Sie einen Ordner, der Sie in ihrer zweijährigen bzw. dreijährigen Ausbildung begleiten wird.

7 Führen Sie eine Pro-und-Kontra-Diskussion zu folgender Aussage: „Betriebsräte in Unternehmen sind für Auszubildende nicht notwendig."

8 Bearbeiten Sie in Gruppen zu jeweils vier Teilnehmern das Thema: **„Teamarbeit ist unerlässlich für moderne Unternehmen!"** Recherchieren Sie hierfür im Internet und stellen Sie Ihre Arbeitsergebnisse im Plenum vor, z.B. mit Hilfe von

a) Plakaten,
b) PowerPoint oder
c) Folien.

Überlegen Sie folgende Inhaltspunkte:

1. Was verstehen Sie unter Teamarbeit?
2. Warum ist Teamarbeit für Unternehmen wichtig?
3. Wie kann ein Unternehmer gute Teamarbeit überprüfen? (Finden Sie Kriterien dazu!)
4. Wie kann der Unternehmer feststellen, dass sich eine gute Teamarbeit gewinnbringend auf das Unternehmen auswirkt?
5. Übertragen Sie Ihr Wissen zur Teamarbeit auf Ihre jetzige Ausbildungssituation. An welcher Stelle während Ihrer bisherigen Ausbildungszeit haben Sie Teamarbeit als etwas Positives erlebt? Nennen Sie pro Gruppenteilnehmer jeweils eine Situation aus Ihrem Ausbildungsbetrieb.

8 Sprachkompetenz Englisch – How to say it in English

HELPING CUSTOMERS

Shop assistant	Customer
Could I help you in any way?	I was looking for ...
Is there anything I can do?	Do you have any ... in stock?
How about ...?	No, I am not fan of this.
I can show what we have.	These would be too expensive for me, sorry.
Give me one second, I can show you an alternative.	No, that's not really what I'm looking for.
This is a large size, but we have it in ... as well.	What size do these go in?
They can be either white, red or green.	Are any other colours available? The green one is my favourite.
What else can I do for you?	I think that's it for now, thanks.

TELLING THE PRICE

Customer	Shop assistant
How much does an apple cost?	It costs 75 cents.
How much is this apple?	It's (it is) 75 cents.
How much do these oranges cost?	One kilogram would cost € 2,00.
How expensive are the pears?	The pears are 80 pence each.

POINTING A CUSTOMER IN THE RIGHT DIRECTION

Customer	Shop assistant
Sorry, do you know where ... is?	Of course, sir/madam.
Excuse me, I am looking for ...?	You need to go upstairs/downstairs.
Do you have a ... somewhere here?	You need to go upstairs to the second floor.
Where could I buy/get/find ...?	Go downstairs to the basement.
	You must take the lift to the top floor.
	Turn left/right and then walk on right ahead.
	It's in front of/behind/next to/ to the right of/to the left of ...
	The escalator is just there.
	Unfortunately, the lift (BE)/elevator (AE) is not working.
Thank you so much!	You are welcome/no problem.

FOUR STAGES OF SALES TALK

1. Saying hello

Good morning/afternoon.
Is there something I can do for you?
Could I be of assistance?

2. Seeing what the customer needs

What is it that you are looking for?
What would you like to see?
Which colour/size/type/kind is your favourite/are you leaning towards?
Is this a present for somebody else?

3. Presenting the products

What about this one?
What do you think about these?
It's also available in …
Lucky you! This is the last one we have in stock.
If you just give me a couple of moments, I'll (I will) just see what else we have.

4. Paying the products

Would you prefer to pay with card or cash?
Here is your receipt and here is your change.
The receipt is in the bag.
Thank you! Have a great day.

BUYING/SELLING FOOD

Customer

Let a shop assistant know what you want

I need …
I would (I'd) like
Sorry, do you have any …?
Could I have 150 grams of …?
I would rather have still/sparkling water.

Asking questions

I wonder where the oranges come from.
How much frozen fish does one bag contain?
How many eggs does a box have in it?
What cheese is this?
Could I have a try please?

Shop assistant

Ask the customer what they are looking for

Is there anything I can do for you?
How can I help you?
Is there any other way that I can assist you?
Anything else?
How much/many would you like?
Would you like to try any of them?

Answering questions

They are from Spain.
A bag contains 400 grams.
Each box has 12 eggs.
It's Red Leicester, which is English.
Go ahead, here is a bit.

WHEN TO USE MUCH OR MANY

much *(viel)*

(used when you cannot count the amount)
E.g. much bread, much sugar

many *(viele)*

(used when the amount can be directly counted)
E.g. many pears, many apples

BUYING/SELLING CLOTHES

Customer

Looking for a product

I would like a jumper, please.
I'm looking for a coat to go with these jeans.

Asking about the details of products

I am a medium.
I would prefer the green version.
I need a colour that goes with these trousers.
What is this made of?
Can I put it in the washing machine?
Would this need to be dry cleaned?

Trying clothes on

Where are the changing rooms?
These jeans are nice. could I try them on?
This one fits me really well.
This doesn't fit. It's too big/too small.
This is too long/short.
It's too tight/loose.
This style isn't really my taste.
I'm not a fan of the colour.

Deciding on a product

That's not very cheap.
Sorry, but that that is far too expensive.
I like it, I'll take it.
I would first like to see what else is available.

Shop assistant

Presenting products

I can show you what we have/our range.
Could I show you a rucksack that would go well with your trousers?
How about this one/these ones?

Seeing what the customer needs

What size are you/do you take?
Is there a specific colour/shade that you prefer?
It's 100 % wool/silk.
It's a cotton/synthetic mixture.
You could wash it in a machine at 40 degrees.
It should be dry cleaned.

Answering questions while the customer tries clothes on

Do you want to try it/them on?
The changing rooms are over there.
What do you reckon?
Does this fit well?
I can see if we have a smaller/bigger one in stock.
We could maybe adjust the size.
The quality is very high.

Helping the customer decide

Perhaps this would be better?
That colour suits you!
Feel free to look around some more.
Can I help you in any other way?

8.1 Useful vocabulary

Angebot	offer
Anprobe, Umkleidekabine	fitting room
anprobieren	to try on
Artikel	article, item
Ausgang	exit
Bargeld	cash
bar bezahlen	to pay cash
Barzahlung	payment
Becher	tub, mug
Beschwerde	complaint
billig	cheap
Bitte (schön)	Here you are
Danke (schön)	Thank you (very much)
Dose	tin
Eingang	entry
Einkaufswagen	trolley
Einzelhandel	retail sales
Es tut mir leid, ...	I'm sorry/I'm afraid ...
Etikett	label
Gang	aisle
Garantie	guarantee
Geld	money
Geldschein	note
geradeaus	straight ahead
Gern geschehen!	You are welcome!
Geschäftsführer	managing, director
Geschäftszeiten (Öffnungszeiten)	opening hours
Geschenk	gift, present
Größe	size
günstig	low-priced
Gutschein	voucher
Hersteller	manufacturer
hochwertig	(of) high quality
Inhaltsstoffe	ingredients
Kasse	checkout
Kassenbon	receipt
Kassierer/in	cashier
Kollege, Kollegin	colleague
Kreditkarte	credit card
Kunde, Kundin	customer
lieferbar	available
links	on the left
Marke	brand
Münze	coin
Packung/Paket	packet
(zusammen)passen	to match
Pflege	care
Preisnachlass	(price) reduction
Qualität	quality
Quittung	receipt
Rabatt	discount
Rechnung	bill
rechts	on the right
Regal	shelf
Reklamation	claim
Reparatur	repair
Schaufenster	shop window
Skonto (Barzahlungs-rabatt)	cash discount
Sonderangebot	special offer
teuer	expensive
Tragetasche/-tüte	(carrier) bag
Tube	tube
Umrechnungskurs	exchange rate
Umtausch	exchange
unterschreiben	sign
Unterschrift	signature
Verfallsdatum	expiry date
Verkäufer/in	shop assistant
Währung	currency
Wechselgeld	change
Werbung	advertising
Wie viel kostet das?	How much is it?
Zahlung	payment
zahlen mit Kreditkarte	to pay by credit card

Stichwortverzeichnis

Bildquellenverzeichnis

Umschlag Vorderseite: UV. 1: Fotolia/ChenPG; **UV. 2:** Shutterstock/stockyimages; **UV. 3:** Fotolia/Andrey Popov; **UV. 4:** Fotolia/Di Studio

Umschlag Rückseite: UR.1: Shutterstock/Obak; **UR.2:** Shutterstock/Andrey_Popov; **UR.3:** Fotolia/Kurhan; Cover: Corinna Babylon/VDL

S. 11.1: Fotolia/ChenPG; **S. 11.2:** Shutterstock/stockyimages; **S. 11.3:** Fotolia/Andrey Popov; **S. 11.4:** Fotolia/Di Studio; **S. 13.1:** Fotolia/A; **S. 13.2:** Shutterstock/M. Unal Ozmen; **S. 13.3:** Fotloia/Riaan van den Berg; **S. 23:** Fotolia/Gina Sanders; **S. 25:** Shutterstock/Konstantin Chagin; **S. 27.1:** Shutterstock/photka; **S. 27.2:** Shutterstock/Natan86; **S. 27.3:** Shutterstock/Sergey Peterman; **S. 28:** Fotolia/nerthuz; **S. 29:** Fotolia/momius; **S. 30:** Shutterstock/rangizzz; **S. 31:** Shutterstock/Andrey_Popov; **S. 55.1:** Shutterstock/Phonlamai Photo; **S. 55.3:** Shutterstock/Texelart; **S. 56:** Fotolia/Robert Kneschke; **S. 57:** Fotolia/StockRocket; **S. 58:** Shutterstock/Copyright©2000-2006 Adobe Systems, Inc. All Rights Reserved; **S. 61.1:** Fotolia/ChenPG; **S. 61.2:** Shutterstock/stockyimages; **S. 61.3:** Fotolia/Andrey Popov; **S. 61.4:** Fotolia/Di Studio; **S. 63.1+2:** picture-alliance/dpa-Infografik; **S. 65:** Shutterstock/Vintage Tone; **S. 67:** Cornelsen/Wolfgang Schulz-Heidorf, Teltow; **S. 71:** Bergmoser + Höller Verlag AG, Aachen; **S. 72.1:** Interfoto/JTB PHOTO; **S. 72.2:** Deutsche Bahn AG/Christian Bedeschinski; **S. 72.3:** imago stock&people/Götz Schleser; **S. 72.4:** imago stock&people/Müller-Stauffenberg; **S. 73:** Cornelsen/Volkhard Binder; **S. 76:** Cornelsen/Wolfgang Schulz-Heidorf, Teltow; **S. 78:** picture-alliance/dpa-Infografik; **S. 79:** picture-alliance/dpa-Infografik; **S. 80.1:** picture-alliance/dpa-Infografik; **S. 80.2:** Shutterstock/Trong Nguyen; **S. 84:** Cornelsen/Wolfgang Schulz-Heidorf, Teltow; **S. 85.1:** imago stock&people/Douglas Abuelo; **S. 85.2+3:** Cornelsen/Wolfgang Schulz-Heidorf, Teltow; **S. 86:** imago stock&people/Becker&Bredel; **S. 87:** mauritius images/Hero Images; **S. 88:** imago sportfotodienst/Ulmer; **S. 91.1–5:** Cornelsen/Anette Schamuhn; **S. 91.2:** Donath, Joachim, Berlin; **S. 98:** picture-alliance/dpa-Infografik; **S. 99:** Shutterstock/Alexander Limbach; **S. 101:** picture-alliance/dpa-Infografik; **S. 102:** Cornelsen/VDL/PERMedien; **S. 103:** stock.adobe.com/MaZi; **S. 105.1:** Fotolia/ChenPG; **S. 105.2:** Shutterstock/stockyimages; **S. 105.3:** Fotolia/Andrey Popov; **S. 105.4:** Fotolia/Di Studio**S. 106:** Bundeagentur für Arbeit/HDE/©Statista 2018; **S. 112.1:** picture-alliance/dpa-Infografik; **S. 112.2:** shutterstock/stockfour; **S. 113:** Bundesagentur für Arbeit, Nürnberg; **S. 118:** imago/blickwinkel, **S. 119:** action press; **S. 121:** imago/Manja Elsässer; **S. 124:** Cornelsen/Anette Schamuhn; **S. 129:** Cornelsen/VDL/PERMedien; **S. 130:** Verlagsgruppe Hüthig Jehle Rehm GmbH, München; **S. 131:** picture-alliance/dpa-Infografik; **S. 136:** picture-alliance/dpa-Infografik; **S. 137.1+2:** picture-alliance/dpa-Infografik; **S. 138:** Bergmoser + Höller Verlag AG, Aachen; **S. 139:** picture-alliance/dpa-Infografik; **S. 140:** picture-alliance/dpa-Infografik/MDS; **S. 141:** picture-alliance/dpa-Infografik/OECD; **S. 142.1+2:** picture-alliance/dpa-Infografik; **S. 143:** picture-alliance/dpa-Infografik; **S. 144:** ddp images; **S. 149:** picture-alliance/dpa-Infografik;

S. 153: CARTOON-ARCHIV Reinhold Löffler, Dinkelsbühl; **S. 154–157:** Bergmoser + Höller Verlag AG, Aachen; **S. 161.1:** Fotolia/ChenPG; **S. 161.2:** Shutterstock/stockyimages; **S. 161.3:** Fotolia/Andrey Popov; **S. 161.4:** Fotolia/Di Studio; **S. 163:** Bergmoser + Höller Verlag AG, Aachen; **S. 165:** Bergmoser + Höller Verlag AG, Aachen; **S. 169–171:** Bergmoser + Höller Verlag AG, Aachen; **S. 172:** Cornelsen/VDL/PERMedien; **S. 173–177.1:** Bergmoser + Höller Verlag AG, Aachen; **S. 177.2:** imago stock&people/imago/Jörg Schüler/mit frdl. Genehmigung der Bayer AG, Leverkusen; **S. 178.1:** Bergmoser + Höller Verlag AG, Aachen; **S. 178.2:** Greenpeace Energy eB, Berlin; **S. 178.3:** taz die tageszeitung, Berlin; **S. 178.4:** Genossenschaft der Öko-Bauern eG, Lippetal-Lippborg; **S. 187:** Colourbox.com; **S. 193:** F1online; **S. 194:** Cornelsen/VDL/PERMedien; **S. 195+196:** Bergmoser + Höller Verlag AG, Aachen; **S. 199.1:** picture-alliance/dpa-Infografik; **S. 199.2:** Bergmoser + Höller Verlag AG, Aachen; **S. 203:** picture-alliance/dpa-Infografik; **S. 208:** imago/bonn-sequenz; **S. 209:** Ministerium der Justiz und für Europa Baden-Württemberg, Koordinierungsstelle für das Automatisierte Mahnverfahren; Stuttgart; **S. 210:** blickwinkel/McPHOTO; **S. 215:** picture-alliance/dpa-Infografik; **S. 219.1:** picture-alliance/dpa-Infografik; **S. 220:** Bergmoser + Höller Verlag AG, Aachen; **S. 222.1+2:** picture-alliance/dpa-Infografik; **S. 223:** imago/imagebroker; **S. 225:** picture-alliance/dpa-Infografik; **S. 226:** dieKLEINERT.de/Christian Möller; **S. 229.1:** Fotolia/ChenPG; **S. 229.2:** Shutterstock/stockyimages; **S. 229.3:** Fotolia/Andrey Popov; **S. 229.4:** Fotolia/Di Studio; **S. 231:** shutterstock/Sebastian Kaulitzki; **S. 232:** Fotolia/Africa Studio; **S. 234:** F1online/Radius Images; **S. 235:** yourphototoday/A1PIX/diego cervo/PM; **S. 237:** Fotolia/WavebreakmediaMicro; **S. 242:** Cornelsen/Wolfgang Schulz-Heidorf, Teltow; **S. 243.1:** ClipDealer/Sean Prior; **S. 244.1+2:** Cornelsen/Wolfgang Schulz-Heidorf, Teltow; **S. 246:** Shutterstock/Monkey Business Images; **S. 248:** yourphototoday/SUPERBILD/BOUTET Jean-Pierre; **S. 250:** Fotolia/VadimGuzhva; **S. 251:** Fotolia/Jeanette Dietl

Joachim Gottwald (Illustrationen): S. 36, 39, 45, 47, 62, 68, 111, 148, 162, 217, 236, 241, 247, 249

Wir danken der **real,- SB-Warenhaus GmbH, Teltow** für die freundliche Unterstützung.